国家"万人计划"哲学社会科学领军人才支持项目
文化名家暨"四个一批"人才自主选题项目
"赣鄱英才555工程"领军人才培养计划项目

国家出版基金项目

当代中国社会道德理论与实践研究丛书
主编 吴付来

自然之境：
"消费—生态"悖论的伦理探究

曾建平 著

Predicament of Nature:
Ethical Research on
"Consumption-Ecology"
Paradox

中国人民大学出版社
·北京·

总　序

加强思想道德建设，凝聚道德力量，是中国特色社会主义文化建设和精神文明建设的重要内容与中心环节，是建设社会主义核心价值体系的必然要求。正如习近平总书记所指出的："国无德不兴，人无德不立。必须加强全社会的思想道德建设，激发人们形成善良的道德意愿、道德情感，培育正确的道德判断和道德责任，提高道德实践能力尤其是自觉践行能力，引导人们向往和追求讲道德、尊道德、守道德的生活，形成向上的力量、向善的力量。只要中华民族一代接着一代追求美好崇高的道德境界，我们的民族就永远充满希望。"

我们党和国家历来重视道德建设。特别是改革开放以来，我们党先后通过了《关于社会主义精神文明建设指导方针的决议》、《关于加强社会主义精神文明建设若干重要问题的决议》以及《公民道德建设实施纲要》。习近平总书记在多次讲话、多篇文章中都强调加强道德建设的重要性，党的十九大报告也对道德建设做出了全面的论述和部署："加强思想道德建设。人民有信仰，国家有力量，民族有希望。要提高人民思想觉悟、道德水准、文明素养，提高全社会文明程度。广泛开展理想信念教育，深化中国特色社会主义和中国梦宣传教育，弘扬民族精神和时代精神，加强爱国主义、集体主义、社会主义教育，引导人们树立正确的历史观、民族观、国家观、文化观。深入实施公民道德建设工程，推进社会公德、职业道德、家庭美德、个人品德建设，激励人们向上向善、孝老爱亲、忠于祖国、忠于人民。"道德的力量是国家发展、社会和谐、人民幸福的重要因素，思想道德建设解决的是整个中华民族的精神支柱和精神动力问题。

实现中华民族伟大复兴的中国梦，需要道德建设的保驾护航。当前中国的发展既面临机遇，也面临挑战。然而，在多元文化的冲击下，人们的道德观念和行为准则正在不断发生变化，原先的道德基础受到严重冲击。在此情况下，道德建设需要全体国民集体参与，需要全体国民成为道德的守护者、监督者和表率。只有全面地了解、反映当代中国社会道德的现状以及遇到的新问题，并结合相关理论提出解决对策，才能真正提高全体国民的道德素质，才能不断改善社会和国家的道德环境，才能实现中华民族伟大复兴的中国梦。

道德建设是一个实践问题，更是一个理论问题。面对世界范围内各种思想文化交流、交融、交锋的新形势，加快建设社会主义文化强国、增强文化软实力、提高我国在国际上的话语权，迫切需要哲学社会科学更好地发挥作用。伦理学作为与人类道德发展密切相关的哲学分支学科，需要跟上时代进步的步伐，从理论上解决实践提出的问题。

为此，在加强社会主义道德建设的宏观背景下，为推动社会主义道德建设，弘扬社会主义核心价值观，实现中华民族伟大复兴的中国梦，推动伦理学的研究和发展，我们策划了"当代中国社会道德理论与实践研究丛书"。这套丛书是一套开放的丛书，首批出版10卷，集中研究当代中国社会最关切的伦理道德的理论与实践问题，对市场经济条件下陌生人之间的伦理、日常生活伦理、公务员道德建设、信息伦理和网络社会伦理、消费伦理、福利伦理、分配正义以及规范性和道德推理问题进行系统的研究与探讨。丛书的主要内容集中于以下几个方面：

首先，建立社会主义市场经济体制是我国经济体制的根本性创新，是全面建设小康社会的重要途径，市场经济条件下陌生人之间的关系有哪些规律，人们日常生活伦理有哪些特点等，这套丛书首先对这些问题进行了研究和探讨。

其次，政德建设是当代中国最具先导性的道德建设领域之一，对全社会的道德建设具有重要的引领作用，这套丛书不仅对公务员道德状况进行了研究概述，而且对中国特色政德建设的一般规律、重要问题进行了探究。

再次，当今时代，信息伦理和网络社会伦理的公德问题日益突出，这套丛书对数字化生存的道德空间、网络道德建设问题表达了重要关切，进行了深入探讨。

又次，消费、福利、分配是经济伦理的重要内容，随着我国建设小康社会进程加快，人们物质生活水平逐步提高，收入分配差距日渐拉大，经济领域中的消费、福利、分配问题日益成为伦理学研究和关注的对象。因此，这套丛书对这三个问题进行了系统的研究。

最后，社会道德建设归根结底离不开道德规范的有效性和道德行为选择的理性化，这套丛书专门从伦理学基本原理研究角度选择了这两个与道德建设密切相关并具有一定学理深度的理论问题进行研究，探讨了规范性和道德推理问题。

这套丛书得到了中国人民大学伦理学与道德建设研究中心的学术支持，得到了国家出版基金的资助，中国人民大学出版社学术出版中心的编辑为丛书的出版付出了艰辛的努力，在此一并致谢。书中难免存在疏漏，恳请学界同仁批评指正。期待这套丛书作者和编者的辛勤努力能够得到广大读者的理解与回应，产生良好的社会影响。

吴付来

2018 年 9 月 15 日

目 录

引 言 ·· 1
第一章 "消费—生态"悖论的伦理解读 ······················· 39
  一、消费需要与生态需要 ·· 40
  二、消费者主权与责任 ·· 51
  三、"生态人"何以可能 ·· 69
  四、"消费—生态"悖论的伦理意蕴 ··························· 92
第二章 "消费—生态"悖论与人类文明 ······················· 108
  一、"消费—生态"悖论与渔猎文明 ··························· 111
  二、"消费—生态"悖论与农耕文明 ··························· 119
  三、"消费—生态"悖论与工业文明 ··························· 130
第三章 "消费—生态"悖论的当代镜像 ······················· 148
  一、消费方式异化的伦理辨析 ··································· 148
  二、消费结构失衡的道德风险 ··································· 168
  三、消费取向偏颇的价值调节 ··································· 186
第四章 "消费—生态"悖论的实例分析 ······················· 200
  一、宰食动物的道德边界 ·· 200
  二、交通出行的伦理维度 ·· 217
  三、家居生活的理性抉择 ·· 225
  四、公共消费的价值视域 ·· 236

第五章 "消费—生态"悖论的文明视野 ································ 248
- 一、主体文明的视野：消费与个体幸福 ······························ 249
- 二、社会文明的视野：消费与社会进步 ······························ 269
- 三、生态文明的视野：消费与自然的和谐 ··························· 282

第六章 "消费—生态"悖论的价值超越 ································ 301
- 一、合是：本真消费的界定 ··· 301
- 二、合度：低碳消费的辩护 ··· 317
- 三、合宜：绿色消费的追问 ··· 325
- 四、合道：文明消费的探求 ··· 335

第七章 "消费—生态"悖论的化解之道 ································ 347
- 一、"消费—生态"悖论的化解：基本思路 ························· 347
- 二、"消费—生态"悖论的化解：政府之职 ························· 355
- 三、"消费—生态"悖论的化解：企业之责 ························· 381
- 四、"消费—生态"悖论的化解：公众之行 ························· 389

参考文献 ·· 401

后　记 ·· 412

Contents

Introduction ·· 1

**Chapter 1 The Ethical Interpretation of "Consumption-Ecology"
Paradox** ·· 39

    1.1 The Consumption Demand and Ecological Needs ············ 40

    1.2 The Sovereignty and Responsibility of Consumer ············ 51

    1.3 The Ways to Become an "Ecological Man" ····················· 69

    1.4 The Ethical Meaning of "Consumption-Ecology"
Paradox ··· 92

**Chapter 2 The "Consumption-Ecology" Paradox and Human
Civilization** ··· 108

    2.1 The "Consumption-Ecology" Paradox and Fishing-Hunting
Civilization ·· 111

    2.2 The "Consumption-Ecology" Paradox and Agricultural
Civilization ·· 119

    2.3 The "Consumption-Ecology" Paradox and Industrial
Civilization ·· 130

**Chapter 3 The Contemporary Image of "Consumption-Ecology"
Paradox** ·· 148

    3.1 The Ethical Analysis of Consumption Mode
Alienation ··· 148

3.2 The Moral Risk of Consumption Structure Imbalance …… 168
3.3 The Value Adjustment of Biased Consumption Orientation …… 186

Chapter 4　The Cases Study of "Consumption-Ecology" Paradox …… 200
4.1 The Moral Boundary of Slaughtering and Eating Animals …… 200
4.2 The Ethical Dimension of Traffic Travel …… 217
4.3 Rational Choice of Household Life …… 225
4.4 The Value Horizon of Public Consumption …… 236

Chapter 5　The Civilization Perspktive of "Consumption-Ecology" Paradox …… 248
5.1 The Subject Civilization Perspective: Consumption and Individual Happiness …… 249
5.2 The Social Civilization Perspective: Consumption and Social Progress …… 269
5.3 The Ecological Civilization Perspective: Harmony between Consumption and Nature …… 282

Chapter 6　The Value Transcendence of "Consumption-Ecology" Paradox …… 301
6.1 Being: Definition of True Consumption …… 301
6.2 Moderateness: Defense for Low-carbon Consumption …… 317
6.3 Appropriateness: Green Consumption Pursuit …… 325
6.4 Tao: The Pursuit of Civilized Consumption …… 335

Chapter 7　The Reconciliation Principles of "Consumption-Ecology" Paradox …… 347
7.1 The Reconciliation of "Consumption-Ecology" Paradox: Basica Ideas …… 347
7.2 The Reconciliation of "Consumption-Ecology" Paradox: Government's Obligation …… 355
7.3 The Reconciliation of "Consumption-Ecology" Paradox:

Enterprise's Responsibility 381
7.4　The Reconciliation of "Consumption-Ecology" Paradox:
　　　Public's Action 389

References 401
Postscript 412

引　言

消费为生命的存续运输养料,生态为消费的实现提供土壤。人们在进行吃、穿、住、行、游、娱、购等一系列活动的时候,必然要通过消费自然资源来满足自己的需要。因此,自从人类降临地球,消费与生态便在一定意义上构成一对矛盾。在工业革命之前的历史长河中,人类的消费始终置于生态可接纳、可融入、可持续的状态之下。自工业社会以降,消费开始出现问题,这主要是由于消费的过度、奢靡、高碳、不环保、不循环,它表现在人们日常生活的方方面面和人生的各个阶段——衣、食、住、行、游、娱、购、生、老、病、死、葬。不合理的消费模式直接加重了自然的负荷力,导致了人异化于自然,人的贪婪最终导致了自然满足人类需要的能力降低,甚至部分丧失;同时,过度强调物欲的满足造成了人类精神家园的空虚,人的可持续发展面临危机。因此,消费与生态便成为难以调和的矛盾。世界顶尖环境战略研究学者乔根·兰德斯(Jorgen Randers)2013年9月25日在北京大学政府管理学院,以《2052:未来四十年的中国与世界》为主题发表演讲。他指出,过去,四分之一的GDP用于发展,而四分之三也就是大部分用于消费;在2052年,人类可能会花更多的资金用来修复气候变化所带来的一系列问题,包括治理污染,这种比重会越来越大。[①] 对兰德斯的话可以做出的合理延伸解释是,在生产主义和消费主义时代,现代经济学认可一个经典命题和公理——目前大部分经济发展的成果是用

---

① 兰德斯. 2052:未来四十年的中国与世界. 秦雪征,谭静,叶硕,译. 南京:译林出版社,2013:553.

来满足人们的消费,消费已经成为经济发展的目的。但是,再过30余年,人类进入生态主义时代,这个经典命题或许要被推翻,取而代之的是新的公理——"保护生态是经济的目的"。用兰德斯的话说,人类消费的增长会陷入停滞状态,因为国际社会需要花更多的钱用来修复和适应气候变化。

就缘由来看,不合理的生产方式和消费方式是造成资源枯竭、环境污染和生态破坏的主要原因。为此,党的十八大报告指出,要加强生态文明宣传教育,增强全民节约意识、环保意识、生态意识,形成合理消费的社会风尚,营造爱护生态环境的良好风气。2015年4月25日印发的《中共中央国务院关于加快推进生态文明建设的意见》要求建立与生态文明相适应的消费模式:"倡导勤俭节约、绿色低碳、文明健康的生活方式和消费模式,提高全社会生态文明意识。""培育绿色生活方式。倡导勤俭节约的消费观。广泛开展绿色生活行动,推动全民在衣、食、住、行、游等方面加快向勤俭节约、绿色低碳、文明健康的方式转变,坚决抵制和反对各种形式的奢侈浪费、不合理消费。"① 2015年10月29日十八届五中全会审议通过的《中共中央关于制定国民经济和社会发展第十三个五年规划的建议》提出"创新、协调、绿色、开放、共享"五大发展理念,并指出,"引导消费朝着智能、绿色、健康、安全方向转变,以扩大服务消费为重点带动消费结构升级","加强资源环境国情和生态价值观教育,培养公民环境意识,推动全社会形成绿色消费自觉","倡导合理消费,力戒奢侈浪费,制止奢靡之风"②。习近平总书记在2017年5月26日主持中共中央政治局第四十一次集体学习时强调,推动形成绿色发展方式和生活方式是贯彻新发展理念的必然要求。党的十九大报告强调,"推进资源全面节约和循环利用,实施国家节水行动,降低能耗、物耗,实现生产系统和生活系统循环链接。倡导简约适度、绿色低碳的生活方式,反对奢侈浪费和不合理消费,开展创建节约型机关、绿色家庭、绿色学校、绿色社区和绿色出行等行动"③。可

---

① 中共中央国务院关于加快推进生态文明建设的意见. 人民日报,2015-05-06.
② 中共中央关于制定国民经济和社会发展第十三个五年规划的建议. 人民日报,2015-11-04.
③ 习近平. 决胜全面建成小康社会 夺取新时代中国特色社会主义伟大胜利. 人民日报,2017-10-08.

以说，党的十八大以来党中央关于发展的理念、生态文明建设的一系列战略举措指出了化解"消费—生态"悖论（consumption-ecology's paradox）的总方向、总思路、总策略。

在从伦理学视野深入探讨"消费—生态"悖论之前，我们需要简要地审视当前学术界关于这个问题的基本主张。

一、马克思、恩格斯视野中的"消费—生态"悖论

在人类漫长的历史时期，人类的消费模式更多的时候是与一定的生态环境相适应的，并保持着人与自然之间物质变换的平衡。当工业文明遭遇资本主义，资本主义的潜能便被激发出来，经济活动突破了生态容纳度，打破了这种平衡，生态危机伴随着消费主义而到来。马克思、恩格斯在对资本主义社会的种种弊病进行批判的过程中，很早就注意到自然界对人类社会发展的重要性，认为人与自然关系的危机是资本主义制度下产生的危机之一。

虽然马克思、恩格斯在100多年以前并没有明确提出"生态经济""生态消费"等概念，但其论述却蕴含着丰富的生态观念和合理的消费思想，并且这些思想观念克服了人类中心主义见人不见物、非人类中心主义见物不见人的弊端，实现了人与自然的真正统一，为以后的生态经济研究奠定了理论基础。马克思、恩格斯通过三个方面揭示消费与自然的关系：一是从哲学的维度阐述异化现象（劳动的异化、需要异化、消费异化、人的异化）对生态的影响，二是从政治经济学的维度探讨"生产—消费"活动对自然的影响，三是从人的自由全面发展的维度探讨人、消费、自然三者之间的应然状态。[①]

（一）"消费—生态"悖论：哲学的维度

马克思在考察消费现象时，往往从哲学的高度和视域予以整体性把

---

① 曾建平. 马克思恩格斯视野中的"消费—生态"悖论. 桂海论丛，2014（6）.

握。马克思指出:"人们为了能够'创造历史',必须能够生活。但是为了生活,首先就需要吃喝住穿以及其他一些东西。"① 这既是唯物史观基本原理的经典表述,也是马克思主义消费观的出发点。

工业文明的到来,使资本主义的生产方式同科学技术迅速结合,催化出巨大的生产力,但资本主义社会精细的社会分工却抹杀了人的主体性和创造性,劳动对于工人来说,从外化转向异化,"工人在劳动中耗费的力量越多,他亲手创造出来反对自身的、异己的对象世界的力量就越强大,他自身、他的内部世界就越贫乏,归他所有的东西就越少"②。而且,劳动已经不再是人类本质的体现,它已变成异化的东西并与体现人类本质的劳动相分离。人们在劳动中"不是自由地发挥自己的体力和智力,而是使自己的肉体受折磨、精神遭摧残"③。劳动对于工人而言是一件痛苦的事情,幸福只能到劳动之外去寻找。

劳动的异化在导致人的外在与人的本质相异化的同时,人之外的自然界也与人相异化了。自然资源作为人类劳动的对象,同劳动的关系密切,当劳动发生异化时,人类对自然资源的占有必然发生异化。"生命的活跃表现为生命的牺牲,对象的生产表现为对象的丧失,即对象转归异己力量、**异己的**人所有"④。在异化的劳动中,人与自然的关系越来越紧张,自然界成了人"异己的与他敌对的世界"⑤。

人之所以称为人,是因为人拥有"自由的有意识的活动"⑥ 的需要。但是在异化劳动中,人的本质需要不能得到满足,异化从劳动领域转向了需要领域,劳动从人的本质需要变成了生理需要,从实现自我价值、有意识的活动变成了"维持肉体生存的需要的一种**手段**"⑦。"人(工人)只有在运用自己的动物机能——吃、喝、生殖,至多还有居住、修饰等等——的时候,才觉得自己在自由活动,而在运用人的机能时,觉得自己只不过

---

① 马克思恩格斯文集:第1卷. 北京:人民出版社,2009:531.
② 同①157.
③ 同①159.
④ 同①168.
⑤ 同①160.
⑥ 同①162.
⑦ 同①162.

是动物"①。

马克思、恩格斯认为人的需要应该是多种多样的,但在资本主义社会中,"人的需要"只有一种表现形式——"资本的需要"。随着资本需要的变化而变化,人变成了唯命是从的机器。当社会生产力低下的时候,资本需要人们"节俭",而"人无论在活动方面还是在享受方面都没有别的需要了"②,只能维持那些最基本、最初级的肉体生活,因此人的需要同动物的需要没有什么差别;而当社会生产力变得越来越强大,资本需要人们"奢侈"的时候,资产阶级经济学家就将"货币万能论"灌输到工人的头脑中,将人的欲望规定为唯一的一种形式——"贪财欲",人们便围绕着金钱打转。

在追逐"资本"的过程中,当社会生产力低下时,人的需要仅仅是动物的需要,人的生产只能满足肉体的需要,这使得人只能关心自身,而无暇顾及整个自然界;而当社会生产力变得强大时,人们对物质的需要必然变得越来越多,消费欲望也变得越来越强烈,从自然界攫取的资源也变得越来越多,人与自然的关系也变得越来越扭曲。

当生产者无法化解自己与产品之间的矛盾,劳动的异化越来越严重,人们的需要无法在劳动中满足时,这种在生产过程中产生的问题就必然会转向消费领域,通过消费来缓解矛盾、满足需要。劳动和需要的异化最终导致了消费的异化,而消费异化的最大特点就是对物的无限占有。当人们从"节欲"的禁锢中解放出来,"昂首阔步"走向"消费社会"时,消费者的消费欲望虽然得到了满足,但却破坏了人与自然界和谐共处的关系,对物的无限占有演变成对生态环境的任意践踏。

在这个恶性循环过程中,生产和消费的真正目的被遗忘了,劳动的异化、需要的异化只能通过消费活动来缓冲。只有在消费过程中,人们才能暂时忘掉生产过程中的痛苦和压抑,获得短暂的愉悦。人作为消费的主体,试图从消费的过程中找到在生产活动中失去的自我,但是异化劳动的性质决定了这种消费只是一种虚假的满足,与人的本质需要并没有关系。

---

① 马克思恩格斯文集:第1卷. 北京:人民出版社,2009:160.
② 同①226.

人们怀着报复心理对维持人生存的自然生态环境任意糟蹋，进行"无节制的挥霍浪费和放纵无度的非生产性消费"①，试图补偿自己在生产过程中的不幸遭遇。异化从"物"最终走向了"人"自身。

（二）"消费—生态"悖论：政治经济学的维度

马克思在政治经济学领域打破了西方古典经济学家将消费与生产割裂开来单独进行研究的做法，对"消费"给予充分的重视，将它从依附于其他环节的命运中解放出来，与生产、分配、交换等社会生产环节"平起平坐"，放在一个整体中进行研究。马克思认为作为人类生产的最终目的，消费在整个社会再生产过程中具有十分重要的地位和作用。"生产制造出适合需要的对象；分配依照社会规律把它们分配；交换依照个人需要把已经分配的东西再分配；最后，在消费中，产品脱离这种社会运动，直接变成个人需要的对象和仆役，供个人享受而满足个人需要。"② 在资本运行过程中，生产为消费创造产品，消费为生产创造主体；分配是产品消费的前提，消费是实现分配的最终环节；交换是实现消费的媒介，消费是交换的目的。

具体地说，在消费与生产的关系中，消费与生产之间有着直接的同一关系。马克思认为，"生产直接是消费，消费直接是生产"③。反之亦然，没有生产就没有消费，没有消费就没有生产。所谓"生产直接是消费"，包括两个方面的含义：一是指生产既要耗费原料、燃料等资源和能源，也要消耗劳动者的体力和脑力；二是指生产创造了消费对象，为消费者提供了消费产品，没有生产所形成的消费客体，消费者就无从消费。所谓"消费直接是生产"，也包括两个方面的含义：一是指生产者是在消费过程中获得了生存和发展的条件，消费为生产的产品创造出消费者主体，从而为生产提供了可能，即劳动力的生产和再生产过程；二是指消费为生产导航，消费的需求即是生产的方向，没有消费的助力，生产便无法持续。

---

① 马克思恩格斯文集：第1卷. 北京：人民出版社，2009：233.
② 马克思恩格斯文集：第8卷. 北京：人民出版社，2009：12-13.
③ 同②15.

在消费与分配的关系中，马克思认为，"分配依照社会规律把它们分配"①，从产品形成到消费，需要进行分配，而分配是按照社会规律决定生产与消费之关系的。易言之，人们消费产品必须通过分配和交换环节才能实现，社会规律决定着分配关系的形成，分配关系制约着人们的消费关系，而消费是实现分配的最终体现，反过来，消费关系也通过分配关系来影响与反映生产的形成和发展。

在消费与交换的关系中，马克思认为，"交换依照个人需要把已经分配的东西再分配"②，交换其实是一种再分配，这种再分配的依据在于个人的实际需要。交换起着媒介或桥梁作用，其目的在于消费，没有交换，消费便无法着落；消费是实现交换也就是再分配的最后环节，没有消费，交换就无法实现。

马克思认为，在私有制的市场经济体制下，欲望越界式地向需要转变，成为需要异化的表现形式，最终发展成"病态的欲望"③。私有制社会中生产与消费之间的矛盾成为欲望蜕变的根源。社会劳动生产力的无限发展和消费能力的有限挖掘之间的矛盾永远存在于资本主义社会中。"社会消费力既不是取决于绝对的生产力，也不是取决于绝对的消费力，而是取决于以对抗性的分配关系为基础的消费力；这种分配关系，使社会上大多数人的消费缩小到只能在相当狭小的界限以内变动的最低限度。其次，这个消费力还受到追求积累的欲望，扩大资本和扩大剩余价值生产规模的欲望的限制。这是资本主义生产的规律……生产力越发展，它就越和消费关系的狭隘基础发生冲突。"④ 资本主义生产的根本目的——追逐利润成为造成这种冲突的根本原因。病态的欲望、异化的需要、扭曲的生产、变态的消费造成了资本主义社会严重的社会危机和生态危机。

在资本主义社会中，人与人的社会关系被物与物的关系所掩盖，劳动产品在交换的过程中蒙上了一层神秘的面纱，商品生产者对他们生产

---

① 马克思恩格斯文集：第8卷. 北京：人民出版社，2009：12.
② 同①12—13.
③ 马克思恩格斯文集：第1卷. 北京：人民出版社，2009：224.
④ 马克思恩格斯文集：第7卷. 北京：人民出版社，2009：273.

的商品莫名地崇拜起来。"劳动产品一旦作为商品来生产,就带上拜物教性质"①,"商品拜物教"的出现使商品生产者成为自己生产出来的产品的臣民。作为一般等价物的特殊商品——货币出现以后,商品的神秘性进而发展成了货币的神秘性,"货币拜物教"得到了发展。"金钱是一切事物的普遍的、独立自在的**价值**。因此它剥夺了整个世界——人的世界和自然界——固有的价值。金钱是人的劳动和人的存在的同人相异化的本质;这种异己的本质统治了人,而人则向它顶礼膜拜。"②

"拜物教"激起了生产者和消费者的欲望。生产者将"金钱"视为"神",只有不停地生产,刺激消费者的购买欲望,才能得到神的眷顾;消费者将"商品"视为"神",只有不停地消费,才能满足自己异化的需要。在这个"拜物教"主宰的世界中,人类只有通过"消费"的方式才能满足自己"非人的、精致的、非自然的和**幻想出来的欲望**"③,在那里,人类以统治者的姿态无限占有和消耗自然资源,自然的品质完全被人的品质所取代。

在资本主义社会中,"资本"的力量是十分巨大的,它不仅对"生产"起作用,而且对"消费"也有巨大的影响力。马克思指出,在资本主义条件下,工人的生产性消费和非生产性消费都变成了资本增殖的手段。工人的生产性消费是通过自己的劳动消费生产资料,"是购买他的劳动力的资本家对他的劳动力的消费"④。工人的非生产性消费在补充生产者劳动力的同时也为剩余价值的再生产提供人身条件。资本家一举两得,不仅从工人生产中取得了产品,而且从他给工人的东西中获得了利益。

正是鉴于这种消费与自然的紧张关系,马克思主张,在这个"人化的自然界"中,人们既然不能改变从自然界中获取资源的事实,那么就应该运用人类的智慧,做到"物尽其用",尽量减少对自然资源的攫取。马克思在分析"剩余价值转化为资本"的过程中发现了"废料"的价值:随着科学技术的进步,有用的物质越来越多,物质的用途也不断增加,将生产和消费过程中的废料转化为同一个或另一个产业部门新的生

---

① 马克思恩格斯文集:第5卷.北京:人民出版社,2009:90.
② 马克思恩格斯文集:第1卷.北京:人民出版社,2009:52.
③ 同②224.
④ 同①659.

产要素变为可能。在这个过程中,废料重新回到生产和消费(生产消费或个人消费)的循环中,人们"无须预先支出资本,就能创造新的资本材料"①。"循环经济"不仅减少了生产和消费活动对自然资源的消耗,而且缓解了生产和消费活动产生的废物对自然环境的污染。这种循环消费观不仅有利于社会再生产的发展,符合生产力发展规律的客观要求,也体现了人与自然的和谐统一,是现代绿色、循环消费观念的理论先导与基础。

(三)"消费—生态"悖论:人的自由全面发展的维度

人类在进行自身发展和自我完善的过程中,要敬畏自然、尊重自然、善待自然,因为"自然界是人为了不致死亡而必须与之处于持续不断的交互作用过程的、人的**身体**"②。人之所以能够成为能动的、有意识的自然存在物,在马克思看来,就是因为自然赋予了人类生命力,而人类只不过是自然的一种载体,人类的生存离不开自然,这是客观规律。"人化的自然界"为人类的生产和消费提供了物质资料,但人类在进行生产和消费的过程中,却只注意到眼前利益,"那些只是在晚些时候才显现出来的、通过逐渐的重复和积累才产生效应的较远的结果,则完全被忽视了"③。在人的发展过程中,绝不能只考虑自身利益,忽视大自然利益,只考虑眼前利益,忽视长远利益。

在马克思眼中,人的发展分为三个阶段:第一阶段以人的依赖为基础,在这个阶段,人的发展只限制在狭小的范围内;第二阶段以物的依赖为基础,在这个阶段,人逐渐开始摆脱第一阶段中的依赖性走向独立;第三阶段是个人自由全面发展的阶段。在这三个阶段人与自然的关系是怎样的?消费与自然的关系是怎样的?

在"以人为依赖"的社会关系中,生产力还不发达,人类只能在敬畏自然的基础上,通过简单的消费方式同自然界进行物质交换。在"以物为依赖"的社会关系中,生产力高度发展,相对独立的人之间通过"物"作

---

① 马克思恩格斯文集:第5卷.北京:人民出版社,2009:699.
② 马克思恩格斯文集:第1卷.北京:人民出版社,2009:161.
③ 马克思恩格斯文集:第9卷.北京:人民出版社,2009:562.

为中介发生联系。人们没有办法真正理解商品的本质，盲目崇拜商品。到头来，人的价值需要由商品的价值来体现，人的地位需要由消费的水平来衡量，幸福的感受需要由消费的多寡来计算。人们为了消费而消费，最终沦为消费的奴隶。人类在征服自然界的战役中一次次胜利，无节制的消费活动最终导致了生态失衡、环境恶化、资源枯竭等问题，人类的生存环境满目疮痍、岌岌可危。在形成了普遍的物质变换、全面的关系、多方面的需求以及全面能力的体系之后，社会便会进入第三个阶段，其标志是个人的全面发展和建立在与他人共同的社会生产能力成为他人的社会财富这一基础上的个性自由。在这个阶段，分工的消失使人的主体性和创造性得到恢复，劳动完全摆脱"谋生"这种消极性质，变成人类生活的第一需要；劳动异化的消失，使人们"可能随自己的兴趣今天干这事，明天干那事"①。不同需要的满足，使消费活动恢复了它的本来面目——人类生存和发展的一种手段，人的本性也得到了回归。

　　马克思充分肯定消费对于人的自由和全面发展的积极意义，反对以奢侈消费为主要形式的过度消费，认为适度消费是推动历史发展的重要动力。马克思指出："仅仅供享受的、不活动的和供挥霍的财富的规定在于：享受这种财富的人，一方面，仅仅作为**短暂的**、恣意放纵的个人而**行动**，并且把别人的奴隶劳动、把人的**血汗**看做自己的贪欲的房获物，所以他把人本身，因而也把自己本身看做可牺牲的无价值的存在物。在这里，对人的蔑视，表现为狂妄放肆，表现为对那可以维持成百人生活的东西的任意糟蹋，又表现为一种卑鄙的幻觉，即仿佛他的无节制的挥霍浪费和放纵无度的非生产性消费决定着别人的**劳动**，从而决定着别人的**生存**；他把人的**本质力量**的实现，仅仅看做自己无度的要求、自己突发的怪想和任意的奇想的实现。"②马克思在这里深刻阐述了过度消费对人的危害在于，不是肯定人，而是否定人，是对人的自由和全面发展的否定。（1）过度消费纵容了个人的欲望膨胀，把消费完全看作个人的任意行为。马克思认为，"**奢侈是自然必要性**的对立面"③。所谓"自然必要性"就是本身归结为自然

---

① 马克思恩格斯文集：第1卷. 北京：人民出版社，2009：537.
② 同①233.
③ 马克思恩格斯全集：第30卷. 北京：人民出版社，1995：525.

体的那种个人的需要。也就是说,消费的目的在于对人的有限、合理、真实需要的满足,并通过这种满足"创造同人的本质和自然界的本质的全部丰富性相适应的**人的感觉**"①,从而推进人的自由和全面发展,但过度消费却与此背道而驰,成为"恣意放纵的个人"的行动,是在满足无限、过分、虚假需要的欲望,即为欲望而消费。(2)过度消费不仅是对消费者自我的否定,而且破坏了消费者与他人的合理关系,贬低甚至否定了人的价值。它无视他人的血汗和存在,只把他人看作满足贪欲的对象,这其实不仅是对人所创造财物的"任意糟蹋",而且把人看作"无价值的存在物";不仅是对消费者自我欲望的"放纵无度",而且是对人的本质力量的否定,因为这种消费者的"卑鄙的幻觉",是他人的存在依赖于他的过度消费,他人的价值通过他的无度要求才得以实现的。他根本没有看到自己的过度、无度消费正在破坏自己与他人的正当关系,已经伤害了他人的劳动及其价值。(3)过度消费败坏了社会风气,伤害了社会的公平正义。能够享受奢侈消费的人总是社会的少数人,但少数人的这种消费行为其影响却不在自身,而在于他人和社会,他们任意糟蹋了"维持成百人生活的东西",并把他人的劳动"看做自己的贪欲的虏获物",这便影响并伤害了他人的生存和发展,败坏了社会风气,违背了社会的公平正义。

  在马克思、恩格斯眼中,未来的完美社会形态是"作为完成了的自然主义,等于人道主义,而作为完成了的人道主义,等于自然主义","是人和自然界之间、人和人之间的矛盾的**真正解决**"②。只有在那个时候,人对"物"的无限占有欲望才能逐渐消失,人才能在不违背自然规律的前提下,根据自己的需要适度获取消费资料,合理调节人类与自然之间的物质变换关系,"靠消耗最小的力量,在最无愧于和最适合于他们的人类本性的条件下来进行这种物质变换"③,实现人与自然的真正和谐。

---

① 马克思恩格斯文集:第1卷.北京:人民出版社,2009:192.
② 同①185.
③ 马克思恩格斯文集:第7卷.北京:人民出版社,2009:928-929.

二、国外学者视野中的"消费—生态"悖论

生态失衡、环境恶化、资源浪费、能源枯竭等严酷的现实告诉我们："没有消费者社会物质欲望减少、技术改变和人口的稳定,就没有能力拯救地球。"① 国外关于"消费—生态"悖论的研究起步较早,许多学者从不同的角度探索生态与消费的关系,希望建立一种"消费得更少,生活得更好"的生活方式,从而达到人与自然和谐的新型伦理关系。

(一)"消费—生态"悖论研究的发展变化

发生于18世纪的工业革命使人们对"消费"产生了新的看法,长期压制的消费欲望被激发出来,奢侈消费不仅存在于统治阶层、贵族阶层,在平民阶层中也开始逐渐盛行,消费需求越来越大,消费行为越来越猖獗,"世界上第一个消费社会已然(在英国)崛起"②。随着资本主义的发展和消费方式的变革,另一种思潮——"生态主义"悄然兴起:以吉尔伯特·怀特(Gilbert White)为代表的一派希望过人与自然和谐共处的生活,倡导通过限制消费来换取人与自然的和平共处;而以卡尔·冯·林奈(Carl von Linné)为代表的一派则认为,人对自然要实行理性的统治,在艰苦的生产劳动中不断扩大消费。③

20世纪30年代产生的凯恩斯主义(keynesianism)在反思资本主义社会以往的经济发展模式的同时,将"消费"推到前台,使之担任消除经济危机的"主角"。20世纪40年代至50年代,以阿多诺(Theodor Wiesengrund Adorno)、马尔库塞(Herbert Marcuse)以及弗洛姆(Erich Fromm)等人为代表的法兰克福学派在批判消费社会种种现象的

---

① 艾伦·杜宁. 多少算够——消费社会与地球的未来. 毕聿, 译. 长春: 吉林人民出版社, 1997: 37.
② 约翰·史都瑞. 文化消费与日常生活. 张君玫, 译. 台北: 巨流图书公司, 2002: 5.
③ 唐纳德·沃斯特. 自然的经济体系: 生态思想史. 侯文蕙, 译. 北京: 商务印书馆, 1999: 19-80.

过程中发现人成了商品的奴隶和消费的机器,生产领域的异化渗透到人类的日常生活。与此同时,经济学领域关于探讨经济和环境问题的研究逐渐深入,生态经济学在新古典经济学理论遭遇生态瓶颈的过程中应运而生,它在经济学的基础上综合伦理和哲学等领域的理论进行跨学科研究。消费问题渐渐成为该学科研究的核心问题。

1962年,美国生物学家蕾切尔·卡逊(Rachel Carson)所写的《寂静的春天》(*Silent Spring*)一书,向世界展示了化学药物对生态系统产生的严重破坏和巨大影响。1966年,美国经济学家肯尼斯·鲍尔丁(Kenneth Boulding)形象地将地球比喻为行驶在浩瀚太空中的一艘宇宙飞船,不断增长的人口和经济将会使飞船内有限的资源耗尽、用光,不断增多的生产和生活消费废物将会充满船舱,最终使整艘飞船陷入瘫痪。20世纪60年代中期,源于"绿色运动"的生态社会主义(eco-socialism)主张以质的标准代替量的标准,倡导人们改变那种单纯追求量的满足而忽视质的要求的消费方式,提升消费的质量。

伦敦皇家社会研究委员会和联合国国际科学学会在1977年从保护生态的角度重新诠释了"消费":"消费是人类对自然物质和能量的改变,消费是实现使物质和能量尽可能达到可利用的限度,并使对生态系统产生的负面效应最小,从而不威胁人类的健康、福利和其他人类相关的方面。"[①]20世纪80年代以来,消费与生态之关系的研究备受学者们的关注,研究范围也更加广泛。1980年《世界自然保护大纲》(*Word Conservation Strategy*)首次提出"可持续发展"的概念。1994年,人们将"可持续"与"消费"联系在一起,形成了"可持续消费"的理论。这一年联合国环境规划署(United Nations Enviroment Programme)在《可持续消费的政策因素》(*Elements for Policies for Sustainable Consumption*)报告中给"可持续消费"下了定义,将"消费"置于由自然、社会、发展三者构建的立体框架中,讨论消费与它们之间的关系。"绿色消费"的定义第一次出现在1987年英国出版的《绿色消费者指南》(*The Green Consumer Guide*)一书中,1994年奥斯陆国际会议再次提出这一概念:在使用最少的能源、有害

---

① 周梅华. 可持续消费及其相关问题. 现代经济探讨,2001(2).

原材料使排入生物圈内的污染物最小化和不危及后代生存的同时，产品和服务既要满足生活的基本需要，又可使生活质量得到进一步的改善。日本著名经济学家堤清二在《消费社会批判》中提到，在自由市场经济下产生的消费社会同样会对孕育它的母体——自由市场经济产生威胁。消费的异化促使人们不得不思考"什么是消费""为什么消费""怎样消费"等问题。

1972年联合国人类环境会议发表了《联合国人类环境宣言》（Declaration of the United Nations Conference on the Human Environment），宣言强调环境问题已经渐渐成为世界范围的问题，需要一个全世界统一解决的办法。同年，罗马俱乐部发表了德内拉·梅多斯（Donella Meadows）、乔根·兰德斯、丹尼斯·梅多斯（Dennis Meadows，又译丹尼斯·米都斯）撰写的报告——《增长的极限》（Limits to Growth）。该报告从人口、工业生产、污染、粮食生产和资源消耗五方面的因素揭示工业社会发展的逻辑路线——更多增长、更多就业、更多消费、更多污染。1991年，世界自然保护联盟（International Union for Conservation of Nature and Nature Resources）、联合国环境规划署和世界自然基金会（World Wildlife Fund）撰写的《保护地球——可持续生存战略》（Care for the Earth—A Strategy for Sustainable Living）报告向我们传达了一个严峻的信息：如果我们不改变今天的生活方式，如果我们不能持久地、节俭地使用地球上的资源，那么我们将毁灭人类的未来。1992年，联合国环境与发展大会发表了《关于环境与发展的里约宣言》（Rio Declaration）［又称《地球宪章》(Earth Charter)］通过了《21世纪行动议程》（Agenda 21）等重要报告，提出了改变消费方式、减少环境压力的问题。"可持续发展"一词通过这次大会为人们所熟知，并且迅速成为理论界的热点。

世界自然基金会和联合国环境规划署等组织发表的《地球生命力报告2000》（Living Planet Report 2000）指出：人类若依照目前的速度继续消耗地球的资源，那么自然资源会在2075年前耗尽；如果全球人类都像英国和其他欧洲国家人民一样无限制地消费，那么我们需要立即找到另外两个像地球一样的星球，才能满足需求。《地球生命力报告2012》（Living Planet Report 2012）指出，自20世纪70年代以来，人类每年对自然的需求已经超过了地球的可再生能力。就像银行账户透支一样，自然资源最终将会被耗尽。按目前的消耗率,一些生态系统甚至会在资源枯竭前崩溃。如果人们都按照美国人的方式生活,那么人类需要 4 个地球来满足其每年对自然资源的需求量。人类不断增长的资源需求对地球上的生物多样性造成了巨大的压力。按我们现有的消耗速度,地球需要一年半的时间才能生产我们一年内所消耗的自然资源。按目前的模式进行预测,到 2030 年,我们将需要 2 个地球来满足我们每年的需求。① 《2013 年人类发展报告——南方的崛起:多元化世界中的人类进步》(*Human Development Report 2013—The Rise of the South: Human Progress in a Diverse World*)指出,以人类发展指数(Human Development Index)为衡量依据,过去十年间所有国家在教育、健康和收入方面的进步均有所加快,并且在可提供相关数据的国家中,没有一个国家的 2012 年人类发展指数比 2000 年低。但是,"经济增长本身并不能自动转化为人类发展进步。只有凭借重点关注教育、营养、健康和工作技能等方面的扶贫政策和旨在提高民众能力的大量投资,才能扩大民众获得体面工作的机会和确保人类持续进步"②。

(二)"消费—生态"悖论研究的基本内容

从生态学的角度看,消费不只是简单的"用光、浪费、摧毁、耗尽",也不只是《牛津英语辞典》中所说的,"通过燃烧、蒸发、分解或疾病等花掉或毁掉;消耗和死亡;用完,特别是吃完、喝完;占去;花费、浪费(时间);变得憔悴;烧尽"。从经济学角度看,自然界也不只是人类生活、经济增长、社会发展的原料库。消费的增长是否会对生态造成威胁?生态的保护是否应该限制消费的数量?

1. 生产向消费"求救"

法国经济学家西斯蒙第(Sismondi)在 1819 年出版的《政治经济学新原理》(*New Principles of Political Economy*)中强调,政治经济学应该研究人,研究人的需要;强调研究消费,要求生产适应消费,适应人的需要;并认为收入必须和资本一同增长,人口不能超越他们赖以生活的

---

① 世界自然基金会,伦敦动物学学会,全球足迹网络. 地球生命力报告 2012.
② 联合国开发计划署. 2013 年人类发展报告——南方的崛起:多元化世界中的人类进步.

收入，消费必须和人口一同增长，再生产与进行再生产的资本之间、与消费和人口之间都必须构成相应比例。

英国经济学家马尔萨斯（Thomas Robert Malthus）指出，为了保证充分的有效需求，一个生产力巨大的国家必须维持一批不从事生产的消费者。因为作为生产的主要参与者——资本家和工人，一个是有消费的能力但没有养成消费的习惯，而另一个是有消费的意愿但又没有消费的能力。他指责李嘉图（David Ricardo）将节约和储蓄当成最终目的，认为储蓄仅是手段，最后目的是消费和享受。如果没有一个相当大的阶级愿意并有能力消费掉比他们生产的产品数量更多的物质财富，那么资本家就不能进行有力的生产。

第一次世界大战结束之后，英国遭遇了长期的经济失调。1929—1933年，资本主义世界爆发了历史上最严重、最持久、最广泛的经济危机。传统的经济理论没有办法解释经济大萧条中出现的各种经济现象，也不能为摆脱危机提供对策。凯恩斯（John Maynard Keynes）1936年在《就业、利息和货币通论》（*The General Theory of Employment Interest and Money*）中指出了导致这种现象的根源在于有效需求不足，只有从消费领域才能找到解决生产过剩的经济危机的办法。

2. 消费的异化：手段变成目的

前资本主义时代，人们进行劳动、耕种土地、畜养家畜是为了满足家庭的需要，只要"够用就行"（enough is enough）。但是进入资本主义社会（特别是市场经济）之后，人们的劳动受到经济理性的支配，只有遵循"越多越好"（the more the better）原则，才能实现利润的最大化。在这种"越多越好"消费观的支配下，人们不断消耗着生产出来的产品，同时也刺激着产品在种类和数量上的不断增长。这样相互促进的生产和消费消耗了大量的资源并造成了大量的污染，导致了生态危机。高兹（Andre Gorz）在此基础上提出了"生态理性"概念："生态理性就是尽可能地用最少的劳动、资本和自然资源生产出高使用价值和耐用性的物品，最大程度地满足人们的物质需求。"① 他希望通过对资源、能源的精心安排，尽量缩小消费规模，降低生产规模，减少生产。与此同时，还要彻底转变消

---

① Andre Gorz. Capitalism, Socialism, Ecology. London and New York: Verso, 1994: 32.

费观念,以"更少地生产,更好地生活"理念对生产领域和生活领域进行生态学的重建。

为了缓解经济危机,资本主义社会通过扩大有效需求和刺激消费来缓解矛盾,但是这种缘木求鱼的方法根本无法解决资本主义的经济危机。相反,人们真实的需求却被虚假的需求所代替。本·阿格尔(Ben Agger)在《西方马克思主义概论》(Western Marxism an Introduction)中指出:"虚假需求的特征是它们有助于公民的和意识形态的制度;它们能使人们以度假或闲暇时间对某些商品的消费暂时地逃避劳动领域。但它们不能使个人改变他的劳动和闲暇的生活体验;它们只是代替业已丧失的自由。"① 他认为异化的消费是人们对生活领域,特别是劳动领域遭受的挫折的一种补偿。资本主义社会为了实现统治人的目的,企图通过消费来弥补人们在劳动中受到的挫折。

鲍德里亚(Jean Baudrillard,又译波德里亚)另辟蹊径,认为当今的消费活动已经从一种单纯的经济现象转变为一种文化现象。他在1968年出版的《物体系》(The System of Objects)中开始意识到物向符号转变的过程是物本身与它的象征意义逐渐分离的过程。物质产品的不断丰富渐渐打破了物与其象征意义这一统一整体的稳定结构,物摆脱了传统社会赋予的各种象征意义,解放成为单纯的功能物。而在资本主义社会,得到功能性解放的物必须变成迎合人们之需要的符号,才能成为消费的对象。但是成为符号的物,在商品交换的过程中,其交换价值换取的是商品的符号价值,而不是商品的使用价值;人们用物的符号意义代替了的物本身;人们对物的消费已经不是单纯的对真实需要的追求,而是变成对物质欲望的填补。

3. 异化消费的最终结果——消费社会的到来

"在经济发展的初期,通常只有有闲阶级才能无限制地消费财物,尤其是一些高级的财物;就是说,在观念上只有有闲阶级才能进行最低限度生活需要以外的消费。"② 为了推动经济的持续增长,资本主义社会通过

---

① 本·阿格尔. 西方马克思主义概论. 慎之,等译. 北京:中国人民大学出版社,1991:271.
② 凡勃伦. 有闲阶级论——关于制度的经济研究. 蔡受百,译. 北京:商务印书馆,1964:56.

高消费带动高生产，利用各种手段鼓励所有人消费，"消费社会"很快形成。鲍德里亚对资本主义社会中逐渐泛滥的消费活动以及消费文化进行了反思和批判，指出原本由生产主导的生产型社会被如今由消费主导的消费型社会所代替，阶级社会中阶层的划分也由原来以"生产"为要素变成了以"消费"为要素。在丰盛的物的包围中，人们对挥霍无度已经司空见惯，对消费社会已经认为理所当然，对幸福的含义已经重新诠释，对商品的价值已经重新定义。

本来，使用价值应该是交换价值的基础，但在消费社会中，交换价值代替了使用价值的基础地位，符号价值取代了使用价值的地位，开始同交换价值进行交换，商品获得了某种文化符号的意义，同原始的功能彻底失去了联系。鲍德里亚用"洗衣机"作为例子探讨了这个理论："作为含义要素的洗衣机可以用任何其他物品来替代。无论是在符号逻辑里还是在象征逻辑里，物品都彻底地与某种明确的需求或功能失去了联系。确切地说这是因为它们对应的是另一种完全不同的东西——可以是社会逻辑，也可以是欲望逻辑——那些逻辑把它们当成了既无意识且变幻莫测的含义范畴。"①

美国波士顿学院（Boston College）社会学教授查尔斯·德伯（Charles Derber）清醒地认识到消费至上给人们带来的困扰：占有更多资源，进入更多竞争环境；间接拉大了他们与家人、朋友的距离；带来了对环境并不友好的生活方式；间接引向了更大的不公平，有人寻求获取更多，却不惜以牺牲他人利益为代价；减弱了对公共生活的兴趣；淡化了人们对人生意义的追寻。②

4. 异化消费带来生态危机

消费社会带来了市场的繁荣、经济的高涨、物质的丰裕、个性的释放等一系列人类进步，但也带来了生态失衡、环境恶化、伦理失落等一系列严峻的社会问题。在这个"社会"中，人被不断增长的物、服务所包围，心灵被不断增长的物质欲望、虚假需求所引诱，自然资源被不断增长的物所消耗，生态环境被不断加剧的污染所破坏。消费社会产生的数量惊人的废物对自然环境产生了前所未有的压力："美国人每年抛弃1.83亿把剃

---

① 凡勃伦. 有闲阶级论——关于制度的经济研究. 蔡受百, 译. 北京: 商务印书馆, 1964: 66.

② 查尔斯·德伯. 消费至上主义需要改变. 人民日报, 2013-04-25.

刀、27亿节电池、1.4亿立方米包装'花生果'的聚苯乙烯塑料、3.5亿个喷油漆的罐子，再加上足够供给全世界人每一个月一顿野餐的纸张和塑料制品。"① 与此同时，自然界需要付出更大的代价才能供给汽车、一次性物品和包装、空调等东西。"我们的生活方式所依赖的正是巨大和源源不断的商品输入。这些商品——能源、化学制品、金属和纸——的生产对地球将造成严重的损害。"②

在本·阿格尔看来，生态危机已经代替了资本主义社会中的经济危机，成为阻碍经济社会发展的主要因素，而消费又是造成生态危机的罪魁祸首，"历史的变化已使原本马克思主义关于只属于工业资本主义生产领域的危机理论失去效用。今天，危机的趋势已转移到消费领域，即生态危机取代了经济危机"③。生态系统资源的有限性使自己很难支撑不断增长的生产和消费的需要。过度消费超出了自然界的承受能力，引起了非常严重的环境污染和资源浪费，打破了生态环境的平衡，最终引发了资本主义社会的生态危机。

芭芭拉·沃德（Barbara Ward）和勒内·杜博斯（Rene Dubos）认为，在发达国家的经济中，"外部不经济性"（external diseconomy）的生产成本问题、现代城市化的压力问题、连续经济增长所引起的物质与能量日益不足的问题都将给生态环境带来危害。相对于消费之后产生的废物对环境造成的破坏而言，真正的危机是日益增长的消费需求的压力，它致使地球上的资源已经无法承受人类过度的耗用。虽然这种危机被新型能量的开发和生产力的提高所掩盖，但是危机并没有消失。

在世界自然保护联盟前主席施里达斯·拉夫尔（Shridath Ramphal）眼中，"消费"这个名词最适合描绘人类活动对生物圈产生的影响。环境退化被认为是由工业生产引起的，但其根本原因则是对产品的消费活动。他提醒人们在观察受到威胁的环境时，必须最大限度地注意各种消费方

---

① 艾伦·杜宁.多少算够——消费社会与地球的未来.毕聿，译.长春：吉林人民出版社，1997：66.
② 同①30.
③ 本·阿格尔.西方马克思主义概论.慎之，等译.北京：中国人民大学出版社，1991：486.

式。就其本质而言，人类通过使用或消耗能源和原材料，给人类生活的生态圈造成了巨大的环境压力，而消费问题是形成环境危机的罪魁祸首。①

美国经济学家约翰·肯尼思·加尔布雷思（John Kenneth Galbraith）认为，在现代资本主义社会，消费者的主权正在悄悄地被生产者主权所代替。生产者为了不断扩大产品销售，正在悄悄地向消费者灌输"幸福"是从商品的拥有和使用中得到的理念。生产者越是以发展为追求目标，对环境的影响就越大，由此带来的消费对环境的影响也就越大。环境被破坏的代价不是由生产者和消费者承担，而是由社会承担。②

不仅物质丰裕、过度消费会带来生态危机，物质匮乏、消费不足同样会给生态环境带来危害。曾任印度总理的英迪拉·甘地（Indira Gandhi）将贫困称为世界上最严重的污染。《只有一个地球》（Only One Earth）也指出了贫穷是一切污染中最坏的污染。艾伦·杜宁（Alan Durning）指出：一无所有的农民以砍伐和焚烧森林谋生过活；饥饿的牧民把畜群驱赶到草原，使其变成荒漠……过度消费造成对资源的浪费，而消费不足的贫困人口也会对环境造成压力。越是贫困，对自然的依赖性越强，因为贫困使他们得不到商业性的能源，只能靠过度开发环境资源来维持生存。

5. 寻求"消费—生态"悖论的突破

施里达斯·拉夫尔在《我们的家园——地球——为生存而结为伙伴关系》（Our Country, The Planet Foring a Partnership for Survival）中揭露了消费给环境带来的影响。在富人的消费过度、穷人的消费不足、人口的压力和封建的社会制度等现实面前，人类如果只是一味地敷衍应付，坚持不可持续的生活方式，那么必然会走向共同灭亡。只有全世界所有国家共同努力，共同为人类的未来分担责任，抑制富人过度的消费方式，消除穷人的消费不足，控制人口的增长，变革封建的社会制度，实施"可持续发展"的战略，人类才有希望延续下去。

肯尼思·约瑟夫·阿罗则（Kenneth J. Arrow）综合了生态学家和经济学家的观点，提出了两种评价消费的标准：一是现值最大化。如果当前

---

① 施里达斯·拉夫尔. 我们的家园——地球——为生存而结为伙伴关系. 夏堃保，等译. 北京：中国环境科学出版社，1993：13.
② 宋承先. 西方经济学名著提要. 南昌：江西人民出版社，1998：750-764.

实际消费大于最优消费路径所规定的当前消费水平，就说明当前消费过度了。二是可持续标准。可持续标准表示跨期社会福利将不会随着时间的推移而减少。他分别用这两个标准进行实证研究，指出目前世界上许多国家的经济发展未能满足可持续标准，对人力资本和制造资本（manufactured capital）的投资不足以补偿对自然资本的消耗。①

全球生态学（Global Ecology）则认为"可持续发展"是一种鼓励世界欠发达地区追随西方自由资本主义社会而采取的单一的经济道路。对于生态环境的破坏，全球生态学给出的药方是，建立一种不同于消费社会的社会经济组织。这种组织近于模仿传统的公社，与它们所在地的自然环境密切联系，大部分以农耕的形式，沿着更加清晰的生物区域/生态系统的路线划分组织边界；培植一种全新的政治经济学模式：在完全的生态意义上，更加简单、更加持续、更少消费，或者反对消费主义，关注使用价值，而不关注交换价值；倡导一种新的发展模式：第三世界不应该跟随西方的发展道路，而要通过朝着西方和第三世界彼此更为相近的方向前进，使地球上的人类居住条件更加相当。②

莱斯特·R.布朗（Lester R. Brown）在《拯救地球——如何塑造一个在环境方面可持续发展的全球经济》（*Saving the Planet：How to Shape an Environmentally Sustainable Global Economy*）中指出，目前最广泛采用的指标（国民生产总值）有许多弊端：它对各种自然财富的消费没有损失的记录，而且它将消除污染及其有害后果的费用也计算在内。随着环境退化的加速，国民生产总值已经成了衡量进步的一种过时指标。在一个尽可能有效满足人民需求而对环境破坏程度最小的社会中，应建立一种将森林、渔业、供水、空气质量以及其他自然资产消耗和退化等因素计入国民生产总值的办法来衡量人的福利。

1992年加拿大学者威廉·里斯（William Rees）和瓦克尔·内格尔（Wacker Nagel）通过公式将人类消费活动对生态环境产生的影响进行了

---

① 肯尼思·阿罗，等. 我们是否在过度消费?. 刘英，译. 经济社会体制比较，2006(1).

② 布赖恩·巴克斯特. 生态主义导论. 曾建平，译. 重庆：重庆出版社，2007：207-222.

定量分析，提出了"生态足迹"（ecological footprint）概念。他们将这一理论用公式 $F=P\times E$ 进行表示（F 表示特定地区的生态足迹总量，P 表示人口的总量，E 表示人均生态足迹）。这种量化的分析方法不仅其资料获取相对容易，而且具有较高的可操作性和重复使用性，人们可以通过这种方法获得全球或区域范围内自然资产的产出和人类的消费情况。

通过研究马克思的《1844年经济学哲学手稿》和观察资本主义社会消费领域存在的各种现象，马尔库塞得出了这样的结论：资本主义社会中的消费活动已经异化，消费者的消费需求已经由真实变为虚假，人们纷纷加入"商品拜物教"的行列，过着物质丰富但精神痛苦的生活。对于资本主义社会中过度消费、异化消费给自然环境带来的危害，他认为要根据马克思《1844年经济学哲学手稿》中的基本原则，尊重自然，"人道地占有自然"，通过生态革命来消除过度消费、异化消费、虚假消费，使人们过上真正幸福的生活。

美国学者艾伦·杜宁的《多少算够——消费社会与地球的未来》(How Much Is Enough ?: The Consumer Society and the Future of the Earth)，站在环境保护主义的立场，全面批判西方消费主义，认为对于生态环境的破坏，除了人口的增长、技术的变化以外，消费活动也应该承担巨大的责任。在消费社会中，只有同时满足减少物质欲望、改变技术和稳定人口三个条件才能拯救地球。人们更需要一种"持久的文化"，一种能够创造舒适的、非消费主义的、对人类可行的、对生物圈又没有危害的，把技术变化和价值观变革相结合的生活方式。美国佐治亚州立大学(Georgia State University)企业管理学院教授伍兹（W. A. Woods）于1981年将生态学理论引入《消费者行为》(Consumer Behavior) 一书，并为原本相对独立的两个研究体系——消费与生态——架起了一座桥梁。

与其他学者不同，索洛（Robert M. Solow）认为消费活动根本不需要人为干涉，自然资源就有一只"看不见的手"在调控：在消耗的自然资源价格上涨时，相互竞争的生产者就会用数量较多、价格较便宜的资源来代替；如果没有能够代替的物质，使用这种昂贵资源做原料的商品的价格，就会比其他商品的价格高。这样一来，消费者自然而然就会少买这种商品，而多买其他商品。那么，国民生产总值的资源需要量就会随着自然资源生产率的提高而降低。① 一种资源相对稀缺、价格上涨，就会推动人们使用其他资源或者寻找节约使用原有资源的新方法。

三、国内学者视野中的"消费—生态"悖论

我国学者对人与自然的关系，特别是对"消费—生态"悖论的研究起步比较晚，主要是从西方研究的成果中吸取有用的部分，结合我国经济发展的实际进行研究和阐述。消费领域的研究在 20 世纪 70 年代前后引入了生态学理论。1983 年，尹世杰教授在其主编的《社会主义消费经济学》一书中将消费与环境资源联系在一起。四十多年来，我国学者围绕着生态消费的相关问题，从不同的学科和角度进行了积极的探索与深入的思考。

（一）生态消费的理解

20 世纪 80 年代，我国学者提出，生态需要同物质需要、精神需要一样，是人类的一项基本需要。而今，社会各界已经开始逐渐认可和重视这个概念。有的学者认为，精神与物质已经不能完整地诠释人，人还应该是生态的。只有生态消费才能满足生态性质的人再生产的需要。② 曾坤生在《论生态需要与生态消费》一文中提出，生态消费是人类需要体系中的重要内容——生态需要的实现形式。通过良好的生态环境满足人的生态需要，为人们提供多种形式的生态消费可以促进社会经济的良性发展。③ 随着时间的推移，"消费—生态"悖论的研究不断深入，我国学者开始从不同学科对生态消费做出解释。

其一，从经济学角度进行思考。1983 年，尹世杰教授主编的《社会主义消费经济学》一书中指出，生态消费应"注重节约能源……合理安排城乡布局……防止环境污染等等"。之后，他又将生态消费置于人与自然的协调发展和社会可持续发展的维度中进行思考，指出生态需要应该同物

---

① 索洛. 世界马上就要完结了吗?. 挑战，1973 (3-4).
② 柳杨青. 生态需要内涵研究. 江西财经大学学报，2004 (1).
③ 曾坤生. 论生态需要与生态消费. 生态经济，1999 (6).

质需要和文化需要一样，被包含在人们的消费需求之中，提出生态消费是人们最基本、最重要的消费①，它不仅能提高人们的消费质量、实现人的全面发展，而且能推动社会经济、文化的可持续发展。在《关于消费生态化的对策思考》一文中，王俊祥从"消费生态""生态消费""消费生态化"三个方面展开相关探讨，认为"消费生态"是一个经济生态系统，它与自然生态系统紧密联系。不管是生产性消费还是非生产性消费，它的消费规模、消费速度、消费程度都会受制于当时的生态环境条件。②

其二，从哲学角度进行思考。在《生态消费与可持续发展》一文中，邱耕田指出：生态消费应该是一种既符合物质生产的发展水平又符合生态生产的发展水平，既能满足人的消费需求又不对生态环境造成危害的绿化的或生态化的消费模式；这种消费的特征是适度性、持续性、全面性、精神消费第一性。③

其三，从生态伦理学角度进行思考。卿定文、张菊在《建设环境友好型社会呼唤生态消费》一文中探讨的生态消费，是一种建立在保护自然生态基础之上，既能满足人们正常的、合理的、适度的物质和精神消费要求，又能符合自然生态发展需要的消费模式。④ 王近夏在《论生态消费观的建构》一文中提出的生态消费观，是一种使人类物质文明、精神文明在资源环境不受破坏的基础上得到充分全面发展的消费理念。⑤

其四，从生态学角度进行思考。在《生态消费——迈向21世纪的新消费》一文中，胡江认为生态消费是一种既有利于环境保护和消费者健康，又能实现经济可持续发展的符合生态系统要求的消费模式。⑥ 在《生态消费行为及其制度构建》一文中，柏建华指出生态消费是一种既能符合社会生产力的发展水平，又能实现人与自然的和谐发展，还能满足人的消费需求，但又不会对生态环境造成危害的生态化的消费模式。⑦

---

① 尹世杰. 论知识经济与生态消费. 经济评论，1999（6）.
② 王俊祥. 关于消费生态化的对策思考. 河北大学学报，1996（S1）.
③ 邱耕田. 生态消费与可持续发展. 自然辩证法研究，1999（7）.
④ 卿定文，张菊. 建设环境友好型社会呼唤生态消费. 消费经济，2006（3）.
⑤ 王近夏. 论生态消费观的建构. 中国环境管理，1999（6）.
⑥ 胡江. 生态消费——迈向21世纪的新消费. 生态经济，1999（3）.
⑦ 柏建华. 生态消费行为及其制度构建. 宁夏党校学报，2005（1）.

以上论述虽然从不同角度对生态消费做出了内涵不同的解释，但是它们都认为，生态消费应该建立在人、自然、社会和谐统一的基础上。

（二）消费活动造成生态危机的原因

工业社会中的生产方式和消费方式，打破了大自然中的碳循环、水循环、硫循环和氧循环等诸多生态循环系统的平衡，导致酸雨成灾、土壤退化、农牧业减产，植被破坏、沙漠扩大、水土流失，臭氧层破坏，温室效应加剧，全球气候变暖，厄尔尼诺现象频繁发生，水旱灾害肆虐。①

邱耕田认为在造成生态危机的人口因素和生产因素中，深层次的原因是急剧增长的消费需求。但是并不能将问题简单归因于人的需求，问题的根源在于人的不合理的需求和消费行为。要辩证地看待人的消费需求：相对于随着人口增加而不断增大的消费需求的绝对增长模式，那种随着生活水平的提高而不断递进攀升（以高消费为代价）的消费需求的相对增长模式对生态的负效应更大。当人口基数越来越大，自然就只能满足人类的基本需求。②

欧阳志远分析道："从理论上说，市场经济的基本特点是追求经济效益的最大化，在这种机制的推动下，经济活动的主体必然尽最大可能地提高资源的利用率，使资源尽可能多地转化为产品，尽可能少地以废物的形式排放。""要使经济效益和生态效益一致，必须有个先决条件就是资源价值要得到体现。"但是资源存量的均衡分析，由于现实中资源价格难以计算、资源所有权难以建立和维护等原因，没有办法被纳入国民经济管理，所以在生产和消费过程中，自然体系（空气、河流等）就充当了免费的"清洁工"的角色。③ 经济与文化相脱节也是造成生态危机的一个重要原因。文化作为一种人化，是人为了满足自己的需要而对自然的改变和与之相随的对自身的改变，也就是自然的人化和人的自然化。在这个过程中，无论是物质上的变化还是精神上的变化，都应该有利于人的本质力量的发展，所以经济活动本身就是文化活动，是基础性的文化活动，它与人的发

---

① 李建平. 论消费环境与节约型社会. 生态经济，2005（12）.
② 邱耕田. 生态消费与可持续发展. 自然辩证法研究，1999（7）.
③ 欧阳志远. 最后的消费——文明的自毁与补救. 北京：人民出版社，2000：280.

展是不应该有矛盾的。但是在"以物为依赖"的阶段,劳动异化的产生使人与自然的亲密关系不得不疏远。

工业文明所支撑的消费主义受到两个方面的严厉批判:一是消费主义导致生态危机,二是消费主义导致精神危机。在"拥有即存在"观念的驱使下,人们追求着一种最大限度的物质享受和感官刺激的消费主义生活,这使得全球性的生态危机成为威胁人类生存的严重问题。与此同时,消费主义倡导消费至上的价值观念鼓励着人们为消费而消费,"我消费我存在",消费由手段变成人生目标,满足需要的消费变为满足非理性的欲望。在欲望的丛林中,人的价值由物的价值来确证和彰显,神圣而崇高的目标渐行渐远,一种占有物质却丧失意义后剩下的虚无主义或空虚感如影随形。卢风认为,消费主义其实就是一种认为人生的根本意义在于消费的人生观,这种人生观将消费标榜为人们"精神满足和自我满足"的根本途径。[1] 台湾大学社会学系叶启政教授认为,欧洲启蒙精神开启了以理性来证明"人本"的人文主义主张。这种人文主义主张的核心是一种以"人定胜天"为主轴,强调欲望的满足和不断开发的生存发展理念。在实际的社会场域中,这种注重欲望满足的生存发展理念主要围绕着"生产",通过战天斗地和扩大再生产来实现。但是,随着社会条件的发展,尤其是科技的发展,启蒙精神的证明方式由原先的"生产"变成了"消费"。人们通过"消费"的极大化来弥补"生产"过程中所受到的种种压抑和剥削。[2]

学者们普遍认为,造成人类诸多问题的原因是多种多样的,但是它们却共同导致了人与自然之间普遍的紧张关系,危及人类生存的根基,使人成为物的奴隶,丧失对人生意义和价值的追问能力。因此,建立在工业文明上的消费主义将会随着工业文明的衰落被人们摒弃,取而代之的将是有利于人与自然和谐发展,并建立在生态文明基础上的生态消费。

(三) 寻找消费与生态相协调的模式

欧阳志远认为,西方社会的消费主义已经失去了消费活动的本来面

---

[1] 卢风. 论消费主义价值观. 道德与文明, 2002 (6).
[2] 叶启政. 启蒙人文精神的历史命运:从生产到消费//中国社会科学院社会学研究所. 中国社会学:第1卷. 上海:上海人民出版社,2002:79.

目,已经给自然环境造成了严重的破坏。如果我们还不加分辨地学习西方"我消费我存在"的消费理念,必将会破坏人与自然之间的和谐。在"技术社会形态"的演变过程中,从渔猎社会到农业社会再到工业社会中人与自然之间物质变换的方式可以看出:生产技术必须要按照生态学规律运行才能够持久,未来的社会形态应当是"生态化的生物产业社会"①。他提倡通过"负阴而抱阳"的适度消费,实现人与自然、人与人、人与社会的和谐;通过趋同—认同—协同"三部曲"转换人们的消费观念,推广环保标志产品的消费;通过资源集约利用和循环利用的绿色消费模式,推行可持续发展战略。②

李新家在《消费经济学》一书中提倡"资源约束型"消费方式。他认为,在消费品发展战略上应该坚持以下原则:(1)人的需要的满足和效益的最大化原则。不管哪一种商品都应满足人的需要,使人们通过消费而得到一定的效益,各种消费品在消费中的构成应该达到最大限度地提高效益的要求。(2)对人类社会的进步和个人的发展最有利的原则。应该用这个原则去校正和补充第一条原则。(3)资源最大限度节约原则。通过资源条件的限制,在资源消耗的过程中要特别注意消费的效果。人们通过消费获得的满足并不总是同资源消耗量成正比,在经济生活中确实存在着资源的边际效益递减的现象。③

万俊人认为,消费是为了生活,消费行为既不是一种纯粹的满足生理需求的物质消耗行为,也不是简单的经济行为,它与人的生活目的、理想及其实现方式息息相关。最佳的消费方式应是,在符合生活目的要求的基础上,合理高效地消费或利用物质生活资源。适当的消费或最佳的物质资源利用就在于人为自身确定生活标准,也就是合理地确定自己的"生活指数"。④

周中之认为消费活动是由两个方面决定的:一是人的经济能力(能不能),二是人的意志和愿望(愿不愿意)。人的意志是受人生观、价值观影响的,消费伦理对调整一个人的消费行为有重要的意义。在建设节约型社

---

① 欧阳志远. 最后的消费——文明的自毁与补救. 北京: 人民出版社, 2000: 336.
② 同①349-361.
③ 李新家. 消费经济学. 北京: 中国社会科学出版社, 2007: 189.
④ 万俊人. 道德之维——现代经济伦理导论. 广州: 广东人民出版社, 2000: 284.

会的过程中,消费者在享受消费权利的同时,也应当承担一定的社会责任:(1) 对生态环境的责任;(2) 对预防疾病、搞好公共卫生安全的责任;(3) 维护良好社会风气的道德责任。① 他试图建构当代中国消费伦理规范体系中人与自然和谐、物质生活与精神生活和谐的两大原则,以及适度消费、绿色消费和科学消费三个规范。② 他强调:消费伦理观念的变革是推动生态文明建设的基础;只有推动社会成员消费伦理观念变革,才能生态文明建设奠定群众基础;鼓励消费与引导消费相结合,协调生态文明建设与经济建设的发展。③

甘绍平主张对超出必要消费之界限的、挥霍性的物质欲望与物质享受做出自愿的限制或放弃。他倡导人们放弃那种既对人的自我实现没有任何意义,又要大量消耗自然资源的消极的、非自主性的消费方式。④ 王玉生等指出,由于人自身存在的二重性和人的需要的综合性与矛盾性,所以对人消费活动的评价是多重的。只有辩证地看待消费的伦理评价和经济评价,才能解决鼓励消费与抑制消费之间的价值悖论。消费伦理冲突和矛盾的解决,需要界定合理性消费的标准。⑤

何小青在《消费伦理研究》一书中指出:(1) 通过变革消费方式,提倡适度消费与节约消费;校正发展坐标,提倡生态消费与环保消费;强化全球意识,倡导消费的理性与责任,推行"可持续消费"理念。通过融合"可持续消费"内容的环境教育,培养人们形成与保护和改善环境相协调的道德的、经济的、美学的价值观念。(2) 提倡在自然资源使用上考虑代内公平和代际公平的"公平消费"。(3) 提倡消费需求水平与生产力发展水平相一致,以地球的承载能力为限度的"适度消费"。(4) 提倡有利于保护人类共同消费环境,有利于人的全面发展,有利于人的生活质量提高的"和谐消费"。(5) 提倡有利于节约资源,保护生态环境;有利于扩大消费需求,促进经济增长;有利于提高消费质量,促进人的身心健康和全

---

① 周中之. 消费的自由与消费的社会责任. 道德与文明,2007 (2).
② 周中之. 全球化背景下的中国消费伦理. 北京:人民出版社,2012.
③ 周中之. 消费伦理:生态文明建设的重要支撑. 上海师范大学学报(哲学社会科学版),2015 (5).
④ 甘绍平. 论消费伦理——从自我生活的时代谈起. 天津社会科学,2000 (2).
⑤ 王玉生,陈剑旎. 关于节约与消费的道德思考. 道德文明,2003 (1).

面发展的"科学消费"。①

郑红娥通过分析社会转型期内我国居民的消费观念、消费行为和国内外消费环境中出现的问题，提出了解决这些问题的方案——"消费发展观"：将"消费活动仅仅是促进经济发展的主要手段"的观念转变为"消费活动是有利于人性发展、个性的自由和社会的全面进步的主要目的"的观念；转变消费社会的运作机制，由消费社会中的刺激欲望、满足享受的运作机制转变为有助于个性全面发展和社会可持续发展的运作机制。另外，在具体的社会运作中，各国政府必须制定一系列有利于环境可持续发展的配套政策：（1）富国支援穷国，同时穷国根据自身情况走自力更生的发展道路。（2）制定使各产业的发展向低消费方向转化的政策，尤其是使产品的价格能反映它的环境代价。（3）世界各国，特别是发达国家，应该培养一种能够持续无数代人的生活方式的美德。②

20世纪90年代，《21世纪行动议程》中的"可持续发展"概念成为生态环境保护学术研究的重点。在《论生态消费与可持续发展》一文中，刘新新指出，应该全面推行生态消费模式，因为生态消费不仅能推动生产的可持续发展，而且能实现社会和人的可持续发展。③陈启杰、楼尊推行一种既体现绿色文明又遵循可持续发展原则的消费模式——绿色消费模式，这种消费模式是在一定的社会形态和生产关系下消费者（包含生产性消费者和生活性消费者）同绿色消费资料的结合方式。作为一种理性的消费方式，绿色消费模式需要消费者在承担保护生态环境、减少资源浪费和防止污染等社会责任的前提下考虑自身健康的保护与个人利益的满足。④他们从吃、穿、住、用、行五个方面分别探讨了绿色消费模式的具体内容，吃"绿色食品"，穿"绿色衣着"，住"绿色建筑"，用"绿色产品"，使用"绿色交通工具"。张孝德认为，绿色消费是化解环境危机的治本之策，大力倡导和推动绿色消费是生态文明建设的最大原动力。倡导绿色消

---

① 何小青. 消费伦理研究. 上海：上海三联书店，2007：88-113，214.
② 郑红娥. 社会转型和消费革命——中国城市消费观念的变迁. 北京：北京大学出版社，2006：315-316.
③ 刘新新. 论生态消费与可持续发展. 绿色中国，2004（6）.
④ 陈启杰，楼尊. 论绿色消费模式. 财经研究，2001（9）.

费，需要从转变价值观、消费观、伦理观开始，把节俭消费和绿色文化纳入社会主义核心价值体系，进行宣传与践行。① 有学者提出，针对消费主义的生活方式对中国"生态社会建设"构成的巨大危害，要采取"解构性"对策和"建构性"对策：要用消费正义观解构奢侈性消费现象；用适度消费观解构超前性消费现象；用节约性消费观解构过度性消费现象；用绿色消费观解构野蛮性消费现象。而"建构性"对策就是发展"非物质增长的经济"。②

四、"消费—生态"悖论研究的思考

以上关于"消费—生态"悖论研究的简要归纳和梳理，为我们的后续研究提供了思想启迪和方法示范，他们研究中的不足和缺陷也为我们的进一步前行预留了空间，使我们得以根据现代社会的消费特点，以及社会、历史、自然等客观因素，提炼出能够指导和规制消费者行为的道德规范，推动消费者提升消费道德境界，从而化解"消费—生态"悖论，使人与自然、人与人、人与社会和谐发展。

（一）"消费—生态"悖论的研究阈限

综上所述可见，国内外关于"消费—生态"悖论的研究成果，到目前为止，还存在以下不足或缺憾。

其一，在研究目标上，国外学者对于"消费—生态"悖论的研究是在赞同资本主义生产资料私有制，否认资本主义剩余价值理论的基础上进行的，试图通过改良的办法解决资本主义社会发展过程中生态与消费之间的矛盾。西方马克思主义学者法兰克福学派代表人物马尔库塞在分析资本主义社会中存在的"消费—生态"悖论时，虽然根据马克思的异化劳动理论找到了引起生态与消费之矛盾的原因——以高消费带动高生产，推动经济

---

① 张孝德. 绿色消费是化解环境危机的治本之策. 人民论坛，2016 (7).
② 胡建. 建设生态文明与克服消费主义. 上海师范大学学报（哲学社会科学版），2016 (1).

增长，无限扩张的、虚假的消费需求给生态环境带来了巨大的压力。但是，他们在解决由异化消费带来的生态危机问题时，试图在不动摇资本主义生产资料私有制的基础上，通过改良资本主义社会内部的办法来解决。西方马克思主义的生态消费思想包含着真知灼见，但主要是针对现当代资本主义社会消费主义和生态危机，从西方学者特有的思维方式和研究方法进行分析的。

其二，在研究视角上，国内外大部分研究或是以生态为视角研究消费理论（如生态马克思主义），或是以消费为切入点研究生态问题（如生态经济学），但是从生态和消费两方面入手，研究两者矛盾却又能自圆其说的却很少。而且，大部分关于"消费—生态"问题的研究只涉及其中的少数问题，如单纯批判由过度消费引起的生态危机现象，或单纯寻找消费活动给生态环境带来损害的原因，等等，从"是什么""为什么""怎么办"等方面系统、全面地探讨"消费—生态"悖论的研究成果还不多。无论是在国外还是在国内，都有部分学者将"消费—生态"悖论完全等同于绿色消费、可持续消费、适度消费等问题，缩小了"消费—生态"悖论研究的外延，模糊了它们之间的差异。

其三，在研究范围上，国内外学者对"消费—生态"悖论的研究主要是站在消费经济学、社会学的角度，较少运用生态哲学、生态伦理学来分析消费问题。对于如何解决"消费—生态"悖论问题，如何发展生态消费方式，提出了涉及社会各个领域的普适措施，但所涉及的各个学科很少从本专业的角度给出解决"消费—生态"悖论的独特意见和看法，而且大多数以"消费—生态"悖论为主题的研究只是从概念、特征、现象等方面进行，很少从其内部逻辑、深层次学理方面进行研究。到目前为止，国内外学者对"消费—生态"悖论的研究并没有自成体系或独成学科，大多数研究是从自身学科的特点谈起，只是侧重点不同，如：经济学是从消费的角度探讨怎样才能在有限资源的条件下实现最大消费量；生态学则从自然界的利益出发，研究怎样才能在保障人类生活消费需要的情况下消耗最少的自然资源和破坏最少的自然环境；等等。但对于怎样才能建立起一种既能保持可持续发展又能满足人们日益增长的消费需求的机制，如何制止过度消费给生态环境带来危害，国家、企业、社会、个人该怎样做等问题，却谈得很少。

基于这些问题,本书在借鉴前人成果并汲取相关教训的基础上,分四大部分展开研究:首先是概念部分,主要围绕消费、消费需要、生态需要、生态人等概念,探讨"消费—生态"悖论的多维内涵和伦理意蕴;其次是历史部分,主要探讨"消费—生态"悖论与渔猎文明、农耕文明、工业文明的内在关系,试图探究消费伦理文化与人类文明进程的深刻关联以及后者对前者的内在影响;再次是现实部分,主要围绕问题审视、实例分析、文明视野、价值超越四个方面,深入分析生态时代的消费问题及其本质;最后是对策部分,主要从政府、企业、公众等主体角度,寻求体现生态消费伦理理念、推进消费文明的具体对策。

围绕上述几个方面,我们的研究思路是:以"消费—生态"悖论为逻辑起点,辨析相关基本概念;以考察消费—生态之间的张力与人类文明的历史演变为研究基础,厘清消费与社会文明发展的动态关系;以伦理视角审视生态时代的消费问题为研究重点,探讨消费主义对生态危机的严重影响及成因;以消费方式生态化的价值超越为研究核心,探索生态时代的消费价值指向;以提出消费文明对接生态文明的对策为落脚点,探析不同主体应当践行的生态消费伦理准则。

在本书中,我们阐述的主要观点有:(1)消费不仅是一种经济现象,而且是一种以道德价值为核心的文化现象。当前,由消费主义带来的各种扭曲人性的异化消费具有反文明的性质,造成了资源枯竭、环境污染和生态破坏等方面的巨大危害。"地球可以满足人类的需求,却满足不了人类的贪婪。"(圣雄甘地语)人的贪婪最终造成了自然界满足人类需要的能力降低,造成了人类精神家园的空虚,使人的可持续发展面临危机。(2)"消费—生态"悖论是一种历史生成的发展规律,也是人类生存和发展的建构性活动。我国建设生态文明,既需要扩大消费,保证经济发展,又需要保护环境,促进人与自然的和谐;当今的时代条件、国际环境以及我国的基本国情,决定了我国不应当也不可能模仿美、英等发达国家以挥霍资源为特征的消费模式。因此,只有立足我国国情,树立生态消费伦理观念,才能超越"消费—生态"悖论,才能建设美丽中国。(3)消费方式生态化的价值诉求是要实现消费的经济合理性、生态合理性与伦理合理性，形成有利于生态文明建设的新型消费方式。为此，要变革消费主义张扬的高碳消费、奢侈消费、低俗消费等反伦理、反生态的消费方式，使消费方式"合是""合度""合宜""合道"，大力倡导低碳消费、绿色消费和文明消费。只有生态化的消费方式才是可持续的消费方式。（4）消费文明体现个体的幸福状态，表达人与人之间的和谐关系，追求人与自然之间的协调关系。因此，它既是主体文明的显现，又是社会文明的表征，还是生态文明的标志。

我们的研究致力于三个方面的探索。（1）在理论上，其亮点是首次试图全面阐释"消费—生态"悖论，揭示生态伦理、经济社会发展、消费方式的内在关联，对生态消费伦理观展开富有创新的理论探讨，此其一；首次尝试性地、系统地探析消费与生态之间的内在逻辑、价值诉求和理论框架，此其二。（2）在实践上，其特色是结合国内外研究的先进成果与我国的具体国情，提出并制定适应生态文明建设需要、体现生态消费伦理理念和中国特色的新型消费方式发展战略。（3）在学科上，本书是跨学科的研究成果，主要涉及哲学、伦理学、社会学、经济学、消费学等学科，努力架构消费伦理与生态伦理之间的关联，试图既从生态伦理学视野分析消费伦理的问题，又从消费伦理角度阐释生态伦理的问题。

（二）"消费—生态"悖论的化解境界

比尔·麦克基本（Bill Mckibben）在《自然的终结》（*The End of Nature*）一书中指出，消费主义已经成为一种强有力的意识形态，无时无刻不控制着人类的生活方式。人们误认为不断增长的消费可以补偿在其他生活领域特别是劳动领域内遭受的挫折，于是疯狂地以消费这种方式来宣泄劳动中的不满，并把消费和幸福等同起来，把消费数量作为衡量自己的幸福的尺度，从而使人越来越依赖于消费。但是，人们却忘了，消费作为"生"的一种张扬并不是无限的，它必然会受到"命"——自然界的客观制约。所以，"生命"在任何时期都要体现"生"的内在要求和"命"的客观制约这一矛盾统一。

然而，在经济不断发展的过程中，人类的欲望、贪婪、非理性行为导致自然界原有的自洽性一次次遭到破坏。纵欲、享乐、非理性的消费行为冲击着"黜奢崇俭"的传统消费伦理。奢侈消费、信用消费、象征消费等现代消费方式不断破坏着节约、简朴的传统价值体系。"消费问题是环境问题的核心，人类对生物圈的影响正在产生着对于环境的压力，并威胁着地球支持生命的能力。"① 自然生态危机必然导致人文社会生态的破坏。掩藏在人对自然的开发利用这一关系下的实质是人与人之间的利益关系，包括人类群体与人类整体之间、人类不同群体之间、代内之间和代际的利益关系等。因而，人们必然要质问：消费到底有无生态边界？遏制不合理的消费是否需要确立某种价值信念？

我们以"自然之境"来探究"消费—生态"悖论问题，是出于对上述两个问题的思考。一方面是取"境"之含义。《说文新附考》曰："境，疆也。""境"，其义有三：一是疆界，边界，如国境、越境；二是地方，区域，如渐入佳境、如入无人之境；三是面临的情况或状况，如境况、处境、困境。我们这里的"自然之境"所指也有此三重之义：其一乃指消费所具有的"边界"，特别是其生态边界究竟何在。也就是说，消费有无边界限制？如果有，是什么，如何设定？其二乃指消费应该具备什么样的"区域"。如，如何划定消费的物质区域和文化区域？如何区分高碳消费和低碳消费？如何区分绿色消费和非绿色消费？这些都可以归属为消费的区域问题。其三乃指消费可能面临什么样的"状况"或情态。"消费—生态"悖论本来就是一种困境，这种困境的张力何在？如何走出这种困境？

另一方面是在某种程度上受到冯友兰先生人生境界论的影响。冯先生根据觉解的程度不同，把人生境界分为四个层次：自然境界、功利境界、道德境界、天地境界。"自然境界的特征是：在此境界中的人，其行为是顺才顺习的。"② 所谓才，即生物本性或自然本性，也就是人的自然属性；所谓习，即个人的习惯或社会习俗。处在此境界中的人，以本我为中心，以本能的生物形式存在，展示了人自然性的人格，人是自然的，人的需求也是自然的。"功利境界的特征是：在此境界中的人，其行为是'为利'

---

① 施里达斯·拉夫尔. 我们的家园——地球——为生存而结为伙伴关系. 夏堃堡，等译. 北京：中国环境科学出版社，1993：13.
② 冯友兰. 三松堂全集：第4卷. 郑州：河南人民出版社，2001：551.

的。所谓'为利',是为他自己的利。"① "利"即对我之需求的满足,精神性满足往往求助于名,物质性满足往往求助于物质利益即狭义的利。处在此境界中的人,其行为都有确切的"求利"目的,但他们只是觉解到"生物之理"或"动物之理",对于人之所以为人的"人之理"并无觉解。"道德境界的特征是:在此境界中的人,其行为是行义的。义与利是相反亦是相成的。求自己的利的行为,是为利的行为;求社会的利的行为,是行义的行为。在此境界中的人,对于人之性已有觉解。"② 处在此境界中的人,以他人和社会为中心,展示了人,展示了人社会性的人格。"天地境界的特征是:在此境界中的人,其行为是'事天'的。在此境界中的人,了解于社会的全之外,还有宇宙的全,人必于知有宇宙的全时,始能使其所得于人之所以为人者尽量发展,始能尽性。"③ 处在此境界中的人,不仅能尽人伦、尽人职,而且能尽天伦、尽天职,即能事天、乐天、同天,因而它是一种最高的境界,只有达到这种境界的人,才是圣人,才具有真正的理想人格。这四种境界依人的觉解程度,以世界范围的大小而依次上升:自然境界是求本能的善,人是自然的人;功利境界是求个体的善,人是现实的人;道德境界是求社会的善,人是道德的人;天地境界是求宇宙的善,人是宇宙的人。所以,天地境界是至善境界,达到了天人合一,真正实现了人与自然的和谐关系、人与自我的和谐关系、人与人的和谐关系、人与社会的和谐关系。

"境界"一词本来指人性所能参悟的程度,《无量寿经》(卷上)曰:"比丘白佛,斯义弘深,非我境界。"在佛教那里,所谓境界是指人们通过修行所经历的不断攀升的觉悟程度。每登临下一个境界,之前的境界即被超越在后,因此,境界是节节攀登、渐次上升的,不会交互作用、混同叠加。在冯先生那里,境界也是这样一种状况,其人生境界四层论给人们不断攀越人生精神台阶指明了方向和具体内容。但是,人是复杂的社会动物,在人与自然、人与自我、人与人、人与社会的不断交往过程中,人的

---

① 冯友兰. 三松堂全集:第4卷. 郑州:河南人民出版社,2001:552.
② 同①552-553.
③ 同①553.

境界是不断发生变化的，并非随着修行的深入、阅历的丰富、寿命的增加而会如此由低到高攀爬，从而不再反复、固态不变，而是螺旋上升、你中有我我中有你、交替变化的。这就不难理解，为什么许多人在其人生最具资历时刻、最辉煌时刻、临近退休甚或终老之前，仍然可能错失不断甚至犯下弥天大罪。人们总是期望在社会实践活动中剔出迷失、增加觉解，具有较少低层次而具有较多高层次的境界。也就是说，人的境界是一个色彩斑驳、高低混同的动态状况，而不是一种单一的、纯粹的静态情形。作为冯先生最高人生境界的天地境界是空蒙灵变的，但它不是少数人经过所谓哲学训练就能达到或拥有的，而应当是人人皆可为的，虽然这只是人们在少数时候少数场合片刻闪现的。就是说，在人生过程中，冯先生所说的四种境界是每个人每时每刻都可能经历的阶段，只不过不同觉解的人所拥有的成分不一。因此，与冯先生不同的是，我们不把天地境界看作最后的、最高的、最善的境界，而是把经过循环往复之后的自然境界看作我们的最终归宿。

就"消费—生态"悖论来说，人们的消费也是有境界的，从简单的生理需要到精神层面的高级需要，从物质层面的温饱满足到文化需要的不断充实，人的消费既由人的消费处境决定，也与人的人生境界相关。易言之，有什么样的人生境界就有什么样的消费方式，通过消费，我们也能见识消费者的人生境界，即消费本身也能体现、表达人的觉解程度。因此，"消费—生态"悖论如何化解、化解的程度如何，既要由人们的较高人生境界来指导，也体现了人们所具有的人生境界层次和成分。在冯友兰先生那里，自然境界是人的最低的、最初的、最基本的境界，是人们顺才而行、顺习而行的本能活动，任何智力健全的普通人，无须修炼都可以达到。当然，这并不是动物般的简单生理满足，并非不识不知，只是一种基本觉解。在消费中，自然境界既是一种初级的、原始的需要满足，又是一种在历经其他境界之后的人们更高级的精神状态。在这种状态中，一方面，人们注意到满足自身基本需要的有限性，因为这是人生存和发展的前提，但人们并不停留在动物般的仅仅是生理需要满足的静态阶段，同时也意识到自己精神需要的无限性——如果没有基本生活的保障便奢谈其他高级需要，这便违背了人的生存发展规律；另一方面，人们只是立足第一需求的自然表达和合理满足，并不奢求过度的、盲目的繁华而无视自己内在的精神世界。因此，在自然境界中，人们最初只是为了满足基本需要，在基本需要满足之后，继而就会出现各种欲望，于是人们开始迷失在消费中，经历各种境界之后，人们开始再次回到自然境界，在满足基本需要的基础上把握各种复杂关系——把握基本物质需要与高级精神需要之间的合理关系，把握高碳消费与低碳消费对于生态影响的基本估测，把握绿色消费与非绿色消费对于环境的价值张力，因而，这是一种超越原初自然、超越功利世界，把道德诉求与天地协和糅合一体的更高级的境界。

马克思认为，消费是人的本质的表现和确认，也是人的本质不断升华、不断发展的重要条件。易言之，人的发展程度，包括其所发育的人生境界，是评价消费是否合理的终极价值尺度。因此，需要对生态时代的消费问题加以伦理考量。这种思考在我国尤为关切。党的十八大报告专条阐发生态文明建设，并指出：发展循环经济，促进生产、流通、消费过程的减量化、再利用、资源化；加强生态文明宣传教育，增强全民节约意识、环保意识、生态意识，形成合理消费的社会风尚，营造爱护生态环境的良好风气。[①] 十八届五中全会指出，"加强资源环境国情和生态价值观教育，培养公民环境意识，推动全社会形成绿色消费自觉"，"倡导合理消费，力戒奢侈浪费，制止奢靡之风"[②]。2016年2月17日国家发改委等十部门为落实绿色发展理念，根据《中共中央国务院关于加快推进生态文明建设的意见》《中共中央国务院印发〈生态文明体制改革总体方案〉》《国务院关于积极发挥新消费引领作用加快培育形成新供给新动力的指导意见》等文件的要求，促进绿色消费，加快生态文明建设，推动经济社会绿色发展，制定了《关于促进绿色消费的指导意见》，指出："促进绿色消费，既是传承中华民族勤俭节约传统美德、弘扬社会主义核心价值观的重要体现，也是顺应消费升级趋势、推动供给侧改革、培育新的经济增长点的重要手段，更是缓解资源环境压力、建设生态文明的现实需要。"这实际上表明了中国向世界承诺为全球生态安全做出新贡献的底气和原因所

---

① 胡锦涛. 坚定不移沿着中国特色社会主义道路前进 为全面建成小康社会而奋斗——在中国共产党第十八次全国代表大会上的报告. 北京：人民出版社，2012：40-41.

② 十八大以来重要文献选编：中. 北京：中央文献出版社，2016：804.

在，这就是中国所走的基于消费方式改革的治理之路，是一条内生治本的治理之路，因而也是一条中国与世界的双赢之路。① 党的十九大报告不但史无前例地总结了生态文明建设成就，而且把"坚持人与自然和谐共生"作为十四个"基本方略"之一；同时，把建设"美丽中国"作为社会主义现代化强国目标，指出"加快建立绿色生产和消费的法律制度和政策导向，建立健全绿色低碳循环发展的经济体系"，"倡导简约适度、绿色低碳的生活方式，反对奢侈浪费和不合理消费，开展创建节约型机关、绿色家庭、绿色学校、绿色社区和绿色出行等行动"②。之前的全球金融危机给我们敲响了警钟，传统消费模式是一条资源环境难以支撑的"负重之路"。因此，金融危机不只是经济危机，更是道德危机、文化危机、生态危机。这表明，转变经济发展方式和消费方式刻不容缓，加快建设生态文明日益迫切；而生态文明的重要体现是消费方式生态化，其价值观是经济合理性、生态合理性和伦理合理性相统一的生态消费伦理观。

---

① 张孝德. 绿色消费是化解环境危机的治本之策. 人民论坛，2016（7）.
② 习近平. 决胜全面建成小康社会 夺取新时代中国特色社会主义伟大胜利. 人民日报，2017-10-28.

第一章 "消费—生态"悖论的伦理解读

消费是人类生存与发展的重要方式和手段。人类的消费是以一定的生态损耗为基础的，是自然过程，"具有自然过程的性质"①。因此，消费与生态之间形成了一种张力：一方面，人类的生存与发展必须以生态损耗为基础；另一方面，人类的可持续生存与发展又必须以生态的可持续为前提。消费与生态以各自的张力陷入了不可调和的悖论之中。正如有学者指出的，"在现代化建设中存在这样一个悖论：似乎只要从事现代化建设，就必然导致物质主义的生发和张扬，并进而会导致伦理道德的沦丧和生态环境的破坏；而要保护和维持已有的伦理道德和生态环境，就只能牺牲发展和忍受贫穷。消费社会更把这个悖论深化了"②。"消费—生态"悖论是导致生态时代的消费问题的逻辑前提。因此，在建设生态文明的进程中，消费的无限性与生态的有限性的矛盾关系迫切需要我们从伦理学视野破解这个悖论的理论内涵和历史影响，探究消费方式生态化的实践途径和具体方式。③

---

① 李新家. 消费经济学. 北京：中国社会科学出版社，2007：40.
② 郑红娥. 社会转型与消费革命——中国城市消费观念的变迁. 北京：北京大学出版社，2006：74.
③ 曾建平，黄以胜. "消费—生态"悖论的伦理意蕴. 中州学刊，2013（7）：106.

一、消费需要与生态需要

消费是人类日常生活中最普遍的一种经济行为,它满足了人类生存与发展的需要。"人从出现在地球舞台上的第一天起,每天都要消费,不管在他开始生产以前和在生产期间都是一样。"① 在传统消费观中,人们基于需要进行消费;进入消费社会后,由于物质产品的极大丰富和消费意义的蜕变,人们基于自身的欲望进行消费;在生态时代,由于对生态文明的伦理诉求和绿色生态产品的现实需求,人们基于生态需要进行消费。②

(一)消费:多重视域的解读

在中国,"消"字最早出现在《诗经》当中,是作为地名来使用的。在《诗经·郑风·清人》中,"消"为春秋时期郑国邑名。后来,"消"逐渐用作动词,有消融、融解之意。到元朝,"消"开始有享受、受用之意。"费"字在先秦两汉时期被解释为大量花费、浪费等。据考证,"消费"一词的使用,在汉朝就已经开始了,东汉王符在《潜夫论·浮侈》中提到奢侈品生产者"既不助长农工女,无有益于世,而坐食嘉谷,消费白日,毁败成功,以完为破,以牢为行,以大为小,以易为难,皆宜禁者也"③。在此处,"消费"被解释为消磨、浪费,具有明显的贬义色彩。唐宋以后,"消费"的含义逐渐由消磨、浪费等贬义色彩演变为耗费、消耗等中性含义。由中国社会科学院语言研究所词典编辑室编写、商务印书馆2016年出版的《现代汉语词典》把"消费"定义为"为了生产或生活需要而消耗物质财富或接受有偿服务等"。

在西方,"消费"(consumption)一词14世纪开始出现在英语中,意思是消耗、浪费,与中国古代最初的理解类似。在西方语境中,在相当长

---

① 马克思恩格斯文集:第5卷. 北京:人民出版社,2009:196.
② 刘湘溶,等. 我国生态文明发展战略研究. 北京:人民出版社,2013:545-551.
③ 欧阳卫民. 中国消费经济思想史. 北京:中共中央党校出版社,1994:226-227.

一个时期内，"消费"一词都带有鲜明的贬义。《牛津英语辞典》对"消费"的描述是："通过燃烧、蒸发、分解或疾病等花掉或毁掉；消耗和死亡；用完，特别是吃完、喝完；占去；花费、浪费（时间）；变得憔悴；烧尽。"18 世纪中期以后，"消费"一词的贬义色彩逐渐消退，成为一个与"生产"（production）相对应的中性概念，是人们把劳动生产出来的产品使用掉，以满足生活需要的行为。在马克思那里，消费与生产、分配、交换一道被认为是人类的四种主要活动，在这些活动中形成了四种广义关系，即生产关系、分配关系、交换关系和消费关系。进入 20 世纪后，随着人类生产生活范围的不断扩展和延伸，人们的需要也在不断增长和蔓延，对消费内涵的认识也发生了变化。消费作为一种普遍的社会现象，越来越引起众多学科的关注和研究，从一个传统的经济学概念逐渐演变为一个综合性的多学科概念。

1. 经济学视域中的消费

最早关注消费的是经济学。在经济学中，消费被看成社会再生产中的重要一环，它与生产、分配、交换相联系。古典政治经济学把消费和生产看作一个循环的过程，这种观点是弗朗斯瓦·魁奈（Francois Quesnay）最早提出，马克思确立发展的。马克思还进一步区别了"生产和生产性消费"以及"消费、消费性生产"，并把它们与分配、交换的概念联系起来。马克思指出："我们得到的结论并不是说，生产、分配、交换、消费是同一的东西，而是说，它们构成一个总体的各个环节，一个统一体内部的差别。"① 并且指出："在吃喝这一种消费形式中，人生产自己的身体，这是明显的事。而对于以这种或那种方式从某一方面来生产人的其他任何消费方式也都可以这样说。"② 在消费经济学中，作为社会再生产基本环节之一的消费，是人们通过对劳动产品的使用以满足需要，进而实现其自身生产和再生产的过程及行为。显然，消费是人们为了满足基本需要以实现自身的生存与延续而对物质生活资料和精神产品的使用与消耗。

2. 社会学视域中的消费

消费不仅是满足人类基本需要的手段，而且是确认社会身份、实现

---

① 马克思恩格斯文集：第 8 卷. 北京：人民出版社，2009：23.
② 同①14.

生活意义的重要途径。消费既具有经济学的意义，也具有重要的社会学意义。马克思对消费不仅进行了经济学分析，而且还进行了社会学分析，"这些产品的消费再生产出一定存在方式的个人自身，再生产出不仅具有直接生命力的个人，而且是处于一定的社会关系的个人。可见，在消费过程中发生的个人的最终占有，再生产出处于原有关系的个人，即处在他们对于生产过程的原有关系和他们彼此之间的原有关系中的个人；再生产出处在他们的社会存在中的个人，因而再生产出他们的社会存在"①。由此可见，消费从来都不是可以脱离社会关系而独立存在的。

在社会学中，消费是人们为满足自身的需要而对终极产品进行选择、购买、使用等具有一定意义的过程，且这个过程还会产生一定的满足、快乐、挫折等体验。这是社会学意义上的"消费"。马克思说："消费，作为必需，作为需要，本身就是生产活动的一个内在要素。但是生产活动是实现的起点，因而也是实现的起支配作用的要素，是整个过程借以重新进行的行为。个人生产出一个对象和通过消费这个对象返回自身，然而，他是作为生产的个人和自我再生产的个人。"② 所以，消费还是自我实现的目的化的生产行为。与经济学相比，社会学更加关注消费的社会性质、社会动机、社会过程和社会后果。

3. 文化学视域中的消费

消费是连接经济与文化的社会活动。从文化学意义上分析，消费行为受文化支配。"人总是生活在特定的文化场域中，相应的习俗、道德规范、社会秩序、生活方式、思维方式、语言、舆论氛围、审美情趣等决定了他消费什么、如何消费。国家、民族、地区的消费差异，是由文化环境的差异造成的，消费被深深打上文化烙印并具有文化特征。"③ 消费不仅受文化的影响和支配，而且反作用于文化，产生一种新的文化——消费文化。正如迈克·费瑟斯通（Mike Featherstone）所言："通过广告、大众传媒

---

① 马克思恩格斯全集：第31卷. 北京：人民出版社，1998：112.
② 马克思恩格斯文集：第8卷. 北京：人民出版社，2009：18.
③ 杨魁，董雅丽. 消费文化——从现代到后现代. 北京：中国社会科学出版社，2003：17-18.

和商品展示陈列技巧，消费文化动摇了原来商品的使用或产品意义的观念，并赋予其新的影像与记号，全面激发人们广泛的感觉联想和欲望。所以，影像的过量生产和现实中相应参照物的丧失就是消费文化中的内在固有趋势。"①

4. 伦理学视域中的消费

在伦理学视域中，消费活动是人的生存方式与存在根据。人在消费活动中确认自己、发展自己。人们"可以根据意识、宗教或随便别的什么来区别人和动物。一当人开始**生产**自己的生活资料，即迈出由他们的肉体组织所决定的这一步的时候，人本身就开始把自己和动物区别开来"②。也就是说，消费是人类的一种实践活动，人以实践来发展自己的本性，是一种实践性的存在。消费的内在动因是人的需要的满足。一切经济行为，其动力都来自需要。人的二重性决定了人既有肉体的自然需要，即马克思所说的"衣、食、住、行"的生活需要，又有美国著名社会心理学家亚伯拉罕·马斯洛（A. H. Maslow）所说的归属与爱、尊重、自我实现等社会需要。总的来说，人的需要作为人对外部世界的一种特殊的摄取状态，既体现了人类对外部世界的客观依赖，也体现了人类改造外部世界的主观能动性。同时，马克思认为消费是"人的本质"的表现和确认。评价消费是否合理的尺度在于人的发展，消费的根本使命是使人成为"本来的人，真正的人"，是"人本身"最终实现人本身的自由全面发展。

5. 生态学视域中的消费

如何生态地利用自然资源（即消费资源），成为生态学学者关心的重要话题。进入消费社会后，物质产品极大丰富，消费主义盛行，人们纷纷在消费中追寻着自己，同时也迷失了自己。人类的无限欲求必然会透支原本脆弱的生态环境，加剧资源枯竭和环境污染，造就"负重的地球"。恩格斯曾精辟地指出："美索不达米亚、希腊、小亚细亚以及其他各地的居民，为了得到耕地，毁灭了森林，但是他们做梦也想不到，这些地方今天

---

① 迈克·费瑟斯通. 消费文化与后现代主义. 刘精明，译. 南京：译林出版社，2000：165-166.

② 马克思恩格斯文集：第1卷. 北京：人民出版社，2009：519.

竟因此而成为不毛之地，因为他们使这些地方失去了森林，也就失去了水分的积聚中心和贮藏库。"①人类的生存离不开自然界，这是客观规律。作为人类生存与发展之重要手段的消费必须正视当前面临的生态危机，改变传统的消费模式，坚持人与自然协调发展的可持续消费模式。国际社会的一系列文件和报告，如《我们共同的未来》(*Our Common Future*)、《关于环境与发展的里约宣言》、《21世纪行动议程》、《可持续消费的政策因素》等都发出了这样的号召和呼吁。在生态学视域中，消费问题与生态问题、环境问题是紧紧地联系在一起的。无论从探索人类当前面临生态危机的消解路径这一现实角度来说，还是从构建生态文明理念下的消费生态化这一未来角度来说，生态学视角都是分析、审视消费不可或缺的角度之一。

以上关于消费的中西方渊源的探究以及对消费在经济学、社会学、文化学、伦理学、生态学等不同语境中的分析，有利于我们全面理解消费的内涵。综合古今中外以及相关学科对消费的理解，消费一词有广义和狭义之分：广义的消费是一个涉及经济学、伦理学、社会学、文化学、生态学等多学科的综合概念，泛指人们为了满足生产需要和生活需要而购买、占有、使用、欣赏物质产品和精神产品以及享受服务的过程；狭义的消费专指生活消费，是指人们为了满足自身的生存与发展需要而购买、占有、使用、欣赏有形的生活资料和享受服务的过程。我们这里所讲的消费，主要指生活消费。

（二）需要：多重视域的解读

需要也是一个多学科的概念。在经济学中，需要是人的欲望（稀缺）的满足；在哲学中，需要就是事物客观存在的对一定条件的依赖关系；在心理学中，马斯洛提出了著名的需要层次理论；在社会学中，马尔库塞对需要做了真实与虚假之分。

1. 经济学视域中的需要

经济学是研究人的欲望及其满足的科学。人的经济行为受到"欲望—需要—利益"的驱动，处于"欲望—需要—需要的满足"的循环中。经济

---

① 马克思恩格斯文集：第9卷.北京：人民出版社，2009：560.

学稀缺性的假设表明了欲望无限性与资源有限性之间的矛盾。如何化解这对矛盾，将有限的资源用于最佳途径以使人类的需要得到最大满足，以达到资源的有效合理配置，成为经济学存在的根据和研究的课题。20世纪80年代，美国著名经济学家保罗·安东尼·萨缪尔森（Paul Anthony Samuelson）的《经济学》（Economics）被译成十几种文字，在全球畅销，是世界公认的具有划时代意义的教科书之一。书中给经济学下的定义是："经济学是研究社会如何使用稀缺资源来生产有价值的产品，并在不同集团之间分配这些产品"①。

2. 哲学视域中的需要

在哲学中，所谓需要，主要包括两层含义：一是应该有的或必须有的，二是对事物的欲望和要求。前者表达的是主体与客体之间的必然联系，即主体对客体的依赖关系，比如说"我需要一杯水"。后者表达的是主体对事物的一种主观态度，如"我需要一点冷饮"。虽然需要的这两层含义有所不同，但两者具有不可分割的内在联系和共同本质。其联系表现在，主体对客体的主观态度总是直接或间接地以表达主体与客体的必然联系为基础和依据（冷饮与水）；其共同本质是，需要总是表达着因客体对主体具有某种意义或效用而使主体对客体产生一种心理倾向。从价值学角度看，我国哲学家李德顺先生主编的《价值学大词典》②中认为，需要就是"生物体、人由于内部不平衡状态与环境的不平衡，为维持和恢复平衡状态而产生的一种动态依赖关系和倾向"。简言之，所谓需要，就是事物客观存在的对一定条件的依赖关系。

3. 心理学视域中的需要

需要是引起行为动机、产生行为动力的因素。需要来自一种物质或心理上的稀缺，会使人产生一种渴望满足的欲求。美国学者阿瑟·S.雷伯（A. S. Reber）在《心理学词典》（Psychology）中提出，"需要"所指有二：一是指某种只要给予就会有助于改善一个有机体的健康幸福的事物或事态，二是指有机体内部对事物或事态的需求状态。在心理学中，关于需

---

① 保罗·安东尼·萨缪尔森. 经济学. 萧琛，译. 北京：商务印书馆，2013：4-5.
② 李德顺. 价值学大词典. 北京：中国人民大学出版社，1995.

要的论述,最著名的就是马斯洛的需要层次理论。马斯洛在《动机与人格》一书中重点阐述了其动机理论,提出了关于动机的16个命题。马斯洛认为,心理学家应当将人作为一个整体加以研究。当我们研究个体的动机和需要的时候,一个动机或者需要的产生,改变的是整个个体,而不是个体的某个部分。犹如食物平息的是人的饥饿感,而不是其肚子的饥饿感。同时,他认为,需要是人们日常行为和欲望的背后动机,有限数目的若干需要构成人类所有行为动机的源头,也许这些需要是跨文化的,满足这些需要的形式和方法也各不相同,但是最终目标却都指向这些需要。对于动机,他认为动机是复杂多样的,一个行为可能由许多不同的动机促成,一个行为也可能满足或者说表现了许多不同的欲望。要理解人类的行为,就必须在整体上对动机系统进行全局把握。在动机理论基础上,马斯洛提出了需要层次理论。他将人的需要分为两类:一类是受人的本能控制的,如生理需要、安全需要、归属与爱的需要、尊重的需要等基本需要;另一类是不受人的本能支配的成长性需要,主要是指自我实现的需要。这两类需要对人的直接生存意义和生活意义的影响不同。

4. 社会学视域中的需要

在社会学领域,赫伯特·马尔库塞把需要分为真实需要与虚假需要。他认为,只有那些原始的、要求无条件满足的需要才是真实需要,其标准是"在最理想地使用人类可得到的物质和精神资源条件下个人、所有个人最理想的发展";那些受到外界刺激的、非原始的必须无条件满足的需要则属于虚假需要,即"那些在个人的压抑中由特殊的社会利益强加给个人的需求,这些需求使艰辛、侵略、不幸和不公平长期存在下去。……最流行的需求包括,按照广告来放松、娱乐、行动和消费,爱或恨别人之所爱或恨的东西,这些都是虚假的需求"[①]。需要被赋予了一定的社会意义,人们也对其进行了价值评判。

(三)消费需要与生态需要

消费与需要之间存在着内在联系。马克思说:"没有生产,就没有消

---

① 赫伯特·马尔库塞. 单向度的人——发达工业社会意识形态研究. 刘继,译. 上海:上海译文出版社,1989:6-7.

费；但是，没有消费，也就没有生产，因为如果没有消费，生产就没有目的。"① 在社会主义社会，消费与生产的关系就是消费与需要的关系，对此揭示至为显明的是斯大林，他说："保证最大限度地满足整个社会经常增长的物质和文化的需要，就是社会主义生产的目的"②。

1. 消费与需要之间的关系

一般而言，消费是为了满足需要而存在的，需要是消费行为的发生学基础。但是，两者并不尽然是这种依存关系，在当代，消费越来越有脱离需要的危险。

从量的角度看，需要存在一个度的问题。即便是真实需要或正当需要，也不能超过一定的度；超过一定的度，便会走向它的反面，变成不正当或不合理需要。地球完全可以满足人类正常的生活需要，但难以满足人类过度的消费欲望，更满足不了人类的贪婪。

从质的角度看，需要在性质上可分为真实需要与虚假需要。真实需要就是指那些符合人性或属于人性的、有利于增强人的本质理性的、得到社会认同并现实可行的需要，是内在的、必然的需要；虚假需要就是那些受外界刺激、外部舆论导向作用的非主体内在追求的需要。就其作用来看，需要有生存、享受、发展三个层面。生存需要是人的基本需要，也是人的低层次需要；享受需要是在满足人的基本需要的基础上优化人的生存环境的需要；发展需要是为了追求人的完美、增强人的自由而产生的需要。从主体上，需要可分为个人需要和社会需要。个人需要包括生理需要、安全需要、友爱需要等，社会需要包括社会扩大再生产需要、公共消费需要等。

需要引起消费，消费创造需要。需要的存在和成熟水平直接影响到消费。一般而言，没有需要就没有消费。反过来，需要的满足又必须依赖消费来实现。如果说消费的动因和目的在于需要的发展，那么消费则成为维持和发展需要的必要前提。马克思曾指出，消费的需要决定生产，人类又通过生产改造自身，创造新的需要。也就是说，消费的目的是满足需要，

---

① 马克思恩格斯文集：第8卷. 北京：人民出版社，2009：15.
② 斯大林文集. 北京：人民出版社，1985：659.

而生产也就是为了满足消费，需要则又是生产的前提和动力，即"生产—消费—需要"形成一个循环往复的过程。

传统社会是一个短缺时代或生产时代。在工业革命以前，生产力发展水平较低，还处于资本原始积累阶段，如何生产更多的产品、创造更多的财富，成为那个时代的主题。人们的消费还停留在勉强满足基本生活需要的阶段。进入消费社会后，如何扩大和刺激消费是这一时代的主题，人的需要发生了性质上的变化，消费主要不再是满足生活，而是满足欲望。基于欲望的消费，必然导致严重的生态危机、精神文化危机、社会危机。鉴于对消费时代的生态反思和伦理审视，基于生态需要的生态消费、理性消费、合理消费逐渐成为新的消费时尚。

2. 传统消费观：基于物质需要的消费

传统消费观是短缺时代或生产时代背景下的消费观。生产力水平、经济发展水平的低下决定了物质产品的短缺或匮乏。正如马克思所说，没有生产就没有消费。生产在一定程度上决定了消费。生产的有限性决定了只能根据需要——马克思所说的"衣、食、住、行"等方面的需要——来消费。需要"首先是基于人的生命或生活之基本需求而产生的，是人们对生活必要条件的正常要求"[①]。需要代表的是基本的生活需求。需要既源于人的自然本性，又受到现实的社会生活条件及供应状况的限制。超出现实的社会生活条件及供应状况，消费只能成为一种想象或奢侈。

因此，基于物质需要的消费充分考虑了传统社会客观的可能性和条件，它不仅是一种个人生活行为，而且是一种社会行为，具有经济合理性。这种消费行为是以"生活本身的目的为目的的"，也就是说，消费即是为了生活本身，充分体现了人类经济生活的正常理性。同时，这种消费行为通过限制消费欲望以确保一定的生产积累，推动了社会再生产。

传统消费观是特定时代下的产物，虽然具有经济合理性和道德正当性，但是对于人的生存与发展来说，具有很大的局限性。

---

① 万俊人. 道德之维——现代经济伦理导论. 广州：广东人民出版社，2000：274.

3. 现代消费观：基于欲望的消费

随着经济的发展和生产力水平的提升，消费时代取代了生产时代。在消费时代，人的需要和潜能得到最大程度的满足或释放，原来在短缺时代难以满足的欲求在此一并爆发。人的需要随之发生了性质上的变化。消费不再是满足生存需要，而是满足一种欲望。异化的需要导致异化的消费，异化的消费又进一步导致异化的人与自我的关系，造成严重的精神危机。"在那里，消费不是为了满足正常需要，而是为了刺激经济的增长；人生的目的不是为了创造和尊严，而是为了纵欲和享乐；个体不是把群体和社会当作家园，而是看作牢笼和地狱。人们普遍地感到空虚无聊、生活的无意义，浮华的外表下掩盖着深刻的精神文化危机。"① "欲望"形式与内容的主观性决定了欲望的无限性，人们在疯狂地消费中迷失了自我，消费纯粹是获得身份差异与社会认同的手段。当一种欲望获得满足后，其他更大的欲望接踵而至，构成了一个欲望的无穷序列。由此，物的尺度与价值已经代替人的尺度与价值。人不再是消费的主人，而是消费的奴隶。"在这个意义上，与其说现代消费者是市场的主人，不如说更像是市场的奴隶；或者，与其说他们是消费主权的拥有者，倒不如说更像市场商品浪潮上随波逐流的浮生物。"②

因此，可以说现代消费观是一种基于欲望的消费观。欲望消费像吸食鸦片一样使人成瘾，在强大的消费欲望的驱动下，人类为了所谓的地位、面子、幸福，盲目地、贪婪地挥霍自然资源，而消费之后留下的却是废气、废水、废物，人类失去的将是生态的平衡与内心的和谐。当消费像吸食鸦片一样时，生活将不再有安宁，不再有意义，不再有幸福。因为，"欲望和基于欲望的消费根本上背离了生活的目的。每一个人的生活或生命都是有限的，而人的欲望则总是指向无限。消费的目的在于且只能在于生活本身，但基于欲望的消费却不是为了生活，哪怕是以'追求更美好的生活'为名，而是为了欲望（或欲望满足）本身。一种只顾享乐或'为享乐而享乐'的花天酒地式消费，绝不是为了生活，更不是为了'更美好的生活'"③。由

---

① 陈芬. 消费主义的伦理困境. 伦理学研究，2004（5）：62.
② 万俊人. 道德之维——现代经济伦理导论. 广州：广东人民出版社，2000：302.
③ 同②285.

此可见，任何将无限欲望的满足当作生活目的、当成幸福来源的人，必将失去生活、失去自我、失去幸福。

4. 生态消费观：基于生态需要的消费

需要是消费的先导和起点，消费是需要的实现。因此，我们研究生态消费，必须从生态需要入手。司金銮对"生态需要"概念的出现与演变进行了梳理，认为"'生态需要'一词源于俄文，但在《苏联大百科全书》（第三版）以及《俄汉大词典》等权威工具书里却找不到这个词，唯一可资证明的是苏联高等院校经济学教科书1988年修订版的《政治经济学》，它至少在1987年已明确提出了'生态需要满足的程度，决定于环境质量和生物圈状况，这是人民福利的基本指标之一'的观点"①。在国内，叶谦吉1987年在《生态需要与生态文明建设》一文中首次阐述了生态需要的四个理论依据，1993年尹世杰在《消费需要论》一书中把生态需要和物质需要、精神文化需要都纳入消费需要的范畴，1994年刘思华在《当代中国的绿色道路》一书中把生态需要当成人的全面发展的最基本要素。

按照传统理解，消费的结构一般分为物质消费、精神消费两个层面。在生态环境日益恶化的背景下，生态需要越来越受到人们的关注。尹世杰将消费需要分为物质需要、精神文化需要、生态需要，并指出了生态需要在人的生存与发展和消费需要满足中的重要性。相比于其他需要，生态需要具有双重特性。从浅层次看，生态需要的实现必须体现在对物质的拥有上，离开了物质需要的满足，生态需要就难以满足人类基本的生存与发展需求；从深层次看，生态需要并不是仅仅停留在物质需要上，它还表现在对生态产品的体验、生态价值的感知、生态美的欣赏等生态意义的追求上。生态需要不仅在现实层面提升了人们的整体生活质量，而且在生态层面进一步优化了人类的需要结构及层次。所以，生态需要一方面具有物质需要的有形性和工具性，另一方面也具有精神需要的无形性和价值性。它是物质需要和精神需要的统一体。

自近代工业革命以来，西方消费主义的价值观及生活方式逐渐风靡全

---

① 司金銮. 论生态需要满足及其实现路径. 当代财经，2001（10）：29.

球,人们遵循多多益善原则,在消费欲望的诱导下疯狂消费,尽情地"释放"自我,满足着自己的虚假需要,很少反问"多少算够"。在大众化消费时代,人们的消费方式所存在的问题必然把整个人类推入物质的困境、精神的困境和生态的困境,给人类带来灾难性的后果。需要的传统分类,未能从整体上认识人、把握人,忽视了人的生态需要的满足与实现,忽视了生态需要在人的需要体系中的不可替代的重要地位。因此,以生态需要为核心的生态消费是在应对生态危机的外在压力和人们对生态需要的内在追求双重背景下产生的。

生态消费是建立在对人类社会发展过程中造成的资源浪费、环境污染、生态破坏等环境问题具有理性自觉的基础上,倡导人类消费需要、社会发展需要以及生态发展需要相统一的全新生活理念和消费方式。它符合三个维度的内容:(1)从环境维度看,生态消费体现了自然的生态维度。通过倡导绿色消费、生态消费,在消费前精选生态产品,在消费中实施生态消费,在消费后进行生态处理,消费的全过程都坚持生态标准,更加注重消费的生态效应和自然界的生态承载力。(2)从人的维度看,生态消费体现了人的目的性维度。生态消费不再盲目追求消费数量,不再无限占有、消耗资源,它更加注重人的实际生活需要,更加注重生态的价值,更加注重人的健康生存,更加注重人对自然生态的内在责任与义务,彰显了人的目的性生存价值。(3)从社会维度看,生态消费体现了社会的文明维度。从生态的视角看,生态消费充分体现了生态文明内蕴的资源节约、环境友好的诉求;从消费的视角看,它彰显了消费的绿色、文明、适度等价值取向。因此,在生态时代,生态消费既是保护生态环境的必然选择,也是体现人作为万物之灵的价值的载体,同时还是突破消费主义的束缚、实现社会文明持续发展的重要途径。

二、消费者主权与责任

任何事物都是在发展中不断调整完善的,市场经济也是如此。随着市场经济的深入发展,其自身存在的一系列体制、机制问题逐渐暴露出来。

走私"僵尸肉"、汽车消费纠纷、智能手机维权、电子商务投诉与维权……从传统产业到互联网、电子商务等新兴行业,一系列触目惊心的问题被曝光出来。这些问题在考验市场经济的同时,也在不断考验着消费者的主权与责任。

(一)自由、责任与伦理

自由是人类社会的永恒主题,人们可以通过实践活动努力摆脱各种限制,但自由并不是随心所欲的,其价值的实现必然会受到现实社会关系及其他因素的限制。因此,人们在讨论自由时,往往会将其与责任、伦理等联系在一起。

1. 自由与责任

在马克思主义哲学产生以前,哲学上对于自由的理解一般有两种。一种认为,自由是决定干什么和不干什么的能力与冲动。大卫·休谟(David Hume)说:"所谓自由只是指可以照意志的决定来行为或不行为的一种能力。"① 这样一来,如果把人的肆意妄为、任性冲动也当成自由的话,那么自由就只能停留在幻想层面,永远无法回归到现实。另一种则弥补了第一种理解的缺陷,认为自由应该包含必然性,包含秩序和法则。斯宾诺莎(Baruch de Spinoza)指出:"凡是仅仅由自身本性的必然性而存在、其行为仅仅由它自身决定的东西叫做自由(libera)。"② 黑格尔(Georg Wilhelm Friedrich Hegel)也指出:"自由以必然为前提,包含必然性在自身内。"③ 然而,这种局限于对必然性认识的自由只是一种低水平的自由,未能将实践、选择、自觉约束等因素考虑进去。恩格斯在《反杜林论》中对斯宾诺莎、黑格尔"自由是对必然的认识"给予了肯定性评价,指出:"自由就在于根据对自然界的必然性的认识来支配我们自己和外部自然"④。马克思主义哲学视域中的自由不仅仅体现为对必然性(客观规律)的认识,更体现为通过对必然性的认识来认识和改造世界,彰显了自

---

① 大卫·休谟. 人类理解研究. 关文运,译. 北京:商务印书馆,1957:85.
② 斯宾诺莎. 伦理学. 贺麟,译. 北京:商务印书馆,1983:4.
③ 黑格尔. 小逻辑. 贺麟,译. 北京:商务印书馆,1996:341.
④ 马克思恩格斯文集:第9卷. 北京:人民出版社,2009:120.

由的实践理性特性。

自由与责任是伦理学中的一对基本范畴。恩格斯曾说:"如果不谈所谓自由意志、人的责任能力、必然和自由的关系等问题,就不能很好地议论道德和法的问题。"① 在伦理思想史上,决定论者和绝对自由论者都对自由与责任的关系进行过论述。"决定论者主张人的一切行为都是被安排好了的、必然的。神学决定论者、心理决定论者、精神分析学家等,都只看到人类行为受到的客观约束,而忽视了人的积极主动性和自由选择的权利与能力,否定了人的道德责任。相反,绝对自由论者则主张人的自由是不受任何限制和制约的任意选择。叔本华、尼采、萨特等唯意志论的代表人物都认为自由是绝对的选择权利,无限制地宣扬自由,在客观上造成了导致因责任而取消自由或因自由而取消责任的对立局面,从而也间接否定了道德责任。"②

决定论者和绝对自由论者都走向了极端,都未能真正把握自由与责任的关系。一方面,责任出于自由。从宏观的、历史的角度看,道德责任是人自我生存、自我发展、自我实现需要的产物,是长期社会生活中自由选择的结果,是人的自由的体现。③ 从现实个体的角度看,人的道德责任必须建立在个人主体行为和自主意志的基础上,只有按照个人自主意志主动产生的行为才具有道德责任属性。正如马克思所指出,"即一个人只有在他以完全自由的意志去行动时,他才能对他的这些行动负完全的责任"④。另一方面,自由在构成责任的基础的同时也受到责任的限制。马克思主义哲学认为,自由是对必然性的认识。只有按照必然性行事才是自由的,任何无"知"的行动都是盲目的行为。所谓自由,就是人基于理性,依据对必然性的认识对自身的行为进行自我规约。所以,黑格尔说:"义务所限制的并不是自由,而只是自由的抽象,即不自由。义务就是达到本质、获得肯定的自由。"⑤ 由此可见,人的自由和道德责任都是有限

---

① 马克思恩格斯文集:第9卷. 北京:人民出版社,2009:119.
② 肖乐群. 伦理学视域中的自由与责任探析. 中山大学学报论丛,2007(8):21.
③ 同②.
④ 马克思恩格斯文集:第4卷. 北京:人民出版社,2009:93.
⑤ 黑格尔. 法哲学原理. 范扬,张企泰,译. 北京:商务印书馆,1961:168.

度的。

萨特（Jean-Paul Sartre）在为自由呐喊的同时，始终强调自由与责任。他曾提出关于自由的悖论："只有在处境中的自由，也只有通过自由的处境。人的实在到处都碰到并不是他创造的抵抗和障碍；但是，这种抵抗和障碍只有在人的实在所是的自由选择中并通过这些选择才有意义。"①萨特认为，人的自由是处境中的自由，但并不意味着这种自由是随心所欲的。人们在自由选择的同时，必然会受到责任的约束；否则，失去责任的自由只能成为抽象的自由。所以，真正的自由并不是为所欲为，而是实现了主体与客体、权利与义务、自由与责任相统一的自由。

2. 自由的伦理本质

黑格尔曾对自由的伦理本质规定进行过论述。"'伦理'，在黑格尔的思想体系中，就是道德精神在社会现实领域中的贯彻和实施，是自由意志发展的最高阶段，即自由意志经过抽象法和道德两个阶段后，不仅作为主观意志而且也作为现实性和必然性而实存，这就是伦理领域。"② 因此，黑格尔明确指出："伦理是自由的理念"③，"一切正义的和道德的行为均建筑在自由上面"④。自由构成黑格尔伦理大厦的基础。因为行为选择的自由是责任的前提，而对社会及他人的责任和义务则是一切行为的伦理价值所在。黑格尔认为，抽象的自由与有限的自由都是不真实的、片面的。"既不存在于无规定性中，也不存在于规定性中，自由同时是它们两者。"⑤ 黑格尔所谓的"具体的自由"就是规定性与无规定性的统一。"这种'具体的自由'意味着人们只能按照具体的社会关系，具体的人伦境遇来合理地选择自由，实现自由，保证社会关系的整体和谐和不侵犯他人的自由。这就是自由的伦理本质。"⑥

3. 消费自由、消费责任与消费伦理

消费自由意味着每个人都有从事消费活动的自由。通过消费行为无论

---

① 萨特. 存在与虚无. 陈宣良，等译. 北京：三联书店，1987：627-628.
② 李建华. 论自由的伦理特性. 求索，1992（3）：48.
③ 黑格尔. 法哲学原理. 范扬，张企泰，译. 北京：商务印书馆，1961：164.
④ 黑格尔. 哲学史讲演录：第4卷. 贺麟，王太庆，译. 北京：商务印书馆，1978：288.
⑤ 同③19.
⑥ 同②.

是彰显个性或自我价值，还是展示自身的身份和社会地位，都是消费者个体自主选择的结果，反映了消费者的自主意识和自由意志，是消费者追求自由的实践活动。现代社会的丰裕更是为消费者在消费范围、形式、类型、区域等方面提供了更大的自由。消费者可以自由选择自己喜欢的、想要的、看重的任何东西。但是这种自由选择是否意味着自由消费？或者说消费者是否具有完全的消费自由？作为社会性活动的消费，是在一定的社会环境和社会关系中实现的。消费个体在追求自身消费自由的同时，必须不侵害他人的消费自由，不对社会和环境造成不利影响。因此，"消费自由不仅包括我靠什么资料而消费、生存，也包括我怎样消费、生存，不仅包括我在消费中要实现自由，而且也包括我如何自由地实现消费自由"①。现代社会所追求的"消费自由"只是表面上的自由，纯粹的消费自由是不存在的，一味地自由消费必然带来严重的生态、人性、价值及社会等层面的危机。无限扩大的消费自由和缺少责任制约的消费必然妨碍消费的最终目的的实现，到头来人的自由全面发展只能是一个空口号。易言之，只有在消费活动中对自己、对他人、对社会、对生态、对后代负责才意味着消费自由，也只有融入了消费责任和消费伦理的消费才是真正的、真实的消费。

(二) 消费者主权

消费者主权 (consumer sovereignty) 作为市场经济的基本原则之一，在维护消费者权益、促进社会再生产等方面起着不可替代的作用。但与此同时，与消费者主权过度扩张相伴的环境污染、资源匮乏、分配不公等问题越来越受到人们的关注和重视。人类陷入了消费者主权伸张与限制的双重困境。我们不禁要追问，曾经让消费者崛起的消费者主权是否具有自身的幅度或者说界限？

1. 消费者主权理论的变迁

消费者主权理论的提出具有重要意义，它表明消费者所具有的权益不可侵犯。消费者主权赋予每个消费者拥有消费的自由；但是，这种权利是

---

① 齐亚红. 论消费自由. 学术论坛, 2007 (12): 16.

否意味着消费者应承担相应的责任？易言之，消费者的主权应该如何理解、如何行使？

消费者主权反映了消费者与生产者之间的关系，是市场经济中最基本的原则之一。与近代资产阶级启蒙思想家提倡政治民主一样，经济学家提出经济民主主义，主张消费者在社会生产中行使最终决定权。古典经济学家历来强调消费的重要性，认为消费是所有生产唯一的终极目的。消费者主权思想被认为最早见诸亚当·斯密（Adam Smith）的《国富论》（*An Inquiry into the Nature and Causes of the Wealth of Nations*）中，亚当·斯密将对生产进行引导的市场称为"无形之手"。英国著名经济学家阿尔弗雷德·马歇尔（Alfred Marshall）充分肯定市场机制的作用，并指出："一切需要的最终调节者是消费者的需要。"① 1936 年，英国经济学家哈特（William Harold Hutt）最早提出了消费者主权概念：作为公民，当消费者以决定或抑制需求的权力而拥有政府首脑都不具备的影响社会的特权时，消费者的地位是至高无上的。② 哈特重点关注的是消费者的效用最大化以及市场效率的实现。20 世纪最伟大的自由主义经济学家之一——弗里德里希·A. 哈耶克（Friedrich August Hayek）在《通往奴役之路》（*The Road to Serfdom*）、《自由的宪章》（*The Constitution of Liberty*）和《法律、立法与自由》（*Law, Legislation and Liberty*）等著作中更是认为：以消费者主权为基础的自由竞争制度是目前人类社会历史上最符合"自然秩序"和最有人性、效率最高的资源配置方式与经济制度。③

市场经济时代是一个消费者主权的时代。消费者通过手中的货币或资本，影响着产品和服务价值的实现，对生产起着导向作用。"所谓消费者主权是指消费者根据自己的意愿和偏好到市场上选购所需的商品，市场将消费者的意愿和偏好转达给了生产者，于是生产者根据消费者的意愿和需

---

① 阿尔弗雷德·马歇尔. 经济学原理：上册. 朱志泰, 译. 北京：商务印书馆，1981：111.
② 陈启杰, 田圣炳. 论从消费者主权到可持续消费的转型. 上海财经大学学报，2008(5)：83.
③ 范省伟. 试论信息非对称条件下的消费者主权保护. 商业研究，2005(22).

求安排生产并提供消费者所需的产品和服务,在这个过程中消费者实现消费效用的最大化。这就是说,生产者生产什么,生产多少,最终取决于消费者的意愿和偏好,取决于消费者所投的货币选票。"① 消费者主权与国家的经济体制、消费政策、经济发展水平等都有着很大的关系。消费者主权是经济秩序存在的基础,但是消费者主权的实现需要具备一定的条件。在计划经济体制下,政府成为资源配置的主角,消费活动是在一种被安排的状态中进行,消费需求对于生产的引导及影响也是有限的,消费者的权益和地位也未能得到凸显。而在市场经济体制下,建立了消费与生产的直接联系渠道,消费需求对于生产的引导及影响作用明显,消费者的权益和地位得到有效维护和提升。

我国的五年计划(后改称五年规划)既反映了我国消费政策的不断发展变化,同时也内含了我国经济体制从计划型向市场型的转变。"从《一五计划》制定合理安排人们生活水平的消费范式开始,到《二五计划》一味追求高积累、低消费的政策范式,到《五五计划》开始纠正抑制人们消费需求的错误倾向,并且把居民的消费问题重新提上议程上来,到《六五计划》开始着手实施提高人们消费生活的政策和措施,到《七五计划》开始把计划经济体制下的福利型、供给型的消费模式引导到或过渡到市场经济体制下的自主型、商品型的轨道上来。《八五计划》明确提出执行邓小平提出的现代化分'三步走'的战略部署,力求通过《八五计划》、《九五计划》的执行,使人们达到小康水平。随着买方市场向卖方市场的转变,《十五计划》明确提出启动内需、刺激消费的政策范式。"②《中华人民共和国国民经济和社会发展第十二个五年规划纲要》提出"倡导文明、节约、绿色、低碳消费理念,推动形成与我国国情相适应的绿色生活方式和消费模式"。十八届五中全会通过的"十三五"规划建议提出,"发挥消费对增长的基础作用,着力扩大居民消费,引导消费朝着智能、绿色、健康、安全方向转变,以扩大服务消费为

---

① 朱汉民. 略论西方经济学伦理道德观的演变与承继. 武汉大学学报(社会科学版), 2001(5): 607.

② 郑红娥. 社会转型与消费革命——中国城市消费观念的变迁. 北京: 北京大学出版社, 2006: 106.

重点带动消费结构升级"。国家"十三五"规划提出"促进消费升级","适应消费加快升级,以消费环境改善释放消费潜力,以供给改善和创新更好满足、创造消费需求,不断增强消费拉动经济的基础作用"。从高积累、低消费到正视消费再到刺激消费,这些政策变化反映了我们对消费作用及地位的认识上的变化。从消费政策范式演变的背后可以看出,我们对消费者主权的认识经历了从抑制、歧视、忽视消费者主权到重视消费者主权,再到注重引导消费者主权的过程。消费、消费者、消费者主权的作用及地位得到了最充分的肯定。

2. 消费者主权的伦理考量

消费者主权定位了消费者与生产者的关系,并明确了消费者的主导作用。但是,消费者主权的边界是非常明显的,它不可能成为消费者"霸权",必须接受伦理的考量。

消费者主权的价值合理性来自消费与生产之间的关系。马克思说,没有消费就没有生产,消费是生产的终点与目的。消费与社会生产的关系决定了市场上的消费者应该具有相应的权利。消费者可以根据自身的偏好与意愿选择消费品,并将信息传递给生产者。奥利弗·哈特(Oliver Hart)认为,在市场经济中,生产商追求的是收入最大化。从追求收入的角度看,生产商是社会的雇员或服务提供者。消费者处于指引地位,而生产商处于服从地位。消费与生产的关系就如同目的与手段的关系,生产是为消费服务的,而消费则是生产的根本目的。因此,在一个市场经济体系中,消费者是自由与权利的源泉,而生产商则处于服从与被约束的地位。这就是消费者主权观念的理论基石。①

消费者主权理论满足了市场经济的客观要求,特别是在科技迅猛发展的助推下,社会生产力大幅度提高,生产者对消费者的依赖程度、人们对消费需求的关注程度都大大提高,消费越来越成为推动经济发展的动力。从这个意义上说,消费者主权具有历史进步性。然而,消费者只是有限理性的主体,消费者群体也会陷入集体非理性。任由消费者主导市场,无限

---

① 陈启杰,田圣炳. 论从消费者主权到可持续消费的转型. 上海财经大学学报,2008 (5): 83.

扩大消费者的主权，一味地跟着消费者走，必将给人类带来灾难。需求愿望是消费者消费行为的动力，正是消费需求愿望促使消费者向生产者传递消费产品或服务的信息，在市场上完成消费行为。消费需求愿望既包括消费需要，也包括消费欲求。其区别在于，消费需要是为了满足基本生活需要，而消费欲求则是为了满足人的心理或非基本生活需要。一般来说，正常的生活需要消费拉动生产的空间是有限的，而满足人的心理欲求的消费拉动生产的空间是无限的。在市场经济中，资本的逻辑要求是，为了获取更多、更大的利润，生产者必然会通过各种手段去满足消费者的消费需要，并刺激消费者的消费欲求，即所谓扩大内需、促进消费升级，从而推动生产的扩大和经济的持续增长。资本在获取利润的同时也刺激着消费者的欲求。有限理性的消费者，由于在产品生产过程、产品价值特性等方面的信息不对称，往往容易受到产品外观、包装、广告等方面的误导，产生不自主的消费行为；而且，消费者通常缺乏展望未来的能力，特别是随着经济的快速发展和技术的时时更新，消费者无法预知未来的产品将会带来什么"痛苦"和"快乐"。因此，在现实的生活中，"理性人"也许仅仅是一种经济学上的假设，消费者并不总是理性的，未必是商品的最佳裁判，也未必能很好地控制自己的消费嗜好。

因此，消费者主权模式只停留在理想状态。消费者主权模式赋予消费者至高无上的权利，它建立在需求方面和供给方面"完全"竞争的基础上。只有这样，消费者才能决定消费什么、如何消费。相对于生产者来说，消费者具有一定的操纵能力：消费者手中的钞票就像政治选举中的选票。消费者手中的货币选票必将影响企业的生产活动，同时也关系到企业的商品价值的实现，从而对社会经济的走向构成间接影响。因此，生产者必须通过不断生产更能满足消费者需求的产品，才能实现商品的价值。然而，在现实的社会生活中，消费会受到多种因素的制约，市场的完全竞争状态也只能是一种理想化假设。失去这两个前提条件，消费者主权的作用和效力就会受到很大的影响。

消费者的有限理性和消费者主权模式的理想化特征决定了有必要对消费者主权进行伦理考量。从长远来看，对消费者理性的过度信任和对消费者主权的过度依赖，必然会影响到消费者的真正权益以及消费公平正义的实现。在市场经济条件下，消费不是纯粹的个人行为，而是一种社会行为。消费者主权模式仅仅关注个人效应的最大化，忽视、漠视整个社会的关切与价值，有悖于可持续消费模式。消费者主权的膨胀、泛滥，在损害消费者自身长远利益的同时，往往也会妨碍他人消费者主权的实现。消费者主权的实现在时间、空间维度上都产生了严重的后果。从世界范围看，发达国家的消费狂潮不仅损害了他国人民的消费权益，更是造成了全球生态环境的破坏，甚至严重威胁到人类的生存与发展。因此，传统消费者主权模式的道德合理性受到普遍的质疑。总之，消费者主权的任意无限扩大，难以适应现代消费的发展和消费升级的要求，并将导致消费及生态的不可持续，人类必将为此付出惨重的代价。我们对消费者主权进行伦理考量，一方面要赋予消费者相当的自主权，另一方面又要求消费者合理地、恰当地、有责任地行使消费者主权。

（三）消费者责任

消费者主权在赋予消费者至高无上权利的同时，也造成了"权利的无限性与绝对性"的假象。消费者主权是否包含以及是否应该包含消费者责任这一维度？这种责任是否存在底线？失去责任制约的消费者主权可能带来哪些后果？权利与义务或责任是对应的。正如马克思所说，**"没有无义务的权利，也没有无权利的义务"**①。高度的消费者主权必然对应着相应的消费者责任。

1. 消费者责任的内涵

消费者享有主权，这是毋庸置疑的；但与此同时，消费者需要承担与自己权利相适应的责任。很多消费者对此无知、不解，更难以履责。

国际消费者联盟组织（International Organization of Consumers Unions）认为，消费者责任是指消费者认识自身社会责任，以自己的力量，促进形成优良习惯，支持可持续的消费和生产。② 消费者责任还未构成一种法定义务，而是作为一种社会责任。国内许多学者从不同的角度对

---

① 马克思恩格斯文集：第3卷. 北京：人民出版社，2009：227.
② 刘成玉，胡方燕. 消费者责任研究成果述评. 重庆社会科学，2009（2）.

消费者责任进行了研究。"于阳春认为，消费者在消费时要承担一定的社会责任，即消费者在接受商品和服务时，应该承担自觉地抵制直接或间接危害社会可持续消费和生产的行为，以维护社会整体利益和长远利益的道义责任。张桂枝从伦理学的角度来解释，认为责任是一种内在的东西，需要从内部来树立，是一种人格品质的修养，消费者责任不仅是对消费行为的一种规范，更多的是一种内在的精神和品质。马伯钧认为消费者责任是一种消费责任，它具有两层含义：一是消费行为是消费者自己的事情，消费者应当做好自己分内的事，这是消费者应当承担的基本义务；二是消费者没有把自己分内的事做好而发生了问题，应当由消费者自己承担责任，因此把消费者责任分为消费者对自己的负责、对他人的负责和对生态环境的负责三种。"① 陈启杰、田圣炳认为消费者责任的主要内容包括四个方面："参与市场规制的责任、道德引导的责任、对需要自我反省的责任、获得识别负责任消费行为能力的责任。"② 以上观点从不同的角度对消费者责任进行了阐释。消费者主权的实现往往具有负外部性，即部分消费者消费权益的实现是其他消费者消费权益的损失。任何人在消费活动中都必须坚持权责对称原则。任何消费者在实现消费者主权的同时，都不应该也不能以损害其他人的消费权利为代价，必须担负起对自己、对他人、对社会、对生态等的责任，共同维护公平与正义。

消费者责任的构建涉及经济、社会、文化的各个层面，涉及政府、生产者、其他消费者等多个群体。当前我国正进入经济发展新常态，各种制度仍待完善，市场的诚信度仍待提升，这使得消费者的权益保护仍然是当前的工作重点。例如，1994年我国出台《消费者权益保护法》，设立"3·15消费者权益保护日"。新修订的《消费者权益保护法》于2014年3月15日起实施，此次修改内容涉及面广，对个人信息保护、网络购物、公益诉讼、惩罚性赔偿等有关消费者权益保护方面的热点问题做了明确规定，强调社会、企业等对消费者权益保护的社会责任，但一如过去那样没有提及消费者自身的消费责任。于是，长期以来人们习惯对企业、政府、

---

① 刘成玉，胡方燕. 消费者责任研究成果述评. 重庆社会科学，2009（2）：69.
② 陈启杰，田圣炳. 论从消费者主权到可持续消费的转型. 上海财经大学学报，2008（5）：85.

消费者协会等进行问责，社会更多地鼓励、宣传、引导消费者强化维权意识、丰富维权知识、增加维权行动，但很少甚至根本没有消费者责任的教育与反思。正如有学者所指出的，"《消费者权益保护法》未能充分体现消费者在保护消费权益中的应有责任情有可原。但是，不要求消费者承担维护消费权益社会责任的这种状况延续至今，已经与全球企业社会责任运动的蓬勃发展极不对称，已经与可持续发展原则下的绿色消费浪潮产生背离，已经与我国提升维权工作层次和水平、改善消费环境和促进经济又快又好发展、加速构建社会主义和谐社会不相适应"①。消费者责任的长期缺失，必将对消费者自身及其他消费主体造成不利影响。

当前，导致消费者责任缺失的原因有很多，既有外在于消费者的缘故，也有与消费者自身有关的因素。

其一，传统发展观的驱使。传统发展观的哲学基础是"发展天然是合理的"，发展总比不发展好，发展得快总比发展得慢好，缺少对发展本身的评价与规范。在这种理念的支撑下，人们一味地追求发展，谋求发展得更快，片面关心"如何发展得更快"等关于发展的技术性问题，而对"为谁发展""应当如何发展""什么样的发展才是好的发展""发展的终极价值是什么"等价值论、目的论问题漠不关心。正如美国学者威利斯·哈曼（Willis Harman）博士所说："我认为唯一最严重的危机主要是工业社会意义上的危机。我们在解决'如何'一类的问题方面相当成功……但与此同时，我们对'为什么'这种具有价值含义的问题，越来越变得糊涂起来，越来越多的人意识到谁也不明白什么是值得做的。我们的发展速度越来越快，但我们却迷失了方向。"② 可想而知，在这种片面追求数量增长或提高 GDP 的发展观的指引下，扩大消费无疑是一个重要的选择。政府出台各种政策刺激消费，扩大内需；商家打出各种口号、广告不断，调动消费者的消费欲望。在这种情况下，消费不再是为了生活的消费，而是被政府、企业、商家牵着鼻子走，是为了消费的消费。消费者是否消费成为社会关注的焦点，而消费者消费行为的合理性、合目的性审视则成了盲

---

① 贺砾辉，何昀. "消费与责任"：对既往及未来维权年主题的一个解读. 消费经济，2008（2）：28.

② 维克多·奥辛廷斯基. 未来启示录. 徐元，译. 上海：上海译文出版社，1988：193.

点。甚至，很多人认同的公式是"消费＝爱国"，消费越多越对国家有贡献。在这样的理念影响下，消费者责任在传统发展观的视角下被遗忘、被忽视、被淡化。

其二，消费者过度自由的影响。消费者主权理论一方面有力地保障了消费者在社会再生产中的作用，提升了消费者的主体地位，但另一方面，也易于造成消费者"上帝"意识的膨胀，产生对消费者主权的各种误解。不少消费者片面地认为，消费行为完全是个人的私事，只要有资金，就可以自由地行使消费的权利，市场或者生产者就有义务满足他们的任何欲求，这是消费者主权赋予他们的权利。可是，当消费者主权意识张扬过度，把消费看作无节制、无限制、无制裁的任意行为时，原本为了生活需要的消费就会蜕变成满足欲求的消费，消费者责任便消失殆尽。

其三，现代工业社会技术风险的影响。传统农业社会的消费只利用自然物的较表层结构和较表层属性，消费产生的后果一般是直接的、可预期的。现代工业社会是一个技术社会。工业社会的消费则通过技术利用到了自然物的深层结构和深层属性，消费对象的来源更加不确定，消费对象的识别更加复杂，消费后果更加不可预期。消费者在享受现代工业技术带来的巨大便利的同时，也面临着现代工业技术带来的风险性和不确定性。这种风险性和不确定性使得消费者的消费行为无暇顾及消费后果，导致消费者责任的缺失。

其四，现代道德观念的嬗变。当代著名的伦理学家阿拉斯代尔·麦金泰尔（Alasdair MacIntyre）认为，当代人类的道德实践处于深刻的道德危机、道德无序状况中，其中一个重要体现就是传统意义上的德性已经发生质的改变，并从以往社会生活中所占据的中心位置退居到生活的边缘。消费者责任体现了消费的伦理维度。因为消费者责任不仅包括法律责任、社会责任，还包括道义责任，而现代道德观念的这种嬗变使得消费偏离了道义，消费者本身的美德在消费活动中无影无踪，更遑论消费者的责任。

2. 消费者责任的论证

消费者责任的确立，既源于消费的内涵及伦理要求，也来自责任的内在要求。

责任伦理作为伦理学范畴，最早由马克斯·韦伯（Max Weber）于

1919年首次提出,"针对当时的政治家只讲权利运用不考虑行为后果的现象,韦伯呼吁社会倡导一种超越良知伦理的责任伦理"①。在韦伯那里,责任伦理是一种"无条件地"承担自己的行为责任的伦理自觉,源于主体对于自己作为伦理实践主体所应担当的责任的自觉,具有无条件性。责任伦理更多的是强调承担行动后果的伦理要求,揭示出责任伦理的伦理价值——个人对于他人、集体乃至他者的责任。汉斯·约纳斯(Hans Jonas)也认为责任伦理是非对称性的,它强调的是伦理主体对于客体的单向度的责任承担与伦理自觉。特别是随着科技的发展进步,人类行为变化的特性以及当代科技文明的危机迫切要求一种伦理责任意识,要求人类通过自己的力量驾驭未来,自觉地进行责任限制。由此可见,责任伦理具有三个方面的特点:(1)它要求实践主体无条件、自觉地承担自己行为的责任;(2)它是一种主体对客体的单向度行为;(3)它是一种事后责任和预防责任相结合的模式。

消费遵循的是市场经济的逻辑——"谁有资本,谁就可以为所欲为地消费,占有更多的消费品"。只要手中有资本,消费者就能随时随地、随量随意地消费,自由地行使消费者主权赋予的权利,享受着消费带来的满足与便利。从理论上看,消费者主权赋予了每一位消费者平等的消费权利;但在现实生活中,消费者主权却是"喜富厌贫"的。一般而言,经济状况好的消费者,其消费状况也好;经济状况不好的消费者,其消费状况也不好。经济状况的好坏造成了不同群体在消费上的差异,形成了消费上的不公平。消费是个人满足生活需要的方式,也是每个人身份确认、价值认同的重要手段。消费是人们满足物质需要的手段,而并非物质来源,更承载着人们的精神追求与情感投入。在现代社会,消费对于每一个人来说,都是不可或缺、不可替代的。在消费状况上不断拉大的不公平,必将影响人们正常的生产与生活,影响社会公平感与幸福感的实现。作为体现社会关系的消费,有责任实现对公平的诉求。

消费是一种社会行为。消费者在消费过程中,既行使自身的消费权利,同时也与生产者、产品供应者等市场主体产生一种契约关系。消费者

---

① 甘绍平.应用伦理学前沿问题研究.南昌:江西人民出版社,2002:100.

在通过消费行为获取使用价值的同时,需要自觉地履行消费者责任。参与市场规制,守护社会的伦理底线,维护社会的整体利益,保护生态环境,预防重大后果或危机的产生,等等,这些都是责任伦理要求的无条件的伦理自觉。

"仓廪实而知礼节,衣食足而知荣辱"(《管子·牧民》)。在短缺经济时代,人们基本生活需要的满足受到了很大限制,物质上的需要成为人们首要且迫切的需要,而精神上的需要则退居其次,甚至退而隐之。随着社会的发展和生产力水平的提高,人们的消费结构、消费内容、消费方式都发生了很大的变化。消费者在自由、理性的基础上如何消费、消费什么,既是消费者权利的体现,又是消费者文明素质的重要标志,更是消费者责任的内在要求。试想,在如此高度物质化的社会,如果没有与消费文明相适应的消费行为、消费习惯,没有与消费文明相对称的消费理念、文明素质、消费价值观,那么原本是人性和人的本质体现的消费就将束缚人的自由全面发展,影响人类社会的发展与进步。因此,按照消费文明的内涵及精神,只有文明消费、责任消费,才能更好地体现人的生命存在,提升人对消费的自由,彰显人的生命意义、价值和尊严,推动人的自由全面发展。

人是自然的一部分,是生态系统中的一员,自然的生态价值在人类的生存与发展中有着不可替代的作用。人类的消费是在消耗自然资源和社会物品的基础上进行的,人类消费的过程是自然资源与物品的消耗过程,这决定了消费对自然生态与资源的依赖性。然而,随着人类征服与改造自然的能力的增强,人们不断对自然进行"祛魅",尤其是在消费领域,自然的生态价值被淹没在消费主义的狂潮中,这种无视自然生态价值的消费使人类付出了沉重的生态代价。施里达斯·拉夫尔指出:"消费问题是环境危机问题的核心,人类对生物圈的影响正在产生着对于环境的压力并威胁着地球支持生命的能力。从本质上说,这种影响是通过人们使用或浪费能源和原材料所产生的。"[①] 严重的生态代价使人们更多地反省与反思,特

[①] 施里达斯·拉夫尔. 我们的家园——地球——为生存而结为伙伴关系. 夏堃保,等译. 北京:中国环境科学出版社,1993:13.

别是对自身行为进行伦理审视。尊重自然生态的规律，认同自然的生态价值，成为人类可持续生存与发展的明智选择。作为社会中一员的消费者，无论从自身的健康生存角度看，还是从社会持续发展的生态基础角度看，都需要站在人与自然和谐发展的高度，自觉地认同生态价值，尊重生态规律，运用生态智慧，履行生态责任。

3. 消费者责任的限度

《现代汉语词典》中的"责任"有两层含义：一是指分内应做的事，二是指没有做好分内应做的事而应承担的过失。由此可见，责任是基于分内之事而发生的行为，即责任存在一个限度或界限。在现实生活中，由于消费自由的限度和信息不对称等因素的制约，消费者责任具有自身的限度。

黑格尔首先论述了自由与必然的关系。他认为，自由并不等于"任性"、"盲从"以及"随心所欲"，而是对必然性的认识，这是自由的前提和基础。马克思从辩证唯物主义和历史唯物主义的高度进一步指出："自由不在于幻想中摆脱自然规律而独立，而在于认识这些规律，从而能够有计划地使自然规律为一定的目的服务。"① 可见，自由是人在活动中认识必然的自主、自为活动。自由受到自然规律与社会规律的制约，也同样有一定的限度。消费自由是每个人从事消费活动的自由。然而，消费作为一种社会性活动，消费者在消费过程中必须处理好自己与他人的关系，不然就不是真正意义上的自由消费。消费自由必须以道德责任的担当为前提，消费自由的限度制约了消费者权利的行使，也决定了消费者责任的限度。

即使是市场经济也存在信息不对称的弊病，它几乎无处不在、无时不有。在现实生活中，市场主体不可能占有完全的市场信息。信息不对称问题的存在可能造成以下结果：信息占优势一方经常会做出"败德行为"，而信息占劣势一方却面临交易中的"逆向选择"。也就是说，信息不对称造成市场资源配置扭曲的现象。因此，信息不对称的背后隐藏的其实是道德风险。从经济学角度看，道德风险是人们享有自己行为的收益，而将成本转嫁给他人，从而造成他人损失的可能性。一般来说，买卖双方关于产

---

① 马克思恩格斯文集：第9卷. 北京：人民出版社，2009：120.

品质量的信息是不对称的。卖方参与了产品的整个生产过程,对产品的原料来源、产品结构与属性等都有更全面的了解,然而对消费者来说,若仅仅通过五官来判断产品的质量,是肯定无法获得全面而准确的信息的,如果借助仪器设备,又将大大增加获取信息的成本。在买卖双方信息不对称的情况下,一些商家就会选择生产劣质产品,以低生产成本或零生产成本获取与一般产品同等的价值,追求高额利润,由此出现了道德风险与逆向选择问题。三聚氰胺事件①充分印证了消费者在信息市场中的劣势地位。然而,让人难以想象的是,无法及时获取产品完整、真实的质量信息的消费者,如何能够对自身的消费行为担负责任?信息不对称,一定程度上限制了消费者的自由以及行为能力,从而会对消费者责任的履行构成不利影响。

(四)消费者主权与责任的冲突与融合

实现市场经济的健康发展,一方面要保护消费者自由消费的权利,另一方面又要求消费者履行消费责任。然而,消费自由可能在一定程度上掩盖了消费责任的担当,消费责任的担当也可能妨碍消费自由的实现。消费者主权与消费者责任似乎成了一对难以调解的矛盾。

从理论上分析,消费自由是消费者主权理论的逻辑起点。消费者主权理论认为,消费者的消费行为传递了消费者的消费意愿、消费偏好,生产者根据消费者的意见和要求进行生产,满足其消费需求。在生产者和消费者的关系中,消费者可以享受消费自由,但生产者必须遵从消费者的意愿才能实现商品的价值。消费者的主权或自由似乎是无限的、不受限制或约束的。然而,过度的消费者主权必然带来消费者责任的虚无化。

消费者主权与消费者责任的产生具有不同的历史发展过程。在温饱型

---

① 这是中国的一起食品安全事件,又称 2008 年中国奶制品污染事件,或 2008 年中国奶粉污染事件、2008 年中国毒奶制品事件、2008 年中国毒奶粉事件。事件起因是很多食用三鹿集团生产的奶粉的婴儿被发现患有肾结石,随后在其奶粉中发现化工原料三聚氰胺(是一种三嗪类含氮杂环有机化合物,白色单斜晶体,几乎无味,微溶于水,对身体有害,不可用于食品加工或作为食品添加物)。事件引起各国的高度关注和对乳制品安全的担忧。随后,事件迅速恶化,包括伊利、蒙牛、光明、圣元及雅士利在内的多个厂家的奶粉都被检出三聚氰胺。该事件重创中国制造商品信誉,多个国家禁止进口中国乳制品。

社会，受生产力水平的限制，物质产品只能勉强满足甚至难以满足人们的生活要求。因此，人们的消费观念仅仅停留在维持温饱的水平上。填饱肚子成为最大的满足，除此之外，没有也不允许有其他奢求。在享受阶段，生产力水平大幅度提高，生产对消费的满足程度没有受到任何限制，甚至出现了供过于求的现象。为了实现商品的价值，商家想方设法通过各种途径或手段来刺激"上帝"的消费需求，由此，消费者主权得到了生产者和社会的高度认可。

随着消费时代的到来，消费者的消费频率大大提高，消费规模和领域急剧扩大，但与此同时，附加在消费行为过程中的负外部效应也逐渐凸显，人们这才意识到需要有人对消费行为负责。消费者无疑是其中之一。在"限塑令"中，消费者责任被以条文的形式明确下来。然而，"限塑令"仅仅规定了消费者的环保责任，而向消费者提供塑料袋的生产者以及商家却没有任何责任。消费者纷纷质疑，环保是整个社会的共同责任，将环保责任全部推给消费者，却放纵商家以及生产者的环保不作为，"限塑令"的存在依据和公平性何在？不当的、过度的责任必然阻碍消费者主权的实现。

从表面上看，消费是消费者在消费观念的支配下，有目的地购买、消耗和享用消费资料的活动。而在本质上，消费不仅是一种个人主观意志的行为，而且是一种需要与他人合作或发生关系的社会行为，消费过程表征了人与自然、人与人、人与社会的特定关系。虽然消费者有权利根据自身的经济状况、性格、生活习惯在自愿平等自主的基础上进行自由选择，然而消费是在社会中进行的，个人消费的社会性决定了消费者在享受自由消费的权利的同时必须承担与之相应的社会责任。消费者责任与消费者主权都依附在消费行为中，只是在不同的时期、阶段，人们的关注点不同。从主体上看，消费者具有主权，具有消费权利；从客体上看，消费者必须承担一定的责任。只要有消费行为，就涉及消费者主权，也就隐含了消费者责任。消费者只要行使消费自由的主权，就必然要履行消费者责任。因此，消费者主权与消费者责任的融合是必然的，也是可能的。

在生态时代，消费问题和环境问题更加紧密地联系在一起，受到了人们的高度关注。只有将消费者责任、生产者责任、政府责任等结合起来，才能构建一个责任型的消费时代。

三、"生态人"何以可能

当代科学技术的发展使人类活动,特别是消费活动,成为改变自然生态过程的重要力量。这种力量,一方面帮助人类从自然界获得了大量的资源,创造了前所未有的物质文明和精神文明;另一方面又带来了严重的环境污染与破坏,使人类面临前所未有的生存危机及困境。人类的命运与地球的命运已紧紧地联系在一起。人类突破困境的唯一办法是拯救地球。然而,要拯救地球,首先就必须改变人的价值观并采取新的社会安排。正如美国学者约翰·贝拉米·福斯特(John Bellamy Foster)所指出的:"如果我们要拯救地球,围绕个人贪婪的经济学和以此为基础的社会制度必须让位于更广泛的价值观和一套立足于与地球上的生命相协调一致意义上的新的社会安排。"①"生态人"正是从当代人的生存困境中对人类生存状态、人与自然之关系的一种体悟、澄明,并努力通过自我的内在调整与规范,实现外部自然生态与内部自然生态的平衡,构建良好的人类生存生态。②

(一)"生态人"何以理解

人类面临的生态困境看起来反映的是自然生态的失衡状况,但导致这一状况的原因不在于自然生态本身,而在于人类活动。因此,要解决人类面临的生态困境,就必须反思人类自身。"生态人"是人类自我反思的产物。在自由主义那里,关于"我们"的基本事实是,我们是理性动物,因而是"理性人";在保守主义那里,关于"我们"的基本事实是,我们是文化的创造者,因而是"文化人";在社会主义者看来,关于"我们"的基本事实是,我们是社会性动物,因而是"社会人"。此外,生态主义并

---

① 约翰·贝拉米·福斯特. 生态与人类自由. 段丽萍,译. 外国哲学社会科学文摘,1997(3):20.
② 曾建平,黄以胜. "生态人"何以可能. 鄱阳湖学刊,2013(4):13.

不否定我们是理性的、创造文化的和社会的动物（因而是道德的），但它认为，关于"我们"的基本事实是，我们是自然性动物。我们本质中的这些因素都是以"我们是自然性动物"这个事实为条件的，因而我们是"生态人"。只有意识到这一点，我们才能对其他生物的道德诉求变得更加敏感。因为，无论是近代的达尔文生物学说还是古代部落的传说，都表明我们与这些生物是同根同源的，我们的福祉和命运与其他生物的福祉和命运是相互依存的。这是生态主义的觉醒之处，也是它与其他哲学思想对人性假设的不同之处。①"如果说，当初生态主义很大程度上是在审慎的激励下关注人类活动对地球的影响，那么，现在它已经引导我们关注关于我们的基本事实，而这种基本事实没有得到其他意识形态和哲学立场的应有关注。"②

1."生态人"的内涵

学界关于"生态人"的论述比较多。徐嵩龄先生认为，生态中心论者与东方生态伦理者之间逐渐形成并扩大的生态伦理共识将塑造一种新的人类行为模式，即"理性生态人"。它"具有充分的生态伦理学素养"，又"具备与其职业活动及生活方式相适应的生态环境知识"③。在《后现代主义辞典》（*Dictionary of Postmodernism*）中，"生态人"被认为是生态哲学中的一个与"经济人"相对立的概念。"'经济人'与自然的道德相对立，受工业和效用合理性支配，把自然作为外在的'它'来思维和行事。'生态人'则将自然包括进来作为社会整体的要素，在利用自然基础上取得可持续的发展。'经济人'的终结就是生态人的开端。"④ 余谋昌先生认为"生态人""具有充分的生态伦理素养和生态环境意识"⑤。简言之，"生态人"是在反思工业文明人与自然之关系失衡的基础上生成的新的人的范式，是重新认识人与自然之关系，具备责任意识、关怀意识、生态意

---

① 布赖恩·巴克斯特. 生态主义导论. 曾建平, 译. 重庆：重庆出版社, 2007：225-226.
② 同①.
③ 徐嵩龄. 环境伦理学进展：评论与阐释. 北京：社会科学文献出版社, 1999：418-419.
④ 王治河. 后现代主义辞典. 北京：中央编译出版社, 2004：558.
⑤ 余谋昌. 生态哲学. 西安：陕西人民教育出版社, 2000：112.

识、生命意识、整体意识的人,是融生态素养与生态行为于一体的人,是坚持生态优先、承认自然价值的人。"生态人"的产生既是立足于解决当前全球生态危机的现实需要,更是放眼于人类文明进步、人与自然生态可持续发展的必然选择。顾智明认为:"'生态人',是指善于处理与自然、他人及自身关系,保持良好生命存在状态的人。生态,即'生命的存在状态'。世界,包括自然、人、人类社会是一个有机的生命体,存在着客观的运行逻辑和规则。'生态人'正是从当代人的生存困境中对这种运行逻辑和规则的逐渐体悟、澄明,并用于规范和改造自身,努力达到外部自然生态、内部自然生态——精神生态、人格生态的平衡,形成良好的生命存在状态。"① 总之,"生态人"是在人性的自我反思和应对当前人类面临的生存困境时产生的,融生态意识、生态智慧、生态行为于一体的,以人与自然的和谐相处为准则、以人的生态性存在为目标的一种新的人的范式。

近代以来的分析主义通过分析主体和客体、主观性和客观性等把人与自然对立起来,其思维方式源于机械论自然观。"机械论自然观渊源于古希腊的原子论,肇始于文艺复兴时期,勃兴于近代科学革命中,19世纪后半叶受到挑战,20世纪初渐趋衰微,在西方思想史乃至世界思想史上居于统治地位有年,其成就骄人,其缺漏也尖锐。由它所产生的并反过来支持它的主客二分论形上学思维也与它一样命运波舛,成为被指摘的现代生态环境危机的深层思想根源。"② 在机械论自然观的视野中,自然犹如一台机器,机械地被人操纵,任意地被人宰割。"生态人"抛弃了近代以来机械论世界观和主客二分的思维模式,坚持以生态优先的有机论自然观,以整体的思维和系统的观点,看待人与自然、社会、经济、生态之间的关系,认为人及其社会作为生态系统母体的有机组成部分和子体,其一切活动必然深深打上生态系统母体的烙印,必然受到自然生态系统的限制与约束,必然以自然生态系统的承载力为基础。没有与自然生态系统在物质、能量、信息等方面的转化、互动,就没有人类的生存、发展。因此,"生态人"特别注重人与自然的和谐相处,尊重自然的内在规律,认可自

---

① 顾智明. 论"生态人"之维——对人类新文明的一种解读. 社会科学, 2004 (1): 83.
② 曾建平. 西方机械论自然观兴衰之省察. 湖北大学学报(哲学社会科学版), 2006 (2): 131.

然的内在价值，强调内外部自然生态间的平衡。人与自然的和谐相处既是自然解放的前提，更是人的可持续生存与发展的基础。

传统发展观片面追求经济效益的最大化，忽视了生态效益、社会效益等这些社会发展与进步不可或缺的因素。因此，传统发展观的缺陷是毋庸置疑的，它难以助推人类社会的可持续发展。在生态优先的有机整体论的世界观下，"生态人"从人与自然、人与人、人与社会整体的互动关系维度把握发展的内涵，坚持以全面、整体的价值视角审视发展问题，以生态的原则处理发展问题，坚持以追求经济、社会和生态综合效益最大化的综合价值取向，在价值取向上开辟了一条有利于自然解放和人类解放的发展之路。"生态人"并不单纯追求直接的物质利益，而是同时追求包括更高的精神需求、社会需求和生态需求在内的生活质量与价值意义；并不单纯追求代内经济、社会和生态的公平与和谐，而是同时追求代际的公平与和谐。在"生态人"的视野里，没有永远的利益，只有永远的生态，因而时刻将生态安全摆在首位，时刻考虑生态系统的承载力，时刻坚持以可持续发展观蕴含的综合价值来衡量发展的质量，以实现经济、社会与生态以及代内、代际的"共赢"。

亚当·斯密的"经济人"假设有力地推动了资本主义生产力和生产关系的发展，但"经济人"是结果论者，其动机和行为的目标就是追求个人利益，在人生观上表现为只看重功利或结果，不重视过程的生存价值观。马克斯·韦伯在弥补、克服"经济人"的伦理缺失的基础上提出了"道德人"概念，然而，其出发点也只是关注人的生存价值，未能意识到自然的生存价值。无疑，"经济人"和"道德人"理论在特定历史阶段对于促进社会发展起到了重要作用；但是，从现代人类生存的现实困境和生态时代的伦理要求来看，它们都忽视了自然的内在价值，难以有力地为人类分忧解难。从某种意义上说，生态危机的实质是人的价值观的危机。与"经济人"和"道德人"相比，"生态人"的生存价值观不是静态的、只看结果的价值观，而是动态的、更加注重生命过程的价值观。从生态的整体性和系统性看，任何生命的存在都只是物种延续的一个过程，只是生态系统的一个很小部分。人生的价值在于生命过程的和谐，"生态之美很大意义上就在生命的不断延续和循环之中。把生命看作是一个过程，重视生命过程的价值和意义,而不是在拼命满足物欲中使人走上异化的道路"①,这就是"生态人"区别于"经济人""道德人"的本质特征。因此,"生态人"的人生观就是一种科学的生命观、价值观,它化解了人与自然、人与人、人与社会之间的价值冲突,符合个人、经济、社会、生态之发展的要求。

2. "生态人"的基本特征

徐嵩龄先生认为"理性生态人"具有以下原则:坚持一种人地和谐的自然观、生态安全、综合效益、公平与正义、共赢竞争方式、整体主义方法论。② 秦鹏在《生态消费法研究》一书中提出"生态人"具有三个特征:整体共生性、和谐发展性、公平正义性。③ 李承宗认为,"生态人"具有和谐的自然观与科学的人生观两个取向。④ 丁永祥认为,"生态人"拥有人地和谐的自然观、可持续的发展观、重视生命过程的人生观三个特征。⑤ 在"生态人"的视野中,生态问题不是纯自然的问题,它体现的是人与人、人与社会、人与自然之关系的整体性和一体性。在人与人的关系上,它倡导科学的人生观;在人与社会的关系上,它坚持可持续的发展观;在人与自然的关系上,它主张有机论的自然观。

"生态人"作为一种新型人格,它体现了全球生态危机背景下人们对生态价值的重视和对生态精神的渴望,是与过去所预设的"经济人"或"道德人"具有完全不同内涵和特征的当代社会所追求的理想人格。它具有以下几个方面的特性。⑥

其一,科学精神与人文精神的统一。科学精神是科学的精神价值的集中体现。科学精神的形成是与科学实践活动的本质相联系的,它同时又成为科学得以健康发展的保证,并随着科学的发展而不断地发展与完善。它

---

① 丁永祥. 生态美育与"生态人"的造就. 河南师范大学学报(哲学社会科学版),2004(3):174.
② 徐嵩龄. 环境伦理学进展:评论与阐释. 北京:社会科学文献出版社,1999:419-421.
③ 秦鹏. 生态消费法研究. 北京:法律出版社,2007:138.
④ 李承宗. 生态人的价值观述评. 武汉大学学报(人文科学版),2007(2):174-175.
⑤ 同①173.
⑥ 曾建平,黄以胜,彭立威. 试析生态人格的特征. 中南林业科技大学学报(社会科学版),2008(4).

主要表现为科学的实证精神、尚理精神、独创精神、有条理的怀疑和批判精神以及追求真理、造福人类的精神等内容。所谓人文精神，是整个人类文化所体现的最根本的精神。人文精神作为人类文化生活的内在灵魂，它以追求真、善、美等崇高的价值理想为核心，以人自身的全面发展和完善为终极目标，表现为对人的价值、生存意义和生活质量的深切关注。

造成当前生态危机的因素有很多，其中一个重要原因是唯科学主义的盛行和人文精神的丢失。当前，我们的教育只注重科学知识的传授，忽视科学精神的培养，这就导致对科学兴趣的丧失和科学精神的迷失，更有甚者把科学精神与人文精神对立起来。科学技术在给人类带来巨大福利的同时，也产生了许多负面效应，给人类带来生存意义和价值上的危机。唯科学主义不仅片面地、不适当地夸大科学的作用，还把科学作为功利主义理解，这与科学的求真精神背道而驰。因此，人类为了眼前利益，为了满足无止境的物质欲望，不恰当、无节制地使用科学，导致了科学技术的异化，同时也造成了人的异化，给人类带来难以估算的负面影响。

人们在解决全球生态危机的过程中已经深刻意识到科学技术并非万能。它是一把"双刃剑"，具有生产力和破坏力的双重属性。科学技术是人的产物，无论是造福还是致祸，都与人的价值观念有关。因为科学技术的负效应，采取将脏水和孩子一起抛弃的做法是不明智的，我们要做的是弘扬科学精神，把科学精神与人文精神统一起来，思考如何更好地利用科学技术为人类造福。

人文精神是以人为本、体现人的本质属性的精神，是揭示人的生存意义、体现人的价值和尊严、追求人的完善和自由发展的精神。① 人文精神体现的是一种普遍的人类自我关怀。当前，人们往往受功利主义的影响，忽视人文知识的积累、人文精神的培养和人文素养的提高，这就容易造就"单向度的人"，从而必然对人、社会及自然缺乏一种人性化的科学认识。人文精神则强化了人对真、善、美及其内在和谐性的自觉追求，它关注的是人类价值和精神表现。

科学精神与人文精神在精神实质和深层底蕴上是相通的。"科学与人

---

① 赵成. 人文精神的内涵研究及其意义. 学术论坛, 2005 (5).

文在功能上是相互补充的，科学使人文精神建立在理性的基础上，科学的运用所产生的巨大生产力为人文价值的实现提供有利的物质条件；而人文则为科学的运用引导方向，使科学技术朝着更人道化、生态化的方向发展。"[1] 科学技术为人类认识自然和利用自然创造了条件，但也存在一些弊端，而人文精神恰恰能弥补其弊端。只有充分运用人文精神，把科学技术置于价值层面的检视下，才能使科学的力量不至于致恶，防止或克制科技可能带来的非人化后果，使科学为人类服务，朝着有利于生态平衡和人类生存与发展的方向发展，实现科学的良性化、生态化发展。

"生态人"作为解决全球生态危机，保持经济与社会、人与自然的可持续发展的根本出路，必然要求人们以科学的精神和态度来对待人与自然、人与人、人与社会的关系，也要求把这些关系置于道德伦理和理性的思考中，科学理性地把握这些关系，弘扬科学精神与人文精神，使科学精神内蕴于宏大的人文精神，使人文精神渗透于科学精神，使科学朝着生态化、人文化方向发展，养成生态化的绿色生存方式，形成绿色消费的文化自觉，提高人们的科学人文素养和生态道德素质，为解决全球生态危机奠定基础。"生态人"并不是引导人们抛弃科学技术；恰恰相反，它要求人们追求科学，树立科学精神和科学态度，弘扬人文精神，把求真与求善结合起来，达到自然之美，走生态文明发展之路。因此，生态人蕴含着科学精神与人文精神的统一。

其二，道德他律与道德自律的统一。人类为了满足不断膨胀的物质欲望和占有欲望，借助科学技术的强大力量，盲目地、无节制地开发和利用自然资源，造成了人类生存环境的恶化，导致了全球生态危机。可以说，全球生态危机的出现与道德他律的不足和人性自律的缺失是分不开的。面对全球出现的生态危机，不仅需要在制度、法律层面加强对人类活动的约束，还需要人们养成自律精神。

"生态人"的培育过程是一个道德他律和道德自律共同参与的过程。人类中心主义确立之后，人类的一切活动都以自身利益为中心，把自然当作不断满足人类欲望的工具，只看到了自然的工具价值，忽视了自然的内

---

[1] 王豪杰. 思想道德修养. 厦门：厦门大学出版社，2004：381.

在价值。在这种人类中心主义的主导下，人们从未认识到人与自然之间还存在一种道德关系，从未认识到需要把非人存在物纳入道德关怀的对象。直到全球生态危机出现以后，人与自然之间的道德关系才被揭明，人类对自身活动进行了反思，并为解决生态危机采取了一系列的制度措施，以约束、修正自己的行为。不过，这种认识还只是一种停留在外部约束、处于道德他律阶段的认识。较之于人们把道德关系局限于人与人之间，这在道德序列上显然迈出了关键的一步。然而，其缺陷也十分明显——"停留在道德他律阶段的道德规范，无论人们怎样尽职地去遵循它，它终究是一种外在于道德主体的'异己'力量；只要道德主体尚未将道德规范内化为自己的道德品格，尚未走完从他律向自律的历程，那么道德规范的道德性就是不完全的，即不是严格意义上的道德规范"①。同时，道德规范的外在约束力与导向功能受到了限制。由此而言，那种迫于各种外部力量（或者出于义务、服从命令，或者惧于制裁压力，等等）从而循规蹈矩的人，是法律定义上的"良民"，而不是道德意义上的"善人"。只有当人们在"无义务无制裁"的状况下，把道德作为人的内在命令，作为行为的内在动力时，这样的道德行为才是自由的、崇高的。

因此，"生态人"要求把他律的道德规范转换为自律的道德规范，使人们的行为动因由原来的外在约束转换为内在约束，由原来的外在导向转换为内在导向，由被动转化为主动，由盲目转化为自觉，由限制转化为自由，自觉树立生态整体意识，把握人与自然的道德关系，树立生态道德观、生态价值观、生态政绩观，充分认识到道德地关怀自然不是我们在为自然做点什么，而是人类生存与发展的一种内在义务、一种内在责任。

其三，生态智慧与生态体验的统一。人的智慧总是随着实践的推进而不断提升。在人类中心主义指导下的各种实践，是当时的一种指向自然的"智慧"。然而，从今天的生态危机来看，这些"智慧"又是愚蠢的、盲目的，是人类理性发育不健全的体现。在"生态人"那里，生态智慧与生态体验是统一的。

解决全球生态危机，要上升到生态智慧的高度，要求人类具有认识和

————————

① 罗国杰. 伦理学. 北京：人民出版社，2003：199.

掌握生态规律、按照生态规律去建设和发展的智慧,具有维护生态平衡和美化生态环境的智慧。"生态人"从意识的角度要求人们尊重生态规律、尊重生态系统和基本生态过程,从而维护生物圈的整体性和完整性,维护全球生态平衡,保护人类生存与发展的家园,促进经济与社会、人与自然的可持续发展。

然而,生态智慧不是孤立的,而是在生态实践、生态体验中才能获得的。1845年7月4日,生态思想的先驱——亨利·戴维·梭罗(Henry David Thoreau)离开他生活的城市来到瓦尔登湖,"以自然观察自然"的方式,寻找一个"真正自然中的家"。此后的一百多年里,许多人效法梭罗,深入和亲近大自然,通过体验式的博物研究思考大自然的奥妙。生态体验是人们获取生态智慧的重要途径之一。只有不断地进行生态体验,在实践中修正认识,修正不恰当的生存方式和生活方式,处理好人与自然的关系,提高对解决生态危机的关心度和参与度,并建立良性的生产方式,践行绿色的生活方式,人类才能培育出生态人格,建设生态文明。

其四,生态尺度与心态尺度的统一。已故的罗马俱乐部首任总裁奥锐里欧·贝恰(A. Peichy)博士认为,人类要解决当今时代全球出现的各种困境,就必须把握住人与自然的关系问题,重新恢复人与自然的和谐关系。因为这是最终造成人类困境的根本问题。人与自然和谐的原则是可持续发展原则。

然而,当前人们在谈论可持续发展的时候,似乎普遍担心的是生态环境问题,而悬置了心态问题——人的精神生态、人格生态问题,往往只看到环境的恶化,却没有注意到人的恶化与边缘化,这是极其肤浅的。马克思深刻地指出,"人们在物质生活生产过程内部的关系,即他们彼此之间以及他们同自然之间的关系是很狭隘的"[①]。功利尺度、效率尺度被推向极致,就必然忽视把人的终极价值作为目的的价值尺度,导致对精神价值和人类情感的冷落。其实,人的问题是社会的根本问题,环境问题归根到底仍是人的问题。人如何对待自然界,实质上就是人如何对待自身。

作为一种健全的人格,"生态人"充分认识到"人与人的关系"与

---

① 马克思恩格斯文集:第5卷.北京:人民出版社,2009:97.

"人与自然的关系"是互为逻辑的,要求把解决生态危机与解决心态危机统一观照,它既立足人的尺度来处理人与自然的关系,又立足自然的尺度来衡量人与人的关系;既立足从共时态来处理人与自然的矛盾,要求实现当代人之间在开发自然与保护自然上的权利与义务对等,又立足从历时态来看待人与自然的矛盾,要求实现代际持续发展。

3. "生态人"理论的现代价值

"生态人"作为一种新的人学范式,在人类面临严峻的生存危机的背景下,无疑是一种良药。"生态人"理论对于推进人与消费的生态化转向和践行绿色发展理念、建设生态文明等都有着重大的意义。①

其一,有利于推进人的生态化转向。马克思非常注重人的自由全面发展。在当前的生态背景下,要实现人的自由全面发展,就必须实现人的生态化转向。人的生态化是指,在推动人与人、人与社会、人与自然和谐发展的同时实现人的自由全面发展。具体来说,一方面,它要求人的综合素养全面提升,人的精神世界不断充实,人性得到自由全面发展;另一方面,它要求自然生态的优化和社会生态的构建,为人的自由全面发展提供良好的生态基础。所以,人的生态化不仅追求自然生态的平衡,而且追求社会生态的和谐,最终是为了促进人的自由全面发展。

在现实生活中,人的生存受到自然生态失衡和社会生态不和谐的双重困扰。人的生态化转向就是要在自然域中不断优化自然生态,优化人的自由全面发展的自然基础;要在社会域中不断优化生活生态,优化人的自由全面发展的社会基础。人的生态化是实现马克思主义人的全面发展理论的现实手段和最佳途径。这也正是"生态人"的伦理价值指向。

其二,有利于推进消费的生态化转向。消费是人生存与发展的方式。传统的消费方式是在消费主义的指引和消费欲望的驱使下,遵循"大量消费—大量抛弃"原则,通过消费来填补生活与意义的空白。"生态人"的提出就是要摒弃传统非生态的消费方式,逐渐推进消费的生态化转向。"消费生态化从消费这个侧面突出了可持续发展理念,其基本依据是:'自然—人—社会'是一个复合生态系统,人的生态生存是人的实践生存的必

---

① 曾建平,黄以胜. "生态人"何以可能. 鄱阳湖学刊, 2013 (4).

要前提。它的核心要求是在尽量减少消费物质产品的同时提高生活质量,关键是尽量减少物质生产和消费对资源的消耗、对环境和生态的破坏,要义是通过优化消费结构、发展生态生产力,为落实经济、社会和人的可持续发展创造条件。"① 消费生态化不仅体现在人类消费结构的生态化,而且体现在人类经济社会发展模式的生态化。消费生态化与"生态人"的价值取向都是为了实现生态、消费、发展以及文明的可持续,构建"经济—社会—生态—消费"的良性互动。

其三,有利于践行绿色发展理念,推进生态文明建设。党的十七大报告提出,建设生态文明,要让生态文明观念在全社会牢固树立。党的十八大报告以专门篇幅阐述生态文明建设的重大意义、面临的形势、基本要求、重要理念、发展目标:"建设生态文明,是关系人民福祉、关乎民族未来的长远大计。面对资源约束趋紧、环境污染严重、生态系统退化的严峻形势,必须树立尊重自然、顺应自然、保护自然的生态文明理念,把生态文明建设放在突出地位,融入经济建设、政治建设、文化建设、社会建设各方面和全过程,努力建设美丽中国,实现中华民族永续发展。"② 党的十八届三中全会要求:紧紧围绕建设美丽中国深化生态文明体制改革,加快建立生态文明制度,健全国土空间开发、资源节约利用、生态环境保护的体制机制,推动形成人与自然和谐发展现代化建设新格局。党的十八届四中全会通过的《中共中央关于全面推进依法治国若干重大问题的决定》提出,"用严格的法律制度保护生态环境,加快建立有效约束开发行为和促进绿色发展、循环发展、低碳发展的生态文明法律制度"。党的十八届五中全会提出了"创新、协调、绿色、开放、共享"的五大发展理念。党的十九大报告大篇幅地论述生态文明建设,明确把建设美丽中国作为社会主义现代化强国的重要目标。这就要求我们在思想上确立生态思维,在消费上实施生态消费,在行为上坚持生态理念,推进生产方式绿色化,实现思想观念、生活方式、消费方式、生产方式的生态化转向,要求人们

---

① 高文武,关胜侠. 实践消费生态化的主要目的. 武汉大学学报(人文科学版),2009(6):709.

② 胡锦涛. 坚定不移沿着中国特色社会主义道路前进 为全面建成小康社会而奋斗——在中国共产党第十八次全国代表大会上的报告. 北京:人民出版社,2012:39.

在日常生活中坚持实用节约、生态优先的原则，促进文明的可持续发展，坚持在资源、生态、环境承载限度的基础上提升人们的生活水平，推动经济社会和人的发展，力求实现经济、社会、生态等多方的共赢。这一切正是"生态人"的利益目标和价值取向，是"生态人"的题中应有之义，因此，"生态人"的提出有利于践行绿色发展理念，推进生态文明建设。

（二）"生态人"何以存在

"生态人"是一种对接生态时代的更高境界的人性假设，不仅没有违背人的本性的客观现实，反而传承和发展了马克思主义的人性观。它并不是一个人性乌托邦，而是具有存在的理论基础和实践基础的。①

1. 理论基础

"生态人"从可持续、整体观的视角看待人与自然生态的关系，坚持生态优先和承载力限度原则，赋予自然生态与人类平等的价值主体地位，倡导人类对自然生态的关怀与责任，这些正是责任伦理、关怀伦理与价值论的伦理取向。

其一，责任伦理的视角。韦伯在 1919 年首先提出了责任伦理概念，并区分了责任伦理与良知伦理。此后，约纳斯、雷德（John Ladd）及汉斯·伦克（Hans Lenk）等都对责任伦理有过论述。约纳斯在《责任之原则》（The Imperative Responsibility）中指出，在培根（Francis Bacon）看来，知识是达到幸福的手段。然而，近代以来的人类实践表明，知识的滥用非但没有带来期盼的幸福，反倒给人类带来了难以预料的灾祸与不幸。在当前的文明时代，伦理道德的发展跟不上科技创新能力与摧毁性的潜能发展，进而造成了资源枯竭、环境污染、生态破坏等"疑难杂症"。因此，在当代严重的科技文明危机和生态危机面前，人类不得不反思自身的实践行为，在伦理学上呼唤一种责任伦理及责任意识："它要求人类通过自己的力量的驾驭与限制来阻止人类成为祸害；它要求人类对自己的行为进行自愿的责任限制，确保人类强大的力量不至于摧毁人类自身及后

---

① 以下内容参见曾建平和黄以胜的文章《"生态人"何以可能》［鄱阳湖学刊，2013（4）］。

代;它要求人类在经济、政治、行为上有一个新的导向,甚至要求对道德观念从某种意义上进行重新定义,即道德行为不再是去践行一种最高的善,而在于去阻止一种最大的恶,并不在于实现人类的幸福与正义,而在于保护、拯救面临着威胁的受害人。"①

雷德认为,传统的责任概念是一种担保责任或过失责任,它以追究少数或唯一的过失者、责任人为导向,因为它将责任很快划归为法律责任。这种对责任的传统理解被雷德称为以直线式因果关系为特征的"机械模式"。"在雷德看来,这种传统的以追究过失为表现形式的责任概念太狭隘,它无法适用于理解和把握当今错综复杂的社会运行系统,在这个繁复的交叉重叠的社会网络系统里有可能隐藏着巨大的危险,而这种危险又很难简单地归结为一种单线的、单一原因的责任。"② 因此,在科学技术的支撑下,人类对自然干预的广度、深度、力度都在不断加大,由此造成的后果也越来越严重,我们有必要建立一种以未来行为为导向的预防性或前瞻性责任模式。新的责任模式是发散性的,不再以个人行为而是以许多行为者参与的合作活动为导向,通过事先预防,为人类活动提供一种积极性、前瞻性的行为指导。正如伦克所说的,倡导新的责任模式并不是要取代旧的模式,而是为弥补传统责任模式的缺陷,为当今科技时代潜伏着巨大危险的人类行为提供更充分的指导。

责任伦理具有两个方面的特点。从时间维度看,责任伦理超越了传统伦理的近距离性,注重长远性、可持续性。约纳斯认为,以前的伦理学未曾考虑过人类自身的可持续发展,更谈不上物种的生存了。在传统伦理的视野中,由于受到自身活动及思维的限制,人们考虑更多的是当下的伦理,涉及当代人之间的直接关系,特别是特定文化圈范围内的当代人之间的关系。然而,随着科学技术的发展,人类活动的范围、领域、广度、深度都发生了重大变化,特别是人类活动对生态的依赖性和关联性不断加强,传统的近距离伦理难以适应出现的新情况,新情况呼唤新的伦理规则。人类不仅需要协调好代内人与人的关系,更要关注对未来人类的义

---

① 甘绍平. 应用伦理学前沿问题研究. 南昌:江西人民出版社,2002:112-113.
② 同①113.

务、责任,这包含着关注未来人类生存基础——自然生态的义务。这种观点突破了传统伦理中道德关系的对称性。严峻的生态困境和现代社会的实践已经揭示了人类对后代人及其生存基础的不可推卸的责任。从空间维度看,责任伦理强调整体性。现代社会各种要素之间的联系不断加强,其复杂性是前所未有的,此时个人的力量就显得单薄了,因此需要各方的合力才能应对。当前出现的人类的生态困境,是任何个体或组织都难以单独解决的。责任伦理强调整体思维,立足人类整体"利维坦"(霍布斯语)。

可以说,责任伦理的这两大特点为"生态人"准备了丰富的理论养料。失去可持续性和整体性,"生态人"将难以为人类与自然生态的可持续生存提供持久的保障。正是关注可持续性,"生态人"不仅主张满足自我需要的消费,而且要求维持后代人可消费的生态基础;正是把握整体性,"生态人"不仅具有地域视野——任何行动都必须从自我做起、从地域开始,而且具有全球眼光——着眼于世界生态就必须要求全球各方主体力量进行联合、协商。

其二,关怀伦理的视角。关怀伦理是一种坚持以关怀与爱来建构人际关系和拉近人与人之间距离的伦理理论。关怀伦理强调关怀的普遍性。20世纪60—80年代,关怀伦理伴随着女权主义运动的兴起而产生,它更多地强调差异,强调女性的关怀特质。90年代以后,关怀伦理逐渐将视角延伸至公共领域,研究社会的道德生活。关怀伦理的内涵和外延都超越了传统伦理只限于人与人的关系、缺乏对未来关怀的伦理限度,为当代伦理学的发展提供了新的方向与思路,也启发着人类解决当前生存困境的思维与灵感。

关怀伦理非常注重人类与自然生态的和谐统一。关怀伦理主张从自然的利益出发,尊重自然界的整体性,把整个世界看作一个利益链条,认为一切事物都是相互联系、相互作用的,人类只是整体世界利益链条中的一部分,人既不在自然之上,也不在自然之外,而是自然的一分子。关怀伦理赋予自然生态系统的所有存在物生命,尊重它们的内在价值,认同人类与自然生态的关联性。

在环境伦理学领域,女性主义生态伦理学渗透了关怀伦理的价值理念,"把关怀、爱、友谊、诚实和互惠作为自己的价值核心"①。女性主义生态伦理学家认为,只有关怀和爱的德性才能缓解人与自然的矛盾,人类与生态是相互关联的。斯塔霍克(Starhawk)认为,人的一切包括身体、精神都来自自然,并强调:"我们人类的能力,包括忠诚与爱、愤怒和幽默、贪婪、直觉、智力和同情,这些能力正如蜥蜴和红树林一样,都是属于大自然的一部分。"② 鉴于自身对自然的高度依赖,人类必须学会保护自然生态,对自然生态承担责任,这是人类生存的必需视角。玛丽亚·米斯(Maria Mies)和范德娜·史娃(Vandana Shiva)指出:"生存必需视角意味着男人在实践中开始分担责任,分担在这个星球上创造与保护生命的责任。……他们必须开始和妇女共同承担保护生命的工作。……这实际上意味着他们也要承担没有酬劳的生存必需劳作:在家庭中照顾孩子、老人和病人,在保护生态的工作中救治地球,以新的形式生产生存必需品。"③ 因此,男人和女人一样都必须培养传统的女性美德,共同担负起对自然生态的关怀责任,促进人与自然的和谐共处,维护国家之间、世代之间与男女之间的和平。

因此,关怀伦理所倡导的关怀与爱是解决当前生态困境的一剂良药,它以关怀的视角唤醒了人类对生态的关联意识、责任意识,号召社会成员主动承担保护生态环境的责任,在全社会形成关怀自我、关怀人类、关怀生态的良好氛围。在目前人类面临的生态困境中,关怀伦理的关怀理念与价值为培育有着整体意识、关联意识、责任意识的"生态人"提供了理论支撑和实践基础。正是有着整体意识,"生态人"才不仅关爱人的消费,而且关爱那些支撑人的消费的生态环境;正是有着关联意识,"生态人"才不仅看到了消费是一个复杂的社会活动,而且注意到消费与其他经济运转环节之间的互动性,消费与人的幸福、公正等之间的内在相关性;正是有着责任意识,"生态人"不仅关注代内人与人的关联性,而且关注代际的可持续生存与发展。

---

① 肖巍. 女性主义伦理学. 成都:四川人民出版社,2000:184.
② 罗斯玛丽·帕特南·童. 女性主义思潮导论. 艾晓明,译. 武汉:华中师范大学出版社,2002:384.
③ 同①397.

其三，价值论的视角。根据马克思主义的观点，"价值"概念来源于人类与满足其需要的外界物之间的关系。正是因为主体有需要，而客体正好能够满足这种需要，形成了主客体之间的价值关系。主客体之间的需要与满足关系的不断生成，是价值形成的实质。

从价值主体的视角看，价值判断的依据是主体的需要和客体能否满足主体需要。"经济人"坚持利益至上原则，片面追求人的经济利益。"伦理人"以人的主体需要为价值尺度。这两种人都坚持以人为唯一的价值尺度。在全球严重的生态危机面前，它们暴露了许多的不足与弊端，其合法性也受到了普遍的质疑。"经济人"的行为已经掩藏了人类自身真实的需要，剥夺了人类存在的合法性。而"伦理人"主张人类需要的至上性，充分肯定人类的主体地位，但它把价值主体和认识主体等同起来，把其他事物排除在价值主体之外。从价值客体的视角看，"客体是相对于主体而言的，是主体实践、认识和价值活动所指向的对象，客体所具有的能够满足人的需要的属性是价值关系得以产生的客观条件"①。

"生态人"在坚持人的唯一价值主体性基础上，统筹人与自然的关系，既承认人的价值评价能力，又充分肯定自然的内在价值，并且关注人的可持续需要，为化解当前的生态困境创造了条件。

2. 实践基础

实践证明，传统发展观主导下的工业文明在给人类带来物质文明的同时，也将人类引向了生存与发展的生态困境。为此，只有新的发展范式和新的文明才能为人类的生存与发展提供不竭的动力。党的十八大以来，关于绿色发展的理念、关于生态文明建设的制度设计，为"生态人"的培育奠定了实践基础。

在传统发展观片面追求数量增长或 GDP 的指引下，社会必然会出现为了发展不计成本、不择手段的现象，"为了保证生产效率的提高和经济、消费指标的增长，资源的挥霍浪费、生态环境的破坏都被看成是为了发展而必须付出的合理代价。这种'代价'不仅被看成是'必然的'，而且被看成是'必需的'。这样，物的尺度就取代了人的尺度，本来是作为手段

---

① 李承宗. 从价值论看"生态人"的合法性. 自然辩证法研究，2006（9）：9.

的经济增长本身却成了发展的目的。其结果是，发展背离了人，经济的增长背离了发展的可持续性"①。

从发展自身的逻辑看，将发展片面化为物质财富的增长或经济的增长必然给人类带来重重困境和危机。发展其实具有丰富的内涵。世界著名发展思想家、联合国《人类发展报告》的主持人马赫布卜·乌·哈克（Mahbub ul Haq）对此给予了有力说明。他提出了人文发展指数的观点，指出社会发展应从以物为中心转向以人为中心，并由此提出了发展的新模式：发展以对人的关注为中心；发展的目标是扩大人的选择，而不仅仅是收入；发展注重平等、持续、生产和赋权；发展是全方位的，它涉及经济、政治、文化，包括经济增长、社会投资、人民权利、基本需要、社会安全、人民生活等各个方面。②我国在吸取世界各国发展经验和总结自身发展实践后提出了科学发展观，提出了创新、协调、绿色、开放、共享的发展理念。科学发展观对发展的价值前提进行了审视与批判，梳理和回答了"为谁发展""应当如何发展""什么样的发展才是好的发展""发展的终极价值是什么"等价值论、目的论问题，旗帜鲜明地坚持以人为本的价值向度，明确了发展的终极目的是建立在生态基础上的人的自由全面发展。五大发展理念，是对科学发展观的新突破、新发展，是发展思路、发展方向、发展着力点的集中体现。十八届五中全会从"五位一体"的整体布局出发，把绿色发展理念摆在突出位置，具有鲜明的时代特色和针对性。在发展思路上，立足破解资源环境约束这个制约经济社会发展的难题，集中力量补齐生态环境短板，厚植绿色发展新优势；在发展方向上，发展绿色新动能，增强发展动力，以绿色发展引领新常态，形成新的绿色经济增长点；在发展着力点上，形成绿色价值取向、绿色思维方式、绿色生活方式，推进绿色富国、绿色惠民、绿色生产。这些关于发展理念的理论及实践突破为"生态人"的培育提供了实践证明与基础。

---

① 刘福森. 发展合理性的追寻——发展伦理学的理论实质与价值. 北京师范大学学报（社会科学版），2007（1）：131.

② 曾建平，韩玲. 试论科学发展观的价值向度. 江西师范大学学报（哲学社会科学版），2005（2）.

人与自然的关系在不同的文明形态中有着不同的表现。在原始文明中，人与自然的关系更多地表现为人对自然的屈服；在农耕文明中，人与自然的关系表现为人对自然的顺从；在工业文明中，人与自然的关系表现为人对自然的主宰或对抗。由此可见，随着文明的演进，人与自然的关系从和谐退化为冲突、从稳定退化为紊乱。人类高举知识和理性的旗帜，以自然之主的心态，高扬人的主体性和能动性，陶醉于征服和驾驭自然的辉煌胜利。然而，工业文明的后果给了人类"冲动的惩罚"。

工业文明造成的生态危机、文化危机给了人类深刻的教训，同时也赋予了探索新的文明形态的智慧与灵感。生态文明代表了人类文明观的转型，表现在物质层次上，它要求摒弃掠夺自然的生产方式和生活方式，学习自然界的智慧，创造新的技术形式和新的能源形式，保证人与自然的共生共存；表现在精神层次上，它要求摒弃对抗自然的文化，抛弃人统治自然的思想，建设"尊重自然"的文化，按照人与自然和谐发展的价值观，匹配人与自然和谐共处的伦理精神，实现人与自然的共同繁荣；表现在制度层次上，它要求改革与完善社会制度和规范，改变传统社会不具有自觉环境保护的机制、而具有自发破坏环境的机制的性质，按照公正和平等的原则，建立新的人类社会共同体，以及人与自然的伙伴共同体，从而使环境保护制度化。因此，物质文明、精神文明和制度文明离不开生态文明。没有良好的生态条件，社会不可能建立理性而合宜的物质保障、精神保障和制度保障，生态文明是物质文明、精神文明和制度文明的前提与基础；同时，合理的物质文明、精神文明和制度文明必然包含着生态文明，生态文明是物质文明、精神文明和制度文明的表征与依归。[1] 俞可平认为："生态文明就是人类在改造自然以造福自身的过程中为实现人与自然之间的和谐所做的全部努力和所取得的全部成果，它表征着人与自然相互关系的进步状态。生态文明既包含人类保护自然环境和生态安全的意识、法律、制度、政策，也包含维护生态平衡和可持续发展的科学技术、组织机构、实际行动。"[2]

---

① 曾建平. 生态文明是一种可持续文明. 新华文摘，2009（22）.
② 俞可平. 科学发展观与生态文明. 马克思主义与现实，2005（4）：4.

生态文明的出现对人类提出了更高的要求：要求人类在扬弃工业文明的基础上，摆正在生态系统中的位置，充分认识人与自然关系的辩证法。正如马克思所说："人作为自然存在物，而且作为有生命的自然存在物，一方面具有**自然力**、**生命力**，是**能动的**自然存在物；这些力量作为天赋和才能、作为**欲望**存在于人身上；另一方面，人作为自然的、肉体的、感性的、对象性的存在物，同动植物一样，是**受动的**、受制约的和受限制的存在物"①。正确认识人与自然的关系，摆正人类的位置，承认自然的内在价值……这些正是"生态人"的思想与行为特征。

(三) "生态人"何以实现

"生态人"虽然既在理论上具有存在的可能性，又在实践上具有生活基础，但要让"生态人"变成现实还需要很多努力。只有充分分析"生态人"面临的现实困境，探寻培育"生态人"的路径，才能培育更多的生态型消费者或者说责任型消费者。

1. 现实困境

"生态人"从理想走向现实所面临的现实困境，首先是无处不在的功利主义和遍地流行的消费主义。

其一，功利主义的渗透。杰里米·边沁（Jeremy Bentham）是西方伦理思想史上第一个系统提出功利主义理论的思想家。他继承了英国经验论的感觉论传统，从人趋乐避苦的本性出发，把苦与乐作为人的行为准则。在《道德与立法原理导论》（*An Introduction to The Principles of Morals and Legislation*）的开篇，他写道："自然把人类置于两位主公——快乐和痛苦——的主宰之下，只有它们才指示我们应当干什么，决定我们将要干什么。是非标准，因果联系，俱有其定夺。……功利原理承认这一被支配地位，把它当作旨在依靠理性和法律之手建造福乐大厦的制度的基础。"②他同时认为，"功利原理是指这样的原理：它按照看来势必增大或减少利益有关者之间的倾向，亦即促进或妨碍此

---

① 马克思恩格斯文集：第1卷. 北京：人民出版社，2009：209.
② 边沁. 道德与立法原理导论. 时殷弘，译. 北京：商务印书馆，2000：57.

种幸福的倾向,来赞成或非难任何一项行动。我说的是无论什么行动,因而不仅是私人的每项行动,而且是政府的每项措施"①。边沁还确立了功利主义原则,就是为了"最大多数人的最大幸福"。约翰·斯图尔特·密尔(John Stuart Mill,又译约翰·斯图亚特·穆勒),把继承和发展功利主义作为自己的使命。密尔在《功利主义》(*Utilitarianism*)中第一次以"功利主义"这一概念来概括他的学说。密尔在捍卫功利主义的基础上,对边沁的功利主义进行了修正和发展。密尔认为快乐不仅有量的差别,而且有质的不同。他以"幸福"取代了边沁的"快乐"和"痛苦的免除"。

功利主义极大地激发了社会成员对自身利益的追求,创造了巨大的经济效益,对资本主义的发展起了巨大的推动作用。功利主义的影响逐渐渗透到社会生活的各个方面。功利主义的主要特点有:(1)以趋乐避苦的自然主义人性论为理论基础。功利主义是通过对人性的考察和一般的经验描述中的事实来探索人类行为的动因,它以自然主义人性论为理论基础,认为人天生就是追求利益和幸福的。人类可以按照自身的自然本性随意地从大自然获取物质利益,这样,人类的一切不道德与无度行为就都可以得到功利主义的"赦免"。(2)以眼前利益、局部利益为行为的出发点。在功利主义的推动下,人们无暇顾及整体的、长远的、共同的利益,不顾一切地、永无止境地向大自然索取,以满足不断膨胀的个人的、眼前的、狭隘的利益。(3)以效果或结果作为行为的评价标准。行为结果是一切善恶的评价标准。这种功利化、表面化的思维方式往往容易得到广泛的影响与支持。正如约翰·罗尔斯(John Bordley Rawls)在《正义论》(*A Theory of Justice*)序言中所说的,功利主义有这么大影响力的一个重要原因是,"功利主义一直得到一系列创立过某些确实富有影响和魅力的思想流派的杰出作家们的支持。我们不要忘记:那些伟大的功利主义者像休谟、亚当·斯密、边沁和密尔也是第一流的社会理论家和经济学家;他们所确立的道德理论旨在满足他们更宽广的兴趣和适应一种内容广泛的体系"②。

---

① 边沁. 道德与立法原理导论. 时殷弘, 译. 北京: 商务印书馆, 2000: 58.
② 约翰·罗尔斯. 正义论. 何怀宏, 何包钢, 廖申白, 译. 北京: 中国社会科学出版社, 1988: 1.

功利主义在调动个人、社会组织的积极性的同时，培育了许多短视型的个人和社会组织，这对于处于生态困境中的人类来说无疑是个危险的信号。在人与自然关系高度紧张的今天，需要呼唤越来越多的人站在维护人与自然关系平衡的高度自觉审视自身的消费行为，积极摒弃不良消费行为，努力形成良好的消费习惯和消费偏好。功利主义大肆张扬自然主义人性论，坚持以眼前利益为出发点，等于肯定和助长了本能型消费，引导广大消费者争做自私自利型消费者，导致精神沦丧。此时，生产者和经营者追求的不再是消费者期待的使用价值，而是交换价值、货币价值。为了获取更多、更大的利润，他们借助大众媒体不断地推动消费分层，制造新的消费时尚，"迫使"消费者按照他们设计的消费模式进行消费活动，导致了消费的盲目与过度，造成了大量的资源浪费。功利主义价值观在思想和行为方面都对"生态人"的培育构成了严重的挑战。

其二，消费主义的盛行。消费主义滥觞于19世纪。工业革命推动了资本主义的社会化大生产，确立了资本主义的生产方式，逐渐使资本主义社会告别短缺时代，进入生产相对过剩时代。面对生产的相对过剩，消费的作用被不断强化。在西方享乐主义价值观和现代传媒的推动下，消费主义犹如星星之火，从发达国家席卷全球。改革开放后，消费主义开始在我国蔓延，冲击着传统的消费观念与价值观念。

"在英文中，'consumerism'一词有三种含义：一是指保护消费者权益的运动，即要求在包装和广告上诚实无欺，保证产品质量，保护消费者知情权的运动；二是指一种认为逐步增长的商品消费有利于经济增长的理论；三是指对物质主义的价值观念或财富的迷恋，崇拜并热衷于奢华消费的生活方式。"[①] 在我们这里，消费主义指的是第三种含义。消费主义是指以消费为人生的根本目的和终极价值，以占有更多的物质资料和社会财富为符号，通过疯狂消费物质产品来炫耀、展示自身身份和社会地位的生活方式。它坚持以商品的符号价值和象征意义来取代传统商品的使用价值，通过消费来不断满足自身膨胀的物质欲望和维持一种高消费的生活

---

① 莫少群. 20世纪西方消费社会理论研究. 北京：社会科学文献出版社，2006：6.

方式。

在消费社会，由于物质产品的相对过剩，消费者的消费欲望在消费主义的刺激下得到了空前爆发和最大限度释放，消费者在物的包围中不断放纵自己。"堆积和丰盛显然是给人印象最深的描写特征。大商店里琳琅满目的罐头食品、服装、食物和烹饪材料，可视为丰盛的基本风景和集合区。在所有的街道上，堆积着商品的橱窗光芒四射。还有肉店的货架以及举办整个食品与服装的节目，无不令人垂涎欲滴。"① 消费主义不断刺激着人们的物质欲望，促使他们疯狂地进行物质消费，把物质消费当成消费的全部，试图通过物质上的占有来获取精神上的享受与幸福，形成一个"物质欲望—疯狂消费"的无止境、无终点的循环。消费主义在激起消费者物质欲望的同时，还使人们的需求发生了性质上的变化。消费不再是对物品的使用价值或物质性价值的诉求，而是对物的意义性的追求。消费品的物质性维度不再是关注的重点，消费的意义性维度得到大力凸显。"需求瞄准的不是物，而是价值。需求的满足首先具有附着这些价值的意义。"②

由此可见，在消费社会，受到消费主义刺激的消费者的消费观念和消费行为已经突破了传统的消费模式，其背后体现的是对消费欲望和虚假需求的满足。消费主义的盛行，不仅影响了消费者的消费观念与消费行为，更改变了消费者本身。消费主义造成的生态危机、精神文化危机、社会危机等对"生态人"的培育构成了严重威胁。

2. 路径选择

面对功利主义和消费主义的双重挑战，如何达成"生态人"？我们认为必须从两个方面着手：一是变革思维方式，确立现代生态思维；二是变革消费方式，践行低碳消费。

其一，变革思维方式，确立现代生态思维。当前学界对生态思维的界定并不统一，学者们是从不同角度对其进行界定的。③ 尽管每位学者对生态思维阐释的角度不同，但总结起来生态思维就是运用生态学原理对人与

---

① 波德里亚. 消费社会. 刘成富，全志钢，译. 南京：南京大学出版社，2000：3.
② 同①59.
③ 李全喜，付鹏. 生态思维研究：梳理与概要. 前沿，2009（6）.

自然的关系进行哲学反思的一种思维模式。

思维是人类特有的精神活动,是在社会实践的基础上形成的。生态思维的出现有着深刻的认识基础和社会根源。近代工业革命以来,在机械论自然观与世界观的指引下,人类形成了功利型思维方式。这种思维方式在人与人的关系上表现为人际关系的物化、淡化,人类主体的异化;在人与自然的关系上表现为人对自然的奴化,由此必然造成严重的生态危机、精神文化危机、社会危机。功利型思维方式的短视性、单面性、狭隘性决定了它难以为人类的可持续发展提供恒久的思维支撑,而传统生态思维方式又只是特定历史条件下的产物,它坚持以生物或生态为中心,片面要求人类停止发展以维护生态的平衡,严重脱离了人类的发展实际。功利型思维方式和传统生态思维仅仅立足人类或自然的一方,割裂了人类与生态之间的自然关系。现代生态思维是在对功利型思维方式和传统生态思维方式进行批判与反思的基础上产生的。"现代生态思维改变了传统功利型思维方式的狭隘性、单向性和短视性,遵循的是系统的、发展的、联系的认知模式,运用的是网络化、模型化的思维方法,体现的是互利型的价值取向,实质上就是一种强调人与人、人类与非人类存在之间相互依赖和相互作用的整体论思维方式。整体性、互惠性和长远性是这种思维方式的基本特征。"① 现代生态思维在经济、社会、文化层面得到越来越广泛的支持与关注,必将成为人类解决生存困境的思维支撑,同时也是"生态人"的思维基础。

其二,变革消费方式,践行低碳消费。"低碳"已成为全球瞩目的焦点话题,发展低碳经济、践行低碳生活、倡导低碳消费已成为人类社会的共识。低碳消费是全球生态危机背景下立足生态、经济、社会可持续发展的明智选择,也是消费生态化和人的生态化的必然选择。"低碳消费方式回答了消费者怎样拥有和拥有怎样的消费手段与对象,以及怎样利用它们来满足自身生存、发展和享受需要的问题。它是后工业社会生产力发展水平和生产关系下消费者消费理念与消费资料供给、利用的结合方式,也是

---

① 孙丽. 现代生态思维:思维方式变革的一种路径选择. 广西社会科学,2005(11):22.

当代消费者以对社会和后代负责任的态度在消费过程中积极实现低能耗、低污染和低排放。这是一种基于文明、科学、健康的生态化消费方式。"① 广义的消费包括"恒温消费""经济消费""安全消费"等层次。低碳消费方式蕴含着人与自然、社会经济与生态环境的良性互动、和谐共生，既是生态文明与消费文明的重要体现，又是生态时代人类消费的必然要求，更是"生态人"的主要消费方式。消费方式从高碳到低碳的变革过程，既是消费生态化转向的过程，又是人的生态化转向的过程。

四、"消费—生态"悖论的伦理意蕴

工业革命以来，人类的活动范围、广度、深度等都得到极大扩展，人类活动对自然生态的影响也逐渐突破自然生态的底线，特别是在消费主义的扩张下，消费与生态的关系已陷入难以调解的困境，形成了"消费—生态"悖论。②

（一）消费悖论、生态悖论与道德悖论

悖论原本是一个逻辑学范畴。自古希腊说谎者悖论诞生以来，悖论就是"paradox"或"antinomy"。其中，"paradox"的原意是指"同人们通常的见解相抵触的理论、观点或说法"，它既被用来表示超脱世俗、似是而非的科学论断（即所谓"佯谬"），也被用来指称越规违理、似是而非的奇谈怪论（即所谓"谬论""两难论"）；"antinomy"则指"自相矛盾的语句"。在历史上，悖论包括一切与人的直觉和日常经验相矛盾的结论，主要有三种形式：第一种为逻辑悖论，它指的是"有命题P，如果断定它是真的，那么就可以由它推出命题P是假的；如果断定命题P是假的（既非P），又可以由它推出命题P是真的"；第二种为佯谬，某些论断看起来好像肯定是错误的，但实际上却是对的，如"白马非马""鸡三足"

---

① 陈晓春，谭娟，陈文婕. 论低碳消费方式. 新华文摘，2009（13）：25.
② 曾建平，黄以胜. "消费—生态"悖论的伦理意蕴. 中州学刊，2013（7）.

等；第三种为谬论、两难论，某些论断看起来是对的，论据似乎非常充分，似乎非常符合逻辑，但实际上却是错的。①

1. 消费悖论

消费的直接目的是生存与发展。那么，消费越多的商品，是否意味着越能帮助人类更好地生存？越能提升人们的生活水平？越能让人类幸福？

在消费社会，人类的生产和生活超出了基本生存需要的范畴，消费的性质发生了巨大的变化——从满足生存与发展的需要到满足膨胀的欲望；消费的内容也由单纯对物的需求演变成对物的符号价值的追求。在消费过程中，大众在生产者及大众媒介传播的信息和广告的操纵下，消费欲望被挑拨得越来越强烈。消费主义的意识形态驱使人们在幻想与实际中成为消费者，在消费中迷失了自我，背离了消费的真实目的，产生了消费悖论——从消费是为满足匮乏到消费是为满足欲望并激发新的欲望。有学者指出，消费社会由此出现了多重悖论：（1）使用价值与消费价值的悖论：人们在购买消费品时主要不是以消费品的使用价值为尺度，而是以时尚为尺度，这种消费已经主要不是对使用价值的消费，而是对时尚所代表的符号价值的消费；（2）客观性价值与主观性价值的悖论：人们的消费，主要不再是针对消费品的使用价值，而是它的符号价值，而符号价值与消费品的客观属性和使用价值没有必然的联系，是人们主观选择的结果；（3）目的与手段的悖论：消费不再是或主要不再是一种物质行为，而变成了一种生活方式，一种符号消费和象征消费之类的文化行为，生产和经济的增长不再是为了满足需要，而成为唯一的目的，而消费成了保证过剩性生产和无限度的经济增长的手段；（4）物质丰盛与精神匮乏的悖论：当代人的生活所采取的消费方式没有改变它的物质主义的本质，他们对人生意义和价值的物质主义理解却是现代化价值追求的致命错误——被消费主义激发出的是人的无限物欲，而物欲的膨胀并不会促进人的全面发展，反而造成人的精神空虚；（5）真实与虚拟的悖论：消费本身不再是基本需要的满足，而是被意象激发的需要的满足，即伪需要的满足，而这主要是广告渲染出来的时尚造就的效应——时尚只是广告制造的关于"美"的符号，而

---

① 余式厚，汤军. 悖论·谬误·诡辩. 杭州：浙江人民出版社，1988：2-3.

并非真正的美本身；(6) 节俭与奢侈的悖论：由农业社会发展到工业社会后，个人奉行的节俭美德与刺激需求、发展经济的社会效应之间存在着冲突和矛盾。① 消费悖论实质上反映的是消费作为满足人的需求的消费手段与真正的消费目的之间的矛盾。

2. 生态悖论

生态悖论最先是由叶谦吉教授在1997年提出来的。他认为，生态悖论是指以下现象：为了满足自己日益增长的物质和精神文化生活的需要，人类在利用自然资源发展经济的过程中过分强调人的主观能动性，忽视自然界所固有的规律性，将自身凌驾于自然之上，致使森林锐减、物种灭绝，带来水土流失、土地沙化、环境污染、能源枯竭等一系列生态灾难，对经济、社会的持续发展产生了严重影响。② 生态悖论现象的主要特点有：(1) 矛盾性。人与自然构成一个矛盾的统一体。一方面，人类的生存与发展离不开对自然的开发和利用；另一方面，人类对自然的开发和利用必须遵循自然规律，不然必将受到自然的惩罚。改造利用自然与保护自然是矛盾的两面。如果只是一味地开发和利用自然，那么必然导致生态悖论现象。(2) 不协调性。人与自然是相辅相成的关系。生态悖论现象的出现，表明人与自然关系的失衡。(3) 短视性。人类为了追逐眼前利益，不惜以破坏环境为代价，这种短视行为必然给自然和人类带来无穷的灾难。

生态悖论现象本质上是人与自然矛盾作用的结果。从人类认识及实践的发展过程看，生态悖论现象的产生具有客观性和合理性。从主观上讲，生态悖论属于人类认识论的范畴。马克思主义认为，人类对客观世界的认识总是一个由简单到复杂、由低级到高级的不断运动和变化发展的过程。在认识过程中，人们往往会受到知识水平和认识能力的限制，常常得出与事物本质、客观规律相悖的认识。从实践上看，生态悖论的出现在很大程度上是人类消费活动的产物。在消费社会，消费实践遵循着"大规模开采→大规模生产→大规模消费→大规模废弃"的循环模式，然而，这样的循环模式却构成了现代社会特有的发展方式，由此不可避免地造成资源匮

---

① 路日亮. 消费社会的悖论及其危机. 北京师范大学学报（社会科学版），2009 (1).
② 叶谦吉，于法稳. 人·自然·社会——生态悖论思考之一. 生态经济，1997 (1): 17-18.

乏、环境破坏、生态失衡等生态灾难。生态悖论集中反映了人类活动特别是消费活动与生态之间的矛盾。

消费导致人类消费行为超过自然生态容纳、承载的限度，由此必然带来生态悖论。消费在一定意义上是延续人类文明的重要手段，生态则是延续人类文明的重要基础，两者缺一不可。消费与生态之关系的失衡，必然导致"消费—生态"悖论。

3. 道德悖论

道德悖论是悖论的一种特殊领域。"所谓道德悖论，就是这样的一种自相矛盾，它反映的是一种道德行为选择和道德价值实现的结果同时出现善与恶两种截然不同的特殊情况。道德悖论是一种实践精神的产物。"[①] 道德悖论既不同于语义悖论，也不属于认知悖论，而是一种"实践精神"的产物，是一种实践悖论。它并非主体"做错了事"的后果，而是"做对了事"的结果。做对了也就是做错了。因此，"道德悖论与其他一般悖论一样，其内涵的自相矛盾不是唯物辩证法所揭示的事物存在的客观矛盾，也不是与道德现象的客观世界中毫无联系的'纯粹主观'思维混乱的矛盾，它是主体的道德选择行为和实践行为同客观环境建立某种统一性的关系中出现的特殊矛盾"[②]。道德悖论是由道德价值实现逻辑走向的两面性、人类认知上的"先天不足"、德性主义文化传统等多种因素共同作用造成的。

关于道德悖论的分类，学界有些不同的看法。钱广荣将道德悖论分成两种基本类型：显性的和隐性的道德悖论。显性的道德悖论就是指虽然人类的认识受到动机、情绪等因素影响而具有一定的隐蔽性，但它仍然是公认的、客观存在的。隐性的道德悖论是指要通过解释说明才能展示其自相矛盾特征的悖论。[③] 王习胜则从理论和实践层面来划分道德悖论。理论层面的道德悖论分为德性论内蕴的"道德悖论"和"伦理—道德悖论"。[④] 实践层面，则有苏格拉底悲剧等各种现实案例造成的道德悖论。

消费悖论、生态悖论并不一定是道德悖论。一般而言，人们消费活动

---

① 钱广荣. 道德悖论的基本问题. 哲学研究，2006（10）：88.
② 同①.
③ 同①.
④ 王习胜. 道德悖论研究的价值与意义. 道德与文明，2008（6）.

的真正目的是满足人类的正常需要,一定程度上,消费越多会得到越多的满足感、舒适感、幸福感,等等。但是,一旦进入消费社会,消费欲望受到无限的刺激和调动,消费的性质发生了根本性变化,消费的目的不再是满足正常的需要,而是追求一种符号价值。消费越多就越幸福只能是一种消费神话,消费的增加并未带来生理上和心理上幸福感的真正提升。

诚然,消费作为维持人类生存与发展的重要手段,具有道德合理性和正当性。但是,从消费自身的角度看,消费活动一旦突破人类的正常需要,消费就面临着意义危机、价值危机、公正危机等,消费悖论也演变成道德悖论问题。从生态的角度看,人类活动一旦突破自然生态的限度和承载力,人与自然的关系就将走向破裂,由此带来种际不公正、人际不公正、代际不公正的问题,生态悖论就会演变成道德悖论问题。从消费—生态关系的角度看,对于人类的生存与发展来说,消费是基本活动,良好的生态是消费可持续的基础和前提。一味地迁就欲望消费,突破伦理道德的约束,消费的可持续发展便会举步维艰,这必将导致生态的失衡以及伦理道德的沦丧,"消费—生态"悖论自然难以避免。因为此时的消费变成了为满足欲望而进行的欲望消费,严重背离了人的需要和人的发展,消费不再以人类生活的目的为目的,从而丧失了道德合理性和正当性。可想而知,失去自然生态支撑的消费行为必定是不可持续的。

(二)"消费—生态"悖论的逻辑演绎

"消费—生态"悖论是导致生态时代的消费问题的逻辑前提,这个悖论所赖以存在的前提是:消费是无限的而生态是有限的。其含义是:消费是人类生存与发展的基本方式,假如没有道德对其进行制约,那么欲望性的无穷消费必然导致物质主义的生发和消费主义的张扬,进而造成伦理道德的沦丧和生态环境的破坏;而生态是人类生存与发展的基本前提,要保护生态环境,就需要道德的审慎力量,否则就只能妨碍消费、牺牲发展和忍受贫穷。

1. "消费—生态"悖论的产生逻辑

"消费—生态"悖论表面上看是生态与消费之间的矛盾,实际上它的背后隐藏着深层逻辑。从思维层面看,它是人类理性与工具理性的过度高扬；从社会层面看，它是经济发展目标单一化的后果；从个人层面看，它是人的需要异化的特征。

从思维层面看，"消费—生态"悖论是人类理性与工具理性的过度高扬。"消费—生态"悖论在表面上是消费、生态矛盾作用的结果，但从更深层次上看，它是特定思维方式的产物。"消费—生态"悖论的产生与近代以来人类理性复兴和工具理性的过度高扬密不可分。自古希腊开始，理性就受到哲人们的赞美，到中世纪却受到神学的压制，在文艺复兴时期迎来了"理性主义时代"。人文主义运动的兴起，彻底打破了神对人的统治，同时科学技术的迅猛发展给人们带来了生活的便利、物质的丰富和精神的自由，高扬了理性的大旗，彰显了理性的巨大威力。"知识就是力量"成为人们评判一切事物的尺度。理性取得至高无上的地位，成为制造其他一切工具的一般工具，由此演变为工具理性。

工具理性是一种以手段有效性而不是目的合理性为宗旨的思维方式。在人类的发展历程中，工具理性发挥了不可或缺的重大作用。它有效地提升了人类认识自然和改造自然的能力，扩大了人类活动的领域与范围，推动了人类从自然中解放出来，确立了人类的主体地位。然而，过度张扬工具理性导致了工具理性霸权，工具理性成为衡量一切的尺度甚至是唯一尺度。当理性放弃了自己的自主权，不能从人类解放的角度关心人的生存问题，不能为人类解决生存发展问题提供指导，而仍旧只关注于用何种工具和方式对自然进行最有效的征服时，"理性就成了一种工具……它的行动的价值，即它在控制人和自然方面的作用膨胀为统治自然和人的工具"[①]。在工具理性的作用下，消费不再是人类满足基本生存与发展需要的方式，而是成了人类满足过度欲望的工具。过度高扬工具理性的时代，必然是一个消费主义盛行的时代，同时也是一个生态耗竭的时代。

从社会层面看，"消费—生态"悖论是经济发展目标单一化的后果。传统的发展观坚持以经济增长和数量扩张为单一目标，弘扬经济理性，打破了经济发展与消费之间的良性互动关系。经济理性首先是近代经济学鼻

---

① H. 贡尼，R. 林古特. 霍克海默传. 任立，译. 北京：商务印书馆，1999：86.

祖英国人亚当·斯密 1776 年在《国富论》中提出来的，它具有以下几个方面的内涵：从主体角度讲，经济理性主张以人的本能为尺度进行社会活动，满足人们的现实需要；从价值角度讲，经济理性注重商品交换中的经济价值，追求经济价值最大化；从目的合理性角度讲，经济理性是一种支配目的合理性的工具理性，它仅仅关注以有效的手段是否达到既定的目标；从理念上讲，经济理性坚持以经济效应最大化为指向。在经济理性的刺激下，人们在消费领域逐渐突破"够了就行"原则，崇尚"越多越好"原则，更好意味着更多，而生产者也在这个过程中谋取了最大化利润。

在经济理性主导的传统发展观中，消费不再是人们为了生产生活的正常活动方式，而是成为实现资本继续增殖、经济持续增长的新的生产力，"不消费便衰退"逐渐成为共识。从此，消费与生产、人的需要之间的关系发生了重大的变化，生产的出发点不再是需要，消费也不再是需要的满足，而是已经远离需要成为欲望。经济发展目标的单一化必然会破坏生产、人的需要与消费之间的关系，进而导致"消费—生态"悖论。

从个人层面看，"消费—生态"悖论是人的需要异化的特征。人的需要原本来自人内心的真实意愿和兴趣，是一种自我生成的活动。按照马克思的观点，劳动原本是人存在的方式，也是人自我实现的必由途径。但在异化社会，劳动的异化蕴含着人的需要的异化，意味着人需要劳动不再是出于对劳动本身的需要，而是为了劳动之外的生存需要。这是一种出于人之本能的动物性需要。此时的需要关注的是产品，而不再是活动过程本身。对生存的关注必然体现在对产品的占有上。在商品社会，产品被它的价值符号——货币所取代，对产品的占有转化成对货币的追求。作为人的本质力量确证的产品，其享用是以享用者具备相应的本质力量为前提的。但是，在现实生活中，占有产品的人并非具有相应的本质力量，在原本无力享用却人为强制占有的情况下，享用者必然会采取与对象本身不符的方式或手段，这造成了对消费对象和人的身心的破坏。

如果人的需要完全脱离对劳动本身的需要，而以对物质产品的不断占有为中心，那么人的需要就沦落为动物性的需要或异化的需要。异化的需要试图通过对物质产品或商品的高度控制与占有来获取所谓的"地位"，由此必然形成"消费—生态"悖论。

2. "消费—生态"悖论的发展机理

"消费—生态"悖论不仅表现在消费与生态之间的不平衡上,而且表现在消费与生态之间的作用和反作用关系上。消费会对生态造成影响,生态反过来也会影响消费。

在传统社会,人类抱着虔敬的态度从大自然中获取基本的生产生活资料,通过农耕式或手工式的生产生活方式与大自然保持了有机联系。在工业社会以前,人与自然之间保持着天然的、有机的联系,人类对自然的开发与利用建立在生态平衡和人与自然和谐的基础上。"在长期数世纪的时间里,早期地中海和希腊文明由于在山上开采矿石,改变了森林覆盖的地貌,过度放牧又毁掉了座座山坡。尽管如此,那时的技术水平还是很低。人们将自身看成是身处其中的有限宇宙的一个部分,将自然视为神圣的东西,因此,万物有灵论和生殖力崇拜现象随处可见。"[1] 受制于生产力和技术水平,人与自然之间处于一种相对的和谐中。

随着生产力和技术水平的发展,人们的活动范围和领域不断扩大,机器化大生产取代了对手工和土地的严重依赖,创造了较农业社会难以想象的物质产品。消费也逐渐突破传统时代消费品匮乏的限制,成为人们随心所欲的事情。消费品的复杂生产,大量化工原料和合成材料的使用,使得消费产生的废物越来越难以被自然净化。无论从消费对象的来源、消费的过程,还是从消费的结果来看,消费都越来越远离大自然,甚至对大自然系统造成严重的破坏。可以说,人们消费的过程同时也是对自然"祛魅"的过程。

消费社会作为一种交换结构,是建立在某种符号和区分的编码基础之上的。人们对消费的需求不再仅仅是停留在衣、食、住、行等基本需要上,而是更加关注消费品所象征的身份地位、流行时尚等符号价值。消费的符号化使得对物品使用价值的需要演变为对物品符号价值的追逐,对物品实际价值的渴望演化为对用虚拟价值堆积起来的符号的热捧。"财富及物品同话语……构成了一个全面、任意、缜密的符号系统,一个文化系

---

[1] 卡洛琳·麦茜特. 自然之死. 吴国盛,译. 长春:吉林人民出版社,1999:3.

统，它用需求及享乐取代了偶然世界，用一种分类及价值的社会秩序取代了自然生理秩序。"① 符号消费需要大量的物品来不断地更新、维持符号价值的存在，需要有许多新的流行产品取代一些"落伍"的产品，以此来保证符号的意义层出不穷，不断满足人们的符号消费欲求。

然而，每一次符号消费的过程，都是不断攫取、消费来自自然生态的原料和不断丢弃废物的过程。符号消费对商品使用价值的忽视，必然导致对自然的藐视和忽略，自然生态不过是不断炮制符号价值的工具而已。

人是自然的一部分。自然不仅是人类赖以生存与发展的资料来源和物质环境，而且是人类寻求意义和价值不可或缺的重要部分。西方社会自勒内·笛卡尔（Rene Descartes）以来的主客体二元论思潮强调人与自然的分化，把自然视为客体，人类则把自身标榜为一切事物的衡量尺度。而消费社会则不断地将人从自然系统中分化出去，不断地刺激消费，宣扬消费是生活的全部，把个人的满足和幸福建立在对物质产品的占有与消费上，使人们沉溺于物欲和虚荣中，遮蔽了人的真实需要，使人失去了对人生意义的思考，造成了人的无根状态。

一方面，消费的"符号化"导致人们在盲目消费中迷失了自己，失去了对人生幸福的思考，颠倒了人生目的和手段的位置，在享受物质产品极大丰富的同时陷入了精神上难以挣脱的空虚和迷惘；另一方面，由于消费欲望的无止境和符号消费的无限性严重违背了生态学关于人与自然和谐统一的理念，人们忘记了自己作为自然生态系统一分子应有的伦理精神，迷失了自身在世界中的价值坐标，破坏了人类自身的生态生存，陷入了海德格尔（Martin Heidegger）所称的"被抛入世界"的无根状态，对自己的存在感到"恶心"。

（三）"消费—生态"悖论的伦理意蕴

在"消费—生态"悖论中，人类面临着消费的持续性与生态的持续性的矛盾问题。生态的有限性与消费的无限性之间的矛盾能否得到调解并不

---

① 西莉亚·卢瑞. 消费文化. 张萍，译. 南京：南京大学出版社，2003：13.

取决于其自身，而是取决于如下问题能否得到解答：道德能否制约消费？是否存在消费的人性限度？如何理解消费自由与消费公正的张力？

1. 道德制约消费的可能性

无论消费或者说消费欲望具有怎样自我扩张的内驱力，它总是在一定社会历史的空间范围内实现的。人的社会性决定了消费的社会性，消费观念、消费功能、消费行为等都具有社会属性。与动物的消费行为不同，人的消费行为是在一定目的和意志的支配下进行的。在现实生活中，消费需要往往受到社会条件、客观对象等的限制和制约。消费什么、消费多少，不仅受个人消费能力的限制，而且受伦理道德观念的影响，即人们消费什么、消费多少不仅是经济问题，而且是伦理道德问题。因此，消费不可避免要受到道德的制约。

道德在本质上负有为人类生活和行为提供合理性根据与价值评判的义务。道德对消费的作用是隐形的，贯穿于消费的全过程，渗透在消费活动的各个方面。道德作为一种意识形态和价值体系，具有巨大的社会能动作用。罗国杰先生认为："道德作为社会上层建筑的一个组成部分，显然在整体上应该具有两大社会功能，即不仅具有反映（认识）现实社会经济基础的社会功能，而且具有调解现实社会经济基础的功能。"[①] 其他较低层次的功能都依附于或交织在这两大功能中，因为伦理道德总是与人们的现实利益联系在一起的，是一定社会经济利益在人们观念中的反映。

在传统的生产型社会里，由于受到生产力水平、自然环境等多方面因素的制约，在很大程度上消费受到生产不足的影响，人们进行消费只是也只能是为了维持基本的生存，解决温饱问题，甚至一些基本的需要都未得到满足，根本顾不上其他的消费欲望和欲求。在伦理道德层面则体现为引导人们主动约束、限制甚至牺牲个人的消费行为，以更好地服务生产发展。中国儒家历来崇尚节俭、节欲。"存天理，灭人欲"（《朱子语类》卷四）就是从伦理道德的角度来限制人的欲望，节制消费。马克斯·韦伯在《新教伦理与资本主义精神》（*Die protestantische Ethik und der Geist des*

[①] 罗国杰. 伦理学. 北京：人民出版社，2003：73.

Kapitalismus）中充分肯定了新教伦理在资本主义兴起过程中的作用，新教伦理的实质是一种禁欲主义的节俭。这充分体现了伦理道德的约束作用。

然而，随着社会化大生产的推进，生产型社会逐步完成向消费社会的转变，物质产品的极大丰富给予消费者更多的选择。在消费社会，广告、传媒扮演着非常重要的角色，成为消费经济须臾不可或缺的部分。漫天的广告、绚丽的色彩、充满诱惑的图画、激动人心的声乐，用无穷的联想和暗示不断刺激着人们的消费神经，消费演变成对那些可有可无、可多可少、看不见、摸不着的虚无缥缈之物的追求，似乎原本正常的消费者在广告蛊惑下变成大脑中只有享乐、不会思考的精神乞丐。在传统短缺社会受到压制的消费欲望顷刻间全面爆发，"东西越旧越好"的时代一去不复返，"消费，别留着""东西越新越好"成为消费新时尚。消费不再是源自内在需要的满足，不再是建立在自身消费能力的基础上，不再顾忌对他人、社会、生态的影响，不再以商品的使用价值为首要标准。无限度的消费造成大量消费品的闲置和抛弃，导致大量资源遭到破坏及浪费。在消费社会，消费欲望的总量已经突破了人自身以及自然生态对人的限制，似乎也挣脱了道德的约束。

面对疯狂的消费和不堪重负的生态，道德的功能受到了普遍的质疑。道德是依靠社会舆论和人的内在信念来调整人们相互之间关系的行为规范的总和。与其他社会规范相比，道德具有自身的独特性。道德强调的是自律教化作用，其作用方式具有间接性、内在性、非强制性。人们在消费活动中，通过良心、信念、情感、意志等做出的自我约束、自我规范，成为协调各种关系不可或缺的重要规范。然而，在消费社会，无限膨胀的物欲、人欲已经突破人的内在自律，人们试图通过有限的资源来满足自己无限的消费欲望，这必然引发种种不道德的消费现象和无节制的社会消费状态，必将使人陷入"消费的困惑"和"困惑的消费"的双重困境。"消费—生态"悖论的产生进一步凸显了道德约束与伦理调节的重要性、必要性、必然性。

2. 消费的人性尺度

消费是人的生存和发展之需要，体现了人性的尺度。"人的需要表现为两种状态和两种指向。所谓两种状态，一是指不足和匮乏；另一是指饱和或过量。由这两种状态所决定，人在需要上便有两种指向，一种是基于不足和匮乏之上的、由外到内的占有：当人占有并享用了外界物，自身的不足和匮乏就会得到缓解和消除；另一种是基于饱和与过量之上的、由内到外的释放和表达：释放的是能量，表达的是意愿。于是，我们可以把由不足和匮乏状态所决定的由外到内的占有，以及由饱和和过量所决定的由内到外的释放和表达，称之为需要。"① 虽然从科学角度无法判断需要在量上的限度和在质上的强度，但不可否认的是，人在时间、空间上的有限性决定了人的需要是有明确限度的。然而，令人费解的是，既然需要存在内在限度，为何人们在消费行为中能表现出如此强烈的占有及表现欲望？

需要和欲望并不相同。"需要和欲求或欲望都是描述这两种状态的范畴。需要描述的是客观的不足、匮乏和饱和、过量，以及由此决定的占有和表达的状态；而欲求或欲望描述的则是需要的主观表达。"② 一旦客观存在的需要被改造成主观的欲望，作为客观存在的需要就变得虚拟化、多样化。欲望也得到进一步膨胀和强化，成为"难填"之欲。然而，欲望的实现受到了社会结构、运行方式等多方面的限制。那么，消费社会的消费欲望又是如何被激发起来的？

市场社会遵循的原则是资本的运行逻辑。从现实看，传统社会以禁欲和节俭为美德的传统消费伦理观已经被拉动内需、鼓励消费的政策安排和制度设计彻底颠覆。资本不局限于作为一种能带来剩余价值的价值，它能通过社会设置，把政府、生产者、消费者等各类主体推进普遍消费的轨道。政府为了拉动经济发展，企业为了获取更多的利润，消费者为了满足无限扩张的欲望，都沉浸在不知疲倦的"生产—消费—再生产—再消费"的逻辑之中，消费的合理性、合宜性无人问津。在市场社会里，资本的运行逻辑造成了需求世界和供给世界的分离，生产与消费绝不仅仅为了满足人的实际需要。市场经济造成了庞大的商品堆积和被物包围的世界。当然，如果供给与需求没有被分离，则不会出现这种情况。"当供给与需求

---

① 程光泉. 论消费的人性限度. 哲学研究，2010 (5)：114.
② 同①.

具有直接同一性的时候，生产与消费之间就不存在相互构造的问题，即有什么样的生产，也就有相对应的消费。然而，在市场经济中，供给世界和需求世界保持了相当的张力，为二者之间的相互构造奠定了现实基础。一方面，欲求世界对供给世界的构造是虚拟的、可能的，虽然人的占有和表现欲望存在，但是同样受到社会历史条件的制约；另一方面供给世界对欲求世界的构造是现实的，欲求世界对供给世界的构造具有逻辑优先性。如果没有占有和表现欲望，即使有庞大的商品堆积，也不可能开启全面的消费运动。"①

市场社会是物质丰裕的社会，物质丰裕总比物质匮乏好。因为人们始终认为：创造财富就是创造幸福，占有财富就是享受幸福。正如著名哲学家、社会学家、后现代理论家鲍德里亚所说："今天，在我们的周围，存在着一种由不断增长的物、服务和物质财富所构成的惊人的消费和丰盛现象。它构成了人类环境史中的一种根本变化。恰当地说，富裕的人们不再像过去那样受到人的包围，而是受到物的包围"②，"我们生活在物的时代：我是说，我们根据它们的节奏和不断替代的现实而生活着。在以往的所有文明中，能够在一代一代人之后存在下来的是物，是经久不衰的工具或建筑物，而今天，看到物的产生、完善与消亡的却是我们自己"③。不断增长的物质世界等待着人们去消费。但市场经济在创造使人幸福的前提的同时，为何不能创造幸福本身？令人遗憾的是，这种反思和追问并没有成为人们集体行动的逻辑。资本"是一种强大的社会力量。它能够动员全社会的力量采取集体行动，不断满足各自膨胀的消费欲望"④。在消费社会，消费欲望的总量已经远远超出人类自身和自然生态的承载限度。大量的消费实践表明，消费欲望的膨胀和满足并没有带来人们向往的和谐与幸福。试图通过消费数量的几何级增长来全面提升幸福指数的努力是徒劳的。人们的占有和表达欲望，连同实现这些欲望的社会设置暴露了诸多危机。重思消费合理限度和合理边界的社会运动成为消费发展的必然要求。

---

① 程光泉. 论消费的人性限度. 哲学研究，2010（5）：115-116.
② 波德里亚. 消费社会. 刘成富，全志钢，译. 南京：南京大学出版社，2000：1.
③ 同②2.
④ 同①108.

3. 消费自由与消费公正之间的张力

在物理学上,张力是指物体各个部分互相拉拽而形成的平衡力,具有正向与反向的性质和作用。在哲学上,张力代表矛盾或不相容。消费自由与消费公正之间的张力反映了它们既相互支撑又相互排斥的复杂关系。

在一般意义上,自由是指按照自己的意志活动。"自由具有内在与外在双重价值,一方面,它是人类的一种基本欲望、基本需要、基本目的,是人性中最深刻的追求之一;另一方面,它是达成个人自我实现、实现人的全面发展和社会繁荣进步的根本条件。"① 消费自由是消费主体自觉、自主、自愿的消费行为。消费主体可以根据自身的兴趣、爱好等实际情况进行消费活动。选择或不选择、接受或不接受商品和服务,不会受到任何限制。公正,简单说就是给人应得的。消费公正就是指在消费领域中权利与义务的平等、自由交换与平衡的关系。自由与公正都是人们的永恒追求。但在自由与公正的紧张关系中,自由往往具有优越性。在经济领域,市场经济崇尚的经济自由往往容易走向经济自由主义,从而带来贫富差距拉大、社会分层严重等现象,而经济公正正是对经济自由主义所带来后果的反思和修正。在消费领域同样如此,消费自由具有相对于消费公正的优越地位。消费自由的张扬导致了代内与代际的不公正。

消费自由与消费公正之间的失衡造成了深重的意义危机、人性危机、生态危机,造成了"消费—生态"悖论。消费自由与消费公正之间的失衡,往往容易使人们高举消费自由的口号,放纵无止境的欲望,并使其以物态的形式迅速膨胀,造成人的生存与发展状态的空前紧张。人的消费是为了生活得更好、享受幸福,然而,"我们对消费的渴求,已经跟人类真实需要完全失去了联系。本来,消费的意义在于给人一种更幸福、更满足的生活。消费是通向目的即幸福的手段。但是现在,消费却成了它自身的目的。不断增加的需要迫使我们不断努力,消费使我们依赖这些需要,依赖于能帮助我们满足需要的人及机构"②。消费在本质上已经成为人为刺激起来的幻想的满足,消费成了目的本身,幸福就是消费更多、更新、更好、更贵的商品。在这种消费

---

① 孙英,吴然. 经济伦理学. 北京:首都经济贸易大学出版社,2005:162.
② 弗洛姆. 健全的社会. 孙恺祥,译. 贵阳:贵州人民出版社,1994:125.

目的和手段的颠倒关系中，消费已经不再是满足人的基本生存与发展的正常行为了，而已经成为难以控制的病态行为。

伴随着消费意义迷失的是人类自我的迷失。在消费社会，人不再是消费的主人，而是消费的"奴隶"，人的价值只存在于消费与享受中，不再具有主体价值，人的独立性和创造性彻底丧失了。在那里，人们的消费目的和人生目的都已发生根本性变化，人们陷入空前"繁荣"下的空前空虚，同时难以掩盖的是深重的精神文化危机或文化生态危机。过度追逐物质消费的人类，逐渐失去了精神追求，丧失了基本的评价、反馈能力，在消费上只是采取简单的拿来主义。几千年与自然交往中形成的朴素和谐的道德被抛弃，尊重自然、敬畏生命等生态理念也早已经被消费"占领"。

与此同时，消费与生态之间的关系也走向失衡。在正常的社会——生态系统中，消费与生态之间应该保持着良性的循环、适度的平衡。人类的美好生活需要一定的消费，更需要良好的生态。然而，现实却是"我们消费者生活方式供应的像汽车、一次性物品和包装、高脂肪饮食以及空调等东西——只有付出巨大的环境代价才能被供给。我们的生活方式所依赖的正是这种巨大和源源不断的商品输入。这些商品——能源、化学制品、金属和纸的生产对地球将造成严重的伤害"[①]。高扬的消费自由催生了过度消费，过度消费导致了资源枯竭、物种灭绝、环境退化、生态失衡。

"消费—生态"悖论反映了消费自由与消费公正之间的复杂关系。表面上看，消费自由崇尚消费主体的不受强制性，似乎与消费公正无关。但与动物的消费行为不同，人的消费不仅仅是个人的私事，它是与他人、社会密切相关的社会活动。更为重要的是，人的消费目的与意义在感官满足和生命维持的基础上，朝向人性的丰富和完善、人的自由和发展。因此，在这个意义上说，人的消费是具有意义和价值维度的行为。公正作为处理公共关系的伦理，彰显了人际交往中的恰当关系。由于消费产品、消费方式、消费过程等都处于一定的社会关系及环境中，消费活动就不是一件私事，而是公共关系的一部分，因而就要受到公正与否的价值评判。

---

① 艾伦·杜宁. 多少算够——消费社会与地球的未来. 毕聿, 译. 长春: 吉林人民出版社, 1997: 30.

虽然每一个社会成员都具有消费自由的权利，但是每个人的消费自由是与平等联系在一起的，没有平等，消费自由就失去了普遍性特征，也就没有了消费公正。因此，消费公正注重的是建立在每个消费主体消费自由基础上的内在平等。消费自由作为一项权利具有相对性。人们在享受消费自由的同时必须履行相应的义务。消费自由不能以损害消费公正为前提。

第二章 "消费—生态"悖论与人类文明

是什么样的时代就有什么样的消费。"消费发展是人类社会发展最重要、最基础的条件,一部人类消耗与占用自身创造的物质财富和精神财富的历史,就是人类社会生产发展和社会进步史,同样,人类社会进步史就是人类消费发展史。"① 这就是说,人类的消费史就是人类文明史,人类的文明史也就是人类的消费史。因此,只有考察"消费—生态"悖论的历史,才能分析清楚"消费—生态"悖论的本质、内涵、表现并寻求现实对策。

"文明"一词在中国的《尚书·舜典》《周易·象》中均频繁出现。② 唐朝的孔颖达在《尚书注疏》中认为"经天纬地曰文,照临四方曰明"。这说明,早在春秋战国时期,"文明"已经成为一个具有特定内涵的概念。相对于"野蛮""蒙昧"而言,"文明"有开化、觉醒之意,是对社会进步状态的描述,是人类改造客观世界和主观世界所创造的积极成果的总和。英文 civilization 一词源于拉丁文 civis,有城市化和公民化的含义,引申为分工、合作,即人们和睦地生活于社会中的状态,也就是一种先进的社会状态。可见,中西方对文明的理解基本一致,都是指人类在认识与改造自然、社会、人类自身的活动中创造的一切积极成果,

---

① 王裕国. 关于社会主义消费发展的思考. 消费经济, 2011 (11): 19.
② 于文夫. "文明"古义求索. 古籍整理研究学刊, 2012 (5).

并于此而呈现社会进步状态。① 一般认为，文明形成的三大要素为：（1）经济上，使用金属（青铜器）器皿工具、武器和日用品，以农耕和畜牧业为主（脱离了游牧和采集生活），并出现了商业城市和定居的街区建筑。（2）政治上，出现了阶级分化的国家、行政机构，包括军队武装力量。（3）文化上，有了记录口语的文字和文献。这三大要素齐备，才是完全的文明；如果缺少其一，就是不完全的文明，如美洲印加文化，有城市、国家、大型建筑、青铜器等，但由于缺乏文字和文献，就是不完全的文明。

"文明"一词在马克思主义经典著作中被多次使用。概括起来，主要有两种不同的理解。

第一种理解是指人类在认识与改造自然、社会、人类自身的过程中创造的积极成果。根据这种理解，人们首先认为人类文明的内容包含两个方面：物质文明和精神文明。所谓物质文明，是人类在认识与改造自然的过程中创造的物质成果，表现为物质生产的进步和人们物质生活的改善。精神文明就是人类在认识与改造社会、人类自身的过程中创造的文化成果，表现为一定社会在教育、科学、文化、艺术等方面的进步和发展，以及人自身在思想、道德、知识水平等方面的进步和提高。在物质文明和精神文明的基础上衍生出政治文明，这种衍生与马克思将整个人类生活划分为物质生活、政治生活和精神生活是分不开的。马克思指出："人们在自己生活的社会生产中发生一定的、必然的、不以他们的意志为转移的关系，即同他们的物质生产力的一定发展阶段相适合的生产关系。这些生产关系的总和构成社会的经济结构，即有法律的和政治的上层建筑竖立其上并有一定的社会意识形式与之相适应的现实基础。物质生活的生产方式制约着整个社会生活、政治生活和精神生活的过程。"② 人类文明的内容总是需要不断充实的，在我国，党的十六大报告首次提出"政治文明"建设。所谓政治文明，是由国家构成的社会活

---

① 研究发现，与英语 civilization 相对应，"文明"是日本制汉语。[戴银凤. Civilization 与"文明"——以《时务报》为例分析"文明"一词的使用. 贵州师范大学学报（社会科学版），2002（3）]

② 马克思恩格斯文集：第 2 卷. 北京：人民出版社，2009：591.

动的产物,是人类改造社会所获得的政治成果的总和。鉴于发展过程中出现的巨大生态压力和环境压力,为协调人与自然的关系,党的十七大报告中提出"生态文明"建设新理念,增加了对人类文明内容的新认识。

  第二种理解是指人类社会发展所经历的不同历史阶段。在这种意义上理解的文明是与蒙昧、野蛮等相对应的,有不同的层次和发展水平,有先进与落后之分,与文化、教育、科学、艺术等的进步状态相联系。马克思、恩格斯把人类社会从低级向高级发展的历史划分为蒙昧、野蛮、文明三个阶段。恩格斯把文字的发明和应用看作人类摆脱蒙昧、野蛮,走向文明的开始。恩格斯描述道:"从铁矿石的冶炼开始,并由于拼音文字的发明及其应用于文献记录而过渡到文明时代。"① 并进一步认为,"文明时代是社会发展的这样一个阶段,在这个阶段上,分工、由分工而产生的个人之间的交换,以及把这两者结合起来的商品生产,得到了充分的发展,完全改变了先前的整个社会"②。文明史就是生产力发展史,是进化史,当然也是消费史。"消费的历史,就是时代的历史——不同的时代将留给人们不同的消费的烙印——拮据的或是宽裕的、奢侈的或是平淡的、开心的或是郁闷的、幸福的或是痛苦的记忆……"③ 对于文明起源目前还有很大争议,但漫长的野蛮进化之后,人类的发展取得质变,走向文明,却是不争的事实。从历史上看,人类文明的发展大致经历了原始文明、农业文明和工业文明三个阶段。④ 人类文明史的主线是人与自然的关系,根据系统论原理,这三个阶段的演化不仅是人的生产力与自然资源系统物质利用的螺旋推进,而且是人的消费力与自然资源系统能量交换的螺旋推进。消费与生产的关系本质上均属于人类系统与自然资源系统二者的互动关系。因此,与不同阶段相对应,人类文明有着不同的消费形态。

---

  ① 马克思恩格斯文集:第4卷.北京:人民出版社,2009:37.
  ② 同①193.
  ③ 刘汉太.消费的福祉.北京:中国发展出版社,2006:8.
  ④ 中国社会科学院邓小平理论和"三个代表"重要思想研究中心.论生态文明.光明日报,2004-04-30.

一、"消费—生态"悖论与渔猎文明

从动物界分化出来以后，人类开始了漫长的进化和发展过程。虽然对于人类文明的起源还有分歧，甚至还有人提出"史前文明"，但对于将人类社会发展的第一个阶段称为"原始社会"（primitive society），最早大概追溯到 300 万年前，基本没有异议。不过，人类由于种族、民族等差异，进入原始社会的时间并不一致，在区域分布上，五大洲也不尽相同。① 原始社会创造的人类文明，被概括为原始文明。由于在原始社会人类主要的物质生产活动是采集或渔猎，所以，原始文明通常又叫渔猎文明（亦作采集—渔猎文明）。②

渔猎文明作为人类的第一种文明形态，是人类摆脱野蛮、蒙昧的开始。原始人逐渐开始了改造自然界的实践活动，逐渐使自然界人化。原始人的物质生产能力十分低下，其消费只不过是为了满足很长一段时间里极其简单的生活需要，以维持自身的生存。原始人类创造了不多的成果，其中标志性的有人工取火、骨器、石器、弓箭等，这些原始生产工具和技术的发明与使用在自然界人化的过程中起到了关键性作用。尤其是人工取火，作用突出。我国古籍《韩非子·五蠹》记载："上古之世，人民少而禽兽众，人民不胜禽兽虫蛇。……民食果蓏、蚌、蛤，腥臊恶臭而伤害腹胃，民多疾病。有圣人作，钻燧取火以化腥臊，而民说之，使王天下，号之曰燧人氏。"燧，上古取火器具，燧人氏，就是传说中人工取火的第一人，是他让自己的子民享受了熟食的美味。恩格斯对人能借助工具自己取火给予了高度评价："因为摩擦生火第一次使人支配了一种自然力，从而最终把人同动物界分开"③。

---

① 从野蛮到文明是人类社会发展的必然规律，文明的诞生是一种质变的飞跃，同时在世界上也有着不同的中心，并不断地交互影响。[安志敏. 试论文明的起源. 考古，1987 (5)]

② 柴艳萍，刘欣. 试析人与自然关系发展的历程. 河北师范大学学报（哲学社会科学版），2001 (3).

③ 马克思恩格斯文集：第 9 卷. 北京：人民出版社，2009：121.

（一）物质消费与精神消费的"同一"

人类初期的生产活动是为了维持自身的生存。狩猎、采集都是早期人类的主要生产活动，显然，原始人的物质生产能力非常低。消费在物质与精神这两个范围中同时展现，形成了采集—渔猎文明，开始推动自然界人化的漫长过程。

1. 物质消费受制于极其低下的劳动能力

在漫长的进化过程中，原始人类最初只能按照丛林法则生存。研究人员根据早期人类化石的牙齿磨损程度，发现尽管区域不同，但是饮食结构非常相似，如采集果实、种子、树叶、植物的茎干。如果偶遇禽卵、蜂蜜，那一定会改善生活。至于捕猎，基本还是小动物，在狩捕大型猛兽之前还要思考是否有危险，否则一失手，就可能沦为对手的"食物"。他们的这种生产、生活方式不是单纯依靠体力，而是能够发现技巧、运用智力，建立了劳动分工、合作关系。这是原始人类适应自然的最持久、最成功的一种方式。原始人的生活资料完全是直接从自然界获取，他们从事采集和渔猎活动不得不受限于听天由命。这种对自然界的过分依赖使原始人不得不接受气候、地域条件，接受饥饿、疾病、死亡，以及恶劣天气等自然灾害的考验。

原始人类开始利用原始自然的征程尽管表现出难得的自觉能动性，但是其刚从动物界分化出来，人类意识尚未完全觉醒，自身的智力和潜力尚未充分开发，在自然界面前的主体呈现根本不能摆脱自然界的"奴役"和"统治"；客观上缺乏先进的生产工具，对自然界的支配能力极其低下，从自然界直接获得的地面资源极其有限，谈不上"开发"。

这种状况持续到原始社会末期，即距今一万年左右才有了改观。农业的实践和动植物的驯化代替了早期的生活方式；仅仅是在这短短的时期里，人类才能够利用石头、木头或骨头之外的材料，才能够利用人力之外的其他能源。

2. 精神消费依赖于原始宗教的满足

马克思主义哲学认为，物质决定意识，社会存在决定社会意识。在原始社会，与物质生产能力低下相伴随的必然是精神文化生活的匮乏。物质生产能力决定了精神生产能力。在原始社会也出现了非常简单粗糙的绘画和雕塑等精神文化成果，如石刻、洞穴岩画、祭坛雕像等，但是，这些早期文化现象不过是原始人在描绘、记录他们的生产方式和生活内容，根本谈不上是审美意义上的精神产品。在这个时期还没有文字，只能依靠简单的语言、复杂的手势进行交流，这样就可以帮助他们实现主要的精神消费活动——原始宗教活动的满足。

根据考古发现，原始宗教可追溯到石器时代，表现形式多为河流崇拜、植物崇拜、动物崇拜、身体崇拜等自然崇拜，当然，还有与原始氏族社会生活密切相关的其他崇拜，如生殖崇拜、图腾崇拜、祖先崇拜等。与人类进入阶级社会之后所产生的宗教相比，原始宗教的特征表现为万物有灵、多神崇拜。恩格斯认为，"在原始人看来，自然力是某种异己的、神秘的、压倒一切的东西。在所有文明民族所经历的一定阶段上，他们用人格化的方法来同化自然力。正是这种人格化的欲望，到处创造了许多神"[1]。一旦有了超自然神灵的感悟，所有如风雨雷电、山河土地、日月星辰、凶禽猛兽等自然事物和现象的发生或存在就得到合理的解释。这样，从人对食物、繁殖、祖先、死亡、社会群体的神秘观念以及对自然万物祈求敬拜，发展出对超自然体之神灵的信仰及崇拜。对此，马克思曾经指出，"……它也是对自然界的一种意识，自然界起初是作为一种完全异己的、有无限威力的和不可制服的力量与人们对立的，人们同自然界的关系完全像动物同自然界的关系一样，人们就像牲畜一样慑服于自然界，因而，这是对自然界的一种纯粹动物式的意识（自然宗教）"[2]。原始人生产工具的落后，物质生产能力的低下，使其不得不匍匐在自然之神的大足之下，不得不把自然视为至高无上的主宰，视为某种神秘力量的化身，这是原始人类精神世界发展的正常过程。

原始人对发生在周围的一切事物和自然现象都很好奇，但又无法科学地解释，认知水平的有限使原始人不得不对自然表示顺从、屈服、敬畏。他们的头脑中不由自主地构想了一个超自然的世界，认为一切都由超自然

---

[1] 马克思恩格斯文集：第9卷. 北京：人民出版社，2009：356.
[2] 马克思恩格斯文集：第1卷. 北京：人民出版社，2009：534.

力量支配和安排。"按他们的想法,除非举行祭祀和仪式,否则这些自然现象便不会出现。因此,原始人形成了一种求雨的仪式,把水洒在玉米穗上,装作下雨。美洲印第安人的祭祀舞蹈往往也有类似的含义。"①

原始宗教成为原始人的主要精神食粮,正是原始社会发展到一定阶段所产生的,其主要内容还是反映原始人和自然界之间的矛盾关系。他们几乎全部的精神文化生活就是自觉地进行原始宗教活动,除此之外,无法想象原始人还有更为丰富的精神世界。因此,要表达对各种自然之神的祈求,要感谢其给予的恩赐和保佑,原始宗教崇拜带有很强的礼仪性质。例如,原始人普遍根据自然界四季的依次更替、及时的雨水、植物的生长和动物的繁殖规律,通过祈求、禁忌、图腾等形式来表达自己对自然之神的崇拜。

(二)原始生产与原始消费的"统一"

原始人基本谈不上掌握改造和控制自然的能力。既然拜自然的"恩赐"而活着,原始生产就谈不上是真正的"生产"。

1. 原始生产与原始消费在平均分配中统一

原始人依靠采集、渔猎来获取食物供应。在"生产力"十分低下、劳动产品十分有限的情况下,为保证群体成员不被饿死,维持和满足全体成员生存的需要,原始社会的平均主义发挥了巨大作用,通过平均分配使原始生产力与原始消费力统一起来。

一方面,原始消费行为不是对物质的追求,而只是生存需要。对自然界充满敬畏、惊恐,生产劳动被生存需要驱动着。只为生存的"消费行为"完全被自然生态所平衡。不管是采集还是渔猎,原始人类的生产劳动都受季节变化的影响,甚至,他们不过是一个生态链条中的中间环节——也时常被凶禽猛兽所"消费"。他们巢居或穴居,群居可以团结力量,但人们生活的群体规模一般很小,当在一个地方不能寻找到足够的食物时,他们就得迁移到别的地方。即使后来出现了人工取火及骨器、石器、弓箭等工具性成就,他们也不过是在离山洞稍远的地方"就地取材",解决饥饿问题。这样的"消费",对自然环境的影响非常小。至于森林火灾等生态

---

① 拉尔夫,等.世界文明史.赵丰,等译.北京:商务印书馆,1999:22.

破坏现象，更是与他们的生产没有关系，当然更非"消费"所致。

或许有时还会出现某种奇怪的"选择权"："他们捕食红鹿、獐子、野牛和野猪。他们也吃狐狸，那是一种气味十分难闻的肉。在食物丰富的世界里，这种肉是没有人吃的。够奇怪的是，他们似乎不吃兔肉，虽然那是容易得到的食物。据认为他们避免吃它，就像有些野蛮人据说至今不吃兔肉一样，是因为他们怕吃了这种怯懦动物的兔肉，由于某种传染，他们也会变得怯懦了。"① 能懂得"取舍"，自觉地行使"选择权"并不是坏事，一定程度上可以表明主体的能动性得到呈现。在无比强大的自然界面前，这点"权利"的争取确实不容易。但是，由于物质技术手段落后，精神动力匮乏，人类对自然的开发和支配能力还是极其有限的。受迁徙的能力所困，他们局限于一个相对封闭、空间不大的区域内获取自然直接提供的食物和其他简单的生活资料，这样，部落或群体之间为争夺资源而发生冲突就在所难免了。

另一方面，原始人的原始生产若在正常情况下保证了充足的食物，就可能有大量的空闲时间。一旦劳动大丰收，有了足够的动植物食品，他们就绝不会有扩大再生产的欲望。根据斯塔夫里阿诺斯（Leften Stavros Stavrianos）的考证，"大量的资料表明，狩猎、采集者不仅有充足的食物，还享有大量的空闲时间，而且事实上，比现代产业工人、农业工人甚至考古学教授所享有的还要多得多"②。这就是说，在正常情况下，原始人过的并不完全是挨饿受饥的生活，他们有空余时间完成自身的生产，但是，人口增长与食物增长需要实现平衡，控制人口数量显得很重要，通过停止哺乳和杀死新生婴儿等办法，可以度过一年中食物来源不足的月份，但是要实现供求平衡，这对原始人来讲实在是件困难的事情。"在这种情况下，所发生的问题自然不再是人类为什么要长期地过渔猎、采集生活，而是为什么不再过这种生活。"③

---

① 赫·乔·韦尔斯. 世界史纲. 吴文藻，等译. 北京：人民出版社，1982：116-117.
② 斯塔夫里阿诺斯. 全球通史. 董书慧，王昶，徐正源，译. 北京：北京大学出版社，2005：24.
③ 斯塔夫里阿诺斯. 全球通史：1500年以前的世界. 吴象婴，梁赤民，译. 上海：上海社会科学院出版社，1988：84.

2. 原始消费的基本特征①

以上表明，原始社会特有的生产方式和生产状况决定了原始人特有的消费方式和消费状况，这种特有的消费方式和消费状况表现在消费的内容、主体与客体的关系以及消费的组织形式等方面。

第一个特征，弱生存性。众所周知，由于原始人开发自然的能力极其有限，故而原始社会的生产力水平极其低下，物质产品极其紧缺，精神文化生活极其匮乏，这种状况决定了原始人不可能产生过多、过高的消费需要。在原始社会，人们只能提出衣、食等一些基本的生存需要，这些基本的生存需要，原始人甚至在费尽周折后都无法完全满足。在原始社会，食不果腹、衣不裹体、居无定所等是惯常之事，生活条件比较恶劣。因此，原始人的消费是一种弱生存型消费。从吃的方面看，在没有发明火之前，原始人最初吃一些浆果、树皮和小动物等。由于吃生、吃素而导致营养不良，当时原始人的智力比较低下，身体条件很差，与自然抗争的能力很弱。发明了火之后，原始人开始吃一些熟食，开始过着野外烤肉的生活。然而，野外烤肉对原始人来说并不是一件很容易的事，要取决于狩猎水平，取决于从野外能捕获多少"猎物"。由于生产工具落后，原始人从自然界所能获得的物质产品十分有限，很难真正满足原始人自身的生存需要，他们经常要饱受饥饿的折磨。从穿的方面看，在原始社会早期，原始人什么也不穿，赤裸着身体流浪在野外而不觉羞耻。后来，原始人逐渐有了羞耻感，开始从自然界采集一些树叶、野草等作为衣服裹在身上的某些部位遮羞。再后来，原始人学会了狩猎生活，开始扒下动物的兽皮穿在身上，有了现代衣服的"雏形"。对原始人来说，衣不裹体、寒冷、酷热等是家常便饭。从住的方面看，在原始社会前期，原始人还没有学会建造房屋，不得不过着巢居或穴居野外的流浪生活。到了原始社会后期，原始人逐渐学会了利用自然界的树木、棍棒、枝叶等原始材料建造简易的茅草屋，开始有了"家"的感觉。然而，原始人的简易茅草屋，很难经得起常年的风吹日晒、雨雪冰霜的考验，很难抵挡得住洪水猛兽的袭击。原始人

---

① 本部分内容参见曾建平的著作《消费方式生态化：从异化到回归》（湖南师范大学出版社，2015）的 60~62 页。

不得不一次次"重建家园",过着居无定所的生活。

第二个特征,原生态性。"生态"(eco)一词源于古希腊语,原义是家或者生存环境,现在通常指生物的生存状态,指生物在一定的自然环境下生存和发展的状态,也指生物的生理特性和生活习性。"生态"一词涉及的范畴越来越广,人们常常用来定义、描述许多美好的事物,如健康的、美的、和谐的等事物均可冠以"生态"作为修饰。所谓"原生态",是指生物原来特有的原始、原生的状态。

在食物链上其他动物与原始人处在同一环节,原始人并不占绝对优势。这就说明物种之间相互制约,确保了生物多样性不被破坏。但这个场景在工具革命后迅速发生了变化:人类学会使用木质工具、骨质工具、石质工具后,捕杀、对付野兽的能力增强,自然占据食物链的顶端地位。这样的结果是在物种之中可以制约他物而不被他物制约。一旦不受制约,人口数量就会激增,从而导致其赖以生存的局部生态很容易失去平衡:猎杀的动物、采摘的果实越来越多,自然的恢复能力无法跟上,原来在同一食物链的大型动物,甚至一些脆弱的小物种无法休养生息而数量锐减,甚至灭绝。一旦动物资源、植物资源的总量不足,人类就从可持续生存的循环状态转为供不应求的线性状态。但是,原始人还远没有进化到有足够的能力去破坏地球环境的水平。采集或渔猎完全是为了满足基本的食物需要,在人与自然的关系上,消费是在生态中被对象化了,消费是人对自然的本能屈服。人被全部包容在自然的地理环境之中。总体上讲,那时人类对自然的影响力还很小,只能依赖自然环境,以采集和猎取天然动植物为生。

因为当时地球上的人口稀少,虽局部可能产生环境问题(甚至并非人的活动所致,如天火导致森林被毁),但环境问题并不明显,地球生态系统有足够的能力自行恢复和保持平衡。整体上,原始人与动物、植物等自然界其他成员平等地参与自然生态系统的能量流通,对自然生态环境的破坏很小。达尔文的生物进化论告诉我们,原始人过着茹毛饮血般的生活,在自然食物链中与其他动物竞争。根据我国古代的传说,有巢氏"构木为巢",帮助人类摆脱鸟兽虫蛇之害;燧人氏"钻燧取火",使人类由吃生食过渡到吃熟食。从这个意义上说,原始人的消费状况和消费方式在相当程度上是原始的,当然也是最生态的。原始人与其他动物平等地参与自然生态系统的能量流通,对自然生态环境的破坏几乎为零。

第三个特征,集体组织性。按照社会组织形式的发展,原始社会可以分为两个时期:一是原始群时期,二是氏族公社时期。在原始群时期,人类处于群婚阶段,没有固定居住地,组成规模较小的游荡集团。由于主要依靠采集自然物作为生活来源,当一个地方的自然物被采集得差不多时,他们就转移到另一个地方。

人猿揖别后,原始人过着群居生活,族群由采集者、猎人组成,规模一般为25~100人。他们共同劳动,从自然界获取生活资料,共同分配劳动成果,共同消费,共同抵御自然灾害,共同与野兽做斗争。在这一时代里,没有阶级、没有剥削,人与人之间是平等自由、相互帮助的。到了父系氏族公社的后期,私有制和阶级出现,原始社会瓦解,国家开始产生。新时代的浪潮吞没了原始人的自由平等。根据古代的传说,人们常常称那一时代为"黄金时代"。其实,往昔的原始社会是建立在生产力极端低下的基础上的。当时的人类,物质生产十分匮乏,只有靠集体劳动才能维持生存,因而人与人之间的关系只能建立在平等互助的基础上。

光靠狩猎、采集,根本无法获得超过维持劳动力所需的食物。如果哪天运气足够好获得很多食物,不可能一次性吃光,食物储存便与捕猎一样,成为一件麻烦事。到了新石器时代,最伟大的发明和发现就是刀耕火种。这是非常原始的农业经营方式。这种古老的耕作方式没有固定的农田,农民先把地上的树木全部砍倒,对一些大树有时先割去一圈树皮,让它枯死,然后再砍倒。已经枯死或风干的树木被火焚烧后,农民就在林中清出一片土地,用掘土的棍或锄挖出一个个小坑,投入几粒种子,再用土埋上,靠自然肥力获得粮食。当一片土地的肥力减退时,就放弃它,再去开发另一片,所以这种农业被称为迁移农业(shifting cultivation)。玛雅文明时代的"米尔帕耕作法"即是如此。

伴随着火的使用和工具的制造,征服自然的能力得到提高,人类对环境的利用及与环境的依存关系更加密切。在农业革命以前,地球上人口一直很少,人类活动的范围只占地球表面的极小部分。人类可以随地球季节变化从事周期性农业生产,定居或较长时间居住在同一地方,可以在播种、管理后,比较稳定地收获劳动成果。这样,人类就从旧石器时代的迁徙生活逐渐转为定居生活。人口增长带来的食物供应问题得到解决。尤其是族群中一部分人被解放出来,去从事维持寻找食物的其他活动。社会分工细化,物品交换频繁,最后还使一部分成员有可能积聚财富。原始消费在刀耕火种中瓦解、崩溃,直至消亡。文明的雏形渐露头角,消费意义上的历史新篇章不容置疑地被打开。

二、"消费—生态"悖论与农耕文明

原始的刀耕火种只能是广种薄收,而且经过多次种植的土地日趋贫瘠,收获量越来越少。这时,"部落只有整体或部分迁徙,到新的地方披荆斩棘,烧荒垦土,刺穴播种,以取得更多的谷物。人口逐渐增加,食物不足,迫切需要开辟新的食物来源。……开始定居的农耕生活"①。定居的农耕生活提供了相对稳定的维持生存的食物资料,标志着原始人已经向智能的生产主体演化。"经过了许多世纪之后,人类已经能够让各种植物适应各式各样的环境,并远播他方,从而在某个地区形成植物品种多样的农业。这样形成的先进农业具有生产率水平高、使人类生存有保障这两个显著的优点。"② 原始农业和原始畜牧业、古人类的定居生活等的发展,使人类从食物的采集者变为食物的生产者,这是生产力的第一次飞跃。

(一)农业革命与农耕文明

新石器时代是母系氏族公社的全盛时代。在这一时代里,人类完成了两项重大变革:一是由动物的狩猎过渡到动物的驯养,二是由植物的采集过渡到植物的种植。后一变革尤为重要,被称为农业革命。这时,人类文

---

① "游牧者和定居者之间的冲突是不可避免的,定居者视游牧者为强悍的野蛮人,而游牧者则视定居者为软弱、怯懦,是很好的掠夺对象。沿着各种发展中的文明的边缘,以顽强的游牧部落和山居部落为一方,以住在城镇和乡村、人口众多、不那么好战的民族为另一方,彼此之间必然经常发生袭击和争吵。"(赫·乔·韦尔斯. 世界史纲. 吴文藻, 等译. 北京: 人民出版社, 1982: 171-172)

② 斯塔夫里阿诺斯. 全球通史. 董书慧, 王昶, 徐正源, 译. 北京: 北京大学出版社, 2005: 27.

明完成第一次跨越,农耕文明成为人类文明的第二种形态。

1. 新石器时代的农业革命

所谓农业,通常是指以动物、植物和微生物为劳动对象,以土地为基本生产资料,通过人工培育和饲养,以取得人们需要的产品的物质生产部门。新石器时代发明了农业、畜牧业。有意识地栽种之后等待收获,这是人类的第一次农业革命。这是人类第一次主动大规模地融入自然的实践活动。

农耕地区的最早生产者在长期采集实践基础上,通过观察和总结,逐步认识到某些植物的生长规律,慢慢学会了栽培农作物。世界各地的农业出现时间很不一致,时间跨度在公元前8000年到公元前3500年之间。公元前3000年左右,农耕文明的第一批"花朵"在美索不达米亚和埃及开始绽放,被分别称为古巴比伦文明和古埃及文明。此后,古印度文明、中华文明等先后开花结果。

考古资料显示,世界上早期的三大农耕中心是指西亚、东亚(包括南亚)、中南美洲。如西亚的扎格罗斯山区、小亚细亚半岛南部、东地中海沿岸的约旦、巴勒斯坦、黎巴嫩等地,这些地方是世界上最早的农业发源地,也是大麦、小麦、小扁豆等栽培作物的原产地。在东亚,中国黄河中上游、长江中下游很早就种植粟和水稻。墨西哥、秘鲁、玻利维亚分别是玉米、豆类、马铃薯等作物的原产地。

新石器时代还出现了畜牧业。早在中石器时代或更早些时候,人们已开始驯养与人类经济活动和生活关系较密切的某些小动物。狗和绵羊是最早被人驯养的动物,如伊拉克的帕勒高拉洞穴遗址内发现公元前1万年家养狗的骨骼。

农业革命是一场能够通过人的力量使生存需要的动植物资源不断"再生"的革命:由杀鸡取卵的猎杀、采摘,转变为养鸡下蛋的饲养、种植。在中国,有黄帝驯百兽,这是一种使动植物资源加速"再生"的尝试。这些尝试的结果,使每平方公里土地所能提供的动植物资源成倍地增加,最终使食物链又恢复为收支平衡的循环状态。随着获取资源的生产方式的转变,适合狩猎与征战的组织形式——群婚、群居的原始共产主义、部落经济,被适合春种秋收、男耕女织式的家庭经济所取代。弱肉强食的狩猎文化，被夫唱妇随、自给自足的农耕文化所取代。

2. 农耕文明的出现

从时间上看，从大约距今1万年到18世纪开始工业革命以前，人类总体上都处于农业时代，通常把在这一时期创造的人类文明称为农耕文明（或农业文明）。农耕文明是连接原始文明与工业文明的桥梁，是人类文明发展历程中的重要历史时期。农耕文明时代产生了对人类文明进程具有重要影响的物质和精神文化成果，代表性成就是青铜器、铁器、陶器，以及文字、造纸、印刷术。这些成就既是人类物质生产能力提高的标志，也是人类自身智力和脑力水平提高的标志。

农耕文明下人类摆脱原始、野蛮状态，是完全意义上的人类文明的开始。人类在依附自然中生存，在利用自然中进步。历史记载下了这些清晰的痕迹：在充满饥饿、瘟疫、战争的环境里，资源永远稀缺，使得人类除了挑战与适应自然，还要挑战与完善自身，建构社会文明。在这一时期，农业成为人类社会发展的主要动力，其本质上需要顺天应命，需要守望田园，需要辛勤劳作。它不需要培养侵略和掠夺的战争技艺，而是需要掌握争取丰收的农艺和园艺；它无须培养尔虞我诈的商战技巧，而是企盼风调雨顺，营造物美人和的环境。尽管农耕文明也不都是田园牧歌，也有争斗和战乱，但较之于游牧文明和工业文明不可同日而语，具有质的不同。

其一，分布具有地域性。地域性特点表现之一是传统种植业的区域分布依赖并受制于水、土和气候三大自然条件，农作物只有在自然条件允许的地方才得以生长。其中，以水资源而言，全世界的上古农耕文明都源于大河流域，是大河哺育的文明。被河流养育的民族，自然而然地将大河视作"母亲河"。古希腊史学家希罗多德（Herodotus）有一句名言："埃及是尼罗河的赠礼"；同样，美索不达米亚平原上诞生的两河流域文明，是幼发拉底河与底格里斯河共同哺育的文明；印度历史上第一道文明的曙光——哈拉帕文明，则成长于印度河流域；就中国而言，长江与黄河同为中华民族的摇篮，也被称为母亲河。在河流的哺育下，两岸种植业支撑的文明发育并不断成长。照亮上古文明夜空的四大文明区域，无一例外地是农耕文化区域，是大河哺育出的古老而又发达的农业支撑起那里的文明古国。由于农耕文化所处的区域各不相同，它们又各有自己的特色。中国的农耕文化有不同的类型，其中特点鲜明的分别有北方的旱地农耕文化和南方水田耕作文化两大类型。地域性表现之二是人口依附土地，定居生活。在农业诞生之前，原始人靠渔猎和采集为生，食物取决于自然的恩赐，哪里有食物，就向哪里迁徙，流动非常频繁。缔造农业文明的民族，则开始过上定居生活。这是由农业对土地的依赖决定的。也可以说，农业与定居是相辅相成的。所以，历史学界与农史学界论及上古农业史时，往往在"农业"二字前加上"定居"二字，称其为"定居农业"。① 正是有了定居和农业，所以人类不再完全依靠自然的赏赐，可以按照自己的需要生产粮食，人类的生活就这样变得更有主观能动性。由于农业的发展，养活的人口日益多起来，社区逐步扩大，在社会财富的积累和文化的积淀的同时，就有了阶级的分化和城邦、国家的产生；需要规范成员之间的权利与义务，于是有了法律、规章的出现。定居生活使得农耕文明呈现不同的乡土风情，不同民族在不同地区的农耕文化长期沿着自己的方向发展，保持着各自的特点，有的甚至千年不变。这种隔绝、这种不变，便造成了不同的习俗，此所谓"十里不同风，百里不同俗"。这种各具特色的民族地域风情，体现了农耕文明的多样性。可以说，世界上有多少农耕民族，就有多少种农耕文明。

其二，循环具有可靠性。循环可靠性表现之一是与季节关系密切。由于植物的生长与发育有其规律，不依人的意志转移，根据季节变化，一般情况下春耕、夏耘、秋收、冬藏，一年之内的劳动时间分配不均匀，但年年循环。这与那些混合型农业和游牧式农业不同，游牧文明虽然也有季节性，即草的生长存在季节性，但农耕所受影响更大，如果误了农时，就会没收成。循环可靠性表现之二是生产方式稳定。如果一个特定地区的气候、土地与社会制度不大起大落的话，该地区的农耕文明的形态特征就不会有大的变化。比起"逐水草而行"的游牧民族，农耕民族更喜欢安定与和平，喜欢恒稳的社会。所以，多数情况下，农耕社会的生产会依据经验来进行，经验一代一代地传下去，使得社会发展沿着原来的轨道前行。

---

① 何康. 传承农耕文明　改善生态环境//夏学禹. 农耕文化与现代农业论坛论文集. 北京：中国农业出版社，2009.

其三，生态具有脆弱性。生态脆弱性表现之一是农耕生产依赖于自然生态的支持。一旦聚居人口过多，就可能导致掠夺式耕作，破坏该地区的生态，或者由于自然灾害的影响，如旱灾、水灾、雪灾、虫灾、雹灾等灾害，生态环境容易恶化，往往导致农耕文明灭亡。生态脆弱性表现之二是农民的生活受制于自然生态的平稳。耕地是农耕民族的根本，没有土地或者土地受到破坏就意味着没有收成，农民的生活便受到严重影响。相对于游牧民族主要依靠自然再生产，农耕则在依赖于气候变化的同时，更加依靠劳动付出，一分耕耘，一分收获。一方面，农耕的气候依赖性强，没有适合耕种季节所需要的气候条件，再辛勤的劳动也难以获得回报；另一方面，一个劳动力所耕种的土地是有限的，在完全依靠手工劳动的非机械化生产时期，每个劳动力能够完成的耕作面积和劳动强度基本上难以有所突破。因此，农耕文明只能渐进式地缓慢发展，土地、气候的强烈变化会引起的区域生态破坏，甚至导致文明的变迁。

（二）农耕社会的消费方式

人类在渔猎时代并不是完全被动消极的。生存需要在抗争中适应自然，在服从中又与自然抗争。从森林里走出来之后，人类迎来了第一次农业革命。每一次生产力革命都催生一种新的生产方式，从而发生社会变革。到了农耕文明时代，人类发明、制造工具，以前所未有的主动积极利用、改造自然，农业生产方式从发源地向四面八方传布。农业发展让自然界人化进程加快，人类开始面对两个大难题。一个与土地有关：人口不断增长，使得维持生存所需要的粮食增多，故而人类不得不扩大耕地面积；但对粗放式的古代农业来讲，一旦人工作物不能培育生长，原始自然植被又不能恢复，土地资源就可能荒芜。另一个与水有关：水之利能养育人，水之害能毁灭家园。这一时期，人与自然的局部性、阶段性的紧张关系经常出现。

1. 农耕文明的消费形态

消费方式包括消费者以什么身份、采用什么形式、运用什么方法来消费物质资料以满足其需要。与极其落后渔猎社会相比，农耕社会的生产力水平大幅度提高，不同社会成员很快产生了不同的消费需要。在阶级社会，物质的生产、占有、使用处分的权能并不重合，根据消费主体与消费资料相结合的程度不同，社会消费形态也不同。农耕社会的消费形态大致可以分为三种类型。

其一，基本生存型消费。农耕时代私有制出现之后，全世界范围内的人类基本都进入了阶级社会。奴隶以及无耕地的农业生产者等，因为分配制度所形成的各种不公平，只能用"民以食为天"的名义去争取生存权。所以，对这个规模不小的群体而言，他们的消费需要只能是简单地维持基本生存。

其二，生态维护型消费。农耕社会经济生产和发展受自然条件影响较大，靠天吃饭，面朝黄土背朝天，决定了绝大多数平民包括自耕农节衣缩食，勤俭持家。这种节俭消费观既满足了人对物质消费的简单要求，也实现了人类与自然之间的能量交换，客观上维护了生态的平衡。

其三，奢靡享受型消费。此类消费主要出现在极少数权贵、富人等社会阶层。杜甫的"朱门酒肉臭，路有冻死骨"，就是对那个时代的真实写照。他们之所以竞相攀比，炫耀财富，奢靡浪费，主要是因为他们并不是农耕生产者，不能体会农业劳动生产的艰苦。奢靡享受型消费建立在他者的消费权利减让之上，不仅损害了整体的消费利益和消费公平，而且浪费了社会资源。尤为严重的是，社会上层"崇奢"的消费示范和引导，可能使得奢侈习气浸透民间，上行下效，推波助澜。

2. 传统节俭型消费方式的扬弃

有限的农业生产力制约了物质生产总量。物质匮乏，农耕经济形态的消费明显不足。农业社会的分配形式导致消费结构不合理，社会的消费方式和观念总体特点是节俭。中国先秦时期的儒家、道家、墨家、法家等都有一定的主张，通过自己的学说和立场，建立节俭在社会伦理范畴中的"美德"地位。孔子极力强调消费的道德约束，认为"与其奢也，宁俭"（《论语·八佾》），"奢则不孙，俭则固。与其不孙也，宁固"（《论语·述而》），"君子食无求饱，居无求安"（《论语·学而》），"饭疏食饮水，曲肱而枕之，乐亦在其中矣。不义而富且贵，于我如浮云"（《论语·述而》）。孟子继承孔子的主张，认为"恭者不侮人，俭者不夺人"（《孟子·离娄上》），"饱食暖衣，逸居而无教，则近于禽兽"（《孟子·滕文公上》）。老子及道家认为社会产品生产繁多使人的消费欲望膨胀,从而产生各种贪欲与社会动乱,因而强调消费要"知足",主张"道法自然","见素抱朴,少私寡欲"(《老子·第十九章》),"我有三宝,持而宝之:一曰慈,二曰俭,三曰不敢为天下先"(《老子·第六十七章》),即无为消费,否定消费享乐性,提倡清心寡欲、俭朴自持和知足常乐。墨家更是站在平民阶层立场,极力主张并实践节俭思想,认为"足以奉给民用则止;诸加费不加于民利者,圣王弗为"(《墨子·节用中》)。在这个原则下,墨子在衣、食、住、行方面都提出了节俭的具体主张,提出"为宫室不可不节","为衣服不可不节","为食饮不可不节","为舟车不可不节"(《墨子·辞过》),尤其对当时"厚葬"奢靡之风给予批评,格外重视"节葬"品德。

思想家是一个时代的知识精英。每一个伟大思想的产生都是对时代的批判反思。先秦诸子尽管对节俭有认识,但并没有扭转当时的奢靡之风,特别是对统治阶级难以奏效。他们的主张在后世才得到了推崇。三国时诸葛亮强调"静以修身,俭以养德"(《诫子书》),唐太宗李世民认为"贫不学俭,富不学奢","奢俭由人,安危在己"(《帝范·崇俭》)。北宋时期著名的政治家、史学家司马光对"近日士大夫家,酒非内法,果、肴非远方珍异,食非多品,器皿非满案,不敢会宾友,常量月营聚,然后敢发书",甚至"走卒类士服,农夫蹑丝履"的风气非常反感,感叹"古人以俭为美德,今人乃以俭相诟病",为教育儿子司马康,特意写下著名家训《训俭示康》,紧紧围绕着"成由俭,败由奢"这个古训,结合自己的生活经历和切身体验,旁征博引,对儿子进行耐心细致、深入浅出的教育。

社会的道德评价并不一定公允。很大程度上,"崇俭黜奢"的消费方式对农耕经济和农耕社会的进一步发展产生了不小的消极影响。对占多数的劳动生产者要求以温饱为消费标准,以满足自然的和生理的需要为消费目标;而对掌握物质实际支配能力的极少数成员而言,一方面要求广大人民减少各种产品的消费,另一方面自己却穷奢极欲,限制和剥夺了人们追求美好生活的权利。

到宋明时期,理学把节俭理论推向了极端,提出了"存天理,灭人欲"的主张。农耕社会产生的宗教也几乎一致倾向于禁欲主义。把物质需求的消费欲望与"罪恶"联系,把清心寡欲的简朴生活同"救赎"结合,结果造成需要消费者缺乏消费能力，有消费能力者不消费。因此，"节俭"对被统治阶级而言是"枷锁"，对统治阶级而言是"美德"。

节俭与消费在一定程度上是一个矛盾体，两者的冲突实际是短期利益与长远利益的冲突。如何处理这种矛盾？传统的节俭观只看到两者的对立性而看不到其相容性。如果消费者节俭消费、增加储蓄，那么就会引发宏观有效需求不足，进而导致经济发展受阻，经济发展目标无法顺利实现，同时还会面临失业率上升的巨大压力。在这一点上，"节俭悖论"在农耕社会十分明显。荷兰人曼德维尔（Bernard Mandeville）1720 年出版的《蜜蜂的寓言》（The Fable of the Bees），讲的是一个蜜蜂王国的兴衰史，大意是：一群蜜蜂为了追求奢华的生活，大肆挥霍，结果这个王国兴旺，百业昌盛；后来，他们放弃了奢华的生活，崇尚节俭，整个社会迅即凋敝，最终被对手打败。后来，萨缪尔森把这种现象归纳为一个概念，叫合成谬论，即局部是对的东西，对总体不一定对。每一个局部的看上去是理性的，是正确的、有效力的东西，一旦加起来其实它是一个谬论。

看待道德问题，必须具有历史视野，必须站在人的发展视角上。把握节俭在历史上的重要性和弊端，关键是如何看待"美德"的道德境界和道德尺度。任何时候，节俭过度都是需要批判的。今天看来，当经济形势需要拉动内需时，刺激消费是必需的。因为只有增加消费量，才能促进经济的增长、社会财富的增长，提高国家的综合国力。但是，无论如何，消费都应该被控制在自己的经济能力和经济条件的范围内，不能盲目消费。从农耕社会的历史分析不难发现这一点，消费的节俭只能宜时宜情倡导。对此，中华民族很早就视"俭"为美德，视"奢"为恶德，"俭，德之共也。侈，恶之大也"（《左传·庄公二十四年》）。早期法家代表人物管仲提出"侈则伤货"（《管子·乘马》）的观点，并实施"节义务，俭财用，禁奢泰"（《管子·八规》）的措施，反对过度节俭，主张适当消费。

（三）农耕文明的绿色基调

第一次农业革命的伟大意义就在于将原来的线性经济推向循环经济。人类通过改变自己的生产方式和生活方式，主动适应自然资源的变化，应对生存危机。农耕文明历经三个社会形态，萌发于原始社会末期，形成于奴隶社会，发展于封建社会并进入高级阶段。生产关系决定消费关系，农耕社会对大自然更加亲近，消费活动没有也无法突破自然规律。因此，消费与生态总体上是协调适应的，人与自然的关系总体上是融合的，农耕文明的基调属于绿色文明。这一文明对人类有四大贡献：生态化的农耕方式、系统宏观的认识模式、修身养性的精神生活及感悟生命的宗教文化。①

1. 尊重自然，以农为生

文明的衰落有对自然环境的人工改造强度过大、人口数量急剧增加而资源供给跟不上、水资源的缺乏以及不合理使用等生态方面的原因。农耕社会落后的生产方式和消费方式使得自然力的恢复和增长极其缓慢，依然构成了消费—生态之间的矛盾。尽管如此，由于这一时期人类的生产方式以农业和牧业为主，人类改造自然的能力十分有限，所以人类对自然的破坏还不是很大，还处在自然生态系统能够承受的范围之内，远没有超出自然本身的恢复和再生产能力。以农业生产为本，消费活动规模受到很大限制，人与自然的关系总的来说，能在低水平层次保持一种相对较好的和谐状态。以中国为例，该状态的维系取决于这样几个方面：

其一，农耕经济的基本性质和特征是自给自足的自然经济。小农经济具有狭隘的地方性，彼此闭塞，即使有商品交换，也只是简单交易，或者限于极小范围。消费活动的内容、范围极其狭隘，这使得对生产的需求并未扩大。生产方式决定着消费方式，消费方式反过来影响着生产方式的变革，两者的发育程度直接与生态资源的保护和进化有关。

其二，农民的幸福主要是解决温饱，衣食无忧。"民生之本在食，足食之本在农"，中国大儒朱熹认为"此自然之理也"（《朱熹集》卷九九《劝农文》）。而传统意义上，反对"浪费"的基础标准就在于数千年农耕社会的温饱忧患。农耕社会界定"浪费"的第一个标准是基本生活需要之上的物质消费，即温饱生活需要之外的所有物质消费都属于浪费。

其三，对自然规律和生物属性的认识掌握，直接拉近了人与自然的关系。比如，"禹之禁，春三月，山林不登斧，以成草木之长；夏三月，川

---

① 张孝德. 古代农业文明对人类文明的四大贡献. 中国经济时报，2009-11-23.

泽不入网罟,以成鱼鳖之长"(《逸周书·大聚解》);"断一树杀一兽,不以其时,非孝也"(《礼记·祭义》)。可见,中华民族格外重视自然资源用当其用,用当其时,崇尚"亲山乐水",认为一方水土养育一方人。正是因为那时的人类生产力在自然力面前非常弱小,所以人类并未对自然界造成本质的破坏。其实,问题的关键并不在于农业的发展,而在于农业发展必须按照自然生态规律进行。这一时期在"天、地、人"的矛盾对峙中,人类不断总结智慧,精耕细作,充分利用土地,利用和养护并举,维持地力不衰退,形成了保护自然资源、注重生态平衡的初步生态意识。虽然也出现过森林、草地被破坏,或新的耕地或居住地被开拓,但水利灌溉、耕种技术、育种方法等方面进步后,自然界能够在一定的时间范围内实现自我修复。

2. 人化自然,消长平衡

农业耕作活动是对自然界的人化,不但改造了生活环境,而且提供了人类生活需要的物质资料,消费活动模式在"主体—客体—内容"中形成。农耕社会的消费关系通过该模式,在消费能力、数量、对象以及方式等各个方面,与生态保持了较高的协调性和一致性,消长平衡,体现了人与自然的共融共生。

其一,个体消费能力、道德水平制约了消费需要。人的需要即人的本性,而人的需要主要是消费的需要,在本质上,消费是需要得到满足的活动。从农耕文明初期开始,个体差异就表现为社会阶级性,不同阶级的消费取向、消费方式、消费水平、消费结构、消费质量反映出消费者自身的文明状况。而社会不同阶级的消费受到宗教与哲学的指导,中国封建社会所倡导的节俭观念使得人们更加注重与消费生活有关的修身养性。一般来说,道德水准的高低与不同需要的和谐度呈正相关关系。因此,如何满足自己的需要反映了人的素养。

其二,社会分配结构决定了消费权利分配。人们的消费数量、消费质量、消费结构等不仅与自身的条件——主体的消费能力、消费需要等——相关,而且与社会供给、自然供给相关。人的存在方式,包括消费方式,只有在特定的社会关系中才能得到合理的解释和说明。尽管农耕社会的消费特点主要是自给自足,而消费的满足则是个体自由自主的选择,当然也和一定的消费习俗、消费文化密不可分；但消费资料的最终分配权还是在统治阶级手中。任何消费都是以社会的物质资源、文化资源和自然环境资源为前提的，因此，在主体选择、获取、占有、使用消费资料的过程中，就存在一个主体之间能否公平地占有、公平地享用的问题，存在消费是否公平的问题。这就说明，消费对象或消费客体的分配不仅仅取决于个体对自我需要的调节，更多的是取决于个体与社会之关系的张力。消费权体现生命价值、意义、尊严甚至生命的资格，公平消费权是人与人之间的生存和发展公平问题。但是，这些权利在农耕社会都没有得到实现。被统治阶级"垄上扶犁儿，手种腹长饥。窗下织梭女，手织身无衣"（唐李绅《悯农》），只好不断通过"奴隶革命""农民起义"来推动这些权利的实现。阶级社会里的这些反抗，就是试图通过政治地位与社会身份的平等化去消解消费的不平等。消费发展为一种权利，是社会政治结构变化的结果。

其三，主客交互方式影响了消费方式。农耕文明时代，社会的主要矛盾是农业生产力与人们物质消费和财富增长之间的矛盾，这也是消费主体与消费客体之间的矛盾。农业社会低水平的意义是满足人的基本生存需要，而高水平意义上的人的发展从来没有得到实现。尽管农耕时代农民依附土地，"种瓜得瓜，种豆得豆"，男耕女织，对自然的破坏微小，但因为经济发展周期性，社会的消费方式时有变化。比如盛唐时期，由于商业发达，社会总供给大于社会总需求，人们的消费欲望被大大刺激起来，在开元、天宝之前还以"尚俭"为主，在此之后逐渐转向"崇奢"，朝野上下弥漫着奢侈型消费、炫耀型消费之风。

3. 有限消费，有限生产

其一，消费的有限性。农耕文明的社会结构十分稳定，其基本特征是让人与土地紧密结合起来。正是由于对土地的依附，占人口多数的广大农业生产者才不会有额外的消费欲望、冲动，尽管在交通的便利之下，社会总会存在一定的商业贸易活动，但完全依靠交换来满足消费愿望，在安分守己的农民、小生产者看来是一种"奢侈""好逸恶劳"。因此，他们只能选择消极地适应低水平生产的有效消费方式和生活态度。

其二，生产的有限性。传统农业生产的投入并不需要大量的资本，生产规模很小，维持在人力、畜力、土壤肥力等可控的范围内。这样的生产力决定了人们的消费力。在农业生态系统中，需要把各种要素有机结合起来，根据经验，注入劳动，才能完成一次生产循环。首先是在什么季节，什么土地，决定种植什么农作物，饲养什么家禽和家畜，其次是组织播种、施肥、灌溉、除草、治虫、收割和喂养等活动，只有这样，才能使农业生态系统朝着对人类有益的方向发展。对绝大多数人口而言，粗放的农业生产决定了他们的物质消费是简单的、粗鄙的。因此，衣、食、住、行等生活消费不得不在有限的人力、智力、土壤肥力等条件下"自足"。

其三，农业生产被有限的消费控制，在一定的封闭范围内发展。农业生态系统的关键要素是人工种养的生物（种子），由于抵抗不良环境的能力较差，需要培育一种相对封闭的生长环境。除了按人们的意愿种养的优势物种外，对待其他物种（如杂草、害虫）通常要予以抑制或排除。农业生态系统的抵抗力和稳定性比较低，容易受到旱涝灾害和病虫害的影响。这样，按照人的需求，结合健康安全的生活标准而创造的农业生态环境的发展，与尊重自然，按完全自然的方式呈现的自然生态环境的维护大体保持一致。

三、"消费—生态"悖论与工业文明

14、15世纪，饥荒、瘟疫和战争使西欧陷入一场又一场危机，封建经济受到冲击而逐渐解体。文艺复兴、新航路的开辟、宗教改革、海外市场对商品的需求量不断攀升，为资本主义的兴起和工业文明的诞生准备了条件。进入工业文明时代之后，技术突飞猛进，机器取代人力，生产力迅猛提升，人类的主体意识空前觉醒、主人翁精神空前彰显，征服自然的信心、霸气十足。随之而来的是，生产生活状况发生了翻天覆地的变化，消费状况和消费方式也发生了显著改变（异化）。事实证明，工业文明是突破生态安全屏障的发展模式。人类进入21世纪后，工业文明的矛盾已经暴露无遗。

(一) 工业文明的历史逻辑

农业走向工业,标志着社会生产力极大提高。人类文明从农业社会走向工业社会,标志着文明形态飞跃。工业文明的建立及其在全球扩展,逻辑上使得社会交往扩大,由分散走向整体,世界市场建立,引领世界现代化进程。

1. 工业革命造就了发达的工业文明

工业革命不是一夜之间的变化,它既是科技革命,也是产业革命,主要标志是蒸汽机的发明和应用。到19世纪末20世纪初,工业革命像被施了魔法一般,弥漫全球。

其一,工业革命空前提高了物质生产能力。机器大生产取代手工劳动,大规模工厂化机器生产取代个体工场手工生产,生产效率得到空前提高。据当时的粗略估计,1台蒸汽机在相同时间的工作效率相当于15个工人。蒸汽机发明之后,一大批机器如雨后春笋般被创造出来。由工业革命带来的资本主义生产方式的产生和资产阶级统治的建立,促进了社会生产力的迅速发展,使商品经济最终取代自然经济。人类在开发、利用、改造自然方面所获得的成就,远远超过过去一切世代的总和。正如马克思、恩格斯在《共产党宣言》中指出的:"资产阶级在它的不到一百年的阶级统治中所创造的生产力,比过去一切世代创造的全部生产力还要多,还要大。自然力的征服,机器的采用,化学在工业和农业中的应用,轮船的行驶,铁路的通行,电报的使用,整个整个大陆的开垦,河川的通航,仿佛用法术从地下呼唤出来的大量人口——过去哪一个世纪料想到在社会劳动里蕴藏有这样的生产力呢?"[1]

工业革命后,人类社会成功地摆脱了"马尔萨斯陷阱"的束缚,经济增长的速度开始超越人口增长速度,人均收入和平均社会福利水平得到提高,人们的生活质量大大改善。斯塔夫里阿诺斯认为,18世纪时,人类的生活方式实质上与古代的埃及人和美索不达米亚人的生活方式相同。人类仍在用同样的材料建造房屋。工业革命给社会带来了划时代的变化,对

---

[1] 马克思恩格斯文集:第2卷.北京:人民出版社,2009:36.

世界历史来说具有头等重要性。他说:"事实却是,在18世纪80年代生产力的确有了一个惊人的进步,正如现在的经济学家所称的,生产力有了一个进入自驱动发展阶段的起飞。更明确地说是,当时产生了一个机械化工厂体系,它以迅速降低的成本生产出大量商品,以致它不再依赖现有的需要,而是创造出新的需要。"①

其二,工业革命大大丰富了精神文化生活。在工业社会,与物质生产能力空前提高相伴随的是人们绚丽多彩的精神文化生活。当人们逐渐告别肉体上的饥饿、心灵上的恐惧的艰苦时代,基本生存需要得到逐渐满足之后,另一个需要就会很快出来,那就是精神文化生活方面的需要。人的需要和欲望是社会前进的巨大动力,对此,马克思曾经指出:"社会一旦有技术上的需要,这种需要就会比十所大学更能把科学推向前进。"② 事实上,不仅在科学领域是这样,文体、艺术等方面同样如此,哲学、教育、文学、史学、绘画、音乐、舞蹈、雕刻与建筑、体育竞技、宗教礼仪、服饰旅游等,都得到长足发展。

非物质追求活动的发展、成熟、规模扩大,决定于生产力的发展。渔猎文明时代的精神文化生活匮乏,农耕文明的文化生活方式和内容已经有了很大的改变。但是,文化消费在社会内部分布不均匀,主要消费领域几乎被少数人占领,那些直接从劳动生产中获取灵感、自娱自乐的大众文化更受普通人认同,传播更久远。进入工业文明时代,科技推动了人类的物质生产能力,社会生产效率空前提高,人们再也不用像农耕文明时代那样常年在土地上"日出而作,日落而息",而是有了更多的休息时间。"双休日""八小时工作制""法定假",使得"富足"的劳动者拥有更多闲暇去享受精神文化消费之中的"愉悦"。精神文化生活越来越具有普遍性、多样性,人们可以根据自己的主观意愿来选择文化产品和服务,以满足自己的精神需要。

其三,工业革命高度张扬了人的主体性。工业文明的出现,使人的主体性、能动性得到充分激发和张扬,使人与自然的关系发生根本性改变。

---

① 斯塔夫里阿诺斯. 全球通史:1500年以前的世界. 吴象婴,梁赤民,译. 上海:上海社会科学院出版社,1988:276.
② 马克思恩格斯文集:第10卷. 北京:人民出版社,2009:668.

如果说，在渔猎文明时代，人类是自然的奴隶，栖息在自然之神的屋檐下，在农耕文明时代，人类是人格化的上帝所授权的自然的主人；那么，在工业文明时代，人类俨然成为征服和驾驭自然的主人。在科学技术"全副武装"的人类面前，自然逐渐失去了以往的神秘和威力。寒冷、猛兽、洪水、火灾等自然力量似乎已经不能让人像过去那样恐惧，人们已经发明了许多对付这些力量的手段、工具，成为真正意义上的自然的主人。在人类的巨大威力面前，大自然仿佛成了一座取之不尽、用之不竭的巨大仓库。

其四，工业革命吹响了现代化的号角。"工业革命对世界历史来说具有头等重要性"①，因为它不但为 20 世纪的不发达世界提供了主要目标，而且为 19 世纪欧洲的世界霸权提供了经济基础和军事基础。西方殖民主义裹挟工业文明，凭借坚船利炮在全球四处侵略与掠夺资源、寻找市场，积累了大量资本。工业文明被打上"弱肉强食"的竞争文化标签，与霸权主义、强权政治联袂登台。新兴国家在政治上谋求独立生存，成功地"起飞"之后，很快瞄准经济上的独立生存，而经济上的"起飞"作为新的目标一旦确立，新兴国家便纷纷积极寻求适合自己发展模式的工业化道路。

2. 工业文明失去了发展方向与动力

历史已经表明，从 19 世纪初以来，工业文明在意识形态上与资本主义是孪生的。西方资本主义革命适应了工业革命，而资本主义生产方式也解放并适应了被工业革命释放的强大生产力。只有以"工业"这个经济形态、社会生产力，以及与此相适应的生产方式为社会基础，资本主义的这个文明形态才得以发生和发展起来。在资本主义文明发展过程中出现的越来越多的问题和危机，也正好是这些"工业支撑"本身所导致的。

农业的产业地位被超过，自给自足的循环经济被打破，人类经济再次进入依赖原生资源的线性状态。不可否定，资本主义对自己的生产方式也有调整，也存在一定程度的对生存环境的保护。但是，资本主义无限追求利润的生产方式内在地包含着对自然环境的破坏，内在地决定了它不可能

---

① 斯塔夫里阿诺斯. 全球通史：1500 年以前的世界. 吴象婴，梁赤民，译. 上海：上海社会科学院出版社，1988：276.

真正实现经济的可持续增长,各项环境政策不可能操作到位。

首先,工业文明采取粗放式、高消耗、高污染、规模化的生产方式。人类对矿产资源的依赖程度日趋严重,而地球上的这些不可再生资源是有限的。近300年的工业文明所消耗的矿产资源居然超过了3 000年农耕时代的总和。直至今天,支撑工业文明发展的那些最重要的不可再生资源几乎都有的被消耗近半,有的濒于枯竭;同时,工业文明的生产方式也几乎将地球的原生态环境破坏殆尽。

其次,工业文明无节制地刺激、引导然后满足人类对物质生活的欲望和需求。人类的欲望是无限的,但物质财富和满足欲望的能力却是有限的,而且人类被释放的欲望很难再收回去。以有限满足无限,显然是一个无解的死结。所以,工业文明表面的繁荣带给人们的是更多的内心浮躁、焦虑、不满足,人类生活的幸福指数被降低。

再次,工业文明使得全球经济互为关联。人类因一国资源与市场无法满足人们对物质生活不断膨胀的需要而向海外扩张,从而推动世界市场的建立,进而促成全球经济的一体化,使得各经济体在经济活动中的相互依存度大大增加,整个经济系统的运转因而变得脆弱,一个节点出现问题,就会波及全体。而工业文明更多的是制造全局性的矛盾与冲突,因为它只专注于局部利益。

复次,工业文明造就了科技万能的神话。工业文明依赖于科技进步,但科技给物质世界带来的繁荣反过来却导致了科技神话。我们以为,我们的一切均取决于科技的发展,科技是解决一切问题的根源和依据。"我们对物质的嗜好与对精神的排斥,对科学崇拜式的自信与对文化价值的鄙视,对西方文明的渴望与对民族个性文化的抛弃,在这样一种中毒、失衡、污染的文化生态环境中,我们误以为,我们丢失的只有青山绿水,天真地幻想着只要我们的物质力量足够强大、科技更加进步,就一定会找回青山绿水,就一定可以在青山绿水中延续我们习惯了的工业化式的生活方式与文明。这显然是一个不可能兑现的梦。"[①]

最后,工业文明的发展动力不足。依靠消费拉动增长的时代已经发生

---

① 张孝德. 导致人类文化生态失衡的单极化工业文明. 中国经济时报,2009-10-28.

变化。工业文明发达的欧美，其社会生活方式如果不改变，就只能与健康、和谐、公正、真实和全面发展的目标渐行渐远。2008年的金融危机再次证明，资本贪婪是一切问题的根源。种种事实和证据表明，工业文明是一个方向上没有出路、动力正在衰退的文明形态。

3. 工业文明制造了巨大的伦理风险

工业文明带来的不良后果绝不仅仅是资源和能源枯竭、环境污染、生态破坏等问题。更严重的后果是，工业文明的消费被工具化了，人们不惜牺牲基本伦理价值去换取直观的经济利益、实现物质欲望，消费异化了。最后，社会生活、心灵世界中本不该出现的伦理矛盾出现了：物质丰富但精神虚空、迷失。

伦理风险之一，逃避责任与义务。在"权利—义务"关系框架下，人类对待大自然只关注权利、利益，无视且逃避自己的义务。人类活动使自然中的其他权利主体的行为能力受到了限制，工业文明的"霸权主义"变本加厉，几乎剥夺了它们的生存权利。各种工业污染物、生活垃圾"陆海空"立体排放，使得其他生物无处藏身，物种锐减；矿产、水源、动植物转化为生产原料；河流被拦截、改道，为的是发电，湿地被围、被挖，为的是造田建房；等等。人类舒服地享受着工业化带来的利益，但漠视自然权利，逃避对自然环境的责任与义务。另一种责任与义务的逃避，发生在国家层面：现代资本主义国家在向第三世界国家输出资本的同时，也把污染、环境破坏、生态危机向全球输出，但在它们自己的国土上，已经开始生态方面的保护与建设。

伦理风险之二，损害公平与正义。工业文明有先后，客观上就造成落差，形成发达国家和发展中国家之分。在发达国家的主导控制下，世界格局更加不公平，落差加剧。不仅如此，发达的工业国家还通过输出、转移落后产业，封锁环保技术，转移工业垃圾，给发展中国家造成沉重的环保压力。消费的代内正义还必须考虑贫困现象中的"生态平衡最大的破坏者"。国际农业发展基金（International Fund for Agricutural Development）曾发表报告称，世界约有12亿的最贫穷人口，他们每天的收入还不到1美元。这份题为《2001年农村贫困报告——消除农村贫困的挑战》(*Rural Poverty Report 2001：The Challenge of Ending Rural Poverty*)

的报告中的数据表明,全球最贫穷人口中南亚占了44%,撒哈拉沙漠以南的非洲占24%,东亚占24%,拉美和加勒比海地区占6.5%,其他地区占1.5%。最贫穷人口中妇女和儿童占大多数。这个群体正陷入生态危机和经济贫困的双重困境,在恶性循环中,他们只能通过损害生态,滥用土地,以损害未来拯救自己的现在,自谋出路。至于代际公平,当代人在享受工业文明成果的时候,早已忘记未来人类的利益存在。

伦理风险之三,扭曲幸福与自由。"商品拜物教"是工业文明的产物,这种新式精神鸦片严重地扭曲了人对幸福和自由的认识。幸福的本质应该是生命的满足,是个人幸福与社会幸福的统一。消费主义的幸福观就是物质至上、拜金主义,这种企图用物质的东西来满足欲望的幸福,实质上是精神空虚的表现。消费者通过消费表现自己的地位、证实自己的能力、展现自己的价值,但却被自己的消费所支配。人已经不再是消费主体,而是某种"消费机器"。面对着商业诱惑,人们相互攀比,在工业产品的丰富之中选择,表面上看"自由度"很大,但实际却给消费主体制造了极大的心理负重,完全与人的自由背道而驰,哪里谈得上行使和享受消费权利?

因为无法避免以上风险,现代世界正遭遇空前严重的问题和灾难:局部战争问题、核武器扩散和核战争威胁、恐怖主义问题、温室效应、极端天气问题、水资源的枯竭和污染问题、经济和金融危机问题、全球贫富差距的拉大、粮食和饥饿问题、人口激增问题、食品安全问题,等等。这些问题虽然都有科学、技术、制度、文化信仰的因素,但没有哪个不与工业时代的人类伦理失范有关。

(二) 工业文明的消费异化

工业文明与资本主义同时扩张,意味着消费社会接踵而来。进入消费时代后,资本主义社会积极推行消费主义,使得消费超越它本身的内涵,成为某种符号。这种消费异化促使人的价值目标发生错位,最终迷失了自我。

最早关注"消费异化"(consumption alienation)现象的是西方马克思主义学者,他们围绕消费是目的还是手段展开讨论。其中,马尔库塞的分析比较具有代表性。他是从批评发达资本主义社会没有发展完整的人开始的。他认为,发达资本主义社会比以前任何时候都更富裕、更有竞争力,但始终保持着压抑性,根本无法改善人的命运。它是一个用非恐怖手段达到经济、技术一体化,把人改造成畸形生物的极权主义社会,它要求人的本能、精神、社会生活都服从它。他认为"异化概念本身因而成了问题。人们似乎是为商品而生活,小轿车、高清晰度的传真装置、错层式家庭住宅以及厨房设备成了人们生活的灵魂。把个人束缚于社会的机制已经改变,而社会控制就是在它所产生的新需要中得以稳定的"①。最后,马尔库塞得出结论:"发达工业文明的奴隶是受到抬举的奴隶,但他们毕竟还是奴隶。"②

消费异化表现在三方面:(1)消费主体异化,即消费者从主体变成客体,在精神和肉体上被贬为消费活动的附庸,使消费失去了人的自主性;(2)消费形式异化,表现为超越自身条件和能力的消费、过度的消费、无节制的消费、恣意的消费等,造成了财富的大量浪费、资源的大量损耗、主体健康安全的损害;(3)消费对象异化,即客体的主要功能变成符号象征。

1. 消费主体异化

消费主体在大众化过程中被异化。生产过剩和社会消费不足之间的矛盾成为资本主义面临的一大难题。社会化大生产要求大众高消费,否则生产过剩会造成严重的经济危机。1929年至1933年,资本主义世界出现大萧条。为了应对经济危机,只能采取发动大众高消费的方式,以消费拉动经济增长。一个叫福特(Henry Ford)的美国人首先在汽车工业中察觉到高产量、高工薪和高消费之间的内在联系。他认为,当收入提高了,员工下班之后注意力就会转向消费领域,购买商品。工业文明时期的消费大众主义开始肆虐。

首先,大众消费是利用人的"社会模仿"心理。消费是经济不断增长的绝对需要。为此,工业文明需要使所有人都成为工业的终端消费者;妨碍消费市场的悬殊的经济、社会、政治和文化差距就不能允许长期存在。大众消费主义其实19世纪中期在英国就出现过,当时大多数的英国人都

---

① 赫伯特·马尔库塞. 单向度的人——发达工业社会意识形态研究. 刘继,译. 上海:上海译文出版社,1989:10.

② 同①31.

有消费的能力,但却没有消费的欲望。通过巧妙调动人们"社会模仿"的从众心理,资本主义让那些本来只买"体面商品"的人购买"奢侈品",使本来只买"必需品"的人购买"体面商品"。"工人和老板享受同样的电视节目,漫游同样的风景胜地,打字员同她雇主的女儿打扮得一样漂亮,连黑人也有了高级轿车。由于生活方式的同化,由于大家都'分享制度的好处',以往在自由和平等名义下提出抗议的生活基础也就不复存在了。"①

其次,人异化为金钱和物质的奴隶。时尚及其利用者提高了人们"金钱准则"的水平,能否体面地消费成为衡量一个人价值的唯一尺度。工业文明需要同时开动两台机器,一台生产,一台宣传,去开发和刺激每一个消费人群,使人们争相追求消费更多、更高档、更体面、更新奇的物质产品。而人们消费的不是商品的物性和使用价值,而是它们的意义和象征价值,消费符号化了。但人们很容易发现:货币最有用,持有货币去市场交易比任何时候都显得方便。为了赚取足够的货币,必须更加努力工作。正是劳动的异化使人异化为金钱和物质的奴隶,造成人的异化。

最后,科学技术的滥用增加了人类新的恐惧感。科学技术的迅速发展,为人类创造了大量实惠,极大地提高了人们的生活质量,与此同时也产生了事先预想不到的一些负面后果,如:化肥、农药的研制成功解决了粮食问题,但却造成了生态破坏;汽车的发明解决了交通问题,但却带来了空气污染。特别是技术发展的某些失控,造成了技术与人的关系本末倒置的现象。本来,技术是人发明并为人服务的,人应该成为技术的主人,但是科技产品已日益脱离人的控制,不但不是人达到目的的手段,反而成为束缚人的东西,甚至成为人的统治者和支配者,人却成为技术的工具和奴隶。

2. 消费形式异化

消费形式被平等主义异化。平等主义是基于所有生命在社会上要求平等以及所有生命应平等地得到社会保障的政治主张。社会保障包括法律权

---

① 赫伯特·马尔库塞. 单向度的人——发达工业社会意识形态研究. 刘继,译. 上海:上海译文出版社,1989:译者的话 3.

利、政治权利、公民权利以至动物权利,等等。平等主义的核心思想是平等,不应该因生命的物种、种族、阶级、性别、信仰等的不同而偏袒于任何一方。

为发展工业文明,资本主义在消费上主张平等主义,其基本意涵是在消费者与消费者之间、消费者与生产者之间构建某种权利义务的对等关系。很显然,这种主张是虚伪的,极具欺骗性。私有制是不平等的根源。在食不果腹的年代,生产资料即是消费资料,在生产资料没有剩余时不可能产生所谓的阶级;但随着生产力的提高,生产资料产生了大量的剩余,于是提出了剩余产品的分配问题,这正是产生阶级的根本原因。在资本主义主导的工业社会,消费形式的平等主义给了贫富差距悬殊一个非常合法的借口。形式意义上的平等指的是,如果价格能被接受,消费者对物质性消费行为只需要付出金钱,完成交易,接下来就是心安理得地消费,而无关自然界的环境代价和生态成本。这完全是货币霸权思想,实质上是不平等的。穷人与富人、不发达国家与发达国家,被法律赋予平等的消费权利,但消费的行为能力和消费对象却不在一个水平上。这还不包括采取强权和暴力等其他非法手段带来的不平衡。如西方工业发达国家利用军事侵略、经济掠夺等手段从其他国家掠夺资源和能源,一方面带来世界的动荡不安,另一方面也造成少数发达国家消耗了世界上的大部分资源,出现资源分配上、消费上的严重不公平,以及全球贫富两极分化的不断加剧,矛盾冲突升级。

3. 消费对象异化

消费对象在自由主义过程中被异化。经济自由更容易被解释为自由市场和自由贸易。在消费社会中,任何关系都可以被市场化,也就是以主观的交换价值来论断一人、一物或一件事情的自然价值。自由在消费经济中有两层含义:"容忍、免于歧视"和"免于受压抑"。前者是排除人为的政府干预,市场调节;后者是对消费对象的无限制主张,货币衡量。市场化同时也是一种暗喻:让市场主导的信念深植人心,让人们认为自由市场是最有效率、最公平的分配方式。这样的信念具有高度意识形态的烙印,是虚伪的、容易麻痹人。

其一,自由受消费主义奴役绑架。物质的极大丰富,使得消费欲望膨胀的人们在进行消费活动的时候，有了越来越多的可以自由选择的权利，人们的消费活动越来越摆脱物质匮乏的束缚，变得越来越自由了。有些人甚至认为，应当允许消费者有决定自己消费什么的完全自由。这完全是无稽之谈。消费的自由只不过是金钱的自由，最后消费就异化为显耀财富，消费者之间进行"金钱竞赛"。

其二，消费是人追求自由的唯一途径。在消费以新自由主义为导向的社会中，公民的基本权利变成需要通过消费来获得，一般人必须是积极的消费者，才是好的公民，如公民社会中公民应有的基本权利——享受医保、接受教育、使用道路等，都要通过消费才可以获得。消费精英可能通过各种手段，如选举资助、政治献金，而对政治造成影响，例如形成压力团体，迫使立法机关做出对其有利的立法。如此一来，便排除了经济上弱势的中下阶层民众。

其三，追求物的占有，忽视自然、生态环境的承载限度。一方面，人确认了自然的无主性、无反抗性，在自然面前，所谓自由就是战胜自然对人类的限制。人们以为向自然索取是"自由"的，自然理所应当被人类利用，既不需要顾及自然的底线，担心其反抗，也不需要顾及自我的良心，害怕自我的谴责。另一方面，人确认了自我理性的无限性、至上性，而自然是唯一的可供人类消费的对象。

在这样的消费环境中，人的自我主体性已经被外在性所控制和奴役，人成为单纯追逐物质的"单向度的人"。这种异化的消费与人的全面发展目标、与人的自我实现毫不相干。工业文明的确为提高人类的物质生活水准提交了一份优秀答卷，但在改善精神生活品质上，它却是不及格的。

（三）工业文明的生态安全

每个人诞生以后就与安全分不开，安全是人类文明最首要的问题，任何发展都必须首先解决安全问题。当今社会已经进入风险时期，各种安全问题接踵而至。2014 年 4 月 15 日在中央国家安全委员会第一次会议上，习近平总书记提出构建集政治安全、国土安全、军事安全、经济安全、文化安全、社会安全、科技安全、信息安全、生态安全、资源安全、核安全等于一体的国家安全体系。① 这是我国第一次系统阐释中国安全道路和总体国家安全,明确表达国家安全体系的11种内涵。值得注意的是,这个体系首次提出生态安全、资源安全等概念。可见,生态安全已经是工业社会的重大问题之一。生态不安全,人类就不安全,更谈不上任何发展。

1. 生态安全问题的严重性

生态安全问题的始作俑者正是人类自身,人类盲目地、不顾一切地追求工业文明,严重损害了自然生态的平衡。

工业文明阶段,过度开发、资源枯竭、环境污染、生物多样性被破坏等,使得生态系统在人类与环境相互作用过程中陷入无法满足生存与发展的不安全状态。人与自然的关系成为征服与被征服、掠夺与被掠夺的关系。在工业社会,人类努力在各个领域超脱对自然的依附,完全以自然主人自居,自然万物被资源化、货币化。人与自然在农耕文明时期结成的协调体,被发达的工业文明一路高歌地践踏着。生态承受着巨大压力,自然在呻吟喘息,地球环境苦不堪言,更大的危机一触即发。生产主义导致的消费主义使得人类在环境、资源、人口等问题上所面临的恐惧和困境,都是追求工业文明所付出的代价——对人类的代内、代际生态安全构成了严重的威胁,缺乏生存安全感让地球人感觉到无形的恐惧。傲慢的人类终于认识到生存已经受到严重威胁。

生态安全问题就是在生态风险中不断产生并被提出的。对任何系统来说,稳定性和完整性都是最基本的。一旦丧失了起码的稳定性或被肢解开来而丧失起码的完整性,就可能无法作为独立的事物而存在了;此外,系统的稳定性和完整性也是正常发挥功能的基本前提。

功能正常的生态系统可被称为安全系统、健康系统。生态系统健康安全,保持对胁迫作用的恢复力,并且稳定和可持续,是环境管理的一个新方面和新目标,也是新安全观的内容。否则,功能不完全或不正常的生态系统则处于受威胁状态,需要排除隐患。

生态安全问题的防范需要注意:(1)安全稳定的全局性。生态环境是有机整体,各部分相连互通。任何一个部分受到的损害,都有可能引发全

---

① 坚持总体国家安全观 走中国特色国家安全道路. 人民日报,2014-04-16.

局问题。(2) 影响范围的全球性。生态安全超越国界，包括气候变化、臭氧层破坏、生物多样性迅速减少、土地沙化、水源和海洋污染、有毒化学品污染危害等，需要全球共同面对。(3) 发生后果的不可逆性。生态环境有承载限度，一旦超过其自身修复的"阈值"，往往就会造成不可逆转的后果，像我国西南地区出现的土地"石漠化"，人力难以使流失的土壤再恢复，再如野生动植物一旦灭绝，就永远消失了。(4) 恢复重建的艰巨性。即使可以恢复，也需要付出很高的时间代价和经济代价，比如治理雾霾，治理水体污染。

工业文明追求"大量生产，大量消费"，将自然资源和生态环境看作公共物品，受市场机制追求最大化利润的驱使，生产者往往会对其进行掠夺式使用，不能给自然以休养生息。市场机制自身不能自觉调整，导致盲目竞争。成本的外溢必然加重社会负担，最后社会成本远远大于企业利润，从而造成社会净利润的负值，产生生态环境外部负效应。这就是所谓"公有地悲剧"(tragedy of the commons)。线性经济模式"资源—产品—废物"直接表现为"高开采、低利用、高排放"。

2. 生态安全的道德救赎

有关利益主体在追求自身利益的同时，正面或负面的影响可能使生态在人与自然、人与自身、人与人、人与社会的伦理关系方面产生不确定性事件或条件，未受道德约束而使生态产生危害社会等伦理负效应的可能性，这就是生态风险。在生态风险的评估、防御、决策与运行中，生态安全等待人类的道德救赎和伦理关怀。

工业文明与道德的关系问题非常复杂，究其实质，就是如何应对人类所面临的最严峻的生态风险的挑战的问题，如何正确处理人与自然的关系的问题。如果说工业文明之前，"消费—生态"悖论的发生几无可能，那么，在今天这个物质主义、消费主义、享乐主义大行其道的年代，人们对"消费—生态"悖论的理论认知和行动自觉就变得格外困难。

历史教训告诉我们，环境恶化总是文明崩溃的先兆。恩格斯曾考察一些文明消失的原因，他指出："美索不达米亚、希腊、小亚细亚以及其他各地的居民，为了得到耕地，毁灭了森林，但是他们做梦也想不到，这些地方今天竟因此而成为不毛之地，因为他们使这些地方失去了森林，也就失去了水分的积聚中心和贮藏库。阿尔卑斯山的意大利人,当他们在山南坡把那些在山北坡得到精心保护的枞树林砍光用尽时,没有预料到,这样一来,他们就把本地区的高山畜牧业的根基毁掉了;他们更没有预料到,他们这样做,竟使山泉在一年中的大部分时间内枯竭了,同时在雨季又使更加凶猛的洪水倾泻到平原上。"① 面对当代工业文明所面临的人口激增、环境恶化和资源枯竭的严峻形势,我们能避免重蹈古代文明崩溃的覆辙吗?人们不能不深思:究竟出了什么问题?应当如何解决?如何促进人类的继续发展?寻找答案的过程并不轻松,甚至是痛苦的。这不但涉及政治决策以及各国之间的协商问题,而且涉及对科学技术与社会制度的反思,但是最大的困难显然是"现代人已经忘却了自然(本原),眼中只有自然物"②。因此,率先从人文价值及其哲学基础入手来思考问题的重要性和操作性似乎便是当务之急。在这个意义上,追问道德应当起什么作用,如何挖掘包括中国古代的天人合一思想等在内的传统伦理的现代价值,无疑是破解工业文明走向生态文明的道德困境,解除"消费—生态"悖论的重要内容。

首先,人类如何保护环境,走出环境危机,这是20世纪留给21世纪的历史性课题,是对人类整体生存的深度忧思,是对新的生存境界和价值理性的召唤。未来学家们曾经预言,21世纪必然是知识经济的时代,新的科学技术将不断改变人类的生产方式、生活方式以及思维方式。不过,我们千万不能忘记,人类正在庆祝科学技术的不断胜利,但同时也遭遇着人文价值的不断失落。水土流失、土壤沙化、盐碱化,气候变异,资源枯竭,物种灭绝加速,垃圾堆积如山,食物索然无味,怪病层出不穷,天灾人祸接踵而至……人类突然发现自己离自然如此遥远:清水、绿树、蓝天、清新的空气、旷野,以及随处可见的飞禽走兽、花鸟虫鱼,曾经触手可及的东西都变成了遥不可及的奢望(即自然的"退隐");内心的焦灼与行为的失范制造了人类社会的各种文明病状,吸毒、色情、暴力、艾滋病、禽流感、恐怖主义……对"发展的阈值"发问的有识之士,除了把问

---

① 马克思恩格斯文集:第9卷. 北京:人民出版社,2009:560.
② 吴国盛. 追思自然. 读书,1997(1):4.

题推远,还要把问题拉近,反思消费对生态的影响力。

人类自毁生存之根,可能出现的悲剧是:人们在找到家园的时候甚至在此之前,就已经永久地失去了自己的家园。人类的自我毁灭,不仅使其作为地球这个大舞台上的一个角色在消失,而且在这种悲剧演绎过程中已然没有了观众。据此去寻求安定和秩序,人的本性得而复失,其根源就在于人对人自身"位置"的困惑。早在18世纪就有振聋发聩的声音,浪漫派诗人、德国天才思想家诺瓦利斯(Novalis)说:"哲学原就是怀着一种乡愁的冲动到处去寻找家园。"此后,尼采(Friedrich Wilhelm Nietzsche)的"上帝死了",震撼了一个时代。弗洛姆说:"19世纪的问题是上帝死了,20世纪的问题是人类死了。在19世纪,不人道意味着残酷,在20世纪,不人道系指分裂对立的自我异化。过去的危险是人成了奴隶,将来的危险是人会成为机器人。"① 这是人本主义哲学家对人类的人性泯灭,正异化为消费机器,发出的"救救人类"的呐喊。在这里,所谓"拯救"必须通过人的整体自救才能实现。自救的方式是可持续发展,这种发展是整体意义上的发展。

其次,不容忽视的是,必须明确和建立人类对自然环境的伦理责任,重新认识自然的价值和权利,认同生态文化,确立环境道德行为规范,学会尊重自然、尊重自己的同类、克制自己的无尽贪欲。思考人与自然的道德问题早已进入环境伦理学的视域。尽管当前各个思想流派的理论存在差异,但其主流思想倾向于把传统伦理学的正当行为概念扩大到人以外的生命和自然界,把道德权利概念扩大到自然界实体和过程,这就必然要求用新的道德原则和规范来约束人的行为。环境伦理学的道德原则和规范,正是指导和评价人类在对待自然上的行为价值取向的标准。工业文明病态的经济增长与病态的消费模式完全同病相怜,必须同时进行变革,标本兼治,方可见效。

再次,人类要走出工业文明的危机,要终结工业文明时代,绝不是一个纯粹自然的过程。这是因为,生态危机是人类(而不是自然界)造成的,生态危机实质就是工业文明的危机。"解铃还需系铃人",所以,生态

---

① 弗洛姆. 健全的社会. 孙恺祥,译. 贵阳:贵州人民出版社,1994:355.

危机的解除只能由人类来完成。除非人类以自觉的生态意识反省工业时代的文明观，以平等的心态调整人与自然的关系，尊重自然的尊严，与自然建立起和谐、亲密的关系，否则，人类不可能走出全球生态危机，不可能被自然拯救。当然，人类必须结束的是一种产生危机的文明观，而不是文明的历史。人类文明的历史是一条连绵不断的长河，每一种新近的文明形态都是对前一种文明形态的扬弃。"农业文明与工业文明在各自不同的时空，都为人类文明做出了不可替代的贡献，同时也在各自单一时空中走向了极限。当代人类的使命，就是必须突破单极时空认识误区与局限，从工业文明与农业文明中汲取营养，在两元时空中探索拯救人类的新路径。"[①]生态文明对工业文明既有否定，也有承续。工业文明时代所创造的辉煌的科学技术、伟大的思想理论、不朽的艺术成就和空前的社会发展，我们必须充分肯定和继承。但是，工业文明时代关于人与自然之关系的观念，我们却要进行清理，特别是那些关于要做自然的消费主人、要主宰和控制自然的思想，需要进行根本性的改造。因此，我们要终结的是一个时代的文明模式，而人类文明的历史是不会终结的。

最后，今天对文明走向的思考，除了纵观几万年来的——相比起这个蓝色地球的形成而言多么短暂——人类社会发展历程之外，对当下的发展模式完成消费的理性反思，或许就是展望人类未来文明图景的唯一完美答案。

在工业文明发展观的支配下，我们在认识和解决环境与能源问题上，迷失在严重的悖论中：一方面，逐渐形成的全球共识是，能源短缺、生物灭绝、气候变化等环境问题是对 21 世纪人类发展形成挑战的决定因素。人类如果不能正确回应这个挑战，就将遭受灾难性的报复。另一方面，由生产与消费失衡的生产方式决定的病态消费模式，又使我们像吸毒一样，在暂时获得物质消费刺激的快感中不能自拔。在现代工业文明社会的消费观、幸福观的掌控下，我们试图在不改变过度物质化消费模式的前提下成功解决资源紧张、环境恶化的难题，这是多么天真的幻想！

任何个体的自然生命都不是无限的，而人类整体的发展却以这个星

---

① 张孝德. 古代农业文明对人类文明的四大贡献. 中国经济时报, 2009-11-23.

球的寿命是无限的为假设,即便不是,也认为时间长度足够,资源数量足够,可供人类享用、消费。尽管先进的科学已经使人类局部地认识了外太空环境,发达的技术也在帮助有移民动机的人们实现寻找替代星球的梦想,但这一切不过是人类在继续进行和正在强化着斯塔夫里阿诺斯所描绘的"第三个时代":"随着人类对遗传因子的结构和功能的了解日益加深,不久就有可能做到,在改造环境的同时,改变自己的遗传因子。"[1] 能否实现期望中的人与自然长期共生共长共荣,无论如何,人也无法摆脱与地球自然环境的关系。人类若坚持要改变、挑战与地球长期相处而形成的对自然的从属、依赖,恐怕是过于天真,甚至是婴儿般的幼稚想法。

发达的工业文明给人类和自然带来的不全是福祉,还有灾难。这个灾难不能不归结于智慧生物的消费傲慢。于是,"星球主人"不得不思考"消费—生态"悖论:如此"消费"是否还有未来?如此"文明"可否延续?人类必须重建自然概念,追求绿色自救,如此,我们期待中的崭新的文明形态才可能出现。"消费—生态"悖论不仅是人类消费行为作用于物理世界的客观存在,而且体现了人类对待消费与生态问题的思维张力、语言限制和逻辑矛盾。破解"悖论",需要摆脱"地域中心"主义,逾越"东""西"之壑,通过人类文明的整体演进系统去认识。从时空来看,生态文明具有与以往文明不同的特征:古代农耕文明与工业文明都属于单一时空中的文明,而生态文明则属于两极时空中的新文明,以土地为主要资源的农耕文明,决定了农耕文明时代人与自然的关系是人与地球上生物圈的关系;以化合物为主要能源的工业文明,决定了工业文明时代人与自然的关系是人类与地球化合物圈的关系;正在兴起的生态文明,向生物圈的回归,绝不是对化合物时空圈遗弃的回归,而是在进入生物圈的过程中,探索生物圈与化合物圈两极时空的和谐与统一。[2] 就内涵而言,生态文明正是人类摆脱自我中心主义,遵循自身、自然、社会和谐同进的客观规律而取得的物质与精神成果的总和,是社会意识形态,是文化伦理形

---

[1] 斯塔夫里阿诺斯. 全球通史:1500 年以前的世界. 吴象婴,梁赤民,译. 上海:上海社会科学院出版社,1988:276.

[2] 张孝德. 人类文明的第三种文明形态:生态文明. 中国经济时报,2009-11-09.

态，是社会发展状态。我们所理解的生态文明，正是这样一种在不同历史发展阶段人类社会所呈现的新文明形态。因此，生态文明可以是一种社会进步标志。在此意义上，解决人口、资源、环境问题的全部答案都在生态文明建设之中。

第三章 "消费—生态"悖论的当代镜像

马克思主义认为，人类的活动是由生产、分配、交换、消费四个环节构成的，"生产制造出适合需要的对象；分配依照社会规律把它们分配；交换依照个人需要把已经分配的东西再分配；最后，在消费中，产品脱离这种社会运动，直接变成个人需要的对象和仆役，供个人享受而满足个人需要"①。消费不仅是一种个人行为，而且是一种社会现象；不仅是个人生存与发展的客观需要，而且是社会发展与进步的不竭动力。消费作为一种社会现象，具有鲜明的时代性。在不同的时代，"消费—生态"悖论的呈现形式不同，其消费主体、消费对象、消费方式、消费影响等具有较大差异。人类正在向生态文明时代迈进。生态文明不仅体现在人类生产方式、生活方式的生态化，更体现在人类消费方式的生态化。为此，需要顺应生态文明时代，对当前我国的消费方式、消费结构、消费取向等进行学理上的深层次反思和实践上的根本性变革。

一、消费方式异化的伦理辨析

消费既是人的对象性活动，又是人的价值性活动。作为对象性活动，人是消费的主体；作为价值性活动，人的自由全面和可持续发展是消费的

---

① 马克思恩格斯文集：第8卷. 北京：人民出版社，2009：12-13.

目的。马克思关于生产与消费之关系的论述，正是坚持了对象性与价值性的统一。马克思指出，一方面，"生产直接也是消费。双重的消费，主体的和客体的。[第一,]个人在生产过程中发展自己的能力，也在生产行为中支出、消耗这种能力，这同自然的生殖是生命力的一种消费完全一样。第二，生产资料的消费，生产资料被使用、被消耗、一部分（如在燃烧中）重新分解为一般元素。原料的消费也是这样，原料不再保持自己的自然形状和自然特性，而是丧失了这种形状和特性。因此，生产行为本身就它的一切要素来说也是消费行为"①。另一方面，"消费直接也是生产，正如在自然界中元素和化学物质的消费是植物的生产一样。例如，在吃喝这一种消费形式中，人生产自己的身体，这是明显的事。而对于以这种或那种方式从某一方面来生产人的其他任何消费方式也都可以这样说。消费的生产。……因此，这种消费的生产——虽然它是生产和消费的直接统一——是与原来意义上的生产根本不同的。生产同消费合一和消费同生产合一的这种直接统一，并不排斥它们直接是两个东西"②。在深刻揭示生产与消费之关系的基础上，马克思区分了生产消费与生活消费。我们这里所论述的消费方式更多的是指人们的生活消费方式，即人们在日常生活中为了满足生理上的、心理上的、精神上的需要而使用与消耗各种生活资料和劳务的方式的总和，也就是指在一定社会经济条件下，消费主体与消费对象相结合以满足自身需要的方法和形式，是消费的自然形式和社会形式的统一。③

（一）消费方式异化的主要表现

"异化"作为一个重要的哲学概念，源自拉丁语 alienation，有外化、让渡、转让、疏远、受异己力量的支配等含义。德国古典哲学广泛地使用了"异化"概念。约翰·戈特利布·费希特（Johann Gottlieb Fichte）首先使用"异化"概念阐述"自我"与"非我"的联系，认为能动的"自

---

① 马克思恩格斯文集：第 8 卷. 北京：人民出版社，2009：14.
② 同①14-15.
③ 本部分内容参见曾建平和杨学龙的文章《消费方式异化的伦理辨析》[武陵学刊，2013（5）]。

我"创造了"非我","非我"是"自我"的异化并反作用于"自我";黑格尔在其辩证法体系中,将自我意识的异化作为重要环节;路德维希·安德列斯·费尔巴哈(Ludwig Andreas Feuerbach)专门研究了人的本质的异化问题,并留下了一句名言:"神是人的本质的异化",即"宗教使人的本质跟人割离开来。上帝的活动、恩典,乃是人的被异化了的自我活动,乃是被对象化了的自由意志"①。

马克思对异化问题表现出了极大的研究兴趣和热情,这集中体现在《1844年经济学哲学手稿》中对劳动异化问题的论述。马克思对劳动异化问题的分析,旨在说明资本主义制度固有的缺陷和不合理性导致人的异化存在,表现为四个方面:人同自己的劳动产品相异化、人同自己的生命活动相异化、人同自己的类本质相异化以及人同人相异化。马克思指出:"人同自己的劳动产品、自己的生命活动、自己的类本质相异化的直接结果就是**人同人相异化**。当人同自身相对立的时候,他也同他人相对立。"② 马克思的研究视野和研究范式为我们考察消费方式异化问题提供了借鉴与参考。当前,一些不合理的消费方式同样导致了人的异化存在。根据消费能力和消费水平的不同,当前我国居民不合理的消费方式大体上可以被分为三种类型:奢侈型、攀比型、无力型。

1. 奢侈型:为消费而消费导致主体性丧失

奢侈,《辞海》对其的解释是:"挥霍钱财,追求享乐"。从理论上对奢侈型消费进行定义并得到广泛认同的是德国学者维尔纳·桑巴特(Werner Sombart)。他认为:"奢侈是任何超出必要开支的花费。而'必要开支',可以通过两种方法来确定。一是参考某些价值判断(例如道德的或审美的判断),主观地确认'必要开支';二是建立一个客观的标准来衡量'必要开支'。可以从人的心理需要或者被称为个人文化需求的东西里,发现评判标准。前者随着社会风气变化而变化,后者根据历史时期而改变。至于文化需求或文化必需品,可以随意画出一条线;然而这一任意

---

① 费尔巴哈哲学著作选集:下卷. 荣震华,王太庆,刘磊,译. 北京:三联书店,1962:281.

② 马克思恩格斯文集:第1卷. 北京:人民出版社,2009:163.

的行为不应与上面提到的'必要开支'的主观评判相混淆。"① 国内学者多借鉴桑巴特的定义来界定奢侈型消费,如尹世杰认为"奢侈消费是指某些人在吃、穿、用、住、行以及文化娱乐等方面,远远超过一般的水平和标准,从而出现铺张浪费的情况"②。根据学者们的定义,我们可以从这么几个角度来理解奢侈型消费:一是奢侈型消费与个人的收入及财力状况不相适应,二是奢侈型消费与社会平均消费能力和消费水平不相吻合,三是奢侈型消费过多地占用与消耗了社会资源、自然资源。

在特定历史时期,奢侈型消费对经济发展也许是有利的。德国学者沃夫冈·拉茨勒(Wolfgang Ratzle)指出:"奢侈品对社会的迅速发展有着积极的作用,它们明显刺激社会取得效益和成果。奢侈对于各种形式的国民经济还会起到促进作用。现代奢侈品会给予全球社会更多发展动力。"③但在现实的"消费主义"的语境中,在不健康伦理理念的"操控"下,奢侈型消费非但没有发挥出应有的作用和功能,反而冲击着社会道德与文明。

其一,奢侈型消费导致错误的财富观。马克思在批判资本家的挥霍和奢侈时指出,"在一定的发展阶段上,已经习以为常的挥霍,作为炫耀富有从而取得信贷的手段,甚至成了'不幸的'资本家营业上的一种必要。奢侈被列入资本的交际费用。此外,资本家财富的增长,不是像货币贮藏者那样同自己的个人劳动和个人消费的节约成比例,而是同他榨取别人的劳动力的程度和强使工人放弃一切生活享受的程度成比例的。因此,虽然资本家的挥霍从来不像放荡的封建主的挥霍那样是直截了当的,相反地,在它的背后总是隐藏着最肮脏的贪欲和最小心的盘算"④。在奢侈型消费之下,财富不再有精神与物质两个层面,而仅仅指物质财富。人们对财富的拥有欲望,简单转化为对物质财产的占有欲望。这种欲望同时腐蚀着富

---

① 维尔纳·桑巴特. 奢侈与资本主义. 王燕平,侯小河,译. 上海:上海人民出版社,2000:79-80.
② 尹世杰. 关于奢侈消费的几个问题. 湘潭大学学报(哲学社会科学版),2008(2):14.
③ 沃夫冈·拉茨勒. 奢侈带来富足. 刘风,译. 北京:中信出版社,2003:48.
④ 马克思恩格斯文集:第5卷. 北京:人民出版社,2009:685.

人与穷人,让许多人为了掠取和占有财物费尽心机,甚至铤而走险、不择手段。人们看不起穷人,对富人充满敬佩、羡慕,但却不问富人之财富来自何处、因何得来。然而,财富应该与人的创造性发展的生产力相适应,而人的全面发展才是目的。西斯蒙第曾说:"如果这些成果,即我们称为财富的东西,不仅是物质的,同时也包含着道德的和智慧的结晶,不但可以作为享受,也是用来使人健康发展以达到完善地步的手段,我们是否能够肯定地说已经接近这个目的了呢?"①

其二,奢侈型消费过度消耗社会资源,影响生态环境。奢侈型消费不仅是过度消费,而且是过剩消费,是超出实际需要或者不满足实际需要的消费。在今天的中国,对绝大部分人来说,消费问题已经不是消费短缺的问题,而是消费过度、过剩的问题,特别是中层以上家庭拥有许多与实际使用无关或使用率极低的物品,这些物品在许多家庭可以占到家庭物品的60%以上。奢侈型消费是对资源的不合理使用。为了满足奢侈型消费的欲求,就必须进行更具风险性的物质资料生产,而这种物质资料生产必然伴随着对人类赖以生存的生态环境的或多或少的破坏。以产品过度包装为例,每年因产品过度包装而被砍伐的树木的数量难以计数,产品包装所需的造纸、印染等行为对环境的污染十分严重,产品消费后包装成为垃圾,不仅污染环境,而且需要耗费大量的资金进行处理。为了满足消费需求,地球上的森林被大量砍伐,各种资源被无度开采,物种灭绝加速,自然灾害频发。近半个世纪以来,人类对地球资源的消耗、对地球环境的破坏比任何时代都更厉害,自然对人类的"报复"也越来越频繁。美国《未来学家》(*The Futurist*)杂志1993年发表的题为《我们快乐吗?》("Are We Happy Yet?")的文章中写道:"消费者社会大量开采资源,总有一天可能会把森林、土壤、水和空气耗竭、毒害或者无可挽回地损毁。全世界各地的消费者们程度不同地要对人类面临的全球环境问题负责。"② 奢侈型消费会增加整个社会的生态风险,以至最终酿成生态悲剧。

其三,奢侈型消费损害社会公正,引发仇富心理。奢侈型消费损害社

---

① 西斯蒙第. 政治经济学研究. 胡尧步, 等译. 北京: 商务印书馆, 1989: 序言.
② 欧阳志远. 最后的消费——文明的自毁与补救. 北京: 人民出版社, 2000: 236.

会公正，首先表现为损害代内公正。受生产力水平与生产资料的限制，在特定的社会中，一定时期内消费品的供给总量是恒定的，奢侈型消费占用并消耗了更多的社会资源，必然使其他主体分配到的资源减少，让其他主体产生被剥夺感。从这个意义上说，奢侈型消费实际上代表着社会消费的不平等。奢侈型消费既损害代内公正，也损害代际公正。当代人的奢侈型消费，为后代人的可持续发展埋下了隐患，由后代人来为当代人的错误埋单。在我国当前的社会环境下，奢侈型消费还容易引发人们的仇富心理和对公共组织的不信任，激发社会矛盾，引起社会冲突。有些人的财富并非通过辛勤劳动与合法经营得来，而是通过钻法律空子、打政策擦边球、权钱交易甚至暴力手段获得的，他们以不正当手段掠取了本应属于大家的财富，普通百姓对这些人不是尊崇而是仇视。富有阶层的奢侈型消费会增加普通阶层人们的仇视心理，甚至激发部分人毁坏财物与抢夺财物的冲动。任职于公共部门的人或其子女的奢侈型消费、炫富行为，还可能引发人们对公共组织的不信任。郭美美的炫富行为，直接导致人们对中国红十字会的不信任即为典型例子。

奢侈型消费的不断涌现和"全面出击"，一定程度上反映了改革开放后我国居民的消费能力和消费水平得到大幅度提升；但对处于社会主义初级阶段的中国来说，奢侈型消费绝不应成为消费领域的主流，因为这种消费方式不但远远超出了现阶段我国的整体经济实力和人均收入水平，容易点燃矛盾凸显时期社会情绪的引爆点，而且与我国勤俭节约的消费传统风尚格格不入。奢侈型消费在很大程度上已经失去了消费的本来意义，消费成了一种符号，高消费只是身份和地位的象征，而身份和地位是由第三者界定和评价的。因此，奢侈型消费实质上是为了消费而消费，仅仅是名义上对客体的使用价值的支配和占有，并没有真正满足人的需要，主体在消费过程中不仅没有使自身得到很好的发展，反而丧失了主体性。奢侈型消费考虑的是消费本身的符号和象征，而不是消费对于主体的价值和功能，更不考虑主体与主体、主体与客体之间的影响和意义。

2. 攀比型：为面子而消费导致自我异化

林语堂在《吾国与吾民》中指出，"面子"是一种看似微妙且不可捉摸的存在，但是能够深刻、广泛地影响人们的行为。国人爱面子的传统由来已久。有时是在精神层面，如"士可杀，不可辱"。有时，"面子"是一种好的道德节操与精神气概。爱面子有时又是一种生活习惯，如国人请客时，不管客人多少，总要做上一桌子丰盛的菜肴，一边吃还要一边谦逊地说"没菜、没菜，招待不周"。但当"面子"由精神层面下降为单纯的物质追求时，就产生了不好的影响。例如，当今中国社会，很多人认可"笑贫不笑娼"。在精神层面丧失崇高追求后，转而求诸奢华的物质来突显自己的与众不同，驾豪车、穿名牌、用品牌、去高档会所成为成功人士的象征。在这种象征意义的误导之下，许多无能力追求这些价格昂贵的消费品的人，也不惜一切代价去追求。

爱面子必然带来攀比之风。东晋时期，石崇和国舅斗富，最后两败俱伤。当前，攀比之风盛行，已渗入国人生活的衣、食、住、行等各个方面。攀比型消费主要是那些具有一定消费能力和消费水平的群体所进行的消费活动，是一种为了面子而超越自身消费能力和消费水平的消费方式，也是目前资本主义社会的中产阶级和社会主义社会的中等收入群体比较偏好的消费方式。中产阶级和中等收入群体是消费的中坚力量，也是市场经济活动中商家争夺的主要消费对象。在漫天飞舞的商业广告和从众心理、攀比心理的影响与刺激下，近年来中国的中等收入群体在高消费、奢侈消费浪潮中毫不示弱。以购买商品房为例，中等收入群体中的一些人越来越倾向于购买面积大、地段好、环境佳的高档商品房，而不屑于购买原本适合其消费能力和消费水平的中档商品房或二手房，更不愿租房。事实上，购买高档商品房对中等收入群体来说不仅是奢侈的，而且是超前的，远远超出了自身当下的支付能力。可是，这些人为了在与亲戚朋友谈及住房问题时不被蔑视甚至可以炫耀一下，仍然热衷于购买高档商品房。其结果是，他们不得不通过抵押贷款、按揭负债、分期付款的方式购买高档商品房，这种消费方式需要买房者用十几年甚至几十年的时间来支付，而这段时间对大多数买房者来说恰恰是人生中最美好、最宝贵的时间。

不仅在住房消费方面如此，在私家车、高档日用品等消费领域，同样出现了中等收入群体为了攀比而深受消费之累的现象。在各地街道上开着宝马、奔驰等高档车"招摇过市"的人不少是并不富有的年轻人。在国内外各大奢侈品店流连忘返的人中,也有不少是并不富裕的中国人。一位年轻的中国女孩曾向英国朋友坦言:"如果我的同事有4个LV包包,那我就会想要有5个更大更好的LV包包。"① 现实生活中,一些年轻人挣得不多,但花得却不少。为了购买奢侈品而不惜透支消费,他们的月薪虽然可能只有2 000元,但却购买1 800元一个的皮包,吃上百元一份的牛排,出现了月月花光薪水的"月光族",因没钱消费而向长辈要钱的"啃老族",有钱时什么都敢买、没钱时便一贫如洗的"新贫族",银行存款为负数的"负翁"。事实上,中国绝大部分的奢侈品消费者都是年轻人,而不像发达国家,是中年人和老年人。② 2015年中国奢侈品消费占全球的46%,进入21世纪以来,中国奢侈品消费每年以两位数的速度在增长。中国社科院财经战略研究院依绍华在接受采访时表示,"我国奢侈品消费者的平均年龄在25~35岁,而发达国家奢侈品消费者的平均年龄在40~70岁"③。世界奢侈品协会(World Luxury Association)的调查显示,中国奢侈品消费者平均比欧洲奢侈品消费者年轻15岁,比美国奢侈品消费者年轻25岁。④

一些人为了要面子而热衷于攀比型消费,不仅远远超出了自身的收入水平和支付能力,而且他们的大量休闲时间被这种"无休止"的消费剥夺,身心健康受到巨大伤害。在这种不合理的消费方式中,主体的消费对象和消费活动越来越成为与主体敌对的存在,导致消费者自我异化。

3. 无力型:想消费而不能消费导致心理恐惧

任何时期,消费都涉及两个方面的因素,即有东西可消费与有能力来消费。有东西可消费指的是消费品的供给。在生产力水平较低的时期,社会的物质产品不够丰富,人们的消费需要远远超过产品供给,生产什么就消费什么。从新中国成立到改革开放之前,特别是"三年困难时期",我国的物质供给极度贫乏,生活日用品基本上都需凭票购买,根本无法奢侈消费。无力型消费不是指这种社会供应力不足的情况,而主要是指消费能

---

① 葛凯. 中国消费的崛起. 曹槟,译. 北京:中信出版社,2011:37.
② 同①36—37.
③ 中国奢侈品消费者平均年龄25~35岁. 广州日报,2012-08-13.
④ 朱瑶. 中国成第二大奢侈品消费国 畸形背后隐忧:炫富. 人民网,2011-05-17.

力和消费水平较低的消费群体所进行的消费活动,是在低收入群体中占主导的消费方式。中国自古以来就是一个农业人口占多数的国家,农村一直是中国欠发达的地方。尽管改革开放40年、发展社会主义市场经济20多年,中国的农村和农民发生了较大变化,农村面貌焕然一新,农民收入有了一定的提高,但与城市和发达地区相比,农村仍是欠发达地区;与城市工薪阶层相比,农民仍是低收入者。根据国家统计局公布的《2015年国民经济和社会发展统计公报》,按照我国现行的人均纯收入每人每年2 300元(每天约6.3元)的农村扶贫标准计算,2015年农村贫困人口还有5 575万人,这是2020年全面建成小康社会的最大瓶颈。为此,中国政府打响了前所未有、按期保质的"精准脱贫"攻坚战。由于中国农村贫困人口较多,再加上城市下岗失业人员、刚毕业的大学生等低收入人群,所以在中国的收入群体中低收入者占有很大的比重;与之相对应的是,在消费群体中,低水平消费者也占据很大的比重。

对广大低收入群体而言,他们挣得少,花得也少,消费时常常捉襟见肘,以他们的收入水平根本无法追赶高消费、奢侈消费的浪潮。面对品种不断丰富、式样不断翻新、价格不断攀升的消费品,低收入群体不是不想购买而是不能购买,往往处于一种心有余而力不足的境地。况且,对低收入群体来说,勤俭持家、艰苦朴素等生活传统由来已久、根深蒂固,即使偶尔略有余钱,他们也丝毫不敢冲动消费。因为尽管收入低,但必要的生活开支不仅丝毫不会少甚至还会不断增加,尤其是还要考虑小孩上学、子女结婚、家人生病等大额开支,轻消费、少消费、重节俭、多储蓄成为低收入群体无奈的消费方式和生活方式。事实上,不仅低收入群体如此,大多数中国人都坚持少消费、多储蓄的生活传统,这是中国人的储蓄率一直居高不下的重要原因。据媒体公开报道,早在2013年我国就创造了三个全球储蓄之最:全球储蓄金额最多、全球人均储蓄最多、全球储蓄率最高(超过50%)。①

低收入群体在消费问题上不仅受到自身收入水平的制约,而且常常出

---

① http://news.xinhuanet.com/politics/2013－09/11/c_125367322.htm,新华网,2013-09-11.

现心理失落甚至心理恐惧。面对高收入群体的奢侈消费、忘我消费以及中等收入群体的攀比消费、超前消费，低收入群体不仅表现出可望而不可即的无奈，有时更表现出羡慕、妒忌、恨，并由此产生强烈的心理失落感。消费对低收入群体来说，不仅不是享受，反而成了一种心理负担，甚或心理恐惧。

（二）消费方式异化的伦理反思

当前，在我国居民消费方式中出现的种种不合理现象，对自然界、社会和人的自由全面发展产生了一系列负面影响，有必要进行一番学理反思。

1. 人类与自然相对立

消费方式异化带来的最大危害是人类与自然相对立。众所周知，人类源于自然界，人类的生存和发展一刻也离不开自然界，自然界是人类的"衣食父母"。从这个意义上说，人类应该倍加珍惜自然界，就像呵护自己的眼睛一样呵护自然界，就像对待自己的父母一样与自然界和睦相处。在消费问题上，人类应该合理消费、文明消费、生态消费。然而，在消费主义的影响下，某些异化的消费方式将人与自然截然对立，人类为了满足无限欲望，肆无忌惮地掠夺自然、践踏自然、破坏自然。在消费领域视自然为人类的奴隶、毫无克制地向自然索取的做法，不仅违背自然规律、破坏自然生态系统，而且威胁人类的可持续生存和发展。

在消费主义大旗的挥动下，人类开始大规模地消费各种自然资源，包括不可再生资源。据统计，整个 20 世纪，人类消耗了 1 420 亿吨石油、2 650 亿吨煤、380 亿吨铁、7.6 亿吨铝、4.8 亿吨铜……占世界人口 15% 的工业发达国家，消耗了世界 56% 的石油、60% 以上的天然气和 50% 以上的重要矿产资源。① 大量消费的背后是大量的污染和破坏，对空气的污染、对水的污染、对土壤的污染、对植物的破坏、对动物的破坏、对环境的破坏……其结果是生存环境不断恶化，"城门失火，殃及池鱼"，与人类

---

① 刘大椿. 自然辩证法概论. 北京：中国人民大学出版社，2008：134.

共存的许多动物、植物逐渐灭绝。很难想象,人类会不会重蹈死去的伙伴们的覆辙而自我毁灭?

事实上,早在100多年前恩格斯就劝告人类:"我们不要过分陶醉于我们人类对自然界的胜利。对于每一次这样的胜利,自然界都对我们进行报复"①。可惜的是,哲人的忠告在相当长一个时期内并没有引起人类的重视,聪明的人类直到品尝到了自己犯下错误的苦果后才开始觉醒和反思。然而,即使在今天,仍有一些地方、仍有一些人尚未觉醒,仍沉浸在"商品拜物教"中,在异化消费方式主导下自觉或不自觉地与自然对立、与自然为敌。

2. 主体与客体相颠倒

"强迫性消费"使主体与客体相颠倒。人是消费的主体,物是消费的客体,消费的实质就是客体满足主体的某种需求。因此,在某种意义上说,在消费问题上主体与客体应该是高度统一的,主体在消费时应该是自由自主的,客体应该是跟随主体的。然而,在奢侈型、攀比型等异化消费方式中,主体与客体的关系却并非如此,主体在消费时被客体牵着走,主体并不自由也难以自主。这种"主客颠倒"真实地反映了在异化消费方式中主体与客体的尖锐对立和斗争。

首先,在异化消费方式下,主体在消费时并不自主。正如弗洛姆所言,对某些人来说,"购买及消费的行为已经成了一种强制性的非理性的目的,因为这种行为本身成了目的,而与所购、所消费的东西的使用及享用没有什么联系。购买最新发明的玩意儿市场上最新式的任何东西,是每个人的梦想;相形之下,使用的真正乐趣倒是次要的了"②。对购物狂来说,他们的消费跟着时尚走,什么东西时尚就想买什么,俨然变成"物的附庸"。倘若他们不够富有,当发现一种时尚的商品自己无力购买时,他们的第一反应不是自己是否真正需要它,而是抱怨自己的收入太低以至囊中羞涩。因此,对他们来说,生活的内容就是拼命赚钱、拼命消费,而且拼命赚钱是为了拼命消费。

---

① 马克思恩格斯文集:第9卷.北京:人民出版社,2009:559-560.
② 弗洛姆.健全的社会.孙恺祥,译.贵阳:贵州人民出版社,1994:126.

其次，在异化消费方式下，主体在消费时并不自由。消费社会一面是享乐主义，另一面是大众传媒①，享乐主义改变了人们的消费习惯，乃至幸福、信仰的内容和形式。从电视资讯、广播资讯到电脑资讯、手机资讯等无时不在、无所不在的各类消费资讯，时刻刺激着消费者的神经，点燃他们的消费冲动和欲望，使消费主义如虎添翼。人们在消费时总是自觉或不自觉地被各种商业广告左右着，人们对各种品牌尤其是名牌的热衷和向往就是很好的例证。人们在消费时被各种商业广告所左右，实质上是被广告宣传的物品所左右。作为主体的人在消费时被作为客体的物品左右，就很难彰显自身的主体性，也就被束缚、被绑架了。马克思强烈谴责异化劳动给劳动者自身带来的巨大伤害："劳动对工人来说是**外在的东西**，也就是说，不属于他的本质；因此，他在自己的劳动中不是肯定自己，而是否定自己，不是感到幸福，而是感到不幸，不是自由地发挥自己的体力和智力，而是使自己的肉体受折磨、精神遭摧残。因此，工人只有在劳动之外才感到自在，而在劳动中则感到不自在，他在不劳动时觉得舒畅，而在劳动时就觉得不舒畅。因此，他的劳动不是自愿的劳动，而是被迫的**强制劳动**。"② 在消费领域，就像在异化劳动下一样，人们是不自由的。正如马尔库塞所指出的："在极其多样的产品和后勤服务中进行自由选择，并不意味着自由。"③ 马尔库塞还将这种消费称为"强迫性消费"，也就是说，人们的消费并不是自由自主的，而是受控制、被操纵的。

最后，在异化消费方式下，主体在消费时并不自在。通俗地说，所谓自在是指一种无拘无束的逍遥境界，既可指身体的不受羁绊束缚，又可指心灵的自由放逸。哲学上讲的自在，是指不因他物的在场或不在场而自为的存在，是主体的自有性、独属性。然而，在消费社会中各种异化消费已经使得消费主体不再自我，而是支离破碎、无所适从。消费主义熏陶出来的新自恋主义表现得并不自在，甚至矛盾重重。一方面，消费革命及其享乐主义伦理加速了社会的原子化，渐渐掏空了根植于个体

---

① 吉尔·利波维茨基. 空虚时代——论当代个人主义. 方仁杰，倪复生，译. 北京：中国人民大学出版社，2007：127.
② 马克思恩格斯文集：第1卷. 北京：人民出版社，2009：159.
③ 赫伯特·马尔库塞. 单面人. 左晓斯，等译. 长沙：湖南人民出版社，1988：6.

深层意识的社会信仰,并导致个体的非社会化;另一方面,通过大众媒介以及消费逻辑,个体被重新社会化,只不过这是一种去压抑的、旨在多变的社会化。最终,个体虽然摆脱了罪恶感,但却由于必须独自面对瞬息万变的世界而陷入焦虑与彷徨之中,体验到深深的冷漠与幻灭感。①

3. 手段与目的相背离

过度追求使用价值之外的心理满足使手段与目的相背离。消费是人有意识、有目的的经济活动,从这个意义上说,消费是满足人们某种需要的手段。很显然,手段是用来为目的服务的,消费作为手段,是为了满足作为主体的人的需要,其目的是实现人的自由全面发展,让人生活得更加幸福、更有尊严。

马克思主义政治经济学认为,任何商品都是使用价值和价值的统一体,无论是对消费者来说还是对生产者来说,都不可能兼得商品的使用价值和价值,消费者为了获得商品的使用价值就必须将商品的价值让渡给生产者,同样,生产者为了获得商品的价值就必须将商品的使用价值让渡给消费者。消费者购买各种商品正是为了获得其使用价值,用于满足个人的某种需要。然而,随着社会的不断发展、人类的不断进步,人们对商品使用价值的要求越来越高、越来越多,商品使用价值中包含的"有用性"的内涵越来越丰富,由此衍生出了身份价值、符号价值、象征价值等,并且随着人们对商品"原始使用价值"的消费逐渐饱和,人们越来越将消费兴趣转移到商品使用价值之外的衍生价值上。例如,价值几百万元的手表、数千万元的汽车、上亿元的房子仍不乏买家,究其原因,是因为名表、豪车、豪宅等传递着买家的地位、身份、品位等信息,而地位、身份、品位等恰恰是个人价值的重要表现。因此,消费在迎合人们日益萌生的需要的同时,也扩展了自身的职能,由满足人们的生存需要、发展需要扩展到表征人们的自我价值。人们消费的目的,"不在于满足实用和生存的需要,也不仅仅在于享乐,而主要在于向人们炫耀自己的财力、地位和身份。因

---

① 吉尔·利波维茨基. 空虚时代——论当代个人主义. 方仁杰, 倪复生, 译. 北京: 中国人民大学出版社, 2007: 127-128.

此，这种消费实质是要向社会公众传达某种社会优越感，以挑起他们的羡慕、尊敬和妒忌"①。

在消费职能扩展的背景下，人们的消费理念、消费取向发生了重大变化，人们对消费的追求不再局限在衣、食、住、行、用等方面，而更多地考虑个人的身份、地位、情趣、品位等。于是，在消费主义泛滥的当下，各种异化消费方式不再将消费视作满足个人需要的手段，而是看作人生的重要目的，认为附加在消费品上或体现在消费方式中的那些消费功能之外的信息才是人生成功与否的标志。因此，采取异化消费方式的人们崇尚物质主义，追求感官享受，沉迷于占有和消费尽可能多的物质产品，大肆宣扬快消费、多消费、高消费。由消费支撑着的人生就这样被简约为吃、喝、玩、乐。这种极端"物化"的消费方式是极具危害的，因为人的需要是多样化的，是不断变化的，人生的目的和价值在于为社会、为他人做贡献，个人自我价值的实现有赖于个人的社会价值。"把精神满足寄托在占有和消费物质财富上也好，精神生活的低俗化也好，消费主义对人的存在和发展的根本危害在于，它把人的需要的丰富性归结为物质需要，把人生价值的实现降低为物质欲望的满足，从而大大缩小了人类与其他动物的差别，也从根本上颠倒了人生的目的与手段的关系。"② 事实上，物质消费不过是实现人生价值的前提和手段，而不是人生价值的终点和目的。

4. 欲望与理性相冲突

错误的舆论引导使欲望与理性相冲突。作为主体的人，具有与动物相同的欲望。马克思指出，"人作为自然存在物，而且作为有生命的自然存在物，一方面具有**自然力**、**生命力**，是**能动的**自然存在物；这些力量作为天赋和才能、作为**欲望**存在于人身上"③。但是，与动物不同的是，人具有理性，人的欲望是受理性支配的。简言之，人是欲望和理性的结合体。欲望（desire）可以被简单地理解为对于需要（need）得到满足的愿望（will），欲望并不是什么十恶不赦的东西。从某种意义上说，合理的、善

---

① 艾伦·杜宁. 多少算够——消费社会与地球的未来. 毕聿，译. 长春：吉林人民出版社，1997：5.
② 高文武，关胜侠. 消费主义与消费生态化. 武汉：武汉大学出版社，2011：91.
③ 马克思恩格斯文集：第1卷. 北京：人民出版社，2009：209.

的欲望不仅是个人生存和发展的动力,而且是社会发展和人类进步的动力。理性既是人们分析问题和解决问题的能力,也是人们用以辨别是非、分清善恶、控制行为的能力。

人的需要和欲望是多样化的,也是复杂的,甚至是无止境的,正因如此,欲望离不开理性的引导和支配。在消费问题上,科学、合理、文明的消费方式应当是欲望与理性相统一的消费方式,即理性主导下的、受合理欲望刺激的消费方式。这种消费方式能够较好地协调消费过程中涉及的人与人、人与社会、人与自然的关系,能够合理控制消费欲望,科学进行消费抉择,使消费符合个人自由全面发展的要求而又不危及他人、社会与自然的可持续发展。

然而,受20世纪30年代英国经济学家凯恩斯的政府干预市场、刺激消费的经济理论的影响,人们的物欲膨胀,直接导致消费主义泛滥并萌生各种异化消费方式。消费主义将人的物欲、权欲、性欲等都与消费联系在一起,甚至将人的身体也看作消费品。鲍德里亚在《消费社会》(La société de consommation)一书中生动地描述了西方社会在消费主义支配下围绕"身体"所进行的消费,并将"身体"视作"最美的消费品":"在消费的全套装备中,有一种比其他一切都更美丽、更珍贵、更光彩夺目的物品,它比负载了全部内涵的汽车还要负载更沉重的内涵,它就是身体。在经历了一千年的清教传统之后,对它作为身体和性解放符号的'重新发现'……人们给它套上卫生保健、营养、医疗的光环……今天的一切都证明身体变成了救赎物品,在这一心理和意识形态功能中,它彻底取代了灵魂。"[1]

在异化消费方式的指引下,人的欲望通过消费主义这一载体被不断刺激。"在价值观上,它坚持欲望的满足就是幸福,认为人生的价值就在于欲望的满足,主张用各种办法刺激和解放人的欲望。在文化上,它用高贵和独特来装扮人们的欲望,通过不断更新时尚,使人们的主观欲望永远无法得到彻底满足。在时间维度上,它引导人们奉行'今朝有酒今朝醉'的哲学,注重当下,漠视未来,讲究当下活得足够刺激,畅快淋漓,努力让

---

[1] 波德里亚. 消费社会. 刘成富,全志钢,译. 南京:南京大学出版社,2000:139.

'当下的每一时刻都成为时尚中的经典'。一旦这种及时行乐的意识在人们的心理结构中扎下根来，情况就必然是：对自己来说，每个人只要有能力，就会无止境地去追求财富，变着花样去消费；对他人来说，要使他的钱袋向自己敞开，就必须想法刺激他的消费欲望，并使这种欲望不断变成购买和消费的行为。"① 然而，人的欲望是没有止境的，在消费问题上，如果任由过多的、无止境的欲望横行，必然导致主体的自我烦恼和痛苦，并伴随人与人关系的淡化、人与社会关系的疏远、人与自然关系的紧张。因此，作为主体的人必须重归理性，用理性驾驭欲望，在理性的指引下合理消费、科学消费、文明消费。

（三）消费方式异化的道德追问

消费方式是人类社会生活方式的重要内容。广义的社会生活方式是指人们在一定社会关系中的生存和活动的方式；狭义的社会生活方式是指人们在社会生活中与消费资料相结合的方式，即消费方式，它包括消费意识、消费心理、消费能力、消费结构、消费水平和消费习俗等。作为人的社会生活方式，消费不但是一种经济行为，而且是一种道德行为，是可以也必须进行道德追问的。"消费是'能不能'、'愿不愿意'和'应该不应该'的统一，是经济与伦理的统一。"② 任何一种消费方式都涉及三个有关联的问题，即"消费什么""为何消费""如何消费"。人们消费什么、为何消费、如何消费，既取决于生产什么、为何生产、生产多少，又取决于人们需要什么、为何需要、需要多少。人的需要是不断变化的，因此，消费方式也是不断变化的。不断变化的消费方式只有被置于道德批评的视域，才能保持健康积极的方向。

1. 我们到底应该消费什么

消费既是人类社会的普遍现象，又是人类特有的活动方式。人们在消费时，首先面临的问题是"消费什么"。所谓"消费什么"，意指消费的对象和指向，如作为商品的物品或享用的服务，作为商品的使用价值或作为

---

① 高文武，关胜侠. 消费主义与消费生态化. 武汉：武汉大学出版社，2011：93.
② 周中之. 消费伦理：生态文明建设的重要支撑. 上海师范大学学报（哲学社会科学版），2015（5）：17.

商品的符号价值、象征价值，是以物质性消费的追求为重还是以精神文化消费的追求为重，是青睐绿色产品的低碳消费还是青睐传统产品的高碳消费。在异化消费方式中，奢侈型消费更多的是注重商品的符号价值和象征价值，而忽视商品的使用价值；攀比型消费以追求物质消费为主，忽视精神文化消费；无力型消费作为一种无选择的消费，无论是物质消费还是精神消费，均没有满足人的基本需要。

在生产力落后、产品匮乏的年代，人们过着食不果腹、衣不蔽体、居无定所的生活，"消费什么"的问题始终困扰着我们。那时，可供人们消费的产品有限，人们为了满足基本的生存和发展需要，在消费时追问得更多的是"我们能消费什么"。随着科技的进步，人类认识和改造自然的能力增强，可供我们消费的产品越来越多，人们在消费时无须再受制于"我们能消费什么"。当下，各大商场的商品琳琅满目，几乎我们想消费的东西都能购买到，甚至许多我们没有想到东西也有卖。在消费主义大潮的影响下，想消费什么就消费什么成了某些人的嗜好。

据 2013 年媒体公开报道，广东不少富人流行"成人喝人奶"①。这一"新兴事物"在网络上引起了热议，有的赞成，有的反对。赞成者认为，消费是个人的私事，消费无禁区，只要有能力，想消费什么就可以消费什么；反对者认为，这种奇特的消费方式有违社会伦理道德，消费有禁区，并非想消费什么就能消费什么。上述两种观点争论的实质聚焦在消费对象到底有无界限上。

事实上，消费既是个人行为，也是社会活动，它不仅从特定的角度展现着人的内在本质，而且承载着人类社会的经济、政治、文化、生态等多重意蕴，内生着一定的伦理向度和价值抉择。在产品极大丰富的今天，人们在摆脱"我们能消费什么"束缚的同时，"我们应该消费什么"便成为消费者需要思考和面对的问题。对消费者而言，消费对象不是毫无界限的，不是想消费什么就能消费什么。总的来看，对"我们应该消费什么"的思考和判断需要符合以下原则：（1）符合社会伦理道德规范，我们所追求的消费对象应该是当下绝大多数人能够认可和接受的，是社会伦理道德

---

① 深圳富人圈流行成人喝人奶. 南方都市报，2013-07-02.

许可的；（2）符合可持续发展原则，我们所追求的消费对象应该符合子孙后代可持续发展的要求，是能源资源环境许可的；（3）符合普遍正义原则，我们所追求的消费对象不能损害他人的利益，是他人正当消费许可的。

2. 我们究竟为何消费

消费究竟为了什么，即为何消费，追问的是消费的目的和意义。所谓"为何消费"，是指消费的理由和意义，如：是为满足需要而消费，还是为满足欲望而消费；是为满足生存等基本需要而消费，还是为满足享受需要而消费；是为满足自己的需要而消费，还是为满足市场的需要而消费。

在异化消费方式中，奢侈型消费以满足心理需要为主，远远超出了满足基本生理需要的范畴，进一步而言，更多的是为了满足消费者无止境的心理欲望，满足市场的需要，而不是为了满足自身的生存需要；攀比型消费虽然既满足生理需要也满足心理需要，但常常表现为以满足虚荣心为主的心理需要，这种消费既是为了满足自己的需要，也是为了追赶时髦；无力型消费首先是满足自身的生理需要的消费，其目的在于满足生存的最低层次的需要。

消费既是人的生理需要，也是人的心理需要。生理需要是满足自身生存的最基本需要，心理需要是建立在生存需要基础之上的更高层次的自我需要；生理需要维系人的生命，心理需要彰显人的价值。对任何一个消费者而言，生理需要和心理需要都是不可或缺的。那么，在消费问题上该如何平衡生理需要与心理需要？消费究竟是为了满足生理需要还是为了满足心理需要？消费需要的满足与个体的消费能力、社会的消费环境等息息相关：只有当个体具备一定的消费能力，特定的消费需要才可能得到满足；只有当个体具备消费能力且社会消费环境允许时，某些消费行为才可能被认可和接受。就奢侈型消费而言，个体虽具备较高的消费能力，但当下的社会消费环境不允许个体毫无顾忌地奢侈浪费，因而得不到社会的普遍认可和接受，常被推向舆论和公众批判谴责的风口浪尖；就攀比型消费而言，由于个体不具备相应的消费能力，只是出于满足虚荣心的需要而盲目消费、超前消费，这种消费需要的满足实质上是一种"虚假满足"，当下的社会消费环境对此也是不提倡、不鼓励的，因而也受到普遍质疑；就无力型消费而言，个体因不具备相应的消费能力而缺乏必要的消费欲望，即使有某些消费欲望也常因无力消费而导致心理恐惧，这种异化消费方式既不利于社会的进步，也不利于个体的发展。

3. 我们应该如何消费

所谓"如何消费"，是指消费的手段和方法，它取决于对"为何消费"的理解，例如，是消费商品的使用价值还是其社会价值，是消费服务的内在价值还是展示其外在价值。个体的消费行为受自身的消费能力、消费心理、消费取向以及社会资源环境、消费政策、消费导向等的影响，因此，个体在进行消费抉择时，既要考虑自身因素，也要考虑社会因素，坚持个人需要与社会许可相统一。就当下中国而言，消费者要摒弃奢侈型、攀比型等异化消费方式，追求适度消费、绿色消费、文明消费等科学消费方式，为社会主义生态文明建设做出应有贡献。

适度消费方式是就消费的数量而言，与之相对应的是奢侈浪费型消费方式。消费数量的多少不仅直接影响消费者需要的满足程度，而且影响生态环境，关系到子孙后代的长远发展。法国经济学家让·巴蒂斯特·萨伊（Jean Baptiste Say）曾经指出："把消费限定在一个过于狭窄的范围，就会使人得不到他的资产所允许的满足；相反，过多的豪爽的消费则会侵蚀到不应该滥用的财富。"① 所谓适度消费方式，是指消费的数量和质量既符合消费者自身的消费能力，又符合生产力发展水平和社会伦理道德规范。在生态文明时代，大力倡导适度消费方式，在经济、环境、道德等方面都具有重要意义。在经济方面，适度消费方式是与社会经济发展水平相适应的消费方式，有助于充分发挥消费对经济发展的拉动作用；在环境方面，适度消费方式依据资源环境的承载能力进行消费，较好地处理了人与自然的关系，有助于发挥消费在自然生态系统循环中的调和作用；在道德方面，适度消费方式既吸收了崇尚节俭等传统伦理智慧，又契合了反对浪费等当代道德要求，有助于发挥消费在道德传承中的桥梁作用。

---

① 萨伊. 政治经济学概论. 陈福生，陈振骅，译. 北京：商务印书馆，1997：567.

绿色消费是基于消费主义引发的资源环境问题而提出的。所谓绿色消费方式，就是要求消费者在购买、使用、回收、处理等消费过程中要充分考虑资源环境的因素：在购买时，要购买符合环境标准的"绿色产品"；在使用时，要尽量不造成或减少对环境的污染和破坏；要尽可能回收、再利用使用过的产品，减少一次性使用；要选择环保的废弃物处理方式，尽量减轻对空气、水、土壤等的污染和破坏。作为一种新的消费方式，绿色消费对消费者个人和生态环境都是有益的，体现了人的价值维度和自然的生态维度的统一。一方面，绿色消费以满足需要、保持健康为目的，倡导健康、简朴、丰富的生活，坚持了人的主体性，彰显了人的价值；另一方面，绿色消费秉持高度的环境保护责任意识，自觉地将自身的消费行为纳入自然生态系统，促进自然生态系统的良性循环，维护自然生态系统的平衡。

文明消费是相对奢侈型消费、攀比型消费、一次性消费等不文明消费而言的，重在突出消费的价值取向和道德倾向。消费既是一种经济行为，是经济学研究的重要对象；也是一种道德行为，是伦理学需要关注的重要领域。近年来，在消费领域出现的"人乳宴""胎盘宴""裸体宴"等不道德、反道德消费倾向，不仅玷污了神圣的人性、良知，而且腐蚀了人类的文明大厦。文明消费要求消费者要有强烈的消费伦理意识，正确认识自身的消费行为可能对社会和他人造成的影响，在社会伦理道德许可的条件下合理选择消费方式，既追求必要的物质消费以维系生命、健全体魄，又以高尚的精神消费陶冶情操、净化心灵。正如美国学者艾伦·杜宁所言："当大多数人看到一辆豪华汽车首先想到它导致空气污染而不是它所象征的社会地位的时候，环境道德就到来了。同样，当大多数人看到过度的包装、一次性产品或者一个新的购物中心而认为这些是对他们子孙犯罪而愤怒的时候，消费主义就处于衰退之中了。"[①] 奢侈型消费、攀比型消费、一次性消费等不合理、不文明的异化消费方式的衰退之时，正是适度消费、绿色消费、文明消费等科学消费方式的兴起之时。只有适度消费、绿

---

① 艾伦·杜宁. 多少算够——消费社会与地球的未来. 毕聿，译. 长春：吉林人民出版社，1997：102-103.

色消费、文明消费等科学消费方式不断兴盛,"美丽中国"才有可能真正实现。

二、消费结构失衡的道德风险

"消费结构"一词虽然被广泛使用,但学术界对其却尚未形成统一的确切定义。一般来说,消费结构是针对消费对象而言的,是指在一定的社会经济条件下,人们(包括各种不同类型的消费者和社会集团)所进行的各种不同内容、不同形式的消费之间的比例关系及协调程度。消费结构既随着需求与供给的矛盾运动而不断变化,又受到人们的消费观念、消费态度、消费取向等的影响。不同国家、不同地区、不同群体消费结构的差异,既可以反映出经济发展水平和生活质量的差距,也表征着消费观念、消费态度、消费取向的不同。

在国际金融危机的阴霾尚未完全散去的当下,鼓励消费、刺激消费被认为是应对金融危机的"灵丹妙药",然而,消费结构失衡却增加了鼓励消费、刺激消费的难度,也是世界各国发展进程中普遍遇到的"拦路虎",调整消费结构是当前世界各国面临的共同任务。在我国,消费结构失衡主要表现在:城乡之间的消费结构失衡、地区之间的消费结构失衡、贫富人群之间的消费结构失衡、物质消费与精神消费之间的结构失衡、绿色消费与非绿色消费之间的结构失衡。为了便于比较,我们选取了国家统计局公布的 2011 年至 2015 年前后五年的相关数据进行分析说明。

(一)城乡之间的消费结构失衡

近年来,在国家强有力的宏观调控政策的作用下,我国经济保持了持续发展的良好态势,人们生活水平得以不断改善。在国家稳增长、调结构、促升级、惠民生等利好政策的带动下,消费对经济增长的贡献率不断提高。然而,较之于城市,广大农村的消费明显滞后且增长缓慢,成为制约我国经济社会发展的瓶颈。

1. 城乡之间消费结构失衡的表现

目前，我国城乡之间在消费方面存在较大差距，呈现出很不平衡的发展状况。城乡之间的消费结构失衡表现在消费能力、消费规模、消费档次、消费内容等方面。

其一，消费能力：城市强农村弱。从消费水平（按常住人口平均计算的居民消费支出）来看，2011 年，城镇居民消费水平为 19 912 元，而农村居民消费水平为 6 187 元，两者相差 13 725 元，前者是后者的约 3.2 倍；2015 年，城镇居民消费水平为 27 088 元，而农村居民消费水平为 9 630 元，两者相差 17 458 元，前者是后者的约 2.8 倍。① 从人均消费支出来看，2011 年，城镇居民人均消费支出为 15 160.9 元，而农村居民人均消费支出为 5 221.1 元，两者相差 9 939.8 元，前者是后者的约 2.9 倍②；2015 年，城镇居民人均消费支出为 21 392.4 元，而农村居民人均消费支出为 9 222.6 元，两者相差 12 169.8 元，前者是后者的约 2.3 倍。③ 很显然，无论在消费水平还是在人均消费支出方面，城市都要明显强于农村，而且两者之间的差距在不断拉大。

其二，消费规模：城市大农村小。2011 年，全年社会消费品零售总额 183 919 亿元。其中，城镇消费品零售额 159 552 亿元，占 86.75%；乡村消费品零售额 24 367 亿元，占 13.25%。④ 2015 年，全年社会消费品零售总额 300 931 亿元。其中，城镇消费品零售额 258 999 亿元，占 86.07%；乡村消费品零售额 41 932 亿元，占 13.93%。⑤ 不难看出，城乡之间消费总量差距很大，前者是后者的 6 倍以上。

其三，消费档次：城市高农村低。从反映食品支出总额占个人消费支出总额的比重的恩格尔系数来看，2011 年，城镇居民恩格尔系数为

---

① 中华人民共和国国家统计局. 中国统计摘要 2016. 北京：中国统计出版社，2016：39.
② 中华人民共和国国家统计局. 中国统计摘要 2012. 北京：中国统计出版社，2012：104.
③ 同①60.
④ 中华人民共和国国家统计局. 中华人民共和国 2011 年国民经济和社会发展统计公报，2012-02-22.
⑤ 中华人民共和国国家统计局. 中华人民共和国 2015 年国民经济和社会发展统计公报，2016-02-29.

36.3%，农村居民恩格尔系数为 40.4%，两者相差 4.1 个百分点①；2015 年，城镇居民恩格尔系数为 29.7%，农村居民恩格尔系数为 33.0%，两者相差 3.3 个百分点。② 根据联合国关于恩格尔系数的划分标准（大于 60%为贫穷、50%～60%为温饱、40%～50%为小康、30%～40%属于相对富裕、20%～30%为富裕、20%以下为极其富裕）可以看出，虽然城乡居民生活水准都比过去提高了，但城镇居民过着相对富裕和富裕的生活，城镇居民的消费档次明显高于农村居民。

其四，消费内容：城市多农村少。在城市，居民的消费内容非常广泛，逐渐由以生存型消费为主转向以发展型、享受型消费为主，消费的内容主要集中在家用汽车、空调、计算机等方面，并且教育、文化、娱乐等方面的消费越来越多，所占的比重越来越大；相反，在农村，大多数居民的消费仍以满足生存需要为主，消费的内容仍主要集中在吃、穿、用等方面。2015 年，城镇居民每百户家用汽车拥有量为 30 辆、空调拥有量为 114.6 台、计算机拥有量为 78.5 台，而农村居民每百户家用汽车拥有量只有 13.3 辆、空调拥有量只有 38.8 台、计算机拥有量只有 25.7 台，前者是后者的 3 倍左右。③ 2015 年，城镇居民平均每人用于教育、文化、娱乐方面的消费支出为 2 382.8 元，而农村居民只有 969.3 元，前者是后者的约 2.5 倍。④

2. 城乡之间消费结构失衡的原因

导致城乡之间消费结构失衡的原因是多方面的，包括收入水平、消费环境、消费观念等。

首先，城乡之间的消费差异根源于收入水平的差别。2011 年，城镇

---

① 中华人民共和国国家统计局. 中国统计摘要 2012. 北京：中国统计出版社，2012：104.
② 此处数据根据食品烟酒支出占总支出的比重测算得出。（中华人民共和国国家统计局. 中国统计摘要 2016. 北京：中国统计出版社，2016：60）恩斯特·恩格尔（Ernst Engel），德国经济学家和统计学家，社会统计学派中的主要代表人物。他根据统计资料对消费结构的变化得出一个规律：随着家庭和个人收入的增加，收入中用于食品方面的支出比例将逐渐减小。这一定律被称为恩格尔定律，反映这一定律的系数被称为恩格尔系数。恩格尔系数越高，说明食物开支占总消费的比重越大，生活水平越低；反过来，恩格尔系数越低，说明食物开支占总消费的比重越小，生活水平就越高。整个社会经济发展水平越高，食物开支占总消费的比重越小。
③ 同②62.
④ 同②.

居民人均可支配收入为 21 810 元，农村居民人均纯收入为 6 977 元，两者相差 14 833 元，前者是后者的约 3.1 倍①；2015 年，城镇居民人均可支配收入为 31 194.8 元，农村居民人均可支配收入为 11 421.7 元，两者相差 19 773.1 元，前者是后者的约 2.7 倍。② 通过对比不难发现，无论是 2011 年还是 2015 年，城镇居民和农村居民在人均收入方面的差距与年人均消费支出方面的差距大体相当。

其次，城乡之间的消费差异受到消费环境的制约。从总体上看，城市消费的交通设施、商业网点、物流运输、文化设施、娱乐场所等都要明显优于农村。农村尤其是革命老区、偏远山区自然环境恶劣，交通不便，水电等基础设施不完善，导致一些消费品进不去或用不上，严重制约了居民的消费状况。例如，由于部分农村地区尚没有使用自来水，直接影响到这些地区农村居民对洗衣机的消费；又由于部分农村地区尚未接通互联网，直接制约了农村居民对电脑的消费。

最后，城乡之间的消费差异深受消费观念的影响。相比较而言，农村居民比城市居民受传统消费观念的影响更深，具有更浓厚的节俭消费观念和消费习惯，具体表现在以下几个方面：(1) 传统量入为出、有多少钱买多少东西的消费思想根深蒂固，导致农村居民很少超前消费、借钱消费。(2) 农村居民有强烈的忧患意识。由于农村没有健全的社会保障和社会福利机制，农村居民对自然灾害、疾病治疗、子女教育、养老等忧心忡忡，不得不捂紧口袋、加大储蓄、谨慎消费。(3) 农村居民有较强的从众心理。农村居民之间在消费方面的相互影响很大，传统的勤俭持家、艰苦朴素、吃苦耐劳等生活作风代代相传，直接影响了农村居民的消费意识和消费行为。

3. 城乡之间消费结构失衡的道德风险

在伦理学中，所谓道德风险，是指"某些道德原则和规范在现实生活中的推行、践履有可能导致不理想效果或负面影响的危险性，亦指可能的道德行为在实际过程中的不确定性，这种道德行为的不确定性既可以指行

---

① 中华人民共和国国家统计局. 中国统计摘要 2012. 北京：中国统计出版社，2012：102.

② 中华人民共和国国家统计局. 中国统计摘要 2014. 北京：中国统计出版社，2014：57.

为主体本身的道德行为的不确定性，也可以指一种社会措施所可能引起的社会可能道德后果的不确定性，并且这种不确定性主要是立足于其可能的结果及其潜在的危机或风险而言的"①。城乡之间的消费结构失衡，给经济的平稳运行、社会的和谐稳定和个人的全面发展带来了潜在风险。

首先，城乡之间的消费结构失衡影响国家经济的平稳运行。在推动经济发展的"三驾马车"（消费、投资、出口）中，消费是最重要、最可靠、最持久的。② 对中国来说，改革开放前30年，经济发展主要是靠"后轮驱动"，即依靠投资和出口拉动，而作为前轮的消费明显"动力不足"，但是在政府主导的大规模投资和出口旺盛的拉动下，中国经济仍保持了长期的较快发展。2008年始于美国的金融危机改变了中国经济的发展走势，使中国政府接连出台一系列刺激消费的政策，消费的重要性被重新认识和利用。然而，中国最大的消费潜力不是来自城市，而是来自农村和农民。城市居民生存型消费早已饱和，发展型、享受型消费也发展迅速，总体上的消费潜力不是很大；而农村居民有些生存型消费都尚未满足，发展型、享受型消费才刚刚起步，总体发展潜力很大。因此，农村消费如果得不到很好的发展，势必严重影响整个国家经济的持续、健康发展。事实上，近几年中国经济的增速明显放缓已经得到了验证。

其次，城乡之间的消费结构失衡危及社会的和谐稳定。构建社会主义和谐社会是党的十六届六中全会提出的战略任务，也是中国共产党领导中国人民进行社会建设的核心目标。中国社会能否保持和谐稳定，农村既是重点，也是关键。要保持农村的和谐稳定，首先要解决好农民的基本生存和发展问题，要尽可能满足农民的合理需要，"仓廪实而知礼节，衣食足而知荣辱"说的正是这个意思。对农村居民来说，如果连基本的生存和发

---

① 朱贻庭. 伦理学小词典. 上海：上海辞书出版社，2004：47.

② 2013年4月6日，在博鳌对话中，北京大学国家发展研究院名誉院长、世行原高级副行长林毅夫表示，中国经济在未来20年仍将保持每年8%的增长率，且仍以投资为主，一旦舍弃投资转为消费，中国将很快陷入危机。他说，消费是发展的目的，投资是发展的手段。他并不否认消费对经济的重要拉动作用，但认为消费还不能作为推动中国未来发展的驱动力。未来驱动经济发展的投资主要分成两个部分：一是技术创新、产业升级方面的投资，二是基础设施改善方面的投资。目前理论界关于消费与投资对于经济的驱动作用仍在争议中。(http://news.xinhuanet.com/fortune/2013-04/06/c_115283426.htm，新华网，2013-04-06)

展需要都得不到满足,那么如何才能保证人们为了自身的生存而不会做出各种危及社会和谐稳定的事情?

最后,城乡之间的消费结构失衡制约个人的全面发展。对广大农村居民来说,由于消费能力有限,消费水平和档次较低,消费的主要内容仍集中在基本的吃、穿、用等方面,在教育、文化、娱乐等方面的消费极其有限。事实上,无论是居住在农村的农民还是在外务工的农民工,为了生计,他们的大多数时间和精力要么花费在土地上,要么花费在工地上、工厂里,从劳动的意义上说几乎变成了"机器",这就势必严重制约他们的全面发展,使他们成为"单向度的人",即物质生活和精神生活严重失调的人。

(二) 地区之间的消费结构失衡

我国是一个幅员辽阔的国家,在各种因素的影响和作用下,各地区的发展很不平衡,东、中、西和东北地区差距明显,地区之间的差距同样反映在消费问题上。根据国家统计局关于经济地带的划分,东部地区包括北京、天津、河北、上海、江苏、浙江、福建、山东、广东、海南10个省(市),中部地区包括山西、安徽、江西、河南、湖北、湖南6个省,西部地区包括内蒙古、广西、重庆、四川、贵州、云南、西藏、陕西、甘肃、青海、宁夏、新疆12个省(区、市),东北地区包括辽宁、吉林、黑龙江3个省。①

1. 地区之间消费结构失衡的表现

与城乡之间的情形类似,当前我国地区之间在消费方面存在较大的差距,呈现出很不平衡的发展状况。地区之间的消费结构失衡不仅表现在量的方面,而且表现在质的方面。

其一,从消费的数量来看,首先,东部、中部、西部、东北地区之间消费总量很不平衡。2011年,东部10省(市)消费品零售总额97 650.8亿元,占全国消费品零售总额的53.1%;中部6省消费品零售总额

---

① 中华人民共和国国家统计局. 中国统计摘要 2012. 北京:中国统计出版社,2012: 16-17.

36 957.1 亿元，占全国消费品零售总额的 20.1%；西部 12 省（区、市）消费品零售总额 32 345.3 亿元，占全国消费品零售总额的 17.6%；东北 3 省消费品零售总额 16 965.3 亿元，占全国消费品零售总额的 9.2%。① 2015 年，东部 10 省（市）消费品零售总额 155 489.0 亿元，占全国消费品零售总额的 51.8%；中部 6 省消费品零售总额 62 634.8 亿元，占全国消费品零售总额的 20.9%；西部 12 省（区、市）消费品零售总额 555 124.1 亿元，占全国消费品零售总额的 18.4%；东北 3 省消费品零售总额 27 079.3 亿元，占全国消费品零售总额的 9.0%。② 不难看出，无论是 2011 年还是 2015 年，东部地区的消费品零售总额都是中部地区的消费品零售总额的两倍多，是西部地区的消费品零售总额的约 3 倍，是东北地区的消费品零售总额的近 6 倍。其次，东部、中部、西部、东北地区之间人均消费支出差别较大。以各地区居民人均消费支出最高的省（区、市）为例，2015 年，东部地区城镇居民人均消费最高的是上海，人均消费支出 36 946.1 元；中部地区城镇居民人均消费最高的是湖南，人均消费支出 19 501.4 元；西部地区城镇居民人均消费最高的是内蒙古，人均消费支出 21 876.5 元；东北地区城镇居民人均消费最高的是辽宁，人均消费支出 21 556.7 元。③ 很显然，东部地区城镇居民人均消费最高的上海比中部地区城镇居民人均消费最高的湖南要高出 17 444.7 元。2015 年，东部地区农村居民人均消费最高的是上海，人均消费支出 16 152.3 元；中部地区农村居民人均消费最高的是湖北，人均消费支出 9 803.1 元；西部地区农村居民人均消费最高的是内蒙古，人均消费支出 10 637.4 元；东北地区农村居民人均消费最高的是辽宁，人均消费支出 8 872.8 元。④ 显而易见，东部地区农村居民人均消费最高的上海是东北地区农村居民人均消费最高的辽宁的近两倍。

其二，从消费的档次和品质来看，东部、中部、西部、东北地区之间

---

① 中华人民共和国国家统计局. 中国统计摘要 2012. 北京：中国统计出版社，2012：16-17.
② 中华人民共和国国家统计局. 中国统计摘要 2016. 北京：中国统计出版社，2016：13-14.
③ 同②67.
④ 同②69.

存在一定的差距。以恩格尔系数为例,从城镇居民来看,2013 年,东部地区城镇居民恩格尔系数最低的是北京,为 31.1%;中部地区城镇居民恩格尔系数最低的是山西,为 27.9%;西部地区城镇居民恩格尔系数最低的是内蒙古,为 31.8%;东北地区城镇居民恩格尔系数最低的是吉林,为 29.2%。① 从农村居民来看,2013 年,东部地区农村居民恩格尔系数最低的是河北,为 32.0%;中部地区农村居民恩格尔系数最低的是山西,为 33.0%;西部地区农村居民恩格尔系数最低的是青海,为 30.9%;东北地区农村居民恩格尔系数最低的是青海,为 30.9%。②

2. 地区之间消费结构失衡的原因

导致地区之间消费结构失衡的主要原因是东部、中部、西部、东北之间业已存在的收入差距,这种收入差距表现在多方面。

首先,从生产总值来看,东部、中部、西部、东北之间差距很大。2011 年,东部 10 省(市)的生产总值为 269 259.0 亿元,占全国的 52.0%;中部 6 省的生产总值为 104 255.7 亿元,占全国的 20.1%;西部 12 省(区、市)的生产总值为 99 618.7 亿元,占全国的 19.2%;东北 3 省的生产总值为 45 060.5 亿元,占全国的 8.7%。③ 2015 年,东部 10 省(市)的生产总值为 372 778.2 亿元,占全国的 51.5%;中部 6 省的生产总值为 147 139.6 亿元,占全国的 20.3%;西部 12 省(区、市)的生产总值为 145 521.4 亿元,占全国的 20.1%;东北 3 省的生产总值为 58 101.2 亿元,占全国的 8.0%。④ 不难看出,无论是 2011 年还是 2015 年,东部 10 省(市)的生产总值都是中部 6 省和西部 12 省(区、市)的生产总值的两倍多,是东北 3 省的生产总值的 6 倍多,这种差距与地区之间的消费总量差距大体相当。

其次,从城镇居民人均可支配收入来看,东部、中部、西部、东北之

---

① 中华人民共和国国家统计局. 中国统计摘要 2014. 北京:中国统计出版社,2014:63.
② 同①67.
③ 中华人民共和国国家统计局. 中国统计摘要 2012. 北京:中国统计出版社,2012:16-17.
④ 中华人民共和国国家统计局. 中国统计摘要 2016. 北京:中国统计出版社,2016:13-14.

间存在较大差距。2015 年，东部地区城镇居民人均可支配收入最高的是上海，为 52 961.9 元；中部地区城镇居民人均可支配收入最高的是湖南，为 28 838.1 元；西部地区城镇居民人均可支配收入最高的是内蒙古，为 30 594.1 元；东北地区城镇居民人均可支配收入最高的是辽宁，为 31 125.7 元。① 东部地区城镇居民人均可支配收入最高的上海是中部地区城镇居民人均可支配收入最高的湖南、西部地区城镇居民人均可支配收入最高的内蒙古和东北地区城镇居民人均可支配收入最高的辽宁的 1.7 倍以上。如前所述，东部、中部、西部、东北城镇居民人均消费支出最高的分别是上海、湖南、内蒙古、辽宁，与各地区城镇居民人均可支配收入最高的情形完全一致。

最后，从农村居民人均可支配收入来看，东部、中部、西部、东北之间差距明显。2015 年，东部地区农村居民人均可支配收入最高的是上海，为 2 3205.2 元；中部地区农村居民人均可支配收入最高的是湖北，为 11 843.9 元；西部地区农村居民人均可支配收入最高的是内蒙古，为 10 775.9 元；东北地区农村居民人均可支配收入最高的是辽宁，为 12 056.9 元。② 东部地区农村居民人均可支配收入最高的上海是中部地区农村居民人均可支配收入最高的湖北、西部地区农村居民人均可支配收入最高的内蒙古的两倍左右。如前所述，东部、中部、西部、东北农村居民人均消费支出最高的也是上海、湖北、内蒙古、辽宁。

3. 地区之间消费结构失衡的风险

地区之间的消费结构失衡，既影响整个国民经济的持续健康发展，也影响社会的公平正义。从消费总量来看，2015 年，东部、中部、西部、东北消费品零售总额占全国消费品零售总额的比重分别为 51.8%、20.9%、18.4%、9.0%。从人口总量来看，2015 年末，我国人口总数为 137 462 万人（不含港澳台地区），其中，东部 10 省（市）的人口总数为 52 519 万人，中部 6 省的人口总数为 36 489 万人，西部 12 省（区、市）的人口总数为 37 133 万人，东北 3 省的人口总数为 10 947 万人，东部、

---

① 中华人民共和国国家统计局. 中国统计摘要 2016. 北京：中国统计出版社，2016：66.

② 同①68.

中部、西部、东北人口总数占全国人口总数的比重分别为 38.2%、26.5%、27.0%、8.0%。① 很显然，与人口比重相比，中部和西部地区消费总量在全国消费总量中所占的比重明显偏低，分别低 5.6% 和 8.6%，而东部地区消费总量在全国消费总量中所占的比重比其人口比重高 13.6%。同时，数字也折射出中部和西部地区的人均消费总量远远低于东部地区。因此，无论从消费总量来看还是从人均消费量来看，东部、中部、西部、东北之间都存在着较大的差距，在某种意义上可以说这是一种不公平。

就全国来说，东部、中部、西部、东北之间在消费总量和人均消费量方面的巨大差距，一定程度上增加了扩大消费的难度，影响经济的持续健康发展。对东部地区而言，基本的生存型消费需要早已满足，在日常耐用品方面，该买的东西基本上都买了，居民对大多数日常消费品的购买欲望很小；而对中部和西部地区而言，无论是生存型消费需要还是发展型、享受型消费需要，都存在较大的消费潜力，理应成为扩大消费的重点，但由于收入水平、消费环境等方面的原因，中部和西部地区的消费明显疲软，势必会影响经济的持续健康发展。

（三）贫富人群之间的消费结构失衡

中国过去 40 年经济得到了飞速发展，尤其是 20 世纪 90 年代市场化改革进程加速后，在整个世界经济发展比较平稳的背景下，"中国模式"经济发展创造了"中国奇迹"，让世界见证了"中国速度"，也由此引发了西方一些国家的担忧，它们相继发出了"中国威胁论""中国崛起论""强国必霸论"等针对中国的论调。毋庸置疑，中国经济的飞速发展最大的受益者是中国的广大人民群众。过去 40 年，中国人的生活水平逐渐提高，绝大多数人完全解决了温饱问题，衣不保暖、食不果腹的生活状况早已成为历史，还有相当一部分人已进入小康阶段。然而，在经济总量迅速增

---

① 中华人民共和国国家统计局. 中国统计摘要 2016. 北京：中国统计出版社，2016：19. 国家统计局统计时，全国人口总数中包括了中国人民解放军现役军人数，但各省、区、市的人口数据中未包括，故全国人口总数略大于 31 省、区、市人口数之和。

加、蛋糕不断做大的同时，中国的财富分配出现了问题，社会财富迅速向少数人聚集，贫富差距越来越大。经济转型前的中国社会，是一个基本公平的社会；改革开放后，中国在一步步脱贫致富的同时，成为世界上贫富差距最为严重的国家之一。在 2008 年国际金融危机爆发之前，除了拥有许多百万富翁和千万富翁，中国还拥有一百多位亿万富翁，这个数字在世界上仅次于美国。① 从国际通行的衡量贫富差距的基尼系数②来看，改革开放前，中国的基尼系数只有 0.25，贫富差距很小；早在 2000 年，中国的基尼系数（0.412）就已超过 0.4 的国际警戒线。自此之后官方多年没有公布相关数据，直到 2013 年 1 月 18 日，国家统计局局长马建堂在国务院新闻办公室举行的新闻发布会上介绍 2012 年经济运行情况时，公布了 2003 年以来基尼系数的变化情况：2003 年 0.479，2004 年 0.473，2005 年 0.485，2006 年 0.487，2007 年 0.484，2008 年 0.491，2009 年 0.490，2010 年 0.481，2011 年 0.477，2012 年 0.474。这些数据一方面说明了我国加快收入分配改革、缩小收入差距的紧迫性；另一方面也说明了从 2008 年金融危机以后，随着我国各级政府采取了若干强有力的惠民措施，中国的基尼系数从 2008 年最高的 0.491 逐步地有所回落。③ 但从国家统计局的统计数据来看，2015 年，全国 20% 的低收入户居民人均可支配收入只有 5 221.2 元，而全国 20% 的高收入户居民人均可支配收入为 54 543.5 元，后者是前者的 10 倍多。④

收入状况直接影响支出状况，因此，中国社会较大的贫富差距必然在

---

① 葛凯. 中国消费的崛起. 曹槟，译. 北京：中信出版社，2011：41. 2012 年 3 月 27 日，兴业银行与胡润研究院联合发布《2012 中国高净值人群消费需求白皮书》。报告中的"高净值人群"为个人资产在 600 万元以上的人群，目前中国高净值人群达到 270 万人，平均年龄为 39 岁。其中，亿万资产以上的高净值人群数量约 6.35 万人，平均年龄为 41 岁。（http://finance.people.com.cn/GB/17514604.html）

② 基尼系数（Gini Coefficient）为意大利经济学家基尼（Corrado Gini）于 1922 年提出的，定量测定收入分配差异程度。其值在 0 和 1 之间。越接近 0 就表明收入分配越是趋向平等，反之，收入分配就越趋向不平等。按照国际一般标准，0.4～0.6 的基尼系数表示收入差距较大，基尼系数达到 0.6 则表示收入悬殊。

③ 杨文彦. 国家统计局首次公布 2003 年至 2012 年中国基尼系数. http://politics.people.com.cn/n/2013/0118/c1001-20253603.html，人民网，2013-01-18.

④ 中华人民共和国国家统计局. 中国统计摘要 2016. 北京：中国统计出版社，2016：61.

消费领域得到反映和验证。现实生活中,贫富人群之间的消费差距十分明显。一方面,多数富人过着奢侈的生活,引领着整个社会的消费风尚,穿着几十万元的名牌服饰、戴着数百万元的时尚手表、驾着上千万元的豪华汽车、住着近亿元的高档别墅;另一方面,中国还有 5 000 多万人口生活在"新贫困线"以下,每天的收入不足 1 美元。这种天壤之别的反差仍在扩大。2013 年,在城镇居民家庭人均现金消费支出方面,低收入户人均现金消费支出为 13 166.2 元,而高收入户人均现金消费支出为 28 155.0 元①;低收入户人均现金消费支出不及高收入户人均现金消费支出的一半。在农村居民家庭人均消费支出方面,2013 年,低收入户人均消费支出为 3 574.0 元,而高收入户人均消费支出为 14 234.7 元②;低收入户人均消费支出只有高收入户人均消费支出的 1/4 左右。综合起来看,在消费支出方面,城镇高收入户人均现金消费支出是农村低收入户人均消费支出的近 8 倍,差距悬殊。

世界银行(World Bank)在《公平与发展——2006 年世界发展报告》(Equity and Development: World Development Report 2006)中提出了衡量公平与否的两大原则:作为衡量过程公平的"机会公平"原则和作为衡量结果公平的"避免剥夺享受成果的权利"。后一个原则隐含了两个潜在结论:(1)社会中不能出现过度的财富分化,尽管财富分层是社会发展多样化的正常体现;(2)每个公民都应该享有最基本的社会保障。据此可认为,一个没有群体差别或者群体差别过小的社会,不可能是一个正常的社会,但一个强势群体同弱势群体界限过于分明、两极分化严重的社会也不是一个健康的社会。③ 中国社会贫富人群之间的巨大消费差距,引发了各种棘手的社会问题。

其一,贫富人群之间的巨大消费差距,引发了广受诟病的社会治安问题。财富分配不均以及由此衍生的巨大消费差距,很容易导致民众的心理不平衡,尤其是穷人对富人的仇恨和敌视,并由此引发威胁、绑架、诈骗、抢劫、谋杀等恶性犯罪行为,直接危及社会的和谐稳定。以绑架事件

---

① 中华人民共和国国家统计局. 中国统计摘要 2014. 北京:中国统计出版社,2014:63.
② 同①67.
③ 何小青. 消费伦理研究. 上海:上海三联书店,2007:107-108.

为例,据报道,"一位香港的企业家在深圳参观他的自行车零部件工厂时遭到几名暴徒的绑架,幕后指使者竟是一个收废铁的小贩,他开出的赎金高达数百万元……一位来自农村的企业家的父亲已经遭遇了10次绑架,每次的赎金都在8万到10万元不等,因此他不得不投保了一份特殊的保险。还有一个工厂老板的儿子也遭遇了绑架,家人支付了高达30万元的赎金才将其赎回,他的邻居说都是因为这家人住着豪宅、开着奔驰的张扬生活才导致了这场悲剧"①。此外,还相继发生了谋杀富人的恶性犯罪事件,如山西富豪李海仓在办公室被枪杀、福建富豪刘启民被四个员工刺死、北京富豪周祖宝回老家探亲时被谋杀等。面对绑架和谋杀事件,越来越多的富豪开始雇佣保镖,目前仅在广州就有上万人从事保镖这份职业,在深圳做保镖的人还要更多。

其二,贫富人群之间的巨大消费差距,引发了饱受争议的财产转移问题。由于近年来针对富豪的绑架、谋杀等恶性犯罪事件,富豪们越来越担心自身的生命和财产安全。为了避免意外发生,富豪们开始将自己的财产转移到国外或者转移到国内相对安全的城市,有的甚至干脆移居海外或相对要安全的上海、北京等城市。媒体报道,山西部分煤老板不远千里到北京买房,而且都是买在天安门附近,一买就是好几套,每套都是上千万元。记者采访时,煤老板袒露了心声:北京作为首都,肯定更安全,之所以买好几套是要把家里的亲戚全部迁到北京居住,否则,会感到孤独。②此外,越来越多的富豪选择将自己的子女送到国外接受教育,这既是变相的财产转移,也是为了确保子女的安全。财产转移之所以饱受争议,是因为对富豪们来说,个人的合法财产受法律保护,可以自由处置;但社会大众却认为将财产转移既违背了"取之于民,用之于民"的财富法则,也加剧了地区之间、国家之间财富分布的不平衡。

其三,贫富人群之间的巨大消费差距,引发了备受关注的穷人心理问题。中国30多年的市场化改革已经深深地触动了每一个人的心灵,人们原本"波澜不惊"的内心世界开始出现"涟漪",纷纷萌生了想发财、快

---

① 葛凯. 中国消费的崛起. 曹槟,译. 北京:中信出版社,2011:46-47.
② 白菊梅. 山西煤老板真实生活揭秘:买好车给国家做贡献. http://money.163.com/08/1029/17/4PEKH1DC00252G50.html,网易财经,2008-10-29.

发财、发大财的想法。然而，理想是美好的、丰满的，但现实却是残酷的、干瘪的。市场经济竞争何其激烈，能够顺风顺水、脱颖而出的毕竟是少数。理想与现实的渐行渐远，贫富人群之间的巨大消费差距，犹如一块巨石猛烈地敲击着人们的内心，在人们已经出现"涟漪"的内心世界掀起"波澜"，心理的巨大反差由此形成。对穷人来说，这种心理反差尤为明显。一方面，穷人非常羡慕富豪们的奢侈生活，翘首以盼有朝一日也能过上那样的生活；另一方面，穷人又十分仇视和痛恨富人，认为富人占有了太多原本属于穷人的社会财富。心理的不平衡如果得不到有效缓解，必然通过各种极端形式表现出来，有的报复社会，有的谋杀富人，有的自我毁灭。从某种意义上说，深圳富士康员工上演的"跳楼连续剧"正是穷人心理严重失衡的恶果。

（四）物质消费与精神消费之间的结构失衡

作为从类人猿进化而来的高级动物，人是物质和精神的结合体。因此，人的生存与发展需要必然内在包含着物质需要和精神需要两部分。同样，作为健全的人，必须有物质生活和精神生活，相应地必须进行物质消费和精神消费。物质消费是人类生存的前提和基础，精神消费是人类发展的要求和动力。从人类历史发展来看，人的需要往往遵循从以物质需要为主到以精神需要为主的发展轨迹。与此相应，传统社会以物质需要为主，现代社会则理应将精神需要摆在重要位置。然而，在现实生活中却并非如此，大多数人仍然处于以物质消费为主的阶段，甚至将马克思所称的"商品拜物教"演绎得淋漓尽致，重物质消费、轻精神消费的现象比较普遍。从人们的日常消费来看，2015 年，城镇居民人均消费支出 21 392.4 元，其中，食品烟酒支出 6 359.7 元，衣着支出 1 701.1 元，居住支出 4 726.0 元，生活用品及服务支出 1 306.5 元，交通通信支出 2 895.4 元，教育文化娱乐支出 2 382.8 元，医疗保健支出 1 443.4 元，其他用品及服务支出 577.5 元。① 如果从物质消费和精神消费来看，2015 年，城镇居民物质型消费支出约占总消费支出的 70%，而精神型消费支出约占总消费的 30%。

---

① 中华人民共和国国家统计局. 中国统计摘要 2016. 北京：中国统计出版社，2016：60.

2015年，农村居民人均消费支出9 222.6元，其中，食品烟酒支出3 048.0元，衣着支出550.5元，居住支出1 926.2元，生活用品及服务支出545.6元，交通通信支出1 163.1元，教育文化娱乐支出969.3元，医疗保健支出846.0元，其他用品及服务支出174.0元。① 从物质消费和精神消费所占比重来看，2015年，农村居民物质型消费支出占总消费支出的80%左右，而精神型消费支出只占20%左右。

在现代社会，以奢侈型消费、攀比型消费为代表的异化消费过分强调物质消费的前提性和基础性，甚至将物质需要视为人的唯一需要，大肆主张通过大量消费物质产品来实现人生价值，而忽视或淡化人的精神需要和精神消费。在异化消费的指引下，大多数消费者追求某些产品和服务，更多地并不是为了获得它们的使用价值，而是为了彰显自身的社会地位、获得某种感官刺激或者满足新鲜感。在这种消费心理的影响和支配下，作为主体的人变成了物欲的奴隶，变成了消费的机器，人的精神世界严重失衡，人的全面发展受到极大伤害；社会变成了物欲横流的社会，变成了"商品的天堂"。

从对人的影响来看，一方面，物质消费与精神消费的结构失衡导致人的精神世界严重失衡。相比于人的物质世界，人的精神世界才能反映人的本质规定性。人的精神世界就是通常所说的人的主观世界，主要体现为个人的世界观、人生观、价值观以及人的知识、情感、意志、气质、性格等。片面追求物质享受的异化消费，使现代人本应更多追求的精神消费逐渐弱化，人的精神需要得不到很好的满足，使人的精神世界严重失衡，导致消费与人的本质需要相背离。在现代社会，人们普遍感叹情感淡漠、道德堕落、信仰危机，这些精神层面出现的问题在某种意义上正是人们过分追求物质享受而忽视精神需要的结果。另一方面，物质消费与精神消费的结构失衡使人成为"单向度的人"。所谓"单向度的人"，是相对于人的全面发展而言的，特指现代社会中物质生活富有而精神生活匮乏的人。作为复杂的高级动物，人的素质和能力是全面的，每一个个体的人都应该努力成为全面发展的人。为此，个人的需要、个人的消费也应该是多方面的，

---

① 中华人民共和国国家统计局. 中国统计摘要2016. 北京：中国统计出版社，2016：60.

因为需要和消费是个人全面发展的力量源泉。正如马克思所言,"消费生产出生产者的**素质**,因为它在生产者身上引起追求一定目的的需要"①。实现人的全面发展目标,需要现代人更多地树立理想、坚定信仰、恪守道德,超脱世俗的物质世界,抵达神圣的精神世界。

从对社会的影响来看,物质消费与精神消费的结构失衡使社会成为物欲横流的社会,成为"金钱至上、财富第一"的金钱社会,成为造假盛行、诚信缺失的"缺德社会"。借用马尔库塞的话就是成为"单面"社会,即物质生活极度富有但精神生活极其贫乏、物质文明高度发达但精神文明不发达的社会。一方面,街道上奔跑着各式各样的车辆,使道路越来越跟不上车辆的发展,"堵车"便成为必然;商场里摆放着琳琅满目的商品,不断刺激着顾客的购买欲望,"欲购者"便应运而生;房间内堆放着五颜六色的物品,使家庭空间越来越小,"家庭垃圾"越来越多。另一方面,拥有如此多物品的人们却常常感叹,其实"并不幸福""活得很累""压力很大"等,与精神生活不充实相伴随的是人际关系不和谐、内心世界不平衡。

事实上,经济发展、社会进步的最终目标都是让人们过上幸福生活。幸福生活不仅表现为物质生活的富有,而且离不开丰富的精神生活。只有物质生活,一味地追求金钱、财富,并不会给人带来真正的幸福,正如美国科学家本杰明·富兰克林(Benjamin Franklin)曾经指出的:"金钱从没有使一个人幸福,也永远不会使人幸福,在金钱的本质中,没有产生幸福的东西。一个人拥有的越多,他的欲望越大。这不是填满一个欲壑,而是制造另一个。"② 人的欲望是永无止境的,过多的、过强的欲望必然招致烦恼和痛苦,对物质消费的过度追求总是意味着精神消费的相对不足。幸福的人生,应当拥有充实的精神生活,因为对精神生活的追求,不仅能调节物质消费与精神消费的平衡,而且能陶冶情操、磨炼意志、调整心态,使人身心愉悦、道德高尚、意志坚定。

---

① 马克思恩格斯文集:第8卷.北京:人民出版社,2009:16.
② 艾伦·杜宁.多少算够——消费社会与地球的未来.毕聿,译.长春:吉林人民出版社,1997:109.

(五) 绿色消费与非绿色消费之间的结构失衡

所谓绿色消费与非绿色消费，主要是就消费行为对自然生态环境和自身健康的影响而言的。毫无疑问，任何个人的消费行为，都不仅直接影响自身健康，而且直接或间接影响自然生态环境。

绿色消费问题的提出及研究的肇始，源于人们对自身消费行为的反思和对现实生态环境的关切。一般认为，对绿色消费问题的研究，起源于20世纪80年代的英国，其标志是1987年英国出版的《绿色消费者指南》一书。该书从实践层面列举了消费者不宜购买的六种非绿色产品："危及消费者自身或他人健康，在生产、使用或废弃处理中明显伤害环境的产品；生产、使用或废弃期间不相称地消耗大量资源的产品；带有过分包装特征的产品，或由于产品的寿命过短等原因引起不必要浪费的产品；从濒临灭绝的物种或者环境资源中获得材料用以制成的产品；包含了虐待动物、不必要滥捕行为的产品；对别国特别是发展中国家造成不利影响的产品。"① 此后，随着关注的增多、研究的深入，人们赋予了绿色消费更加丰富的内涵。

在国内，关于什么是绿色消费，中国消费者协会于2001年概括了三层含义：(1) 在消费内容方面，要求消费者选择未被污染或有利于公共健康的绿色产品；(2) 在消费过程方面，要求消费者重视对垃圾的处置，尽量减少环境污染；(3) 在消费观念方面，要求消费者转变消费观念，崇尚自然，追求健康，在追求生活舒适的同时，注意环境保护，节约能源和资源，实现可持续消费。② 这种对绿色消费含义的概括，与国际上对绿色消费的共识是一致的。国际上通常把绿色消费形象地概括为"5R"：reduce（减少污染）、reevaluate（环保选购）、reuse（重复利用）、recycle（分类回收）、rescue（保护自然）。

根据绿色消费的三层含义，不难发现，中国社会离绿色消费还有一段很长的路要走。在消费结构中，绿色消费所占的比重还很小，非绿色消费

---

① 何小青. 消费伦理研究. 上海：上海三联书店，2007：145.
② 唐方方. 我国绿色消费的现状与发展趋势. 经济研究参考，2011 (2).

仍占主导地位。绿色消费与非绿色消费之间的结构失衡体现在消费观念、消费内容、消费过程等诸多方面。从消费观念来看，多数国人仍不遗余力地追求时尚，对能源资源的节约意识不强，消费中的"个人主义意识"比较强，消费者在购物时往往只考虑商品的质量、价格、款式等个人需要，而不考虑对环境和他人的影响。从消费内容来看，由于绿色环保产品包含着"绿色成本"，价格远高于一般产品，所以并没有成为大多数消费者的首选。从消费过程来看，由消费引发的环境污染问题在中国已是全民皆知、全民受害，空气质量急剧下降、江河湖泊严重污染、水土流失愈演愈烈、反常天气不断出现……究其原因，主要是人们不合理的消费方式和消费习惯所导致的。仅从能源消费来看，2015 年，我国的能源消费总量相当于 430 000 万吨标准煤；从消费的能源构成来看，煤炭占 64.0%，石油占 18.1%，天然气占 5.9%，一次电力及其他能源占 12%。① 也就是说，目前我国的能源消费仍是以污染型、非绿色型的煤炭和石油为主，所占比重超过 80%，而清洁型、绿色型的天然气、水电、核电、风电等能源尚未得到推广和普及。

绿色消费与非绿色消费之间的结构失衡对生态环境带来了巨大的负面影响，这种影响是长期的、持续的，有的已经显现，有的尚未显现。即使像一次性筷子这样微小的"非绿色消费品"，也会对环境产生巨大的影响。正如英国学者所指出的，"中国每年都要砍掉数百万棵大树，用于加工数十亿双一次性筷子，然后再变成几百万吨垃圾，结果就是森林面积的减少和垃圾的增多，而这些仅仅是横亘在中国的消费生活方式和环境之间无数需要应对的战场中的两个"②。此外，为了满足人们日益增长的"肉食"需要，越来越多的牛、羊等放牧在生态原本已经十分脆弱的山坡和草原上，啃掉大量的草并带走大量的表层土，直接后果就是春天的沙尘暴和冬天的扬尘天气。水污染和饮用水缺乏问题也是亟待中国解决的难题。"据统计，在过去 20 多年，青海省 4 000 个湖泊消失了一半，河北省原本 1 000 多个湖泊现在也只剩下几十个还有水，而且中国至少有 96 个城市面临地下水位下降带来的地表下沉问题；已经有将近 6 000 万中国人用水困

---

① 中华人民共和国国家统计局. 中国统计摘要 2016. 中国统计出版社，2016：78.
② 葛凯. 中国消费的崛起. 曹槟，译. 北京：中信出版社，2011：157-158.

难,但同时又有那么多的清洁水资源正在遭受污染,上亿吨未经处理的污水被直接排入亚洲最长的河流——长江,正是因为这样,中国差不多有一半的人口,也就是六七亿人所喝的水都受到过污染。"① 残酷的环境现实一再警示我们,必须彻底改变不合理的生产方式和消费方式,大力推行绿色消费,让绿色消费之风刮得更猛一点。

绿色消费的核心内涵是以资源节约、环境友好为根本特征的消费方式,这种消费方式是加快转变经济发展方式的内在需要,是建设生态文明的必然要求,也是建设资源节约型、环境友好型社会的重要途径。为此,中国将2012年环境日主题确定为"绿色消费,你行动了吗?"。这一主题既是对世界环境日主题"绿色经济,你参与了吗?"的积极呼应,又旨在强化人们的绿色消费理念,呼唤社会公众转变消费观念、矫正消费行为,在消费过程中尽量节约能源资源、保护生态环境。大力推行绿色消费,需要政府加快促进绿色消费的相关法律和制度建设,积极营造绿色消费的良好社会环境;需要相关行业加快技术进步和产品研发,降低绿色产品成本和价格,为消费者提供更多物美价廉、环保时尚的绿色产品;需要社会大众牢固树立绿色消费观念,积极采取绿色消费行为。

三、消费取向偏颇的价值调节

所谓消费取向,是指人们在消费过程中表现出的理念、意识、态度等,是考量人们消费行为合理与否、科学与否、文明与否的重要尺度。在消费活动中,人们的消费取向受整个社会的消费环境、自身的消费能力、自我的认知水平和价值观念等多种因素的影响与制约。当前,受消费者的认知水平、消费观念、消费环境等的影响,在我国居民消费中存在一些不合理的消费取向,对其进行伦理审视和价值调节是实现生态文明、共建美丽中国的内在要求。②

---

① 葛凯.中国消费的崛起.曹槟,译.北京:中信出版社,2011:163.
② 本部分内容参见课题组成员杨学龙的文章《消费取向偏颇的伦理批判》[人民论坛,2013(20)]。

(一) 浪费性消费的价值丧失

所谓浪费性消费，是指消费主体的消费行为在满足自身生存和发展需要的同时，消耗了不必要的能源资源，其实质是一种过度消费，即超过了自身需要的消费。浪费性消费是就消费的过程和结果而言的，是相对于有限的能源资源来说的，与一次性消费、享受性消费、炫耀性消费等关系密切。从某种意义上说，一次性消费、享受性消费、炫耀性消费都是浪费性消费。但是，与它们不同的是，浪费性消费的产生，有的是消费主体有意识的行为，有的则是无意识的行为；而一次性消费、享受性消费、炫耀性消费等都是消费主体在明确意识支配下做出的行为选择。

作为一种特定的社会现象，浪费性消费是社会发展到一定阶段的产物，是消费能力、消费观念、消费环境等多种因素综合作用的结果。

首先，浪费性消费的产生建立在特定的经济发展水平和收入水平基础之上。众所周知，改革开放前的中国社会生产力落后，国民经济发展水平和人均收入水平很低，可供人们消费的产品很少，甚至连温饱都难以解决，根本没有条件进行浪费性消费。在以市场为导向、以效率为目的的改革开放的推动下，我国生产力得到了极大的解放和发展，经济发展水平和人民收入水平有了大幅度提高，可供人们消费的产品越来越多，温饱问题基本得到解决，甚至在吃、穿、住等方面有了"剩余"，于是浪费性消费逐渐产生了。从食物消费来看，"锄禾日当午，汗滴禾下土。谁知盘中餐，粒粒皆辛苦"曾经被亿万国人铭记于心，告诉人们从小就要格外珍惜粮食，千万不可浪费。当然，那时的生活条件也不可能产生浪费。正如英国学者所言，"在艰苦的年代，奢侈的宴会和大吃特吃的机会对于大部分中国人来说基本不存在，即使是那些条件较好的人也只有在过年或是结婚等重要场合才能奢侈一下，'剩菜'的概念还未出现，更别说'打包'了"[①]。然而，几十年后，在人们吃饱、吃好的同时，食物浪费现象随之出现，并迅速蔓延。如今，食物浪费现象不仅很普遍，而且十分惊人。有关数据显示，我国每年浪费食物总量折合成粮食约 500 亿公斤，大约相当

---

① 葛凯. 中国消费的崛起. 曹槟，译. 北京：中信出版社，2011：99-100.

于我国每年粮食总产量的十分之一，保守估算，我国每年至少倒掉约两亿人一年的口粮。①

其次，浪费性消费的产生受传统消费观念和消费心理的影响。中华民族自古以来奢侈浪费、炫富比奢等现象就屡见不鲜，唐代著名诗人杜甫的诗句"朱门酒肉臭，路有冻死骨"便是富贵人家奢侈浪费生活的真实写照。浪费性消费遵从的是"我消费，我乐意"的消费准则，即使有人在背后议论指责浪费性消费行为，消费者往往也会理直气壮地说："你管得着吗？"浪费性消费受炫耀、显摆等畸形消费心理的影响，有的消费者认为，奢侈浪费并不是什么不光彩的事，反而是有钱、有权的象征，有钱才能奢侈、才能浪费，有权才有资格浪费公家的钱。事实上，现实生活中的大多数浪费行为也往往是有钱、有权一族造成的。据媒体报道，2015 年一年国税系统部门公务接待费支出超过 2 亿元，超过已经公布统计数字的 90 个中央部门当年公务接待费总和（近 4.9 亿元）的 40%；此外，2015 年国税系统部门公务用车费用高达 9.58 亿元，约占已经公布统计数字的 90 个中央部门当年公务用车费用总和（25.92 亿元）的 37%。② 可以想象，在巨额的"三公"消费中，浪费现象势必不少。

最后，浪费性消费的产生受社会整体消费环境的影响。中国社会一直伴有浪费的问题，因为中国人一向爱面子。对大多数消费者来说，为了面子，宁可奢侈一把、浪费一回。中国人请客吃饭，总怕客人吃不饱、吃不好，担心菜点少了显得招待不周，不剩点怕别人笑话自己穷酸小气。所以，点菜时总是要多点一些，好像一定要丰盛有余才显得热情好客，也不管吃得完吃不完，"吃一半，倒一半"的食物浪费现象不断增多。因为要面子，点的菜吃不完时主客双方都不好意思打包，甚至有的认为在外人面前打包丢人。

我国当下愈演愈烈的浪费性消费之风，正在败坏着社会风气，腐蚀着民族传统，危及子孙后代。一方面，惊人的浪费导致了严重的能源资源消

---

① 商务部、发改委推动"光盘行动" 号召减少舌尖上的浪费. http://www.cusdn.org.cn/news_detail.php? id=244179，中国城市低碳经济网，2013-01-29.

② 中央 90 部门公布三公花费 4 部门超预算. http://www.chinacourt.org/article/detail/2016/07/id/2042105.shtml，中国法院网，2016-07-23.

耗，对人口众多、资源稀缺、环境脆弱的中国来说，这种浪费犹如雪上加霜。如果我们不改变当前的生产方式和消费方式，那么整个世界的能源资源也难以支撑中国的发展。另一方面，日益盛行的奢侈浪费之风，败坏了社会风气，玷污了我们的精神家园。它不仅扭曲了人们的消费观、人生观、价值观，助长了物质主义、享乐主义、拜金主义，而且加速了一些人的腐败、堕落。因此，必须采取有效措施，坚决遏制浪费性消费的不良之风。2013年，我们党开展的党的群众路线教育实践活动聚焦"四风"问题，显然是看到了这种危害。习近平总书记2013年五一国际劳动节前夕在同全国劳动模范代表座谈时要求各级领导干部出实策、鼓实劲、办实事，不图虚名，不务虚功，坚决反对干部群众反映强烈的四种歪风邪气——形式主义、官僚主义、享乐主义和奢靡之风。从党员干部视角来看，"四风"问题是严重违背党的性质和宗旨的，是当下影响党群干群关系的祸害之一，必须彻底铲除。站在全民族角度看，这"四风"，尤其是其中的享乐主义、奢靡之风主要是指消费方面的恶劣习气，也是普通人特别容易沾染的消费恶习，都是危害社会、危害环境、危害发展的突出问题。因此，只有遏制"四风"，才能改变人们特别是党员干部的工作作风、生活习惯和消费观念，才能改善人与环境的关系。

（二）一次性消费的价值遗失

改革开放后，随着经济的飞速发展、生活节奏的加快，消费过程中的快捷、方便等成为人们消费时的重要考量，一次性消费便应运而生。所谓一次性消费，是指消费者对消费对象的消费一次性完成，具有不重复性，其实质是一种追求快捷、方便、高效的消费取向。

一次性消费中的"一次性"不仅表现在一次性筷子、一次性快餐盒、一次性纸杯、一次性勺子、一次性塑料袋等典型的一次性日用品的消费上，而且表现在一次性碟子、一次性牙膏、一次性牙刷、一次性拖鞋、一次性洗发水、一次性沐浴液、一次性香皂、一次性浴帽、一次性袜子、一次性剃须刀、一次性电池、一次性塑料瓶、一次性罐子、一次性纸尿布、一次性湿巾等如雨后春笋般涌现。甚至许多所谓的"耐用消费品"（冰箱、彩电、汽车、照相机、手机等）也往往由于产品更新换代过快，市场上出现了功能更多、款式更新颖的新产品,旧的消费品就很快被抛弃了。在科学技术不断进步的驱使下,产品使用的周期日益变短,更新换代越来越快,"新三年,旧三年,缝缝补补又三年"早已成为美好的"历史记忆"。由于新产品的不断涌现,消费者时常感觉自己购买的商品落伍了、过时了,现实生活中具有"一次性"或"类一次性"特征的"用过即扔"的物品越来越多。根据美国著名学者艾伦·杜宁的统计,"英国人每年抛弃25亿块尿布;日本人每年使用3 000万台'可随便'处理的一次性相机……美国人每年抛弃1.83亿把剃刀、27亿节电池、1.4亿立方米包装'花生果'的聚苯乙烯塑料、3.5亿个喷油漆的罐子,再加上足够供给全世界人每一个月一顿野餐的纸张和塑料制品"①。如果统计中国人每年消费的一次性产品的数量以及由此产生的垃圾,得出的数据很可能有过之而无不及。

一次性消费只重结果、不重过程,遵循的是"不求经久耐用,只求方便快捷"的消费理念。它的盛行一方面深受西方消费主义的影响,另一方面又迎合了消费者快捷、方便、廉价的特殊需要。作为消费领域的一种普遍现象,一次性消费引起了众多学科的关注和研究。经济学认为,生产决定消费,一次性消费的盛行,决定因素在于生产。生产者在高额利润的刺激下置生态环境和消费者健康于不顾,拼命生产一次性产品;一次性产品恰好又满足了消费者追求快捷、方便、廉价等的需要,自然很快受到消费者的热捧,并彻底颠覆了人们原有的生活习惯和消费取向。生态学认为,一次性消费的盛行,与人类中心主义的主导价值观直接相关。在人与自然的关系问题上,存在着人类中心主义与非人类中心主义之争,而前者往往在消费领域占据主导地位。人类中心主义坚称,人类是第一位的,是至高无上的,自然是第二位的,是卑微的;人类是主体,是目的,自然是客体,是手段;为了人类的生产和发展需要,可以不惜破坏自然。受人类中心主义的影响,拜金主义、金钱至上等思想和观念逐渐泛滥。由于一次性消费品的成本低、利润高,在金钱的巨大诱惑下,生产者便不遗余力地生

---

① 艾伦·杜宁. 多少算够——消费社会与地球的未来. 毕聿,译. 长春:吉林人民出版社,1997:66.

产一次性产品，并大规模地投放到市场上。"以生产纸碗为例，生产一个纸碗的成本只需七八分钱，但它的一般售价在 0.2～0.5 元之间，这样的利润确实可观，部分人甚至认为这是生活的目的，所以就把自然界看成是取得低廉原料的仓库，并认为自然界自身是无价值的，只有被人发现、被人利用，才能体现出物对人的价值。"① 很显然，这是一种极端人类中心主义的表现，也是资源枯竭、生态破坏、环境恶化等问题的总根源。

一次性消费得以维系的基本前提是自然资源是无限的，是"取之不尽、用之不竭"的。然而，自然资源总是有限的，上述前提是不成立的。因此，一次性消费只能是暂时的、眼前的，从根本上违背了人类可持续发展的原则。作为一种不合理、不科学的价值取向，一次性消费在现实生活中是极其有害的。

首先，一次性消费加速了自然资源的枯竭，造成了人与自然的关系空前紧张。马克思主义政治经济学认为，消费反作用于生产，消费越多，生产就越多。消费者消耗的一次性用品越多，生产者生产的一次性产品就越多，相应地所消耗的自然资源也就越多。相对于日益增加的人口数量和不断膨胀的消费欲望，各种自然资源都是有限的，根本不存在"取之不尽、用之不竭"的自然资源。一次性消费挥霍的不仅是商品的使用价值，更是支撑商品使用价值的有限的自然资源；消费者对一次性消费的热捧，极大地加速了资源枯竭的进程。在中国，由于一次性消费的增多和庞大的人口基数，资源告罄的矛盾尤为突出。根据中国科学院国情分析研究小组发布的各国自然资源综合排序结果，我国自然资源总量在 144 个国家中排在第 8 位，而资源综合负担系数（我国自然资源所负担人口数量与世界平均值比较）为 3，即我国自然资源所负担的人口数是世界平均水平的 3 倍。② 很显然，中国的自然资源难以支撑一次性消费带来的巨大压力。

其次，一次性消费造成了大量生活垃圾，给生存环境带来了巨大的污染和破坏，直接危及人类的健康乃至性命。由于一次性消费品具有"用过即扔"的特性，导致了大量生活垃圾的出现，处置生活垃圾又造成了空气

---

① 郭会宁. 伦理道德视角下的一次性消费. 商业文化，2008（6）：182.
② 何小青. 消费伦理研究. 上海：上海三联书店，2007：131.

污染、水污染、土壤污染等，使人类的生存环境急剧恶化，反过来威胁人类自身的生存。早在20世纪60年代，美国生物学家蕾切尔·卡逊在其著作《寂静的春天》一书中用生动而极具分量的语言描述了生存环境恶化带来的灾难：美国中部一个原本美丽如画、生机勃勃的小城镇在充满希望的春天突然变成了一个怪病流行、死气沉沉的地方。蕾切尔·卡逊告诫世人："不是魔法，也不是敌人的活动使这个受损害的世界的生命无法复生，而是人们自己使自己受害。"①

一次性消费背离了"自然资源是有限的"这一客观现实，既破坏了自然生态环境，又影响人类自身的生存。从价值调节的视角审视，消费者必须牢固树立可持续发展的消费理念，深刻认识到自然资源的有限性，自觉节制不合理的消费欲望，坚决秉持可持续、循环利用、适度等消费原则，尽可能减少使用或不使用一次性消费品，更多地使用可重复使用和循环利用的消费品，从根本上改变消费陋习，努力践行低碳生活理念，为建设资源节约型、环境友好型社会和"美丽中国"做出应有贡献。

（三）炫耀性消费的价值迷失

从消费者的消费目的来看，消费可以分为两种：一种是满足个人需要的消费，另一种是满足自我欲望的消费。满足个人需要的消费和满足自我欲望的消费是两种完全不同的消费类型，前者是人们为了生存和发展而必须进行的消费，后者是人们为了满足某种心理上的欲望而进行的消费，例如追求地位上、身份上的优越感，满足虚荣心等。一般而言，需要是相对有限的、容易满足的，欲望则是无限的、难以彻底满足的；满足需要的消费是一切社会所共有的，满足欲望的消费则是工业社会所特有的。正如丹尼尔·贝尔（Daniel Bell）所说："资产阶级社会与众不同的特征是，它所要满足的不是需要，而是欲求，欲求超过了生理本能，进入心理层次，因而它是无限的要求。"② 炫耀性消费以满足自我欲望为目的，是少数人追求的消费取向。

---

① 蕾切尔·卡逊. 寂静的春天. 吕瑞兰，李长生，译. 长春：吉林人民出版社，1997：2.
② 丹尼尔·贝尔. 资本主义的文化矛盾. 赵凡，等译. 上海：上海三联书店，1989：68.

目前公认最早提出"炫耀性消费"（conspicuous consumption）概念的是加拿大经济学家约翰·雷（John Rae），他认为炫耀性消费主要是为了满足少数消费者不断膨胀的欲望和特有的虚荣心。美国经济学家托斯丹·邦德·凡勃伦（Thorstein B. Veblen）将炫耀性消费引入经济学，在1899年出版的《有闲阶级论——关于制度的经济研究》（The Theory of the Leisure Class: An Economic Study of Institutions）一书中，系统阐述了他的炫耀性消费理论，认为炫耀性消费是为了表现自己拥有的财富、占有的权利和地位的消费，"通过消费让他人明白了消费者的经济力量、权利和地位，从而使消费者博得荣誉，获得自我满足"①。简单来说，所谓炫耀性消费，是指消费者为了标榜自身的身份、地位、声望，满足攀比、虚荣等心理欲望而进行的消费行为。炫耀性消费奉行的是"我消费，我富贵"的消费准则，把消费看作自身地位、身份的象征，看作满足自身优越感、富贵感、虚荣心的手段。

在现实生活中，炫耀性消费主要表现为消费者对各类奢侈品的极度向往和追求，因为奢侈品在最大程度上满足了消费者炫耀的需要。早在2004年全球奢侈品消费中，中国就成为仅次于日本和美国的世界第三大奢侈品消费国，在全球奢侈品消费份额中日本占41%、美国占17%、中国占12%；当时，全球著名的安永会计师事务所预计，到2015年，中国将取代美国成为世界第二大奢侈品消费国。② 然而，不知是这家会计师事务所的预计太保守了，还是中国奢侈品消费的发展速度太超常了，仅仅过了5年，2009年中国在奢侈品消费总量方面便超过美国，成为世界第二大奢侈品消费国，消费总量仅次于日本。又过了大约3年，世界奢侈品协会2012年1月公布的报告显示，截至2011年12月底，中国在奢侈品消费方面首次超过日本，成为世界第一大奢侈品消费国，当时中国奢侈品市场年消费总额达到126亿美元（不包括私人飞机、游艇与豪华车），占据全球份额的28%。③ 从人均收入来看，中国只有美国的1/3左右，但中国

---

① 何小青. 消费伦理研究. 上海：上海三联书店，2007：128.
② 奂平清. 中国奢侈性消费的忧思. 世界知识，2005（22）.
③ 世界奢侈品协会发布中国奢侈品十年报告. http://roll.sohu.com/20120118/n332582635.shtml，搜狐网，2012-01-18.

人的奢侈品购买力却是美国人的3倍。中国快速成长、增长强劲的奢侈品消费市场已经吸引了全球众多奢侈品商家的目光，2012年伦敦奥运会期间英国各大商场针对中国人推出的各种"汉式服务"便是最好的例证。《贝恩咨询：2013年中国奢侈品市场研究》显示，虽然中国政府反腐倡廉工作得到进一步落实与推进，对奢侈品牌馈赠风潮产生了一定影响，目前仍呈增长趋势，并且奢侈品在国内的消费趋势也有所调整，奢侈品消费者也日趋成熟，但从全球来看，中国消费者仍然是奢侈品的最大消费群体；并且"渴望一族"快速增长、"时尚达人"愈发壮大，年轻一代逐渐成为具有鲜明特征和需求的新型奢侈品消费群体，而消费者获取品牌信息的主要渠道则是数字媒体。① 理性分析，中国尚处在社会主义初级阶段，仍是发展中国家，奢侈品消费市场的过度狂热和畸形发展与我国的国际地位、收入水平很不对称，一定程度上存在着"打肿脸充胖子"的迹象。

炫耀性消费的"异军突起"，对中国经济社会发展是一把双刃剑。一方面，它促进了生产，扩大了就业，增加了税收；另一方面，它也带来了一些消极后果。

首先，炫耀性消费在一定程度上扭曲了人们的人生观、价值观。从人生观和价值观的视角来审视，炫耀性消费并不是为了满足基本的生存和发展需要，而是为了满足被不断激发的自我欲望，将以消费品为依托的炫耀视作人生的目的和意义。这种扭曲的人生观和价值观，既背离了人的基本生存和发展需要，又背离了商品的使用价值。一方面，炫耀性消费者以拥有商品的数量、品牌和档次等来彰显自身的身份、地位、财富，很少考虑这些商品自身是否真正需要。从购买目的来看，炫耀性消费者并不是为了生活需要，而仅仅是为了满足无止境的炫耀欲望和虚荣心。另一方面，炫耀性消费者购买商品，看重的不是商品自身具有的使用价值，而是潜藏在商品背后的符号价值，即某些商品承载的象征消费者身份、地位、财富的价值，并以此作为提升自身关注度、引起他人羡慕的手段。因此，炫耀性消费体现的是社会象征性的符号意义，超越了生存和发展的价值需要，背

---

① 2013年中国奢侈品市场研究：一个新纪元的开启. http://www.bain.com.cn/pdfs/201403240930522665.pdf.

离了商品的使用价值。在日常生活中,消费者过分重视自身的身份、地位,在消费时便会倾其所有地去攀比和炫耀。

其次,炫耀性消费在很大程度上败坏了社会风气。中国人根深蒂固的爱面子心理极大地助长了炫耀性消费,反过来,炫耀性消费又进一步强化了爱面子心理,引发了盲目消费、攀比消费等行为,进而导致消费者心理失衡,为拜金主义、享乐主义、利己主义等不良社会风气的滋生蔓延提供了温床。不仅如此,炫耀性消费以消费的档次、数量作为评判消费者地位和身份的重要依据,根据消费状况将社会群体做了高低、贵贱之分,进一步放大了贫富差距的不良后果,进一步加深了富人与穷人之间的心理鸿沟,很容易引起穷人对社会的不满、对未来的失望,进而威胁社会的和谐稳定。事实上,现实生活中出现的"仇富"等不良心态以及由此引发的恶性犯罪事件,很多都与富豪的炫富、显摆具有很大关系。因此,合理控制自我欲望,准确展示社会形象,是履行社会责任感的时代召唤。

最后,炫耀性消费极大地挥霍了能源资源。炫耀性消费以炫耀为目的,纯粹是为了满足消费者的炫耀欲望。炫耀性消费者看重的是商品的符合价值,而不是商品的使用价值,因而商品的使用价值在炫耀性消费者那里并未得到最大化利用。非但如此,炫耀性消费者为了不断满足四处炫耀的欲求,总是要站在消费前列,追赶消费时髦。这种畸形的消费取向的满足建立在丰富的能源资源的基础之上,相对于有限的能源资源来说,炫耀性消费无疑是巨大的挥霍,是对子孙后代的"犯罪"。对中国而言,早已不是"地大物博",而是"地大物薄",我们的很多能源资源人均占有量是很少的,丝毫经不起挥霍。中国现有的能源资源,必须优先满足当下十几亿人基本的生存和发展需要,必须顾及未来子孙后代的生存和发展需要。因此,绝不可置能源资源状况于不顾,置人们基本的生存和发展需要于不顾,置子孙后代的生死于不顾,去鼓励和倡导炫耀性消费。相反,应该积极引导"炫耀一族"多为能源资源现状考虑、多为骨肉同胞考虑、多为子孙后代考虑,引导他们彻底改变炫耀性消费的错误价值观,引导他们文明消费、科学消费、适度消费,努力实现自身、他人和社会的可持续发展。

(四) 享受型消费的价值缺失

从人们的消费目的、内容和效果来看，大体上有三种消费类型：生存型消费、发展型消费和享受型消费。生存型消费主要是为了满足基本的生存需要，以基本生活资料消费为主，是人类社会得以延续的必要条件；发展型消费主要是为了满足消费者自我完善和发展的需要，以教育、科技、艺术等精神消费为主，是人类社会不断迈向更高文明的内在需要；享受型消费主要是为了满足身心愉悦等享受需要，以娱乐、旅游等消费为主。相比较而言，享受型消费主要不是为了满足基本的生存需要，而是一种主要以享受为目的的消费取向，奉行的是"我消费，我快乐"的消费准则。

享受型消费作为一种高层次的消费类型，是经济不断发展、社会日益进步的产物，是人们衣食无忧之后的必然追求。马克思指出，"人类的生产在一定的阶段上会达到这样的高度：能够不仅生产生活必需品，而且生产奢侈品，即使最初只是为少数人生产。这样，生存斗争——我们暂时假定这个范畴在这里是有效的——就变成为享受而斗争，不再是单纯为**生存**资料而斗争，而是为**发展**资料，为**社会地生产出来的**发展资料而斗争"①。就中国而言，改革开放前，国人普遍为温饱而奔波，很难有条件进行享受型消费。改革开放后，在生产力飞速发展的同时，人们的收入水平大幅度增加、生活水平大幅度提升，大部分人远离了贫困、解决了温饱问题、奔向了小康，少部分人还率先过上了富裕生活。在这一过程中，人们的消费不再仅仅是为了填饱肚子、防寒保暖，娱乐、旅游等需要不断增长并得到一定程度的满足。时至今日，人们逐渐由以前的"温饱"走向"环保"，由"吃饱"转向"吃好"，由"凑合着过日子"转向"享受生活"，越来越多的人开始追求丰富的娱乐生活，唱歌、跳舞、下棋、看电影、观球赛、打高尔夫、搓麻将、玩扑克、泡酒吧、进茶楼等娱乐活动丰富多彩，周游列国、游山玩水对一些中国人来说不再是梦想。

这一点从旅游消费来看就很明显。近年来，我国旅游人数和旅游收入呈现"双线走红"。2011—2015 年，我国国内旅游人数分别为 26.41 亿人

---

① 马克思恩格斯文集：第 10 卷. 北京：人民出版社，2009：412.

次、29.57亿人次、32.62亿人次、36.11亿人次、40.00亿人次，相应的旅游总花费分别为 19 305.4 亿元、22 706.2 亿元、26 276.1 亿元、30 311.9 亿元、34 195.1 亿元。① 2015 年的国内旅游人数比 2011 年增加了 13.59 亿人次，增幅为 51.5%；旅游总花费增加了 14 889.7 亿元，增幅为 77.1%。在人均旅游花费方面，2011—2015 年，我国人均（按人次计算）旅游花费分别为 731.0 元、767.9 元、805.5 元、839.7 元、857.0 元。② 2015 年的人均旅游花费比 2011 年增加 126 元，增幅为 17.2%。

值得注意的是，在国人充分享受改革开放成果的同时，也出现了一味享受、过早享受、过度享受等不良倾向。凡事都有一个度，否则就会物极必反，享受型消费也不例外。合理、适时、适度的享受型消费对于释放压力、陶冶情操、丰富生活等具有积极效应，但不合理的、过早的、过度的享受型消费则会带来消极效应。

首先，过早地追求享受型消费容易滋生超前消费习惯，颠倒人生价值中奉献与索取的关系。马克思主义认为，消费是由生产决定的，消费水平是由生产力发展水平决定的。具体到个人和家庭，消费水平和消费状况是由收入水平和收入状况决定的。作为一种高层次的消费类型，享受型消费是经济发展和社会进步到一定阶段的产物。消费者个人只有具备了一定的收入水平和消费能力，才有条件、有资格谋划享受型消费，才能顺理成章地圆享受型消费之梦。值得警惕的是，尚处在社会主义初级阶段的中国社会已悄然刮起了一股"超前消费旋风"，而且这股"旋风"来势凶猛、后患无穷。所谓超前消费，是指个人与家庭的消费水平和消费状况超过了现有的收入水平和收入状况，即透支未来的收入去消费。在当下的中国，随处可见超前消费的影子，不仅越来越多的刚参加工作的"90 后"不惜透支未来十几年甚至几十年的收入去贷款买房、买车、买各种名牌产品，而且不少大学生也在赶超前消费的时髦，并在高校校园里形成了一股盲目攀比的不良风气，引发了严重后果。有的大学生因超前消费不得以过着"负债生活"，四处借钱消费，甚至骗取银行的贷款和学校的资助去消费，更

---

① 中华人民共和国国家统计局. 中国统计摘要 2016. 北京：中国统计出版社，2016：142.
② 同①.

有甚者走上了偷盗、抢劫等违法犯罪道路。超前消费以追求享受作为人生的重要目的，甚至不顾自身条件盲目追求享受，从根本上颠覆了传统的"先付出后享受"的人生法则，奉行的是"先享受后付出，先索取后奉献"的另类法则。

其次，过分地讲究享受型消费从根本上背离了勤俭节约的传统美德，容易引发不良社会风气。贪图安逸、讲究享受是多数人共有的弱点，消费者一旦迷恋上享受，便会被享受的"魔力"所吸引和征服。因此，过分地讲究享受型消费，很容易使人滋生狂热消费心理，陷入狂热消费泥潭，难以自拔，甚至进入一种醉生梦死的境地。就整个社会而言，享受型消费一旦占据主流，便会引发攀比、浪费、腐败等不良社会风气。事实上，在当下中国，过分讲究享受型消费的"野马"早已躁动不安，一股股享受型消费狂潮席卷大江南北，一座座豪华办公大楼拔地而起，一辆辆高档小汽车驶入街头，讲排场、比阔气，住的是豪华宾馆，吃的是山珍野味，穿的是名牌服饰，戴的是时尚手表。在外国人眼中，中国早已不是那个一穷二白、穷困潦倒的国家，甚至给外国人造成了"和中国比，美国是第三世界"[①]的假象。从近年来媒体曝光的腐败案件来看，过分地讲究享受型消费在部分公职人员中也有所体现。因此，2012年12月党中央做出关于改进工作作风、密切联系群众的"八项规定"，受到社会的普遍欢迎和好评，实际上，"八项规定"不仅是一个庄严承诺，体现了从严治党的根本要求，反映出中国未来施政的动向，而且反映了未来中国社会的主流消费价值取向。

党的十九大报告指出："中国特色社会主义进入新时代，我国社会主要矛盾已经转化为人民日益增长的美好生活需要和不平衡不充分的发展之间的矛盾"。"我国社会主要矛盾的变化，没有改变我们对我国社会主义所处历史阶段的判断，我国仍处于并将长期处于社会主义初级阶段的基本国情没有变，我国是世界最大发展中国家的国际地位没有变"[②]。这一精

---

① 2008年北京奥运会期间，美国记者到中国采访，看到北京现代化的场馆、一流的设施、发达的交通等后，发出了"和中国比，美国是第三世界"的感慨。

② 习近平. 决胜全面建成小康社会 夺取新时代中国特色社会主义伟大胜利. 人民日报，2017-10-28.

辟论述创新性地提出了我国社会主要矛盾的新变化,集中概括了我国所处的发展阶段、国际地位,是制定各项方针、政策的重要依据,也是每一位公民消费时要考量的现实背景。《中共中央国务院关于加快推进生态文明建设的意见》向全社会提出了节约消费的明确要求:"倡导勤俭节约的消费观。广泛开展绿色生活行动,推动全民在衣、食、住、行、游等方面加快向勤俭节约、绿色低碳、文明健康的方式转变,坚决抵制和反对各种形式的奢侈浪费、不合理消费。积极引导消费者购买节能与新能源汽车、高能效家电、节水型器具等节能环保低碳产品,减少一次性用品的使用,限制过度包装。大力推广绿色低碳出行,倡导绿色生活和休闲模式,严格限制发展高耗能、高耗水服务业。在餐饮企业、单位食堂、家庭全方位开展反食品浪费行动。党政机关、国有企业要带头厉行勤俭节约。"① 对于当下中国而言,过早、过分地讲究享受型消费是有背常理的,必须坚决摈弃享乐主义、奢靡之风,在全社会大力弘扬勤俭节约、艰苦奋斗的优秀传统。《中共中央关于制定国民经济和社会发展第十三个五年规划的建议》指出:"倡导合理消费,力戒奢侈浪费,制止奢靡之风。在生产、流通、仓储、消费各环节落实全面节约。管住公款消费,深入开展反过度包装、反食品浪费、反过度消费行动,推动形成勤俭节约的社会风尚。"党的十九大报告站在新的高度要求推进绿色发展,"倡导简约适度、绿色低碳的生活方式,反对奢侈浪费和不合理消费,开展创建节约型机关、绿色家庭、绿色学校、绿色社区和绿色出行等行动"②。因此,每一位公民都应该努力抵制不合理欲望,自觉坚持量入为出、量力而行、戒奢从俭的价值取向,养成适度消费、合理消费、节俭消费的良好习惯。

---

① 中共中央国务院关于加快推进生态文明建设的意见. 人民日报,2015-05-06.
② 习近平. 决胜全面建成小康社会 夺取新时代中国特色社会主义伟大胜利. 人民日报,2017-10-28.

第四章 "消费—生态"悖论的实例分析

一段时间以来,享乐主义在我国大行其道,奢靡之风、攀比之风盛行,一种以满足物质感官的享乐主义为中心的生活模式日渐流行。与之相伴随的是,消费与生态的矛盾日益突出,消费与生态相冲突的案件也不断出现。这里,我们将选择宰食动物、交通出行、家居生活以及公共消费领域内的典型案例进行分析。试图通过这些案例,从实践的角度揭示消费方式异化、消费结构失衡、消费取向偏颇所存在的道德风险,以探求"消费—生态"悖论的解决之道。

一、宰食动物[①]的道德边界

2012 年 2 月 1 日,以养熊取胆为主业的福建归真堂药业股份有限公司(以下简称归真堂)名列证监会公布的拟上市公司名单中,在社会上引起了轩然大波。2 月 13 日晚,亚洲动物基金会(Animals Asia Foundation)正式向力挺归真堂上市的中国中药协会发出制止函,反对养熊取胆行业并要求中国中药协会公开道歉。2 月 14 日,北京爱它动物保护公益基金会联合数十位名人向证监会递交了一份"呼请函",要求驳回归真堂

---

① 如非特别指明,我们这里的"动物"一词指的是非人动物,而人这一动物则用人或人类表述。

的上市申请。2月底,归真堂邀请公众参观养熊基地,试图向公众证明其获取熊胆所采用的无管引流技术对熊是无痛苦的、是人道的。3月,全国政协委员韩美林、冯骥才等人向全国政协提交提案,建议国家立法取缔养熊取胆;同时,一些医疗卫生界的政协委员联名递交了一份《正确对待"养熊取胆",保护中医药资源的合理利用》的提案。6月4日,国家林业局首次就证监会的征询给出答复,认为归真堂只要符合法律要求就可以上市。2013年4月,证监会宣布中止对归真堂的上市审查,归真堂此次上市行动宣告失败。但围绕归真堂和养熊取胆行业的论争并未停息。2016年7月25日,国务院发展研究中心在其网站上发布了由常纪文等人撰写的《我国活熊取胆的现状与养熊业战略转型的建议》调研报告,指出我国当前黑熊养殖业存在数量过剩、欠缺行业规范等问题,建议在20年内完全淘汰养熊取胆行业。随后,8月1日,中国中药协会药用动物保护与利用专业委员会致函国务院发展研究中心,称此报告的内容与政府大力发展中医药事业的政策相背,更违反最新修订的《野生动物保护法》,要求国务院发展研究中心收回报告并致歉。事实上,自证监会将归真堂列入拟上市名单后,平面媒体、电视台与网络媒体围绕归真堂和养熊取胆行业展开了一场大讨论,涉及法律政策、科学技术、伦理道德等多方面的内容。由此我们真实地看到在与动物相关的消费中所呈现的"消费—生态"悖论。①

(一)"归真堂事件"的伦理论争

围绕归真堂上市与养熊取胆行业展开的大讨论,是近年来我国影响最为广泛的公共伦理事件之一。人们围绕圈养与取胆过程是否会给熊带来痛苦、天然熊胆能否被替代、人与动物应当如何和谐相处等问题进行了激烈的辩论。

以中国中药协会为代表的归真堂的支持者们认为,养熊取胆行业没有突破人们的道德底线,其存在是合法、合理的。支持这种观点的依据归纳

---

① 曾建平,叶国平. 论宰食动物的道德限度. 南京林业大学(人文社会科学版),2017(1).

起来主要有四个方面。(1) 天然熊胆具有不可替代性。熊胆作为中国四大动物药材之首,具有极大的药用价值,对于治疗肝脏、胆囊、眼科疾病有很好的疗效,甚至能提高肝脏移植的成活率。中国中药协会会长房书亭等人表示,虽然我国早已开始人工熊胆的研究,但研究还在进行中,西医提出的熊胆有效成分"熊去氧胆酸"不能代替熊胆的全部功效。① 如果我们贸然禁止养熊取胆,将使需要以熊胆药物来治疗的病人承受巨大的痛苦,甚至付出生命的代价。(2) 现有的无管引流技术不会给熊造成伤害。房书亭称,取胆过程就像开自来水管一样简单,"自然、无痛,完了之后,熊就痛痛快快地出去玩了。我感觉没什么异样,甚至还很舒服"②。处于舆论中心的归真堂也高调开放养熊基地供公众参观,希望人们通过查看熊的生活环境与生活状况,承认通过无管引流技术取胆不会给熊造成伤害。(3) 用于取胆的熊都是人工繁殖的。繁殖这些熊的目的就是取胆,如果不是为这个目的,这些熊根本就没机会来到这个世界。它们不属于野生动物,不受野生动物保护法的保护,养殖这些熊取胆不违反法律规定。事实上,正是有了这些人工繁殖的熊,人们才不再猎杀野生熊取胆,让我国野生熊的数量得以增长。③ (4) 人类对动物具有道德上的优先性。我们生活的世界并不是众生平等的,养熊取胆与我们吃鸡肉、穿皮鞋一样普通,当动物权利与人的权利发生碰撞时,必然优先考虑人类。

北京爱它动物保护公益基金会在《致中国证券监督管理委员会的吁请函》中,列出了归真堂不符合上市条件的三点理由:(1) 其主营的熊胆业务不符合国家产业政策。国家的产业政策是不断限制野生动物入药数量,而归真堂却计划通过上市融资,扩大养熊场规模,这显然与国家倡导的产业发展方向相背。(2) 随着社会各界对"养熊取胆"的强烈抵制,熊胆行业经营环境可能发生重大变化,并对归真堂的持续盈利能力构成重大不利影响。(3) 归真堂在最近三年内存在违法行为。④ 这三点理由只是针对归真

---

① 田雅婷. 活熊取胆: "残忍"还是"不残忍"?. 光明日报, 2012-02-18.
② 董伟, 刘声. 国家中医药管理局局长: "活熊取胆"属无奈之举. http://news.china.com.cn/2012lianghui, 2012-03-05.
③ 刘远举. 活熊取胆汁背后还有苦痛的病人. 东方早报, 2012-02-14.
④ 北京爱它动物保护公益基金会. 致中国证券监督管理委员会的吁请函. http://blog.sina.com.cn/s/blog_7409ca760100x8hj.html, 2012-02-14.

堂上市问题提出来的，事实上，反对者们呼吁取缔的是整个养熊取胆行业，反对的理由也很一致，那就是活熊取胆侵害了"熊权"，构成了对熊的虐待，违背了动物伦理，突破了人与动物关系的道德底线。人对动物的无底线的消费行为，导致人与动物关系紧张，不断引发生态问题。

从以上的陈述中可以归纳出双方的争论集中在三个方面：一是动物是否具有权利，二是人是否可以伤害甚至杀死动物，三是人对动物是否具有优先性。

（二）动物的法律权利与道德权利

个体是否享有权利可以从其所处社会的法律和道德哲学中去寻求，前者为法律权利，后者为道德权利。

1. 动物权利立法

动物是否具有法律权利？在人类历史上，有很长的时期人们普遍认为人类是大自然的主宰，所有的自然存在物——当然包括动物——都是为了人类的目的而存在的。在这种观念之下，人是主体，动物是客体，动物只是用以满足人类需要的物，当然不存在权利。但伴随人们对这种观点的反思，各国逐渐将有关动物地位与动物权利保护的内容纳入法律体系。1822年，英国制定了《马丁法案》（Martin Act），禁止无故殴打、虐待任何驴、马、牛、羊或其他牲口，除非牲口先攻击人，这拉开了动物保护立法的序幕。1849 年和 1876 年，英国又先后通过了《防止虐待动物法》（Prevention of Cruelty to Animals Act）和《动物虐待法》（Cruelty to Animals Act），规定殴打、不良对待、过分使用、虐待、酷刑折磨动物或导致或促使上述行为发生均属犯罪，还规定以导致动物痛苦为目的的活体动物实验是非法的。德国 1998 年修订的《动物福利法》（Animal Welfare Act）第 1 条规定："本法旨在保护动物之生命，维护其福利。此举乃是基于人类对于地球其他生命伙伴之责任而为。任何人不得无合理之理由致动物痛苦或受伤害。"奥地利 2004 年修订的《联邦动物保护法》（Federal Animal Protection Law）第 1 条规定："鉴于人类对作为伙伴动物的动物负有特殊的责任，本联邦法的目的是保护动物的生命和福利。"我国的动物保护立法远远落后于欧美国家，目前我国直接针对动物保护的立法只有

《野生动物保护法》，其中有禁止捕杀、禁止以收容救护为名买卖野生动物、设立保护区、人工繁育时必须保障其必要的活动空间和卫生健康条件、禁止虐待等保护野生动物的规定，尚无对于农场动物、实验动物等非野生动物权利保护的规定。其中关于保障必要的活动空间和卫生健康条件以及禁止虐待野生动物的规定，为 2016 年修订《野生动物保护法》时新增加的内容，这也标志我国立法在保障动物福利和反对动物虐待方面有实质性进展。2009 年，我国启动了《动物保护法》的立法工作，在常纪文等学者起草的《动物保护法（建议稿）》中，对动物权利的保护从野生动物扩展到了所有脊椎动物，与国际通行法律接轨，针对农场动物、实验动物、伴侣动物、工作动物、娱乐动物和野生动物分别进行规范。《反虐待动物法》也正在制定之中。从各国立法现状和立法趋势来看，动物享有特定的法律权利，而且其权利体系将越来越完善。

2. 动物道德权利论争

如果说，探讨动物是否具有法律权利只需要考察法律中是否有对动物权利的规定，那么，探讨动物是否具有道德权利则更难，因为道德权利不是哪一个个体或集体创造性活动的结果。动物是否具有道德地位、是否应该享有道德权利？亚里士多德根据食物链对此直接予以否认，他说："植物的存在就是为了动物的降生，其他一些动物又是为了人类而生存，驯养动物是为了给人们使用和作为人们的食品，野生动物，虽非全部，但其绝大部分都是作为人们的美味，为人们提供衣物以及各类器具而存在。"[①]近现代学者围绕这一问题展开了长期的论争。否认动物具有道德权利的一种观点认为动物不具有人类的某些特质，尤其是理性特质，而人类之所以优于动物具有道德权利恰恰源自这些特质。康德说："就动物而言，我们没有直接的责任。动物没有自我意识，并且仅仅是作为一种目的的手段。这种目的是人。……我们对于动物的责任仅仅是对于人类的间接责任。"[②]这种观点遭到了边沁及其后很多哲学家的批判，边沁明确指出："一匹完全发育成熟的马或狗，比一个一天大、一周大，甚至一个月大的婴儿，更

---

① 彼得·辛格，汤姆·雷根. 动物权利与人类义务. 曾建平，代峰，译. 北京：北京大学出版社，2010：6.
② 同①25.

加理性、更为健谈。"① 如果以理性与自我意识作为具有道德权利的前提，那么我们将无法解释为什么刚出生的婴儿能成为道德主体而人类不需要对成年的猩猩负有道德义务。

否认动物具有道德权利的另一种重要观点来自人类中心主义，这种观点认为：只要不损害他人的利益，一个人选择任何一种方式对待动物在道德上都是被许可的；至少在"当人的利益与动物的利益发生冲突时，在其余情况相同的情况下，那种哪怕是为促进人的边缘利益而牺牲动物的基本利益的做法，在道德上也是许可的"②。人类中心主义的本质是物种歧视，受到了动物解放论者彼得·辛格（Peter Albert David Singer）的强烈批判。辛格认为，物种歧视主义与种族主义和性别主义一样违背了平等原则，平等原则意味着"不能因为有些生命不属于我们的物种，我们就有资格剥削它们；类似地，不能因为其他动物不如我们聪明，它们的利益就可以被忽略"③。1972年玛丽·沃斯通克拉夫特（Mary Wollstonecraft）发表《为妇女权利辩》（*Vindication of the Rights of Woman*）时，剑桥大学哲学家托马斯·泰勒（Thomas Taylor）匿名发表了《为畜生权利辩》（"Vindication of the Rights of Brutes"）一文。当然，托马斯·泰勒不是为动物权利进行辩护，而是说，如果为妇女权利辩护是合理的，那么这些论证对"畜生"是同等有效的，但常识认为"畜生拥有权利"的主张显然太荒唐。④ 而今，"妇女权利"已不容置疑，因而"动物权利"也须得到严肃对待。

否认动物享有道德权利的第三种观点是契约论式的。这种观点认为：社会道德规则就是一份契约，契约的主体是理解并自愿信守契约条款的人，契约规定了缔约者应当承担的义务，也同样授予、确认和保护缔约者的权利。儿童和智障者虽然不具备理解契约的能力并且不能亲自缔约，但他们因具有他人（最重要的是其父母）的情感利益而得到契约的保护。动物则由于不能理解和签订契约，事实上即使签订了也不能保证履行契约，

---

① 彼得·辛格，汤姆·雷根. 动物权利与人类义务. 曾建平，代峰，译. 北京：北京大学出版社，2010：28.
② 何怀宏. 生态伦理——精神资源与哲学基础. 保定：河北大学出版社，2002：246.
③ 彼得·辛格. 实践伦理学. 刘莘，译. 北京：东方出版社，2005：56.
④ 同①80.

因而被排除在道德权利主体之外。契约论观点曾经影响广泛,但其缺点也同样明显。(1)契约论要求缔约者自愿信守同一套道德规则,事实上,世界上根本不存在这样一套为人类全体所认同的道德规则。(2)现实中存在着许多为大家承认的道德规则无法用契约论来解释。(3)契约论还可能带来道德上不能接受的一些后果,例如在缔约中占据优势地位的一方利用自身优势获取比他人更多的利益,甚至迫使他方缔约。

目前,承认动物权利的理论可以被大致区分为两大派别,即动物福利论与动物权利论,两个理论都承认应该给予动物权利,只是对动物权利的范围持不同观点。

动物福利论也被称为温和的动物权利理论,这种理论只承认动物享有少量的权利,否认动物拥有和人一样高的道德地位,认为人对动物的义务就是在现有条件下善待动物,减少其在被饲养及被屠宰过程中的痛苦。基于平等主义立场,动物权利论则更为激进,这种理论认为某些非人类的动物也拥有基本的道德权利,要求赋予动物最高的道德地位。被称为动物权利运动教父的辛格沿着功利主义伦理学的路径,在《动物解放》(Animal Liberation)一书中系统论述了他的动物权利理论。他认为:按照功利原则,能带来快乐的就是善的,会产生痛苦的就是恶的,动物与人类一样具有感受快乐和痛苦的能力,因此与人类一样享有道德地位。人们在评价某一行为的善恶时,必须把受此行为影响的所有个体的利益都同等程度地考虑进去,无论这些个体是人还是动物。他说:"如果一个生物能感受痛苦,那么,拒绝考量这种痛苦就没有道德上的合理性。不管这个生物的本质是什么,平等原则要求的是:平等地考量它的痛苦,就像平等地考量其他生物的痛苦一样——只要它们之间可以做大概的比较。如果一个生物不能感受痛苦或者体验快乐和幸福,我们对它就没有什么需要考量。因此,对感觉能力(用这个词只是为了方便,如果不在严格的意义上精确地使用它,它就是感受痛苦或体验快乐和幸福的简称)的限制是对他者给予关怀的可辩护的唯一界线。"[①] 这样,人类与动物的道德地位和道德权利就被置于

---

① 彼得·辛格,汤姆·雷根. 动物权利与人类义务. 曾建平,代峰,译. 北京:北京大学出版社,2010:85.

平等的考虑之中。动物权利理论的代表人物汤姆·雷根（Tom Regan）不满意辛格从功利主义角度对动物权利所做的辩护，认为其只强调动物福利是不够的，应当向前更进一步。他认为道德权利的基础是天赋价值，动物和人类一样是生活主体，具有天赋价值，应当获得与人平等的受尊重的权利。① 在谈到动物权利的范围时他认为，动物权利运动的抱负是废除主义的，是要完全废除商业性的动物农业，完全废除皮毛工业，完全废除科学对动物的利用。②

我们承认动物享有权利，但并不是说动物拥有与人类完全一样的权利内容，有些权利，如选举权与被选举权，是不可能存在于动物身上的。一般认为，动物所能享有的基本权利包括三项：生存权、个体自由权和免受折磨权。生存权是指在一定社会关系中和历史条件下，个体应当享有的维持正常生活所必需的基本条件的权利。生存权还可区分为低阶的生存权和高阶的生存权，低阶的生存权是指维持生命存在的权利，高阶的生存权是指维持尽可能高的生存质量的权利。个体自由权是指个体自由不被无辜剥夺的权利，包括让动物在它们的栖居地生活和让被圈养的动物有尊严地生活等内容。免受折磨权则指免受没有理由的生理和心理痛苦的权利。也有人从动物福利角度来阐述动物应当享有的权利。在2004年3月世界动物卫生组织（Office International Des Epizooties）的巴黎会议上，专家们提出动物应当享有五种福利：生理福利，提供适当的清洁饮水以及保持健康和精力所需要的食物，使动物不受饥渴之苦；环境福利，提供适当的栖息场所或房舍，使动物能舒适地休息和睡眠，不受困顿不适之苦；卫生福利，做好卫生防疫，预防疾病和给患病动物及时诊治，使动物不受疼痛、伤病之苦；行为福利，提供足够的空间、适当的设施以及使之与同类动物伙伴在一起，能够自由表达它们的正常的行为习性；心理福利，保证动物拥有良好的条件和处置（包括农场动物的宰杀等过程），使动物不受恐惧和精神上的痛苦。③ 目前，中国兽医协会正携手国内部分养殖企业和屠宰

---

① 汤姆·雷根，卡尔·科亨. 动物权利论争. 杨通进，江娅，译. 北京：中国政法大学出版社，2005：145.

② 同①3.

③ 袁莉刚，曲亚玲，刘英. 动物福利教育与兽医专业发展. 动物医学进展，2009（7）.

企业抓紧制定《畜禽养殖和屠宰福利标准》，拟对畜禽养殖、运输、屠宰过程中动物的权利与福利做出具体规范。

（三）肉体虐待、死亡与动物伤害

从前面的论述中可以看出，无论从法律层面还是从道德层面，对动物权利的论证都是可以证成的。动物享有法律权利与道德权利，同样作为法律与道德主体的人则负有善待动物、不侵害动物权利的义务，这些义务中最基本的内容是"不伤害"。"我们谈论动物权利时，就是将动物视为权利主体。……它们更应该有合理和合法的权利，要求人类善待它们，向它们提供物品或服务。总之，人类有义务善待动物，向它们提供生存必须的物品或服务。对动物是权利的，对人类就是义务。"[1] 在不伤害原则之下，任何人都不具有伤害动物的道德权利，即使某些伤害动物的具体行为是无法避免的，伤害动物也只能是仅具备较弱合理性的被允许的行为而非道德权利。[2]

既然人类对动物负有"不伤害"义务，那么人类是否可以虐待或者宰杀动物？也就是站在伦理学立场，这种虐待或宰杀是否构成对动物的伤害？

宰杀动物会不会对动物造成伤害？卢斯·西格曼（Ruth Cigman）认为，死亡并没有伤害动物。"在某种意义上，动物不想死实质上是所有动物的真实情况，这表现在当他们的生命受到威胁时会表现出极度的恐惧。然而，盲目地抱住生命不放和主动想要生存的生命不是一回事，因为后者是有价值的生命。这样一种欲求生存的生命是人才能有的。"了解生存，才能具有继续活下去的欲望，这是一种绝对欲望（categorical desire）。动物在本质上不具有像人那样的关于生和死的观念，故而就没有绝对欲望，所以对动物的伤害并不是伤害，杀死它们也便没有道德上的价值。[3] 如果

---

[1] 邱仁宗. 生命伦理学. 北京：中国人民大学出版社，2012：249.
[2] 杨通进. 人对动物难道没有道德义务吗——以归真堂活熊取胆事件为中心的讨论. 探索与争鸣，2012（5）.
[3] 彼得·辛格，汤姆·雷根. 动物权利与人类义务. 曾建平，代峰，译. 北京：北京大学出版社，2010：166-167.

死亡都不构成对动物的伤害,那么虐待同样不构成对动物的伤害。

雷根拒绝了西格曼的观点。他认为绝对欲望不是判断死亡是否导致动物伤害的标准,因为婴儿、智障者和老人都可能缺乏这种欲望能力或潜能,"当死亡对他们而言是一种剥夺、是一种损失的时候,特别是当他们的死亡是违背他们的福利,哪怕是假设他们自己在维护生存或避免死亡时没有优先权的时候,死亡对他们来说就是一种不幸、一种伤害"①。我们赞同雷根的观点,虽然动物并不能知晓自身享有的具体权利,但无论它们是否知晓,权利都客观存在着,当它们的权利遭受严重侵害时,它们就受到了伤害。

为了论证前述观点,汤姆·雷根详细区分了对动物的两种伤害——折磨与剥夺。②

在汉语词典中,折磨的意思是在肉体或精神上受打击、使身心承受痛苦。"急性或慢性的身体痛苦或精神痛苦是典型的折磨。"③ 动物——至少是高等动物——与人一样,具有感觉和意识已为诸多的实验所证明,也已被多数人承认。高等动物感受痛苦的生理机制都是相同的。痛苦就是痛苦,而不管你是一只鸟、一条鱼、一只老鼠还是一个人。这种痛苦既可能来自肉体,例如因交通事故造成严重的身体损伤;也可能来自精神,比如长时间地被人误解。一般来说,折磨是一种强度较高且时间较长的痛苦,虽然我们不可能也没有必要精确地计算痛苦的强度大小或时间长短,但一瞬间的、细微的痛苦肯定不是折磨。折磨要构成一种伤害,则给个体造成肉体或精神痛苦的主体必须是人,因为虽然大自然也会给个体带来痛苦,但大自然不是道德的主体,即使自然灾害使个体感受到长期的、极度的痛苦,也不构成具有道德意义的折磨。

剥夺,则是让个体某些既得的或可期待的权利或利益丧失,例如死刑剥夺了人的生命,有期徒刑剥夺了人的自由,罚金剥夺了人的财产利益。剥夺常常引起或涉及痛苦,这种痛苦或来自实现剥夺所使用的手段,或来

---

① 彼得·辛格,汤姆·雷根. 动物权利与人类义务. 曾建平,代峰,译. 北京:北京大学出版社,2010:170.
② 汤姆·雷根. 动物权利研究. 李曦,译. 北京:北京大学出版社,2010:79.
③ 同②79.

自主体的良好预期因利益被剥夺不能实现而遭受的精神折磨。用绞刑剥夺犯罪者的生命，犯罪者在承受对生命即将失去的恐惧的同时，还要承受行刑本身造成的肉体上的痛苦。但是，剥夺并非一定引起痛苦，没引起痛苦的剥夺也构成对主体的伤害，这种伤害还可能因受伤的主体没有意识到而显得更加深重。我们把动物圈养在动物园的铁笼子里，为它们提供充足的水和食物，让它们免于遭受肉体上的痛苦，但它们的个体自由被剥夺了，这种剥夺本身就是伤害。如果不正当的剥夺引起了痛苦，则构成了对主体的双重伤害。

有必要回应一下在本部分开头描述的养熊取胆的案例，在对支持养熊取胆与反对养熊取胆的不同观点的描述中，人们对于熊不应当受到伤害是有共识的，分歧在于在目前的养殖模式下熊是否受到了伤害。传统的杀熊取胆和插管引流等方式给熊造成巨大的伤害自无疑问，但被归真堂及其支持者们宣称为无痛、无害的无管引流技术是否真的对熊无害？我们认为同样会对熊造成伤害。(1) 取胆行为对熊造成了肉体上的伤害。无管引流技术需要动手术在熊身上打通一下人工通道，每次取胆时将塑料管通过通道插入熊的腹部抽取胆汁，暴露的开放通道容易造成感染，长期抽取胆汁则容易让熊患上胆囊炎、胆结石等疾病。四川龙桥黑熊保护中心的兽医在介绍黑熊的生存状况时说："99%的无管引流取胆的黑熊，都患有胆囊炎，22%的熊患有胆结石，此外，还有熊患上了肝癌。"① (2) 按照前述世界动物卫生组织提出的动物福利标准，熊的卫生福利和心理福利没有得到保障。根据卫生福利要求，养殖场应该做好疾病预防、患病后及时诊治的工作，让熊免受疼痛、伤病之苦，但养熊取胆却大大增加了熊遭受伤病之苦的风险。心理福利要求让动物免受恐惧和精神上的痛苦，但是熊本身有它们的需求和欲望，将这种具有需求和欲望的动物置于无法满足其需求和欲望的环境中圈养起来，本身就是对它们的伤害。

如果说虐待和囚禁侵害了动物的免受折磨权与个体自由权，伤害了动物，那么死亡就是更为根本性的伤害。因为按照汤姆·雷根所说的"死亡

---

① 陈振玺, 王娴. 归真堂开放"活熊取胆"全过程"无管引流"惹质疑 [EB/OL], http://www.cnr.cn/djxw/201202/t20120222_509192669.shtml, 2012-02-22.

是根本的伤害，因为死亡是根本的丧失——失去了生命本身"①，对动物的伤害不仅仅是让动物遭受痛苦，还包括剥夺。死亡是一种根本的、不可挽回的剥夺，因为死亡剥夺的是生命本身。生命丧失了，依附于生命之上的一切利益就随之丧失。雷根的这个论断虽然令人警醒，但很显然，他是简单地将动物的生命等同于人的生命，将人的利益等同于动物的利益。事实上，人类和动物均具有基本利益与非基本利益，前者是保障主体生存的根本性利益。在人类的基本利益与动物的基本利益发生冲突时，优先保障人类的基本利益。当人类的非基本利益与动物的基本利益发生冲突时，动物的基本利益具有优先性。当人类的非基本利益与动物的非基本利益发生冲突时，人类的非基本利益具有优先性。据此而论，对剥夺动物的生命进行道德判断就不会那么简单，既要看人与动物的利益冲突性质，也要看被剥夺生命的动物对象本身，还要看剥夺动物生命的方式——即使为了人类的基本利益而有必要剥夺动物的生命，也应当采取人道主义方式，而非残暴的、折磨的致其死亡的方式。

（四）宰食动物的道德限度

2012年11月27日央视开播的节目《共同的家园——保护野生动物，我们在行动》，为我们展示了江西资溪猎杀猕猴等野生动物的血腥场面，至今震撼人心。这样的场面几乎遍及中国大地，不唯江西如此。当前的中国社会，乱吃、虐吃动物成风。仅在广州一个城市，每天就有上万只猫被吃掉；珠三角地区是全国最大的野生动物走私集散地，每天有多少野生动物被端上餐桌实在难以估计。更有不少人将吃各种野生动物，特别是吃一些珍稀野生动物看作身份的象征。斑鸠、野猪、眼镜蛇成为人们的美食，甚至蚂蚁、蝗虫、蝎子也成为餐桌上的佳肴，更有人漠视法律规定食用大熊猫、娃娃鱼等各种国家保护动物。吃的过程中还追求刺激、新奇，什么"活吃猴脑""鲜炙鹅掌""糖醋活鱼"等残忍吃法层出不穷。动物在被剥夺生命的同时还忍受着无情的虐待。

在人类中心主义的视域中，宰食动物不应受到道德非议；但从动物享

---

① 汤姆·雷根.动物权利研究.李曦，译.北京：北京大学出版社，2010：84.

有权利的观点出发，宰食动物在道德辩护上受到重重非难。如何看待宰食动物的道德限度？激进的环境主义者主张不宰食动物，奉行素食主义；温和的环境主义者则认为，激进派的主张无法现实化，人们能够做到的是不以残暴方式饲养和宰食动物。

1. 激进派：不宰食动物，奉行素食主义

严格素食者认为，放弃肉食、奉行素食主义是动物权利对人的要求，也是保护动物的理想限度。

正如有人不愿承认动物权利一样，也有不少人不愿意放弃肉食，对素食主义进行批判。其理据大致来自三个方面：第一种论证立足于历史，《圣经·创世记》中说："要生养众多，遍满地面，治理这地；也要管理海里的鱼、空中的鸟，和地上各样行动的活物。"又说："凡活着的动物，都可以做你们的食物，这一切我都赐给你们，如同菜蔬一样。"于是，这种观点指出，人类自远古以来就以动物为食，对我们来说吃肉是天经地义的事，要求人类素食过于偏激。第二种观点从人的身体需要出发，指出有很多物质和元素需要由肉食提供，长期素食有损人的健康。第三种观点出自自然目的论，指出人是自然界中唯一有理性的存在物，是自然的目的，其他物种都只是手段，是为了人这个目的而存在的，无论人怎样对待动物都不是不道德的。就像亚里士多德所说："植物的存在就是为了动物的降生，其他一些动物又是为了人类而生存，驯养动物是为了给人们使用和作为人们的食品，野生动物，虽非全部，但其绝大部分都是作为人们的美味，为人们提供衣物以及各类器具而存在。"① 动物受人类统治，这是自然且公正的。

这三种观点的错误之处是显而易见的。对于第一种观点，习惯并不能成为吃肉的道德理据，西方国家的蓄奴制度存在了几千年，奴隶主曾经就像我们现在对待动物一样对待奴隶，这样做在我们现在看来就是非常不妥的。再如人类长期地否认妇女的权利和地位，而现在看来妇女与男子享有同等的权利是不容否认的。对于第二种观点，其所依赖的基础

---

① 彼得·辛格，汤姆·雷根. 动物权利与人类义务. 曾建平，代峰，译. 北京：北京大学出版社，2010：6.

是错的,作为一个复杂的机体,人体的健康运行确实需要各种不同的物质和元素,但许多物质和元素并非只能从肉食中获得,科学研究已经证明,只要摄入的热量充足,注意营养搭配,从肉食中获得的物质和元素完全可以从植物性食物中得到补足,过多的肉食容易给身体健康带来危害。这一点在我国古代已然为人知晓,《吕氏春秋·本生》曰:"肥肉厚酒,务以自强,名之曰烂肠之食。"《吕氏春秋·重己》曰:"味众珍则胃充,胃充则中大鞔,中大鞔而气不达,以此长生可得乎?"第三种观点是典型的人类中心主义观点。对于这种观点,辛格早已进行反驳:"在把平等原则当作处理我们与自己物种内部其他成员关系的合理道德基础之后,我们也应该把它当作处理我们与其他物种(即非人类物种)的关系的合理道德基础。"①

人们为什么应当放弃肉食,奉行素食主义?迈克尔·艾伦·福克斯(Michael Allen Fox)在《深层素食主义》(*Deep Vegetarianism*)一书中对这一问题进行了深入探讨,给出的支持素食的理由包括健康、动物的受苦与死亡、世界性饥饿与不公、非暴力主义、土著民族的灵性,等等。②激进派认为,奉行素食、不宰食动物的道德理据主要包括以下四点:第一个道德理据在于死亡是对动物的伤害。死亡是根本性的伤害,宰食动物剥夺了动物的生命,而生命是动物的其他一切权利与福利依存之基础。更何况残忍的宰杀方式,在剥夺动物生命之时,还给动物带来了肉体与精神上的痛苦,构成了对动物的双重伤害。不伤害动物,是人对动物的基本义务,宰食动物违背了这一义务,是极不道德的行为。第二个道德理据是肉食制度助长了人类社会的不公。1948年《世界人权宣言》(*The Universal Declaration of Human Rights*)中规定了人的拥有足够食物的权利或免于饥饿的权利,而联合国粮食及农业组织(Food and Agriculture Organization of the United Nations)、国际农业发展基金(International Fund for Agriculture Development)和世界粮食计划署(World Food Programme)联合发布的《2015年世界粮食不安全状况》(*The State of Food*

---

① 彼得·辛格. 实践伦理学. 刘莘,译. 北京:东方出版社,2005:55.
② 迈克尔·艾伦·福克斯. 深层素食主义. 王瑞香,译. 北京:电子工业出版社,2015:77-150.

Insecurity in the World 2015）中指出，当前全世界饥饿人口总数仍高达 7.95 亿，在发展中地区仍有 12.9% 的人因不能获得足够食物而无法过上健康生活。① 肉食比素食消耗的食物要多得多，平均每 16 公斤植物蛋白才能转化成 1 公斤牛肉，现在全球牲畜数量是人口的 3 倍，世界上 38% 的谷物被用作饲料。② 本来可供人类食用的粮食被猪、牛等肉用动物吃掉了，满足了肉食者的需求，但加剧了富裕阶层和贫困人口的矛盾。第三个道德理据是宰杀动物泯灭人性中的同情心。同情心在人类道德情感中占有重要地位，在融通人与人的关系、形成亲社会行为过程中具有重要作用。但同情心并非人人同等具备的，在特定的环境中人的同情心会得到强化和彰显，但如果没得到适当的培育也会枯萎。在宰杀动物过程中，人们对被宰杀的动物所遭受的痛苦与伤害视而不见、听而不闻，同情感缺失，久而久之人的同情心就会慢慢泯灭。宰杀人类伴侣动物或虐杀动物，对人类同情心的伤害比宰食肉用动物更大。2014 年 12 月 24 日，重庆某小学组织一年级学生在操场上观看"杀年猪"，声称是弘扬、传承传统文化。但有学者质疑说，当着孩子的面展现血腥与暴力，这样的文化传承跑偏了。③ "杀猪过年"是不少地方的风俗，但"传承"这种风俗却未必非要孩子来到血淋淋的现场，学生的伦理教育和生态教育与这种所谓的"文化传承"格格不入。第四个道德理据是养殖与宰杀畜禽破坏生态环境。不可否认，造成当前世界环境破坏、生态灾难频发的原因有很多，但养殖与宰杀畜禽无疑是其中的重要原因之一。同一块土地，可喂饱素食者的人数远比可喂饱肉食者的人数多。为了大规模养殖食用动物，人们大面积开垦农场和牧场，破坏森林等原始植被。为了在短时期内养殖出更多的动物，人们在牧场过度放牧，造成土地沙化等一系列问题。在畜禽的工厂化养殖和宰杀过程中，还需要消耗大量的水资源，生产 1 公斤猪肉所用水量是生产 1 公斤小麦所用水量的近百倍。不仅如此，畜禽养殖与宰杀过程中产生的废水流入水体或渗入地下，还会造成严重的水污染。可见，肉食动物

---

① 联合国粮食及农业组织，国际农业发展基金，世界粮食计划署. 2015 年世界粮食不安全状况. 2015.
② 郭耕. 兽类悲歌. 北京：化学工业出版社，2005：268.
③ 段思平. 围观杀猪 文化传承跑偏了. 法制晚报，2015-12-26.

的大规模生产加剧了生态失衡。

2. 温和派：不残暴地饲养和宰食动物

温和派认为，激进主义者所主张的不宰食动物、奉行素食主义是一种天真的理想，无法被人所认同，也无法为人所实践，改变人们的消费方式必须尊重人类进化史，必须尊重人类发展规律，必须循序渐进。在改变人们的消费方式，使之符合动物保护需要的问题上，既能被认同又能被实践的现实方案是：不残暴地饲养和宰食动物。

首先，不宰食法律禁止宰食的动物。法律是道德的底线，在法律许可范围内宰食动物，则是人类宰食动物的底线，任何人突破了这一底线，不仅应遭道德谴责，而且应受法律制裁。目前，世界上已经有100多个国家（包括经济发展不如中国的一些非洲国家）出台了动物福利法。在英国，有关动物保护的法律有10多个，如《宠物法》《动物遗弃法案》《动物寄宿法案》《兽医法》……涵盖动物从生到死。在德国，有关动物生命权的保护被写入宪法。而在中国，除了珍稀野生动物外，还有许多为人类服务的动物——工作动物，如警犬；经济动物，如奶牛；实验动物，如老鼠；娱乐动物，如马戏团的动物——并没有法律地位。这些动物在有些国家已经具有了福利地位。只有非法捕杀国家保护的野生动物，才追究刑事责任；而对虐杀普通动物的行为，几乎不进行任何处罚，也无人承担相应责任。在当前我国乱杀、乱食动物成风的情况下，尽快通过《动物保护法》有重要意义。

其次，不虐杀动物，普遍实行人道屠宰方式。对于鸡、猪、羊等可供人宰食的动物，在宰杀的过程中必须人道地对待。我国香港地区早在20世纪初就颁行了禁止残酷虐待动物的法律，还对动物的宰杀程序进行规范，到20世纪末已形成完整的动物权利保护法律体系。我国内地首次制定关于肉鸡福利屠宰行业标准的是山东省，该省地方标准《肉鸡福利屠宰技术规范》2016年通过质监部门批准发布。该规范要求，抓捕、运输、装卸等过程中，要采取减少应激的措施；抓捕鸡时要用捕捉器或双手抓双翅等，不能抓单只翅膀或大腿部，禁止拖拽等；运输过程不超过3个小时，还要注意温度和卫生；宰杀前要静养，要安装胸部抚摸板，使鸡得到依靠和摩擦，有助于保持安静；宰杀时必须先通过气体等方式"致昏"，使其失去知觉。① 目前，各国动物福利法、反动物虐待法以及动物屠宰标准，普遍规定屠宰动物时不能让动物感到痛苦或者应当尽可能减轻动物的痛苦。宰杀动物不能在其他待宰杀的动物面前进行，因为这样会使动物产生恐惧，正如人们不让未成年人观看屠宰场面以免其产生恐惧一样。当然，从动物福利观点出发，无论当地法律是否有明文规定，不虐杀动物都是不应逾越的道德限度。

最后，对工厂化养殖做出严格限制。在传统的养殖场中，动物是在自然环境下长大的，食物、活动空间能得到保障，动物本身的习性能够保持。但是，现在食用动物的养殖已经是一种商业行为，养殖业主为了追求更高的利润，按照工业生产的模式来饲养动物。彼得·辛格在《反对工厂化养殖场》("Down on the Factory Farm")一文中通过对养鸡场的细致描述，让人们看到了工厂化养殖给动物造成的深深伤害。他说："在美国或其他'发达国家'的现代产蛋养殖场的标准条件下，鸡的天性已丧失殆尽。这些鸡不能四处行走，不会刨抓泥土，不会以灰尘浴身，不会搭窝，也不会伸展翅膀。它们已不再是鸡。它们不敢去惹事，弱小的鸡总逃不过强者的攻击，这些'强者'已经被反常的环境给逼疯了。"② 养殖场中其他动物的遭遇与鸡基本一样。这种环境下的动物，没有自由、丧失天性，还极易感染疾病。工厂化养殖对动物造成了严重的伤害。在中国，这种养殖方式比较普遍，圈养动物已经成为保障人们肉食需要的重要方式，但很显然，这种养殖方式完全出于人的利益需要，根本不考虑动物的生存本性，是对待动物的一种残暴方式。因此，一方面，由于中国人口众多，完全取缔这种养殖方式会影响人们的生活，合理地保持一定规模的工厂养殖仍然具有必要性；另一方面，这种养殖方式不能长期持续下去，甚至变本加厉，必须对此有所警告，有所改善。要制定严格的养殖准入制度，合理控制养殖面积、养殖方式与养殖数量等之间的关系。

---

① 山东省首推"人道化"屠宰 杀鸡要考虑鸡的感受. http://qlld.com/news/show/id/507525.html，2016-08-28.
② 彼得·辛格，汤姆·雷根. 动物权利与人类义务. 曾建平，代峰，译. 北京：北京大学出版社，2010：181.

二、交通出行的伦理维度

2010年9月17日,一场小雨导致北京市的140多条道路堵车,有网友发微博称,一辆公交车下午3点从厂桥出发,晚上8点半才到六里桥,13公里竟然用了5个小时,是北京实行单双号限行以后最严重的一次堵车。因为堵车情况过于严重,首都在驾车人眼里已成为"首堵",更有网友戏称"首堵"壮观的堵车夜景是北京旅游的最佳景点。然而,堵车现象绝不是北京所特有的,严重的堵车问题已然成为我国各大城市的城市病,上海、深圳、广州等大城市尤甚,甚至全国几乎无城不堵。与堵车相伴而生的,则是巨大的能源消耗和空气、噪声污染。

作为低碳交通成功范例的上海世博会,为我们提供了一个绿色出行样本。上海世博园开园之前,上海世博局对世博会各环节的二氧化碳排放量进行了预测,认为参观者的交通排放约占总排放量的80%。为此,上海世博局同上海市环保局、美国环保协会共同发起了"世博绿色出行项目",推行了以下具体措施:(1)发行世博绿色出行低碳交通卡,由参观者购买碳汇指标中和自己出行产生的二氧化碳排放。(2)推出绿色出行碳计算器,给出具体的绿色出行方案供选择。绿色出行碳计算器帮助参观者计算每一种出行方式产生的碳排放量,提供碳减排的建议,引导参观者选择低碳方式出行。(3)构建方便快捷的地面交通和轻轨交通网络,让参观者愿意选择公共交通方式出行。(4)使用太阳能、纯电动等新能源汽车,直接减少碳排放。(5)建设世博绿色出行林,抵消世博会的碳排放。① 《中国2010年上海世博会绿色出行报告》指出,这些措施不仅直接为上海世博会贡献了10万多吨的碳减排量,而且在改变人们高消耗和高碳排放的出行习惯、鼓励人人参与绿色出行等方面发挥了积极作用。②

---

① 上海市环境保护局,上海世博会事务协调局,美国环保协会. 世博绿色出行指南. 2009-10-13.

② 张全,洪浩,杜丹德. 中国2010年上海世博会绿色出行报告. 上海:上海科学技术出版社,2011.

交通出行是人们消费的重要内容，面对各大城市纷纷"添堵"和上海世博会绿色出行成功案例，我们应该思考我们的交通出行。

（一）"堵城"之谜

"堵城"，是网络上对经常大面积堵车的城市的称呼。为什么中国在目前阶段有如此多的城市成为"堵城"？"堵城"之堵背后的真实原因到底是什么？

一份网上调查结果显示，有34.8%的人认为城市交通拥堵的症结是道路规划与管理不合理，有32.1%的人认为是司机、行为素质方面的原因，有22.7%的人认为是城市私车超出了交通承载力度的原因，有10.3%的人认为是城市公共交通发展滞后的原因。①

不可否认，城市规划、道路建设中存在的问题是交通拥堵的重要原因。在城市规划方面，我国的多数城市都属于单中心城市，城市功能布局沿中心环形分级，依次向四周辐射。例如北京，以天安门广场和王府井为中心，沿着二环、三环向外扩散，一直到现在的七环。重要的政府机关、大企业总部、大商场都争相挤到城市中心，这就造成上班时人流涌向城市中心、下班时人流又从城市中心向周围扩散，交通压力非常大。在道路建设方面，道路建设滞后于机动车数量的增长，道路规划不合理，例如主干道与次干道比例失调、道路分配上没有体现公交车和非机动车的优先通行权，轻轨交通建设跟不上等，导致城市道路承载能力减弱，交通压力增大。

此外，还有三个与机动车驾驶者等有关的原因。（1）机动车数量的急剧增多。2009年我国首次成为世界汽车产销第一大国，截至2014年底，我国机动车保有量为2.64亿辆，机动车驾驶人数突破3亿，近5年来每年平均新增机动车1600多万辆，新增驾驶人员2000多万人。② 北京之所以成为"首堵"，其基本原因就是机动车剧增。有数据表明：2003年北京

---

① 付龙．近三成半网友认为道路规划和管理不合理．http：//diaocha．people．com．cn/GB/12772514．html，2010-09-19．

② 中国机动车保有量达2.64亿辆．http：//news．xinhuanet．com/local/2015-01-27/c_127428358．htm，2015-01-27．

市机动车保有量是 200 多万辆，到了 2012 年初已突破 500 万辆。从城市的机动车保有量来说，300 万辆到 400 万辆的增加值，东京用了 12 年，而北京只用了 2 年零 7 个月。① 从消费伦理角度出发，我们不得不质疑是否所有的购车者都有购车的必要。可能大部分购车者的确出于工作、生活的便利之需求，需要有一件代步工具；但也有一些购车者不是出于实际生活需要，而是把车当作消费符号，认为"有车才是现代生活"，把"驾私车、坐名车视为风光和体面"的表现。（2）对机动车的依赖。这是一个消费习惯的问题，不少消费者购买了私家车以后，似乎忘记了还有步行、骑自行车、乘坐公共交通工具等出行方式，一出门就想到开车，无论是上千公里之远还是 1 公里之外都一样。这种机动车依赖增加了道路上的机动车数量，增加了交通压力。其实，人们应该根据目的地的不同为自己设计既经济又快捷的出行方式，10 分钟之内的路程完全可以选择步行或骑自行车。正因如此，2012 年 2 月国家发改委会同财政部等 17 部委共同制定了《"十二五"节能减排全民行动实施方案》，明确提出开展绿色出行活动，包括禁止超标采购公务车、提高公务车中清洁能源汽车比例、开展公务自行车试点、倡导"135"出行方案等内容。②（3）司机、行人不遵守交通规则。遵守交通规则是出行时应当遵守的基本准则，是交通出行的道德底线，但这个底线随时都会被突破。闯红灯、乱停乱放、机动车驶入非机动车道甚至人行道、非机动车骑入机动车道、行人横穿马路等违反交通规则的行为无论在哪个城市、哪条路上都经常发生，造成交通秩序混乱，增加堵车风险。

堵车会造成什么危害？（1）浪费自然资源。目前，我国机动车中清洁能源车所占比例非常小，绝大部分机动车都是使用汽油或柴油作为燃料。驾车出行是高耗能的出行方式。数据显示，驾驶一辆排量为 1.6 升的轿车，每天行驶里程在 50 公里左右，一年下来就是 1.8 万公里，以百公里 10 升的平均油耗计算，一年耗油就是 1 800 升。③ 普通车辆怠速一小时消

---

① 苏今，祝巍. 堵车是车多惹的祸?. 绿色中国，2010（22）.
② "135"出行方案，即 1 公里以内步行，3 公里以内骑自行车，5 公里以内乘坐公共交通工具.
③ 王京韬. 无车日：为生存环境而行走. 中华工商时报，2005-09-22.

耗燃油 0.8~1.1 升，以此计算，高峰期间，以北京市主干线上的 300 万辆机动车计算，拥堵一小时所需燃油是 240 万~330 万升。① 石油属于不可再生资源，地球上的储量是有限的。环保组织先驱"罗马俱乐部"在其 1972 年发表的第一个研究报告《增长的极限》中指出："如果世界人口、工业化、污染、粮食生产和资源消耗方面，现在的趋势继续下去，这个行星上增长的极限有朝一日将在今后 100 年中发生。最可能的结果将是人口和工业生产力双方有相当突然的和不可控制的衰退。"②（2）造成环境污染。环保部发布的《2013 年中国机动车污染防治年报》中指出，当前我国机动车污染问题日益突出，尾气排放已成为我国空气污染的主要来源，是造成灰霾、光化学烟雾污染的重要原因。尾气中的主要污染物是碳氢化合物、氮氧化合物以及铅等。这些污染物被人体吸收后，会破坏造血机能，造成贫血、神经衰弱，还会导致癌症，对人的健康造成极大的危害。汽车尾气中的二氧化碳等被称为温室气体，进入空气中后，可导致气温升高而产生温室效应，还会破坏臭氧层，除了直接损害人体健康之外，更会造成一系列环境灾难。虽然建筑活动、工业与交通都排放二氧化碳，但汽车排放的二氧化碳占很大比例，而且还在不断增长中。奥斯陆大学（University of Oslo）国际气候和环境研究中心发表于《美国国家科学院学报》(*Proceedings of the National Academy of Sciences of the United States of America*) 的报告指出，过去 10 年全球二氧化碳排放总量增加了 13%，而源自交通工具的碳排放增幅却高达 25%。欧盟大部分工业领域都做到了成功减排，但交通工具碳排放却在过去 10 年内增长了 21%。③ 可以预见，如果不改变现在的交通出行方式，在不久的将来，交通工具将成为碳排放主体。我国政府向社会公布了我国的节能减排计划，如果不认真考虑交通减排，那么减排计划的实现就令人担忧。

---

① 王乃超. 谁能为堵车埋单？——京藏高速和北京市区大堵车的思索. 中国储运，2010（11）.
② 丹尼斯·米都斯，等. 增长的极限. 李宝恒，译. 长春：吉林人民出版社，1997：18.
③ 黄欣然. 不同类型社区居民特征与居民通勤碳排放的关系. 交通运输研究，2015（5）.

(二)"世博绿色出行"的启示

上海世博会的主题是"城市——让生活更美好",推出并践行"绿色世博""绿色出行"的理念,无论在世博会期间还是在世博会之后,都深刻影响着人们的生活,影响着人们交通出行的行为方式。我们认为,从消费理念与消费伦理方面看,"世博绿色出行"带给我们诸多启示。

1. 以绿色消费理念为指导,普及绿色出行伦理观念

一个计划的成功,离不开正确的指导理念。上海世博会筹备之时,就提出办"绿色世博""生态世博","世博绿色出行"活动所体现的"绿色消费"理念,正是绿色世博的反映。对于绿色消费,国际上公认其包括三层含义:"一是倡导消费时选择未被污染或有助于公众健康的绿色产品;二是在消费过程中注重对垃圾的处置,不造成环境污染;三是引导消费者转变消费观念,崇尚自然、追求健康,在追求生活舒适的同时,注重环保,节约资源和能源,实现可持续消费。"① 世博会的道路交通设计、交通工具的选择等都是在这一理念的指导下进行的。世博会通过一系列活动,通过报刊与网络媒体向所有人宣传、普及绿色出行知识,倡导绿色出行。为了抵消人们参观世博园产生的碳排放,世博会特别建设了世博绿色出行林。

2. 构建绿色出行交通网络

上海世博会交通网络的建设,很好地满足了绿色出行的要求。(1)有方便快捷的外围公共交通体系,让参观者无论在机场、火车站还是在城市中心的其他地方,都能通过地铁或路面公共交通系统进入世博园区。与驾车参观世博园相比,通过公共交通系统进入世博园不仅方便、快捷,而且更省钱、更环保。(2)大量选用新能源汽车作为园区内的交通运输工具,客车、电视转播车、运钞车、医疗卫生车通通都以电能、太阳能等为动力,在世博园中刮起一股绿色风暴,既实现了减排的目的,又是对新能源运输工具的一次集中展示,让参观者认识、了解这些绿色出行工具。(3)提供

---

① 曾建平. 消费方式生态化的价值诉求. 伦理学研究,2010(5):92.

自行车租赁服务，让参观者零排放参观世博园。世博园区共设置了 60 多个自行车租赁点，约每隔 300 米 1 个，提供 10 000 辆左右的自行车，参观者交纳 20 元押金后就可以骑自行车轻松参观世博园，还车时即退回押金，还可以异点还车。方便、免费的自行车租赁服务让大量的参观者选择这种方式参观世博园。

3. 给参观者提供绿色出行指导，鼓励参观者绿色出行

上海世博园正式开园之前，官方就正式在网上推出了绿色出行碳计算器，让参观者对每一种出行方式的碳排放做全面的比较。同时还提供细致的绿色参观方案供参观者比较选择，让绿色出行成为可能。一些具体措施对绿色出行起到了促进作用，例如发行的世博绿色出行低碳交通卡，能和普通公交卡一样用于乘坐公交，还包含一定的碳汇指标用以中和参观者的碳排放。持这种卡可以免费参观特定的场馆，让更多的人选择购买这种绿色出行低碳交通卡。自行车设计中也有鼓励绿色出行理念的体现，世博园内租赁的自行车内置特种芯片，可以提供远程测控，游客还未骑到检票区，电子系统就可以提前识别游客身份并给予放行，以减少排队等候时间。这个小小的设计让更多的人体会到骑自行车游世博园的好处，让更多的人选择这种参观方式。

总之，世博绿色出行启示人们，作为一种消费形态，交通出行必然会对环境带来直接的影响，出行者选择出行的方式不仅应该出于自己到达目的地的需要，而且应该站在消费伦理、生态伦理角度考量这种方式对自然环境的影响。

（三）绿色出行："堵城"的解堵之道

"堵城"在中国越来越多，"解堵"突围越来越迫切，专家给出的"解堵"方案也不少，其中一些已经实施，如各大城市几乎都在大力推进地铁等公共交通设施建设，部分城市通过摇号方式控制私家车数量、实行单双号限行或特定时段特定号段限行、在中心城区增加停车场所，等等。但其中的众多方案都是治标不治本的，甚至有的方案被人们认为不是"解堵"

而是"添堵"。① 1992年联合国环境与发展大会通过的重要文件《21世纪行动议程》中指出:"地球所面临的最严重的问题之一,就是不适当的消费和生产方式,导致环境恶化、贫困加剧和各国发展失衡。"② 它认为重视消费问题,建立适当的消费模式才可能解决问题。我们认为,"堵城"问题的根源在于人们的消费观,在于人们的消费方式不符合经济与社会的发展需要。要为"堵城"解堵,还得大家树立并践行绿色出行的消费观,做到绿色出行。上海世博绿色出行项目印制的《世博绿色出行指南》中,绿色出行被定义为:采取相对环保的出行方式,通过碳减排与碳中和实现环境资源的可持续利用、交通的可持续发展,主要包括绿色出行碳减排和绿色出行碳中和两个方面内容。

绿色出行不仅仅是一种出行方式,更是一种消费观念、一种生活态度,它能够有效地协调人与环境、人与人的关系。(1)绿色出行是人与环境相和谐的出行方式。首先,绿色出行可以缓解车与路的矛盾。优先选择公共交通、自行车或步行的出行方式,可以减少单位路面车的数量,降低路面车辆的密度,使得道路"宽"了、速度快了、路不堵了。其次,绿色出行可以节约能源。"从人均能耗的角度看,如果以小汽车每100千米的人均能耗为100%计算,公共汽车为8.4%,无轨电车为4.4%,有轨电车为3.4%,地铁为5%"③,自行车与步行则是零能耗。因此,倡导公共交通出行是我国作为人口大国的合理方式,而私家车则并不符合我国出行消费的发展方向。最后,绿色出行可以减少包括二氧化碳等在内的废气的排放。有学者列出碳排放由低到高的出行方式,依次为:步行、自行车、公共交通、商业货运/卡车、出租车、多人合乘小汽车、小汽车。"在实际

---

① 如郎咸平先生就反对在城市中心增加停车场的做法。[郎咸平. 为什么香港远不如北京堵车严重. IT时代周刊,2011(17)] 为机动车提供便利,不断拓宽机动车道、增加车位的做法也是值得商榷的,在马路总宽度确定的情况下,拓宽机动车道与在马路上增加停车位,就不得不压缩非机动车道和人行道,客观上导致了非机动车、行人与机动车抢道的结果,反而破坏了正常的交通秩序。同样,摇号与限行的做法也受到人们的质疑。

② 万以诚,方岍. 新文明的路标:人类绿色史上的经典文献. 长春:吉林人民出版社,2000:47.

③ 中国建筑学会城市交通规划分会. 1998—2008年全国城市交通规划优秀论文集. 北京:中国建筑工业出版社,2009:41.

油耗测度下，不同的交通出行模式排放的二氧化碳量是不同的，步行与骑车的碳排量几乎为零，公共交通系统次之，而私人小汽车和飞机的碳排量是最高的。"① 作为低耗能、低碳排放的出行方式，绿色出行可以节约能源、保护环境，减轻环境的承载压力，符合经济与社会可持续发展的要求，有利于实现人与环境的和谐。（2）绿色出行是人与人相和谐的出行方式。绿色出行也是文明出行，无论驾车、骑自行车还是步行，都要遵守交通规则。驾车出行要做到遵章行驶，不得有乱闯红灯、随意变道、乱停乱放等行为；骑自行车出行不能窜入机动车道；行人不得横穿马路。如果机动车、自行车、行人能够做到各行其道，那么各种交通事故、各种冲突摩擦就会大大减少，人与人的关系自然也就和谐了。

怎么做到绿色出行？既然交通出行是一种消费，那么我们就得从消费品的提供者与消费者这两个方面来分析。消费品的提供者包括城市规划建设部门、公共交通管理与服务部门、交通工具制造企业等，这些部门在各自的职责内要做到：（1）合理规划道路，合理分配机动车、非机动车、行人的路权。在当前机动车道不断侵蚀非机动车道和人行道的情况下，这一点显得非常重要。（2）提供便捷的公共交通服务。有研究者发现，63.1%的私家车出行者在公共交通更为便捷的情况下，会选择公共交通工具上下班。其中，当公共交通较私家车节约时间在 15 分钟以内、15～30 分钟和 30～45 分钟时，分别有 23.6%、25.9%和 13.6%的私家车出行者转而选择公共交通工具上下班。只有 36.9%的私家车出行者并不会因为公共交通便捷程度的提高而放弃私家车。② （3）大力发展新能源汽车，淘汰耗能大、污染重的汽车，实现节能减排。低碳、绿色出行作为生态文明建设的重要内容，得到了党和政府的重视，2015 年 4 月 25 日印发的《中共中央国务院关于加快推进生态文明建设的意见》中明确指出要大力发展"低碳、便捷的交通体系"和"节能与新能源汽车"③，中共中央、国务院于

---

① 赵宏宇，郭湘闽，褚箔. "碳足迹"视角下的低碳城市规划. 规划师，2010（5）.
② 郑思齐，霍燚. 低碳城市空间结构：从私家车出行角度的研究. 世界经济文汇，2010（6）.
③ 中共中央关于制定国民经济和社会发展第十三个五年规划的建议. 人民日报，2015-11-04.

2014年3月16日印发的《国家新型城镇化规划（2014—2020年）》中则提出要将公共交通放在城市交通发展的首要位置，要基本实现100万人口以上城市中心城区公共交通站点500米全覆盖。近年来，我国政府持续对新能源汽车进行补贴，部分城市汽车排放标准不断提高，工信部要求从2018年1月1日起全国范围内只有达到国五排放标准的汽油、柴油车才能销售、登记，这些都是政府打造低碳、绿色出行环境的具体举措。

三、家居生活的理性抉择

2009年，一部名为《蜗居》的电视剧热播，迅速蹿红，在各种媒体上引发持续讨论。其蹿红的原因很简单，就是关注了当前人们买房难，尤其是年轻人无处安家的状态。2010年3月，北京人黄日新建造出8间胶囊公寓，每间公寓面积不足2平方米，出租给刚毕业的大学生居住。① 人们的基本日常消费可以用"衣、食、住、行"来概括，四者都是人的基本需要，欠缺其中任何一个都是不符合人的生存和发展需要的。"安居乐业"，"居"是前提，是生活最重要的内容之一，有地方可住则是住的基本要求。实际上，在最近十多年时间中，我国城镇住房建设飞速增长。2010年，我国城镇住房新开工建设面积为129 468万平方米、建成面积为60 115万平方米、销售面积为93 377万平方米，分别是2000年的5.3倍、2.9倍和5.6倍。城镇居民人均住宅面积也由2000年的20.3平方米增长至2010年的31.6平方米。② 与住房建设飞速增长同期表现出来的是城镇的急速扩张，农村不断地被城镇兼并，村民变为城市居民，昔日的良田上一座座建筑物如雨后春笋般冒出来。新建的建筑物无论是商业用房还是住宅都越建越高，世界高楼协会发布的年度报告称：我国200米以上高楼建成数量连续8年占据世界第一，2015年全世界共建成200米以上的高楼

---

① 夏清晨. 七十八岁老人与他的"胶囊公寓". 中国社会报，2010-04-23.
② 上海易居房地产研究院. 我国住房发展规划研究. 2013-04-16.

106座,其中62座建在中国,远超其他国家和地区建成数量的总和。① 大城市地少人多,自然建高楼向空中要空间,但很多小城镇的楼房也越建越高,仿佛没有高楼就不是城镇。在新农村建设中,也多次发生村民"被上楼"的事件,村民被迫从独门独院的住宅搬进楼房。可是,越建越多的住宅并没有满足人们的需求,住在高楼割裂了人们的社交圈,让人变得封闭,人们努力追求安居,但却似乎离安居的梦想越来越远。这些问题值得我们深深反思。

(一) 住房的伦理属性

住房具有服务于人们的基本生活需要,提高人们的生活质量,影响人们的交往范围与交往方式的效能。住房权是人的基本权利,人们的住房权得到平等的保障是社会正义的重要表现。因此,住房虽直接表现为由不同材质构筑成的建筑物,却具有超越物质存在的伦理属性。

1. 住房是人们的栖息之所

住房是供人们居住、生活的房子。住房的最基本要求是能遮风挡雨,让居住于其中的人有一个较合适的生活环境。更高一点的要求是私密性,无论哪一种形式的住房,都是一个相对独立的空间,通过某种形式与他人的住房区分开来。现在的住房则更追求居住的舒适性,一套住房通常应当具备卧室、起居室、厨房、卫生间和储藏室等部分,人们将财物存放于住房之中,日常的吃、喝、拉、撒、睡都可以在住房中完成。但是从古至今,住房的基本功能仍然是"住",让人们在此得以栖息。

2. 住房是人们的精神家园

住房是一个特定的空间,但空间的感受者是人。为了抵御对世界的陌生感与恐惧感,人们需要用墙把空间围起来,使空间变得特定,变得为人们所熟悉。这个特定的空间不仅是人们肉体的栖息之地,而且能满足人们的精神安放之需求。住房应当既是人们的物质之家,也是人们的精神家园。只有安居才能乐业,在人的内心,家是一个温馨的港湾,人们在里面

---

① 2016年全球最高的10座楼中有6座建在中国. http://world.people.com.cn/n1/2016/0216/c1002-28128354.html,2016-02-16.

放松地蜷伏。美国耶鲁大学哲学系教授卡斯腾·哈里斯（Carsten Harris）在《建筑的伦理功能》(*The Ethical Function of Architecture*) 一书中写道："我们必须认识到身体和精神都有权利拥有自己的家园。建筑必须能够提供这两方面的功能，既为人提供栖身之所，也使精神得到憩息。"①

3. 住房确定人们的交往范围与方式

一座建筑不仅是一种具有特定形式的物理实体，而且是一个用空间组织反映社会模式的实体。② 从古人最早修筑巢穴以遮风避雨、抵抗禽兽时开始，住房就被赋予一种确定等级、区分社会层次的意义。在中国古人的观念中，住宅不仅应当是天地间阴阳之集聚交汇的物质生活场所，而且是体现人伦关系之行为准则的空间模式，它首先要承担起形成和确立人伦关系即"礼"的秩序的责任。③ 在一家之内，住房的结构与卧室位置的安排，甚至家庭用餐时座位的安排，通常能体现家庭内部的尊卑秩序与权力结构。有社会学者对华北一带家庭中不同家庭成员所睡床的位置的调查，也能印证这一观点。④ 在家庭之外，住房并不是孤立的，一家的住房与他人的住房有着不同形式的关联，这种关联会规定家庭成员外部人际交往的范围与方式。我国传统农村的住房模式便于左邻右舍的交往，城市的钢筋水泥墙壁则将一个个家庭封闭起来了，这体现了当代社会农村、城市的不同人际关联和交往方式。

4. 住房关涉人道与公平

"人道主义的实质是要对所有人表示尊重，使每个人获得公平和体面的对待，尽可能地解除每个人的痛苦。"⑤ 住房对人而言，是基本的物质与精神生存需要之一，平等地拥有住房权则是人道主义的重要内容之一。

---

① 卡斯腾·哈里斯. 建筑的伦理功能. 申嘉，陈朝晖，译. 北京：华夏出版社，2003：135.
② 杨茳善，李晓东. 中国空间. 北京：中国建筑工业出版社，2007：185.
③ 秦红岭. 建筑的伦理意蕴——建筑伦理学引论. 北京：中国建筑工业出版社，2006：26-27.
④ 阎云翔. 私人生活的变革：一个中国村庄里的爱情、家庭与亲密关系 1949—1999. 龚小夏，译. 上海：上海书店出版社，2009：127-155.
⑤ 米尔恩. 人的权利与人的多样性. 夏勇，张志铭，译. 北京：中国大百科全书出版社，1995：107.

《世界人权宣言》第 25 条第 1 款规定："人人有权享受为维持他本人和家属的健康和福利所需的生活水准，包括食物、衣着、住房、医疗和必要的社会服务；在遭到失业、疾病、残废、守寡、衰老或在其他不能控制的情况下丧失谋生能力时，有权享受保障。"显然将住房权作为基本人权看待。1991 年 12 月 12 日联合国经济、社会和文化权利委员会（Committee on Economic, Social and Cultural Rights）通过的《第四号一般性意见——适足住房权》，则将住房权提升到适足住房权的高度，指出我们不能狭隘地或限制性地解释住房权，将其仅仅理解为能遮风挡雨的住处或将住所完全视为一件商品，我们应当把住房权理解为安全、和平、尊严地居住某处的权利。① 既然住房权是一项基本人权，那么，无论在道德层面还是在法律层面，住房权都应当得到有力的保障。国家与社会应当保障人人平等的住房权，尤其是保障社会最底层的民众的住房权。

（二）住房的伦理反思

住房在人们的生活中扮演着极为重要的角色，但我国当前的住房建设与住房消费却误入歧途。人们遗忘了"住"的本质，置环境承载力于不顾。在城市、在乡村一座座高楼如雨后春笋般拔地而起，但许多楼宇空无一人，同时许多人却无处安家，如同一叶浮萍。并且，在钢筋水泥堡垒的禁锢下，人与人的关系变得十分陌生。

1. 无处安家者的哭泣

走在城市的街头，仰望高楼，思索着什么时候楼上能有一套属于自己的住房。这无疑是许多心怀梦想驻留城市的大学毕业生常做的一件事。作为城市中另一个数量巨大的群体的农民工，却常常觉得这样想一想都是奢望；众多的农民工在城市的工地为他人建造住房，却从不敢想象有一天能住上自己建造的住房。最近十多年，房价都是国家政治活动与国民生活中最热门的词语之一。许多年轻人想要在城市里买房，往往要倾全家之积蓄，加上东挪西借的钱才能付得了首付，然后再辛辛苦苦当长达十年至几十年不等的房奴。还有很多人连首付都付不起，做房奴都没有机会。大量

---

① 王宏哲. 适足住房权研究. 北京：中国政法大学，2007.

的年轻人蜗居在城市的某个角落，每天挤几个小时的地铁或公交上下班。农民工的境遇更差一些，一年到头住在条件极为简陋、根本不能被称为房子的工棚中，干着繁重的体力活。城市的繁华不属于这些群体，他们只是城市的过客，大学毕业生也许还自认为是半个城市人或未来的城市人，农民工则只是城市的候鸟——城市无房可住，农村有房子却无法居住。低收入人群与流动人口居住的城中村、"蚁族"聚集地与贫民窟相差无几，生活在这些地方的人群的安全、和平、尊严难得到保障，根本达不到联合国经济、社会和文化权利委员会提出的适足住房权的要求。

2. 被割裂的人际交往

费孝通先生认为，熟人社会与差序格局是中国传统社会最重要的特点。这两个特点应当与中国传统的住房结构和居住模式有重要关联。院落住宅是中国人千百年来的理想住宅，现实生活中也按这种理想来构建，无论是老北京的四合院还是南方的围屋，无论是豪宅大院还是农家小院，莫不如是。院落住宅既便于家庭内区分长幼尊卑，也方便家庭与家庭之间的交往。在江南农村，村庄中的公共空间在村民交往中起了非常重要的作用，晚饭后村民们往往聚焦在某个固定的地方纳凉休息，各种信息在这里传播扩散，人与人之间因此而熟悉。

在现在的中国，院落住宅已为大多数人所抛弃，取而代之的理想住宅是小区楼房。建设高层住宅也许是解决住房问题的比较现实的方式，但却将人际交往割裂了。现代城市住房是被钢筋水泥分割开来的空间，住房与住房之间能很好地满足人们保护隐私的需要，但却缺少沟通的通道。在节省投资和增加住房套数的目标之下，公共空间成为奢望，人们缺少交往的场所。一些高档小区可能建造了比较漂亮的公共区域以供人们休息，但实际上很少人会在这些区域停留，回家后更不愿意从家中走出来。事实上，住房离地面的距离影响人们活动的范围，住房离地面的高度与人们参与底层公共活动的积极性成反比。城市邻里之间缺少沟通交流，让人们产生陌生感，影响人们交流的愿望和安全感，又让人们更愿意将自己封闭在自己的住房中，形成恶性循环。除非是单位的住宅小区，否则大多数住户都不知道住同一楼层邻居的姓名。亚历山大（Christopher Alexander）在《建筑模式语言》（*A Pattern Language*）一书中对高层住宅对人们交往的影响进行了深入的阐述，他认为，居住在三、四层的人仍能清晰地欣赏街景，还可能与街上的人交流互动，但是四层以上的居民就做不到这些了，他们与地面完全脱节了。①

3. 无处安放的精神家园

有了住房是否就有了家？回答是否定的。家，除了客观存在的住房外，更是一种人的存在，只有达到"有自己的存在"才可能是精神的安居。我们对家的回忆，是个人生活的再现，是极为个人的情感体验，当我们回到曾经的家园时，处处都留有自己的痕迹。"如果一个建筑物不能使人产生情感上的反应，那么它不过只是一个建筑物罢了；如果能够的话，那么建筑就是一篇诗歌，这就是建筑。"② 现在的住房，特别是城市住房是格式化的，影响了人的这种情感体验，难以保存人们生活的痕迹。有一位网友在谈到对现代城市住房的感受和对家的回忆时写到：现在的住宅是模式化的，留存不下曾经的居住者的个人印迹，人们不能从这些地方找寻到自己的过去，所以现在的住宅只是"公寓"而不是"家"。③ 现代人的交往方式，改变了人们对家的精神内容。人们对家的情感体验，不是直接针对物质的住房，而是同个人与亲人的情感交往相联系。在电视、电脑、手机等科技产品的冲击之下，传统家庭生活中一家人其乐融融面对面的交流场面变得少见了，取而代之的场景是各自守着一个电子产品。曾有人讲过这样一个故事来说明家庭成员间交往方式的异化：一个三口之家，晚饭后母亲在客厅看电视，父亲在房间上网，儿子躺在床上玩手机；儿子口渴了，不是自己去倒水，也不是直接喊母亲帮忙倒水，而是给母亲的手机发了一条信息说自己要喝水。我们无须考究这个故事的真实性，但其说明的人们的日常生活被物化了、精神内容没落了的情形是客观存在的。频繁的迁居同样影响人们对家的认同，给人带来一种无所归属感。现代交通和通信技术的发达拉近了人与人的空间距离，但却疏远了亲情、割裂了邻里，

---

① C. 亚历山大，等. 建筑模式语言. 王听度，周序鸿，译. 北京：知识产权出版社，2002：293-299.

② 秦红岭. 建筑的伦理意蕴——建筑伦理学引论. 北京：中国建筑工业出版社，2006.

③ 清泉（源远流长）. 房地产将套牢城市里每个中国人. http://www.ezeem.com/forum/read.asp? id=1075 &no=6397662，2004-10-11.

使得人与人相互冷漠,每个人都将自己的精神世界紧紧禁锢起来,传统的乡村院落住宅式的安居模式对众多的人而言已成为奢望。

4. 对传统的背叛与对环境的破坏

住房是对人们适宜生活方式的诠释。在不同区域,由于自然与历史的原因,生活方式各不相同,因此形成了各种不同的建筑风格。北京四合院、徽州古民居、客家围屋各有特色。如今的住房建造忽略了这些差异,传统住房风格不受重视,西式住宅大肆入侵,各个城市的建筑风格趋同化,但却总是把欧陆风格、地中海风格、美式风格等不同风格的建筑混杂在一个区域内。从一个城市到另一个城市,有特色的城市建筑名片消失了。

建筑活动是消耗自然资源最大的生产活动之一。据联合国统计,与建筑有关的能源消耗占全球能耗的 50% 以上,二氧化碳排放量占 35%。① 大量的住房建设,消耗了大量的能源,破坏人类生存环境,造成人与自然关系紧张。住房建设对环境的破坏,主要表现在以下几个方面:(1) 伴随城市扩张的是耕地的大量减少,原本的良田、森林、水域,通通变成了楼房,自然生态资源被破坏,造成环境的恶化。一些住宅小区为了完成小区绿化,提升小区的档次,与大多数城市公共绿化一样,依赖大树进城,这样,小区并没有得到很好的绿化,挖大树的地方的环境却遭到破坏。(2) 住房建造施工过程中对周围环境造成粉尘、噪声污染。(3) 住房建造所使用的原材料,如水泥、钢材等,生产过程中耗能高、污染大,大量使用会增加对环境的污染。(4) 建筑商出于成本考虑,我国目前住房建造中使用新型环保材料的很少,建成的住房基本上都属于高耗能建筑。

造成我国住房建设与住房消费存在上面问题的原因是多方面的:(1) 政府的监管与引导存在问题。住房是人们基本的生活保障品,拥有适宜居住的住房是每个公民的基本人权。在市场经济条件下,住房可以成为商品,但住房肯定不仅仅是商品。对房地产市场而言,政府为了保障公民平等的住房权,必须进行适当的干预,以克服市场自身调节不力的弊端。从国际经验来看,政府介入房地产市场的手段包括调整土地供应、抑制房价不正常上涨和建设保障性住房等。最近十多年,我国房价飞速上涨,公

---

① 秦红岭. 建筑伦理研究的现状评述、学理基础与趋势展望. 伦理学研究,2010 (4).

民住房权得不到应有保障，这与政府对房地产市场的监管和引导不到位有极大的关系。我国政府虽然出台了一些针对房地产市场的调控政策，但这些政策在出台前有些违背市场规律调控效果不好，有些弹性大或缺乏明确的惩罚措施而不被执行或执行得不彻底，更有一些——如限购令中对购房者进行城乡二元的区分，将数量巨大的农民工群体排除在享受住房福利的主体之外——本身就违背住房权人人平等的要求。土地财政也是导致人们买不起房的重要原因之一。在一些地方，经济不够发达，财税收入非常有限，而政府承担的职能又多，支出负担极重。为了减轻负担，政府只好将从农村集体组织征收来的土地卖出，高额的地价成本自然转化到房价当中。2014 年，全国土地出让金收入为 4.26 万亿元，占地方财税总收入的 36%，全国 5 类房产税总收入为 13 801 亿元，占地方财税总收入的 18.2%。① 2015 年，土地出让金和房产税收入略有下降，但仍分别占地方财税总收入的 28.4% 和 16%。② 保障性住房建设资金主要由地方政府负担，而地方政府其他行政开支的事项繁多，有的已不堪重负，保障性住房建设资金难以得到保障。"十二五"期间，国家层面不断强调保障性住房建设的重要性，在监管、资金保障等方面出台了种类支持政策，同时也加大了对地方保障性住房建设的督查力度，地方保障性住房建设在经历停滞、加速后，现已趋于稳定。（2）住房建造中存在技术化倾向与功利主义追求。技术化倾向与功利主义是以人为本的大敌。技术化是当前我国城市住房建设中的主要倾向之一，设计与建造住房时忽略住房应有的历史与人文意义，只考虑住房的技术结构。向偶像城市学习，向热销楼盘学习，导致城市建筑千篇一律。功利主义主要在住房的开发和销售企业身上表现出来。商人总是追求利润最大化，希望以最小的建造成本获取尽可能多的销售回报。在经济利益驱动下，一些住房开发与销售企业缺乏应有的社会责任，将住房当作纯粹的赚钱工具而忽略了住房超越商品的伦理属性，也忽略了安居对住房的本质要求。（3）住房消费观念异化。当前我国住房消费

---

① 上海易居房地产研究院.2014 年土地财政略有弱化，财税体制亟须改革.2015-03-12.

② 上海易居房地产研究院. 2015 年我国房地产业对地方财政收入贡献率实证研究.2016-02-24.

观念的异化有两个典型表现。其一是超前消费。在"衣、食、住、行"四种生活的基本内容中,"住"排在第三位,位居衣和食后面。可以认为,衣和食对人而言比住具有更根本的意义。人们为了安家,选择做房奴,过度节衣缩食,不利于人的发展,也与生活的本质不相符。其二是奢侈消费。不少购房者在选择购买住房和装修住房时,并不是从自身的需要出发,而是被爱面子心理或攀比心态所控制,住房要大、装修要豪华。事实上,过大的住房和过于豪华的装修都不符合人的本质需要。

(三) 住房与安居

住房的本质不是"居住",而是"安居"。海德格尔在黑森林农庄中找到了安居的梦想。面对我国现在住房伦理失范的状况,我们该如何实现安居梦想?

1. 安居的本质

安居是人们追求的永恒目标,强调让人过自由和有尊严的生活。用联合国经济、社会和文化权利委员会通过的《第四号一般性意见——适足住房权》的话语来表述,安居就是安全、和平与有尊严地在某处定居。[①] 安居与居住相比,居住更侧重让人的身体得到安置,这是住房的物质存在就可以满足的内容,安居则要求住房既能保护人的身体又能安放人的灵魂,更侧重于让人的心灵得到庇护。建筑伦理学家卡斯腾·哈里斯提出了安居的基本模型:"建筑理论围绕着不是一个而是两个范例转动,是有意义的。它是一个椭圆,一个中心是住宅,它更多地与家庭而不是与个人有关;另一个中心是教堂或神殿。……当前者更多地着手解决物质需要时,后者更多地着手解决精神需要。"[②] 这一模型中同样强调安居是对人身体与灵魂的双重照料。

2. 安居对住房建造与消费的要求

既然住房的本质是让人安居,那么住房的建造与消费就都必须遵从安居的需要来进行。

---

① 王宏哲. 适足住房权研究. 北京:中国政法大学,2007.
② 卡斯腾·哈里斯. 建筑的伦理功能. 申嘉,陈朝晖,译. 北京:华夏出版社,2003:359.

第一，重申安居的伦理本质并将其外化于人们的住房消费行为中。基于对安居本质的理解，当前我国的安居困境也存在于两个方面。第一个是身体层面的。一部分人的居住环境非常恶劣，例如前面曾提到的与国外贫民窟很相似的城中村、"蚁族"的聚集村，建筑密度高、环境卫生差、生活和基础设施配套严重不足、消防隐患严重等问题相当突出，住在这些地方的人连身体安全都得不到保障。连居住的要求都达不到，也即无处可居，更不用说达到安居的要求了。第二个是精神层面的。人们的住房建设与消费背离了安居的本质，例如越建越高的住宅楼、越来越豪华的室内装修，人们把安居变成了对住房的物质追求，遗忘了安居的本义在于对心灵的庇护。

针对安居困境的第一个方面，即一部分人无房可居、居住条件差的问题，解决的办法是改革住房供应机制，保障人们平等的适足住房权。一方面，通过政策和市场调节抵制房价不正常的过快增长，让中等收入甚至中低收入群体有能力购买住房。另一方面，加大保障性住房建设供应力度，保障低收入群体的基本住房需要。我国政府正在朝这方面努力，《国家新型城镇化规划（2014—2020年）》第二十六章规定了健全城镇住房制度，提出了健全住房供应体系、健全保障性住房制度的具体措施与要求。

针对安居困境的第二个方面，即住房消费背离安居本质的问题，海德格尔对第二次世界大战后德国安居困境的解释可以被用来理解我国的现状，那就是住房紧张等物质因素都不是安居的真正困境，真正的困境在于遗忘了安居的本质。当代的中国人已经遗忘了安居的本质，把住房消费异化为一种单纯的经济行为，将安居理解为对住房的物质占有；而忽略了人的本质需要的住房建造与消费行为，最终让人得到的仅仅是一处住所而已。事实上，在安居之前，我们需要做的是了解安居的本质，认真思考我们为什么难以安居。当我们理解了安居的重点在于住房对人的精神的庇护，并在住房建造与消费中关注人的精神需要时，人们离安居的梦想就近了。

第二，回归自然，生态地居住。如何才能安居，我国古人重视人与自然的亲和关系，强调住宅建造要天人合一，在历史上产生了许多住宅与自然环境浑然一体的经典之作。海德格尔谈论安居时提出了"天、地、神、人"四大要素，认为安居是必死的凡人在大地上的生活方式，安居是实现大地与苍穹、诸神、凡人交融一体。① 可见，无论在中国还是在西方，都强调人若要安居，就需回归自然，生态地居住。

克雷格·德朗瑟（Craig Delancey）说，世界建筑理论史中，有一个难得的也许是独一无二的现象，那就是环境伦理是第一伦理。② 有学者总结归纳了不同时代建筑与环境之关系的演变，如表4-1所示。

表4-1　　　　　　　不同时代建筑与环境之关系的演变

	农业时代		工业时代		后工业时代	
	建筑	环境	建筑	环境	建筑	环境
自然资源利用	物质资源	静态平衡	能量资源	恶化	生态资源	可持续
人文资源情况	村落单位	宗教、宗族	城市单位	经济	地域单位	文化
信息资源状况	匮乏	交流少	较多	交流增加	爆炸	交流多
物质形态结构	泥木石砖	天然景观	混凝土、钢筋	人工景观	轻质材料、绿色材料	生态景观
技术水平	低技术		中高技术		高技术和适宜技术	
科学水平	物质		分子、原子		原子核	
空间观念	一维和二维		三维		四维（含时间）	
生存状态	艰辛地栖居		丧失精神家园		找寻精神家园	
理想居住状态	桃花源、基督城		花园城、乌托邦		生态城市、绿色城市	

资料来源：白晨曦. 天人合一：从哲学到建筑——基于传统哲学观的中国建筑文化研究. 北京：中国社会科学院，2003.

生活在后工业时代的我们，理想的安居模式应当是生态模式，在住房建造与消费中应当重视可持续发展，自觉做到人与自然和谐相处。

归根结底，伦理对住房建设与消费的要求就是回归到人的尊严和住的需要上来，实现栖居者肉体与精神的和谐、人与人的和谐、人与自然的和谐。建筑大师勒·柯布西耶（Le Corbusier）在《走向新建筑》（*Vers une*

---

① 唐桂丽. "诗"与"思"：海德格尔论人的生存样式. 江汉大学学报（人文科学版），2011（5）.

② Craig Delancey. Architecture can Save the World: Building and Environmental Ethics. The Philosophical Forum，2004，VXXXV（2）.

architecture）一书中写道："现代的建筑关心住宅，为普通而平常的人关心普通而平常的住宅。它任凭宫殿倒塌。这是一个时代的标志。为普通人，'所有的人'，研究住宅，这就是恢复人道的基础，人的尺度，需要的标准、功能的标准、情感的标准。就是这些！这是最重要的，这就是一切。"① 这段话深刻地提示了住房建设与消费需要努力的方向。

基于对回归自然、生态居住的重要性的认识，《中共中央国务院关于加快推进生态文明建设的意见》中提出推进绿色城镇化和加快美丽乡村建设，明确提出在城镇规划建设中要尊重自然格局，依托现有山水脉络、气象条件等，合理布局城镇各类空间，尽量减少对自然的干扰和损害，要做到保护自然景观，传承历史文化，提倡城镇形态多样性，保持特色风貌，防止"千城一面"。②《国家新型城镇化规划（2014—2020年）》中提出要加快绿色城市建设、注重人文城市建设，同时针对建筑的低碳化、生态化提出了实施绿色建筑行动计划，完善绿色建筑标准及认证体系、扩大强制执行范围，加快既有建筑节能改造，大力发展绿色建材，强力推进建筑工业化等具体举措。

四、公共消费的价值视域

2011年11月28日，中国工程院新增院士名单公布，中国烟草总公司郑州烟草研究院副院长谢剑平当选为中国工程院环境与轻纺工程学部院士，被舆论称为"烟草院士"。谢剑平曾于2007年、2009年连续两次入选候选院士名单，在2011年初他再次被列入新增院士候选人名单时，人们就开始质疑他的候选资格，呼吁不能让他当选院士；在新增院士名单公布之初，就有26位院士联名要求重审，而今这份名单上的人数已经过百。2012年5月初，中华医学会等多家社会组织联合致函中国工程院，恳请重新审议。

---

① 勒·柯布西耶. 走向新建筑. 陈志华，译. 西安：陕西师范大学出版社，2004：第二版序言1-2.

② 中共中央国务院关于加快推进生态文明建设的意见. 人民日报，2015-05-06.

与"烟草院士"争议有密切关系的是中式卷烟技术参评 2012 年国家科学技术奖。2012 年 3 月 23 日,"中式卷烟特征理论体系构建及应用"项目进入国家科学技术奖公示名单。4 月 9 日,钟南山等 30 名院士致信《中国科学报》,联名抵制中式卷烟技术参评 2012 年国家科学技术奖。卫生部和一些控烟组织、民间协会也站出来公开表示反对。5 月 4 日,科技部发出说明,卷烟项目不继续参加国家科学技术奖的评审。而在此前,关于烟草类的研究,10 年间已 7 次获得国家科学技术奖。

为何"烟草"一词在这一年多的时间里会频频冲击人们的思维、搅动人们的神经?不同的人可以从不同的侧面去分析、去评价。在此,我们仅从消费和生态的角度就这些事件与事件背后的伦理问题进行探讨。

(一)"烟草事件"的伦理反思

无论是以"卷烟降焦减害"为研究领域的谢剑平当选院士,还是中式卷烟技术参评国家科学技术奖,引起人们关注的原因都是烟草产业与禁烟问题。

我国是世界上烟草生产与消费第一大国。2007 年,中国卷烟总产量占世界卷烟总产量的 30%,年生产烟草 3 300 万箱(每箱 5 万支),是第二烟草生产大国美国的 4 倍,占全球烟草市场的 31%;中国吸烟人数为 3.2 亿,占世界吸烟总人数(11 亿)的 29.1%,烟草消费量占世界的 1/3。① 2015 年,我国烟草产量高达 5 124.3 万箱,比 2007 年增长了 55.3%,销售卷烟 4 979 万箱。②

烟草消费是一项浪费性、不安全的消费。吸烟损害人体健康、危及人的生命安全,已是人所共认的事实。医学研究表明,烟草燃烧时会产生数百种的有害物质,其中最直接损害人体健康的是烟焦油、一氧化碳和尼古丁,这些物质积存在体内,会降低血液运送氧气的能力、加速心脏和血管的老化、影响肺的呼吸功能,最终引发冠心病、肺癌等各种致命的疾病。烟草中的尼古丁还会使人成瘾,形成对香烟的依赖,使人难以从吸烟的危

---

① 刘虹. 政府控制烟草消费的经济学依据. 经济评论,2007(2).
② 凌成兴. 贯彻发展新理念 再上卷烟新水平 努力实现烟草行业"十三五"良好开局——在 2016 年全国烟草工作会议上的报告. 2016-01-15.

害中走出来。根据世界卫生组织（World Health Organization）的统计，每年全世界有 600 多万人因吸烟死亡，其中吸烟者约为 540 万人，因二手烟死亡的约为 60 万人。① 至 2013 年，我国每年归因于烟草的死亡人数已达 140 万人，比 2008 年增加了 20 万人，归因于烟草的死亡已占总死亡的 16.5%。②

除了直接危害吸烟者的生命健康以外，烟草消费还会引出一系列社会问题。（1）侵害他人利益，引发社会不公。我国吸烟者有 3 亿多人，而遭受二手烟危害的人是吸烟者的两倍还多，有 7.4 亿人。③ 大多数人被迫吸二手烟却对二手烟的危害缺乏了解。孕妇和儿童是二手烟的最大受害者，有充分证据证明，孕妇暴露于二手烟会严重影响胎儿的生长发育。如果说吸烟者遭受损害是自愿选择的结果，那么二手烟给人造成的损害则是赤裸裸的剥夺。另外是医疗费用的负担问题。吸烟损害人体健康，引发严重的疾病，需要耗费大量的医药费，这些费用中的大部分最终由公费医疗或医保支付。由公众为吸烟者的医药费用埋单，过多地侵占医疗资源，是社会不公的一种表现。现在媒体对戒烟药物应不应当被纳入医保范围的讨论，正是出于这个原因。（2）破坏环境，影响人口质量。吸烟者将烟吐到空气中，增加了空气中烟尘和其他有毒有害物质的含量，造成了局部的空气污染。烟草加工的过程中，也会产生废气、废水，污染环境。医学研究还发现吸烟会影响男性的生殖能力，长期吸烟者精子数量少而畸形精子比例高，危及人口的再生产。

正是看到了吸烟所带来的一系列危害，世界各国才比较一致地控烟与禁烟。2003 年，世界卫生组织通过了第一个全球性限制烟草的国际公约——《世界卫生组织烟草控制框架公约》（World Health Organization Framework Convention on Tobacco Control），到目前为止已经有 100 多个国家批准加入该公约。我国全国人大常委会于 2005 年 8 月表决通过了该公约，2005 年 10 月正式向联合国递交了批准书，该公约于 2006 年 1 月 1 日正式在我国生效施行，但遗憾的是我国并没有严格按该公约的要求来

---

① 李松. 把脉中国"控烟"难局. 中国水运报，2012-08-27.
② 魏铭言. 烟草致死人数升至 140 万/年. 新京报，2013-07-05.
③ 卫生部首次发布《中国吸烟危害健康报告》. 人民日报，2012-05-31.

做。2008年在南非召开的全球控烟大会上,中国"捧获"了"脏烟灰缸奖"①,世界卫生组织2011年、2012年连续两次批评中国政府控烟不力。虽然2011年5月我国新版《公共场所卫生管理条例实施细则》正式实施,这意味着"室内公共场所禁止吸烟"等新规定正式生效,但我国在批准通过《世界卫生组织烟草控制框架公约》时做出的在2011年实现室内公共场所和室内工作场所100％禁烟等控烟与禁烟承诺都没有兑现。此一消费事件甚至引发中央关注。2013年12月底中共中央办公厅、国务院办公厅印发《关于领导干部带头在公共场所禁烟有关事项的通知》。《通知》指出,在公共场所吸烟的现象仍较普遍,特别是少数领导干部在公共场所吸烟,不仅危害公共环境和公众健康,而且损害党政机关和领导干部的形象,造成不良影响。《通知》提出五点要求:"一、各级领导干部要充分认识带头在公共场所禁烟的重要意义,模范遵守公共场所禁烟规定,以实际行动作出表率,自觉维护法规制度权威,自觉维护党政机关和领导干部形象。二、各级领导干部不得在学校、医院、体育场馆、公共文化场馆、公共交通工具等禁止吸烟的公共场所吸烟,在其他有禁止吸烟标识的公共场所要带头不吸烟。同时,要积极做好禁烟控烟宣传教育和引导工作,督促公共场所经营者设置醒目的禁止吸烟警语和标志,及时劝阻和制止他人违规在公共场所吸烟。三、各级党政机关公务活动中严禁吸烟。公务活动承办单位不得提供烟草制品,公务活动参加人员不得吸烟、敬烟、劝烟。要严格监督管理,严禁使用或变相使用公款支付烟草消费开支。四、要把各级党政机关建成无烟机关。机关内部禁止销售或提供烟草制品,禁止烟草广告,公共办公场所禁止吸烟,传达室、会议室、楼道、食堂、洗手间等场所要张贴醒目的禁烟标识。各级党政机关要动员本单位职工控烟,鼓励吸烟职工戒烟。卫生、宣传等有关部门和单位要广泛动员各方力量,深入

---

① 历年国际控烟大会召开期间,由非政府组织(Non-Government Organization)代表集体评选,给控烟工作不力的代表团颁发"脏烟灰缸奖",给控烟积极的国家和组织则颁发"兰花奖"。我国2006年、2007年因积极参与讨论建立无烟环境而连续获"兰花奖",在2008年国际控烟大会期间则被与会的200名非政府组织代表授予"脏烟灰缸奖","颁奖词"是"宁要漂亮烟盒,不要公民健康"。从"兰花奖"到"脏烟灰缸奖",显现的是我国控烟中"说"与"做"的差异,也说明我国在执行《世界卫生组织烟草控制框架公约》过程中大打折扣。

开展形式多样的禁烟控烟宣传教育活动,在全社会形成禁烟控烟的良好氛围。五、各级领导干部要主动接受群众监督和舆论监督。各级党政机关要加强监督检查,对违反规定在公共场所吸烟的领导干部,要给予批评教育,造成恶劣影响的,要依纪依法严肃处理。"①

为什么在我国控烟与禁烟会变得如此艰难?原因可能很复杂,但其根本应当是利益博弈的结果,利益的对立双方分别是烟草行业所产生的巨大经济利益和公众的安全消费权利。烟草消费严重危害人的生命健康与环境,是一种不安全消费,在前面已有充分论述。但这种危害被烟草行业所产生的经济利益遮蔽了。

我国烟草行业一直保持着旺盛的生命力。国家统计局历年数据显示,自 2003 年起,烟草行业的利税一直保持着两位数的增长速度。2015 年全国实现销售收入约 14 223.1 亿元,全年实现利税总额达 11 436 亿元,同比增长 8.73%;上交国家财政 10 950 亿元,同比增长 20.2%。② 烟草行业的收入和利税在国民生产总值与财政收入中所占比例非常大。"烟草对国家税收贡献极大",成为国家无法下狠心控烟和禁烟的根本原因。在云南这样的烟草大省,烟草行业的"贡献"在当地经济与财政收入中所占比例更高,近年来烟草利税占云南省财政收入的比例都在 40% 以上,2007 年更是高达 79%③,要真正控烟更难。国家烟草专卖局推荐的"中式卷烟特征理论体系构建及应用"项目参评 2012 年度国家科学技术奖时称,该项目研究成果的应用,"提升了产品质量和市场适应性,近三年累计实现新增销售收入 1 735.74 亿元,新增利税 1 421.804 3 亿元"④,很好地体现了公共部门对烟草行业利润的关注。因为利益因素,一些与烟草行业联系密切的政府和其他公共组织不愿意控烟,甚至阻挠控烟。

毫无疑问,一些与烟草行业联系密切的政府和其他公共组织在控烟与禁烟问题上是短视的。首先,从生态与可持续发展角度看,烟草行业的发

---

① 中共中央办公厅、国务院办公厅. 关于领导干部带头在公共场所禁烟有关事项的通知. http://news.xinhuanet.com/politics/2013—12/29/c_118753701.htm, 2013-12-29.
② 凌成兴. 贯彻发展新理念 再上卷烟新水平 努力实现烟草行业"十三五"良好开局——在 2016 年全国烟草工作会议上的报告. 2016-01-15.
③ 谭蓉. 云南烟草 GDP 比重下降. 都市时报, 2008-10-24.
④ 简岩. 卷烟技术该不该入围科技奖?. 百科知识, 2012 (9).

展与烟草消费是以损害人的生命健康、破坏环境,甚至破坏人口再生产和种族延续为代价的。这种损害是不可逆转的、无法用金钱弥补的,既不符合人的全面发展要求,也不符合人与环境和谐共存的要求。既然烟草消费是不合理、不安全的消费,那就应当果断摒弃。其次,仅就经济利益层面来看,烟草行业的利润是以其他领域的巨大损失换来的。学者的研究表明,吸烟引发疾病的直接成本和间接成本的总和,已经超出烟草行业的利税数额。按照世界卫生组织的研究结果,若一个国家当年的烟草税是若干亿美元,那么 20 年后,这个国家将不得不用当年所征收烟草税的 2.8 倍来支付因吸烟带来的健康危害,且不包括由吸烟导致的其他损失。[①] 清华大学教授胡鞍钢称,烟草业的 GDP,是黑色的带血 GDP,是慢性自杀的 GDP。中国不需要这样的 GDP。[②]

(二)公共部门的不作为与乱作为

公共部门是指被国家授予公共权力,并以社会的公共利益为组织目标,管理各项社会公共事务,向全体社会成员提供法定服务的组织。政府机构是公共部门的主体。消费不只是个体行为,也是一种社会活动,构建与维护良好的消费环境是公共部门、企业和消费者共同的责任。不可否认,我国公共部门在这方面做了一定的工作,也取得了可喜的成绩。但是,现实中公共部门不作为与乱作为的情况还很常见。下面,我们将继续以烟草消费与控烟为例来说明。

1. 公共部门的不作为

作为公共事务管理者和公共服务提供者,公共部门对公众消费观念的培养、消费权利的保障以及消费秩序的维护都负有不可推卸的责任。但如果公共部门作为积极性不高、作为能力不足,那么其承担的责任就难以得到履行。就烟草消费而言,控烟的主体应当是公共部门特别是政府部门。我们可以要求吸烟者自己戒烟,但直接要求的效果不大;我们可以要求烟草企业加强企业伦理建设,承担社会责任,但要它停止生产或减少产量也

[①] 王君平. 控烟为何难奏效. 人民日报,2011-06-09.
[②] 巨额利润致立法难,专家称烟草业 GDP 黑色带血. http://www.cb.com.cn/deep/2010_0920/152032.html,2010-09-20.

难以实现；公共部门因主体特殊性与利益中立性，是控烟与禁烟的理想主体。

在烟草消费与控烟这件事上，公共部门在几个关键之处存在不作为嫌疑。其一，控烟与禁烟立法上的不作为。虽然我国加入了《世界卫生组织烟草控制框架公约》，承认其法律效力，但是，它作为一项国际公约，并不是针对我国的实际情况制定的，故而缺乏针对性和实效性，执行过程中效力肯定要打折扣。按国内外学者的观点，要让一项国际公约在一个国家、一个区域内得到有效的执行，最常见的做法是制定一部与公约相对应的国内法。我国批准《世界卫生组织烟草控制框架公约》到现在已经十多年，国家还没有出台全国性的控烟法律，甚至连控烟立法的规划都没有。虽然各地陆续颁行了控烟条例，中共中央办公厅、国务院办公厅也颁布了《关于领导干部带头在公共场所禁烟有关事项的通知》等禁烟规定，但都只对特定区域或特定人群有约束力。试想一下，如果有一部全国人大常委会通过的控烟法律与《世界卫生组织烟草控制框架公约》在内容上相对应，其中包括我国在批准公约时对世界卫生组织所承诺的内容，那么我们就有了行为准则，也能对违反法律的行为进行制裁，控烟目标就更容易实现。

其二，执法中的不作为。有关部门对烟草广告查处力度不足，对吸烟的危害宣传不够，也是控烟难以有效的原因。早在1995年，国家工商行政管理局就根据《中华人民共和国广告法》制定了《烟草广告管理暂行办法》，其第3条明确规定："禁止利用广播、电影、电视、报纸、期刊发布烟草广告。禁止在各类等候室、影剧院、会议厅堂、体育比赛场馆等公共场所设置烟草广告。"第4条明确规定："禁止利用广播、电视、电影节目以及报纸、期刊的文章，变相发布烟草广告。"制定了法律法规，但执法部门执法不力，烟草广告仍时常出现。《2010全球成人烟草调查——中国报告》指出："近五分之一的人在过去30天看到了烟草广告、促销和赞助活动。在注意到广告的人中，49.8％报告通过电视看到烟草广告。"[①] 一些烟草企业不直接发布烟草广告，但是经常打擦边球，例如一些烟草企业

---

① 杨功焕. 2010全球成人烟草调查——中国报告. 北京：中国三峡出版社，2011：9.

除了涉足烟草行业外还经营其他业务,在做广告时故意不指明产品,也不出现产品的图像,让人看了、听了之后就联系到了某品牌的香烟,诸如"鹤舞白沙,我心飞翔""金圣,功到自然成",等等。对于这种变相广告,鲜见管理部门进行查处。另据《法制日报》报道,江西中烟公司在报纸、电视上做香烟广告,在记者报道之前未听说有管理部门介入查处。① 2015年9月1日,新修订通过的《中华人民共和国广告法》开始实施,明令禁止烟草广告和变相烟草广告成其最大亮点之一。新《中华人民共和国广告法》第22条规定:"禁止在大众传播媒介或者公共场所、公共交通工具、户外发布烟草广告。禁止向未成年人发送任何形式的烟草广告。禁止利用其他商品或者服务的广告、公益广告,宣传烟草制品名称、商标、包装、装潢以及类似内容。烟草制品生产者或者销售者发布的迁址、更名、招聘等启事中,不得含有烟草制品名称、商标、包装、装潢以及类似内容。"但愿新法的实施能加大对烟草广告的打击力度,促进我国控烟行动,提升控烟效果。

其三,政府和公共媒介在控烟与戒烟宣传教育上不作为。与烟草业宣传攻势形成对照的是,国家有关部门对吸烟危害的宣传力度不足。《2010全球成人烟草调查——中国报告》指出:"40.2%的人没有看到烟草危害或者鼓励戒烟的宣传信息。虽然86.7%的人在烟盒包装上看到了'吸烟有害健康'的警示语,但其中63.6%的吸烟者并不考虑戒烟,目前中国烟盒包装上健康警语基本不能起到警示和教育作用。"② 中央电视台曾播出过戒烟公益广告,但难得一见,也难得从其他媒体上看到介绍吸烟危害的资料;国家虽然按《世界卫生组织烟草控制框架公约》的内容,要求烟草企业在烟草制品包装盒上印制"吸烟有害健康"等警示语,但并没有像加拿大等国家和地区一样要求印制直观醒目的警示图片,教育作用极其有限。有研究证实,如果有越来越多的年轻人接触到烟草广告,那就会有更多的年轻人吸烟。如果只有烟草广告而不能对吸烟的危害有必要的了解,那烟草广告就更容易吸引人吸烟。

---

① 郭宏鹏,黄辉. 南昌烟草广告公然现身电视报纸. 法制日报,2012-06-12.
② 杨功焕. 2010全球成人烟草调查——中国报告. 北京:中国三峡出版社,2011:8.

在烟草消费之外，公共部门的不作为也是常见的，最典型的是质监、工商、卫生等部门对食品安全的监督问题。从"三聚氰胺牛奶""苏丹红鸭蛋"，到"人造卤猪耳"等，这些年来我国的食品安全事故呈井喷态势，虽然有众多的客观因素，但监管部门的缺位无疑是最重要的原因之一。

2. 公共部门的乱作为

公共部门不仅经常不作为，而且通常乱作为，误导公众消费。"烟草院士"与"中式卷烟技术"参评国家科学技术奖都属于这一类。

谢剑平被质疑，是因为他研究的领域是香烟"降焦减害"，而国外已有研究表明"降焦"并不能"减害"，且已为研究者所认同。退一步思考，即使"降焦"能"减害"，但是烟草中有害物质种类很多，"减害"也只是微乎其微的。事实上，"降焦减害"之说误导消费者，让消费者误以为低焦油含量香烟无害或低害，反而增加吸烟量，诱导人们对烟草的消费。事实上，《世界卫生组织烟草控制框架公约》第11条就明确规定烟草的包装和标签上禁止使用"低焦油"等可能误导、欺骗消费者的词语。

人们质疑"中式卷烟技术"也是因为其研究的不是如何控烟禁烟，而是如何让消费者吸更多的烟。申报者在项目简介中写道："随着中国加入《烟草控制框架公约》（FCTC），我国烟草行业面临着激烈的国际化竞争，在这个背景下，只有突出中式卷烟的特色与优势，才能在激烈的竞争中确立中式卷烟的比较优势。本项目围绕中式卷烟风格特征……构建了具有中式卷烟特色的理论调控体系。"① 从中不难看出研究者的目的——通过中式卷烟的特色与优势博得更多消费者的青睐，从而做大中国烟草行业，赢得竞争。

院士是我国科学界的最高荣誉，国家科学技术奖是政府颁发的重要奖项，荣誉和奖项都应当颁发给该得之人。"该得"一词包含道德评价。抗议者认为，吸烟危害健康已是共识，卷烟研究的结果是在诱导更多的人吸烟、让吸烟者吸更多的烟，政府肯定与资助这种研究尤其不应该。

---

① 李卓. 卷烟项目申请国家科技奖 控烟协会上书反对. 每日经济新闻，2012－04－07.

(三) 生态消费建构中公共部门的责任

要改变现在不合理的消费观念，让生态消费观从口号变为消费者的实际消费行动，营造良好的消费环境，消费者与公共部门都应当尽到责任。具体来说，公共部门应当做好以下几点：

1. 率先践行生态消费理念

公共部门作为国家权力机关或被授予公共权利、在社会上具有较高地位的组织，具有一定的公信力，公共部门的行为对普通公众有很强的示范作用。公共部门行为不恰当或者公共部门言行不一致，会引发公众的不当行为且有损公共部门的公信力。当前，国家提出建设环境友好型、资源节约型社会的目标，为了贯彻落实国家要求，实现建设目标，公共部门必然要率先践行生态消费理念。以地方政府为例，践行生态消费理念，大致可以从两个方面着手：（1）办公资源生态化。这里面包括办公大楼、公务用车的生态化。当前，我国许多地方政府办公楼不同程度上存在着过于奢华的问题，公务用车存在着排量较大、数量过多的问题，今后应该朝生态化方向改变，如建设低碳节约办公楼、减少公务用车的数量和使用频率、采购清洁能源汽车作为公务用车，等等。（2）政府办公用品生态化。政府在采购办公用品时，应当遵守绿色采购原则，购买的产品应当符合国家生态标准。政府将生态标准纳入采购要求，会对产品的供应者产生激励作用，促进绿色产品的研发与生产，同时还能带动公众选择消费绿色产品。

2. 以生态消费理念指导市场消费行为

公共部门用以规范消费市场、维护消费秩序的手段有很多，大概包括法律手段、政策手段、行政手段，政策手段又可以包括税收政策、财政政策、产业政策、收入分配政策等。现代社会强调综合治理，公共部门对消费领域内的问题基本上都可以综合运用这些手段，但都需要贯彻生态消费理念。我国在1989年颁布了《中华人民共和国环境保护法》，其后又颁布了数部相关法律，为生态资源的保护提供了法律依据。这些法律多从生产者的角度出发，约束生产者的行为，至今没有一部生态消费方面的法律。我们认为，国家应当以《中华人民共和国环境保护法》为基础，制定我国生态发展与生态消费领域内的基本法，再修改其他部门法，使其中的规范与生态消费理念相吻合。要通过行政手段,对违法消费、奢侈消费和不道德消费等不合生态消费理念的消费行为进行惩罚,对破坏消费秩序的行为进行制裁。通过产业政策,扶持符合生态消费理念的新兴产业,鼓励企业进行创新,开发符合生态消费理念的新产品,对产能落后、污染环境的企业坚决予以淘汰。《中共中央国务院关于加快推进生态文明建设的意见》中指出:要调整优化产业结构,采用先进适用节能低碳环保技术改造提升传统产业,加快淘汰落后产能,逐步提高淘汰标准,禁止落后产能向中西部地区转移,大力发展节能环保产业,以推广节能环保产品拉动消费需求。① 公共部门应当严格按照该意见的要求,以绿色生态理念来优化产业布局,在公共消费中自觉奉行生态消费理念,并以此指导公民个体的消费。

3. 倡导与生态消费理念相适应的生活方式

消费观的形成和消费行为的选择与人的生活方式息息相关,禁欲主义会产生节制型消费观,享乐主义会产生奢侈型消费观。环保时代产生一种与生态消费理念相适应的"乐活"生活方式(Lifestyle of Health and Sustainability)。这种生活方式具有三个特点:(1)提倡适度消费和健康消费。在衣、食、住、行等各个方面,乐活族提倡消费的量以满足自身的基本需要为宜,在消费品的选择上以天然产品为宜,例如尽可能地选择棉质衣物和有机食品。(2)关注消费者的精神需要。乐活族认为,消费的本质不仅在于满足人的肉体需要,更在于使人精神愉悦。消费过程中应当多关心消费对人的心灵与精神方面的价值。(3)珍爱环境。乐活族提倡随手回收垃圾,保护洁净环境,建议减少出行和健康出行以减少碳排放,厉行节约,倡导消费品的循环利用。《中共中央国务院关于加快推进生态文明建设的意见》明确指出培育绿色生活方式,"广泛开展绿色生活行动,推动全民在衣、食、住、行、游等方面加快向勤俭节约、绿色低碳、文明健康的方式转变,坚决抵制和反对各种形式的奢侈浪费、不合理消费"。还进一步要求公共部门要在培育绿色生活方式中做出表率,提出"党政机

---

① 中共中央国务院关于加快推进生态文明建设的意见. 人民日报,2015-05-06.

关、国有企业要带头厉行勤俭节约"①。

4. 加强全社会的生态消费教育

人们的生态消费实践需要生态消费理念的支持,生态消费理念的养成则需要良好的生态消费教育。党和国家十分重视全民生态教育,《中共中央国务院关于加快推进生态文明建设的意见》中明确提出:要使生态文明成为社会主义核心价值观的重要内容,要把生态文明教育作为素质教育的重要内容,纳入国民教育体系和干部教育培训体系。该意见还对全民生态教育的对象、内容、形式等方面提出具体要求,希望通过全民生态教育,最终"形成人人、事事、时时崇尚生态文明的社会氛围"②。生态消费教育中受教育的人群应当包括社会的各个阶层,无论来自城市还是来自农村、无论男女、无论老幼,都应当有机会获得生态消费的知识。教育的内容应当包括环境科学知识与人类面临的环境危机、生态消费的价值基础、生态消费的现实意义、生态消费的行为选择等各个方面。要特别加强生态消费伦理教育,让每一个消费者清楚自己负有的责任。教育的方法应当灵活多样,要根据不同的教育对象与学习内容来选择,可以在学校单独开设生态消费课程,也可以将生态消费作为其他课程的一部分,也可以通过报纸、电视、网络来传播。教育过程中既要有理论、知识的学习,引导公众树立生态消费理念,更要有生态消费的实际体验,引导公众践行生态消费理念。

---

① 中共中央国务院关于加快推进生态文明建设的意见. 人民日报,2015-05-06.
② 同①.

第五章 "消费—生态"悖论的文明视野

现代社会是一个由消费活动掌控的系统。在这个系统中，人类对日常的自我生存需要、实践方式以及文化价值的构造，总是这样或那样地掌握在消费活动中。因此，消费与文明之间存在着内在互通的关系：消费的正当性决定着文明的合理性，文明的发展程度影响着消费方式变革的可能性。① 在现代社会，消费主体寄情于消费主义追求幸福的做法已经产生了内在于他自身的另一种缺憾，引发了人类关注文明延续的伦理道德危机意识。② 可以说，正是这种"缺憾"意识和"类"危机意识使得消费主体能从自身文明的角度实现对"消费—生态"悖论的超越，而消费的主体文明、社会文明和生态文明的发展则为这种超越提供了可能。在生态时代，主体文明即精神文明，是指人类改造自身生存方式而创造的各种文化成果；社会文明即客体文明，主要包括物质文明和制度文明，物质文明是人类为满足生存和发展需要而创造的物质成果，制度文明是人类为建立有序集体交往活动的规则而形成的各种成果；生态文明则是主客交互文明，是人类在自然—社会—经济的可持续发展中建构的一种反映人与自然和谐的形态。③

---

① 曾建平，代峰. 消费与文明：生态时代的审视. 光明日报，2009-08-25.
② 丁玲. "消费—生态"悖论的伦理审视. 井冈山大学学报（社会科学版），2012（5）.
③ 同①.

一、主体文明的视野：消费与个体幸福

从一定意义上说，人的需要得到满足就体现为幸福，而人的需要即人的本性，人的需要主要是消费的需要，在本质上，消费是满足需要的活动。因此，消费反映个体的身心关系，体现主体文明。人的需要是多种多样的，如何不断调节这些互相冲突的需要，使之有序地得到满足，反映出个体的教养水平和文明程度。在不同对象、不同指向、不同层次的需要中，每一种需要作为动力机制，只能促使个体追求它所指的某一外在条件的满足，而并不顾及其他需要的满足。这些"各自为政"的需要，潜在地向人、向人的需要体系提出了一种客观要求——对人的这些需要进行统一安排使之协调和谐。这是一种全新的需要，它指向的是人性内在的需要。这种需要，就作为一种目的而言，实质上就是自我实现的需要；就作为一种手段来讲，就是道德需要。一般来说，道德水准与不同需要的和谐度呈正相关关系。因此，如何满足各自的需要反映了人的素养。

在生态文明时代，消费者行使消费权益，就是其消费价值观的直接体现，是其生态人格的有机构成。消费者在自由、理性的基础上选择如何消费、消费什么，不仅取决于消费者权利的自由度，而且取决于社会生产的自由度；不仅是消费者权利的行使，而且是消费者自身素养的展示，是个体文明发育程度的体现。如果没有与文明相匹配的消费行为、享受能力，没有与文明相契合的素质、精神面貌和价值观念，消费就会蜕变为浪费，自由就会蜕变为无度。正是在这个意义上，马克思指出，"因为要多方面享受，他就必须有享受的能力，因此他必须是具有高度文明的人"[1]。生态环境是孕育人的天然母体，是人类社会发展的绝对基础；消费是人维系自我肉体存在、实现自我生命发展，人类组织维系自身存在和继续前行的"内需"。"消费—生态"共同组建了人类社会，人从此作为独立的主体走

---

[1] 马克思恩格斯文集：第8卷. 北京：人民出版社，2009：90.

上了追求自身幸福、成就自身"类"文明的征途。

（一）消费匮乏时代：消费主体的幸福与文明

消费是一个动态的概念，在不同时期、不同阶段，消费需要满足人们不同层次的需要。正如马斯洛所指出的，人的需要有生理需要、安全需要、归属与爱的需要、尊重的需要和自我实现的需要，这五大需要是现代社会人们日常生活中体验幸福的五个基本指标。它们的存在有一个由低到高、按层次逐级递升的过程，但次序并不完全固定。不过，人的这些需要层次都有两个基本出发点：一是人人都有需要，某种需要获得满足之后，另一种需要才会占据主导地位；二是在多种需要未获得满足之前，首先满足迫切需要，该需要获得满足后，后面的需要才显示出激励作用。在消费匮乏时代，这两个基本出发点自然地成为消费主体幸福及人类文明发展的内驱力。[1]

1. 生存性消费：幸福的伦理根基

谋求生存是生命的本能，但人的生命与动物的生命之所以相区别，就在于消费是人成就其社会生命的目的性和秩序性的关键环节。消费意味着对自然资源的损耗，以为物种的生存提供必需的能量补给，它是表征人存在的基础方式。如果原初的消费是人捍卫自身存在和社会发展的物质基础，那么幸福则是人努力追求生存和推动社会发展的精神支撑。虽然对人们来说"幸福的概念是一个如此不确定的概念，以至于每个人尽管都期望得到幸福，却绝不能确定地一以贯之地说出，他所期望和意欲的究竟是什么"[2]，但人们却一致地认同在社会生活中"大多数人的所作所为，以及对逆境的忍受，背后秘而不宣的动机其实都是为了获取幸福、保有幸福、找回幸福"[3]。人生有着太多的不确定，而人们唯一能够确定的是幸福是自身生存的具体体现。这种体现首先表现为肉身的生存性消费需要能够得

---

[1] 曾建平，丁玲. 消费与幸福的关系辨正. 伦理学研究，2017（2）.
[2] 康德著作全集：第4卷. 北京：中国人民大学出版社，2005：425.
[3] 达林·麦马翁. 幸福的历史. 施忠连，徐志跃，译. 上海：上海三联书店，2011：6. William James. The Varieties of Religious Experience. New York：Modern Library，1994：78.

到满足。这在文字的世界里可以得到体现,比如,"在古罗马,幸福(felicitas)与象征权力、繁荣、幸运的、丰产的 fascinum(阳具)有着直接的关联,最晚从公元前二世纪 fascinum(阳具)就被用于祈求简单却不可或缺的生存所需。远古时期,不管是西方还是中国社会中人们一度通过阳具呈现福气与多产之间的联系,把富裕、平安、子孙众多以及运气等一并列入'人们在幸福中所寻求的一切特征'"①。也就是说,幸福的原初意义是丰产,人们对幸福的期盼始终与生命的成长和延续紧密联系在一起,是生命力量的展现。正是这种捍卫"类"肉身存在的"自足"幸福追求与向往,客观上为人建立"类"文明提供了动力。不可否认,作为自然之子的人的"文明"归根结底来自人在谋取生存的消费过程中对自然环境、自然物种的了解与认知,领悟并掌握天地之间的生命真相,从而逐渐认识到内取诸身、外取诸物、立身于不同生命物种之中的共建生命之道。所谓"内文明而外柔顺"②,恰是古老的消费主体在面对自然界布下的黑暗之结,为满足肉体所需能量的实践过程中产生的对自身及自然生态的文化认识。西方语言中的文明一词源于拉丁文 civis,意思是城市居民;其本质含义为人们生活于城市和社会集团中的能力,引申为一种先进的社会和文化发展状态,以及达到这一状态的过程,体现的是一个现实的社会体系。没有社会集团内部各成员的共同作用,是无法构成这一社会体系的——缺乏生存性消费实践的孤立个体不能把握普遍、永恒的理性,并且人的发现和创造需要相互的交流、人群的认同、后代的继承、社会的肯定。毋庸置疑,正是人们对满足自身生理需求和生命延续的幸福企盼成为古老的消费主体们自觉地建构"类"平台、规划伦理关系的起点,也是其创造习俗、道德、文化,构建文明的出发点和落脚点。

因此,从根本上说,在人类的消费世界中,"道德意识决不能放弃幸福,决不能把幸福这个环节从它的绝对目的中排除掉"③。幸福不仅仅是一种欲望获得满足时自然而然地希望持续保持愉快心情的心理状态,它还

---

① 丁玲. "消费—生态"悖论的伦理审视. 井冈山大学学报(社会科学版),2012(5):32.
② 周易. 宋祚胤,译注. 长沙:岳麓书社,2001:175.
③ 黑格尔. 精神现象学:下卷. 贺麟,王玖兴,译. 北京:商务印书馆,1981:127.

蕴含着人在生存性消费下遵循"天理"之自然秩序的约束及呈现自身高级生命之伦理价值的生活状态。正是在这种消费主体为追求生理需求的满足和生命的延续而造就的"束缚"与"不自由"中,成就了人类文明的客观状态。它不仅使消费主体的幸福不断获得提升,而且构筑起沟通人类文明的基石。

2. 精神文明:拓展生命的消费需求

人之初级生命以生存欲望开拓的文明开启了人类生命自力更生、自我实现的生命秩序里程。于是,当人们解决了基本的温饱问题之后,文明,尤其是精神文明,便成为人区别于其他生命秩序、感受幸福的重要因素。解决温饱之后,消费主体的幸福即由单纯追求基本的生活必需品消费和非基本生活必需品的物欲消费转为依靠自身历史文明——"类"伦理文明的指导而追求幸福的消费。人的生命过程不仅表现为在肯定的意义上是一个自我追求、自我提升的过程,还表现为在否定的意义上是一个自我约束、自我规范,能够按照一定的价值体系和规范体系,引导和约束初级生命本能欲望的过程。这是人欲求幸福、走向深层文明的必然结果,也是人理性生存发展的必然走向。毕竟,人们处在消费品匮乏时代时,是精神支撑着其获得基本的物质满足带来的幸福。反之,衣食无忧必然会带来人们对物质欲求的提升,使人们产生更高层次的精神追求。正是人们的精神追求构成了消费主体的社会历史境遇,以及自身的个性和社会地位的一部分。在温饱型社会下,人已懂得不断地"通过他所作出的改变来使自然界为自己的目的服务,来**支配**自然界"①,人类自我意识大大增强。虽然此时"足食"仍是人们幸福的首要因素,但"足食"的幸福已经和人类的生产力及自身的伦理关系紧密地联系起来。消费主体的幸福感受不仅仅局限于生理的、物化的欲望需求,还体现为消费主体在消费的同时感受到自身的伦理关系、满足的心理状态或以仰望天国的幸福作为现实生活的精神享受。在表现形式上,它既蕴含着消费主体对生活状况的认知与追求,还涉及对相关生活状况——生理需求、精神需求、内在理性、道德需求的评价。因此,这一时期幸福对消费主体而言,"不同的人对它有不同的看法,甚至

---

① 马克思恩格斯文集:第9卷.北京:人民出版社,2009:559.

同一个人在不同时间也把它说成不同的东西：在生病时说它是健康；在贫困时说它是财富；在感到自己无知时，又对那些提出他无法理解的宏论的人无比崇拜"①。

在不同文明的影响下，不同的时代、不同的种族、不同的生活境遇下的人们形成了对幸福的不同诠释与理解：古希腊时期以柏拉图（Plato）、亚里士多德等为代表的理性主义幸福观认为人的幸福必须在理性的指导下才能实现；以德谟克利特（Democritus）、伊壁鸠鲁（Epicurus）、卢克莱修（Lucretius）为代表的感性主义幸福观虽然把趋乐避苦当作人的本性，认为幸福就是追求感官的快乐、避免感官的痛苦，但保存至今的伊壁鸠鲁残篇也说得很清楚，"当我们说快乐是目标的时候，我们并不是指放荡之人的快乐，或肉体享受的快乐，就像某些无知的人所认为的那样……我们指的是摆脱了身心痛苦的状态。因为构成快乐人生的，不是不停地饮酒作乐，不是坐拥美女和美少年，也不是享用盛宴上的山珍海味，而是清醒的思考——用理性验检一切取舍的动机，用理性清除那些在灵魂中造成最大纷扰的意见"②；斯多葛学派则主张用精神否定物质的禁欲主义幸福观；欧洲中世纪基督教色彩的幸福观则应允了所有人都应享有幸福，但却也把人们的幸福从尘世移交给了上帝，幸福转变为在死亡中普遍救赎的伦理观；我国贯穿于人生哲学的"以理导欲""以理节欲"等通过道德生命引导生物性生命，表现生命追求幸福的以德祈福思想、德福矛盾思想或者以德为福思想等，无不展现出在解决基本的温饱问题下，追求幸福过程中的精神文明成为人们生命秩序中的主导方面。人类文明的历史性、现实性自主地成为影响人们消费模式和产生不同幸福思想的关键因子。

（二）工业文明时代：消费主体的幸福体验

跨入工业社会，消费主体在消费商品时融物质生活和精神生活于一体，消费对消费主体来说不仅是维持健康生存的符号，而且是表现文化素

---

① 亚里士多德. 尼各马可伦理学. 廖申白，译. 北京：商务印书馆，2003：9.
② 达林·麦马翁. 幸福的历史. 施忠连，徐志跃，译. 上海：上海三联书店，2011：58.

养的标签。基于消费的幸福基础，工业时代人们的幸福必然要涵盖物质生活与精神生活。然而，由于消费品的商品特性，工业时代人们的幸福正如康德所指出的："每个人要把自己的幸福设定在何处，取决于每个人自己特殊的愉快和不快的情感，甚至在同一主体里面也取决于根据这种情感的变化而各不相同的需要。"① 就是说，每个人的幸福观取决于自己的情感，但情感会随着需要的变化而变化，故而他的幸福观会随他的需要而发生变化。②

1. 消费商品是幸福的保障

在工业文明时代，商品消费是人们获取幸福的基本手段。在工业社会，商品经济的繁荣与发展使得市场成为人们参与社会生活的重要场所。人的生存与发展是一个不断恢复劳动力和生产再创造力的过程，在这一过程中，人的丰富和发展及再生产所需能量的消费主要表现为工业商品的消费。在现代社会，参与市场，参与商品消费，已成为人类获取生活资料、感受幸福的基本途径。虽说幸福具有很大的主观性，侧重于精神性的感受，然而，任何社会意识都是由社会存在决定的，幸福作为人类生存与发展状态的一种意识表达，它无法脱离物质而存在。面对生活"追求幸福的欲望只有极微小的一部分可以靠观念上的权利来满足，绝大部分却要靠物质的手段来实现"③。在工业社会，这种物质手段的满足必须依靠市场，必须借助商品、货币来完成。商品经济的纵深发展，市场体系的完善与健全，需求品的市场化发展趋势，为社会提供着越来越多精细化的生活消费品，越来越方便快捷的交通工具、交流手段……这个过程既是人们摆脱自然束缚、丰富自身人性发展的条件，也是人们在变化的客观环境中感受幸福的客观内容。因为幸福是一种主观体验，更是一种客观存在，是一种在变迁的人际圈与生态圈中不断变化的客观存在。

然而，消费主体如果想要获得这一切生产力物化内容的消费，从而能体验生产力提升下人性丰富的幸福感受，那么就要有机会参与市场，并拥

---

① 康德著作全集：第5卷.北京：中国人民大学出版社，2006：27.
② 曾建平，丁玲.消费与幸福的关系辨正.伦理学研究，2017（2）.
③ 马克思恩格斯文集：第4卷.北京：人民出版社，2009：293.

有进行商品消费的能力与选择商品的自由。特别是在当今市场经济社会阶段，"商品房"这一概念的普遍化，将传统社会"家"之住所以商品的形式呈现于市场，使人们的幸福体验与市场紧密相连。毕竟，对人们来说，安身之所作为生活的最基本场所，是人们感受幸福的基础条件。工业文明下市场化的发展使生存的基本场所都进入市场成为一种商品，如此一来，一旦人们没有充分参与分享市场资源的财富能力，那幸福对其而言就只能是疏离于社会进步之外的感恩于保有生存的感受。毋庸置疑，商品消费是人类社会进行再生产，创造财富和新的生产力，推动社会发展的需要。在现代社会，市场的迅猛发展使得消费主体的消费几乎不可能离开市场，消费商品已然成为社会人寻找并获取幸福的基本方式与根本保障。①

2. 消费符号：消费主体异化的拐点

消费不仅是人们使用消费品的消耗过程，而且是社会再生产和人性不断丰富发展的前提条件。人的本质、人的需要总是跟随历史的脚步走向新的生成。随着自然的不断"人化"与人主体意识的不断变化，人的主体性在不断的丰富中发生着变化，消费主体的消费以温饱型消费为拐点转向以发展为中心。根据联合国粮食及农业组织提出的标准，恩格尔系数在50%～59%为温饱型消费层次，它的消费开支主要用于购买生存资料。跨过消费物品匮乏时代，走进消费品丰裕时代，曾经被束缚的自我需求，在自由选择之可能的诱惑中被唤醒；工业产品的总量在一定范围内超出了消费主体基本的生理需求范围，让人们可以有更多的选择。同时，科技发展及其市场化发展将使市场更细化，为人们的生活提供更多的优质产品和服务。曾经被埋没和压制的个性在商品服务的发展过程中拥有了伸展的空间，并不断刺激着、诱发着消费主体的无限可能的期待与欲望。与此同时，随着消费主体素质的不断提高，物化的文化形态又造就了在温饱型消费状态下，消费主体对物质的尊崇和浪费奢侈的消费之风。人们置身于琳琅满目的商品之中，迷失于按照广告来放松、娱乐、追求时尚的消费之中，迷恋于那些曾经只属于帝王、贵族、权势者、富人等少数者才能享有

---

① 丁玲．"消费—生态"悖论的伦理审视．井冈山大学学报（社会科学版），2012（5）．

的消费，盼望过上那些曾经只属于少数人的"美好生活"。"消费主体对自身消费的追逐不再是通过其内在生命秩序为其消费行为寻找理由，更多的是把消费的内容、消费的符号特征作为自己感受幸福的标准——其幸福的标准在于能够占有被别人赋予象征性意义的东西，而不是与他自己的生活状态和对幸福的理解相适应的东西。"① 相对而言，我国奢侈品消费者是全球最大、最年轻的奢侈品消费群体。考察中国消费者的工资水平及其奢侈品消费所占工资份额，以及其获得奢侈品信息和购买奢侈品的渠道，我们很难认同这样一种消费是与其相适的。不少消费主体更多的是通过消费商品向外追求平等的体验，他们只是想占有他人能占有的消费品而已，所以这种消费并不是其内在的真实需要。他们在拥有一定物质的基础上，追随的是在他人的物质富足基础上自然表现出来的精神需要；但对他们而言，这种精神需要并不是建立在物质基础上的内生需求，而是外在精神满足感的刺激。

  对解决了温饱型消费的中国社会而言，鲍德里亚在《消费社会》中描述的"流通、购买、销售，对作了区分的财富及物品/符号的占有，这些构成了我们今天的语言、我们的编码，整个社会都依靠它来沟通交谈"②的消费景观逐渐占据我们的市场主体，构建一种新的消费习惯，成为掀起新的消费潮流的支点。然而，人们尽管享受着解决了温饱问题、追逐物欲的生活，但却仍然不觉得快乐，反而觉得焦虑、空虚、孤独。他们抛下了自己曾经满怀壮志的奋斗目标，忘了自己的本真意向，只是非常清楚地知道，要过上令别人羡慕的幸福生活就要赚更多的钱。他们"似乎是为商品而生活。小轿车、高清晰度的传真装置、错层式家庭住宅以及厨房设备成了人们生活的灵魂"③。"消费主体逐渐在消费中沦为物的奴隶，成为工作、金钱的傀儡，成为自身消费品符号的附庸"④，而并不是按照自身的本质及自身状态的特殊要求原则来确定自己的消费内容，他们追求消费内

---

  ① 丁玲. "消费—生态"悖论的伦理审视. 井冈山大学学报（社会科学版），2012 (5): 35.

  ② 波德里亚. 消费社会. 刘成富，全志钢，译. 南京：南京大学出版社，2000：62.

  ③ 赫伯特·马尔库塞. 单向度的人——发达工业社会意识形态研究. 刘继，译. 上海：上海译文出版社，1989：10.

  ④ 同①.

容与自身社会地位、财富、生活方式的"一体化"。

3. 异化消费中的幸福缺失

当消费更多的产品可以体现自身富有的时候，财富能给人带来幸福；当炫富性消费时过境迁，享受高品位的闲适生活则可能成为人们追求幸福的目标因素。"一有了生产，所谓生存斗争不再单纯围绕着生存资料进行，而是围绕着享受资料和发展资料进行。"① 伴随着社会消费水平的普遍提高，消费生活除了要有一定的物质消费，还要有建立在此基础上的精神文化消费及反映其精神文化面貌的物质消费，以此体现个体的差异及个性特征。作为一种消费主体文明，消费在人的文化中早已成为人们彰显自我个性、实现自我认同的方式之一。"人们消费什么和不消费什么，并不仅仅是对自己可支配的货币拥有情况的反映，更是反映了人们对某种有价值的东西的认同行动。'我'消费什么、怎样来消费，实际上体现和贯彻了'我'对自己的看法、定位和评价。"② 人们在消费中不断地创造、维持和改变着自己的认同，推动自我的发展。于是，对一些人来说，"为了有效地增进消费者的荣誉，就必须从事于奢侈的、非必要的事物的消费。要博得好名声，就不能免于浪费"③。生产力的发展的确为人们带来了丰裕的可供消费的产品。人们在消费品的选择上有了更大的自主权，但试图通过消费品标识的文化身份来获得快感的人们却忽视了一个重要问题——文化作为自身存在的根本方式，需要我们通过自身的文化内涵来表达自我的存在，并将这种文化内涵灌注于我们消费的物品中以展现我们的存在方式，而不是通过他人塑造的消费品之价值文化来展现自身。换言之，人们可以通过提高消费层次来改变自身在消费领域的社会地位。但是，人们并不一定能通过物质性的消费提升自身的文化品位与生活格调，真正获得让人尊敬的社会地位。如此一来，当社会中的消费品让人们有了更大的自主选择权时，当人们为琳琅满目的消费品惊叹时，针对自身的消费体验感就面临一个转折点——很多时候人们反而进入了一种最不稳定的幸福状态。

---

① 马克思恩格斯文集：第9卷. 北京：人民出版社，2009：548.
② 王宁. 消费社会学. 北京：社会科学文献出版社，2011：50.
③ 凡勃伦. 有闲阶级论——关于制度的经济研究. 蔡受百，译. 北京：商务印书馆，1964：73.

其一，财富之于消费的幸福边际效应递减。在一定时期，人的消费发展水平也正是人类社会财富增长的一种表现。最初，人的消费行为蕴含于劳动过程中，劳动就是人们"制造使用价值的有目的的活动，是为了人类的需要而对自然物的占有，是人和自然之间的物质变换的一般条件，是人类生活的永恒的自然条件……它为人类生活的一切社会形式所共有"①。人类在自身的劳动过程中满足了自身肉体的需求并有了节余，便开始寻求拓展自身需求的范围。在这一过程中，人类的消费行为已不再局限于简单地消耗自然资源，而是开始交易消费品。从原始简单偶尔发生的物物交换到扩大的物物交换，到一般等价物的交换，再发展到货币成为固定的一般等价物，此时消费不仅是满足生存需要的手段，而且成为促进社会财富增长的方式。

劳动是财富之基。财富是人感受幸福的一个阶梯，消费能助长社会财富，能帮助人们感受幸福。因此，为了保障人们共享发展成果，党的十八大报告首次明确提出居民收入倍增计划并进一步强调高质量的就业等方针。《中共中央关于制定国民经济和社会发展第十三个五年规划的建议》中指出，共享是中国特色社会主义的本质要求，强调坚持按照人人参与、人人尽力、人人享有的要求，通过提高劳动力素质、劳动参与率，促进劳动力在地区、行业、企业之间自由流动等方式保障基本民生，共同迈入全面小康社会。党的十九大报告7处谈及"共享"，提出"保证全体人民在共建共享发展中有更多获得感，不断促进人的全面发展、全体人民共同富裕"②。毋庸置疑，增加广大民众的财富是提升国民幸福指数的保证。但是，财富不一定能创造持续的幸福。毕竟，不管人类社会发展到什么程度，劳动始终是财富的源泉，所有的财富（包括人们消费所需要的货币在内）都是人通过劳动才能获得的。要获得更多的财富，消费更多、更好的产品和服务，就意味着要从事更多或更高强度的工作。然而，在这样一个劳动只是人们的一种谋生手段，还没有成为乐生的活动，没有成为人们"生活的第一需要"的时代，对追求更多的财富以获取更多的消费的人们

---

① 马克思恩格斯文集：第5卷. 北京：人民出版社，2009：215.
② 习近平. 决胜全面建成小康社会 夺取新时代中国特色社会主义伟大胜利. 人民日报，2017-10-28.

来说，他们未必像自己热爱财富那样热爱自己的工作。这时候，更多的财富、更多的消费，往往意味着更多的不愉快的工作，显然他们在工作过程中是不能感受到愉悦的。即使他们在工作上所取得的财富能给他们带来幸福，他们的幸福也只是一种短暂的幸福，他们所能享受的具体幸福充其量是亚里士多德所指出的"牛找到草料吃的幸福"。并且，消费所带来的依托于财富的"幸福"并不是一个固着物。相反，满足物欲的消费产生的对财富的欲望很可能是其走向不幸的拐点。正所谓"五色令人目盲，五音令人耳聋，五味令人口爽，驰骋畋猎令人心发狂，难得之货令人行妨"（《老子·第十二章》）。满足过度的生理感官享受的消费，容易让人迷失在对财富的追逐中。"世界上因拥有财富而遭受祸害以至丧生的人，或因积聚财产，愚而不能自拔，置身虎口，甚至身殉其愚的人，例子是很多的。世界上忍受最难堪的痛苦以图追逐浮名而保全声誉的人，例子也并不较少。至于因过于放纵肉欲而自速死亡的人更是不可胜数。"① 财富带来的物质欲望的满足只是人追求自我满足、享受幸福的必要条件，然而，过度地追求财富能带来的消费品标识的幸福却极易将人推向幸福的另一面——不幸。

此外，当消费不再是为了满足人们的饱腹之欲而成为彰显人们身份的一种标识的时候，幸福作为主观与客观的统一体，更多地表现为人们对精神性消费需要的体验，这种体验是展现个性身份差异的张扬。尽管它在满足人们高层级的需要中占据着重要地位，但为彰显财富而设计的消费内容往往是被市场利益最大化的生产者制造出来的消费需要。这种财富消费符号个性是被有限的生产者赋予的。因此，人们在试图通过财富凸显个性的同时，容易在标识财富的商品中消解自身的个性特征。正如美国作家理查德·康尼夫（Richard Conniff）在其著作《大狗：富人的物种起源》（*Big Dog: The Natural History of the Rich*）中所描述的："不论富人们乐意与否，有钱会使他们与众不同。有钱使他们孤立于一般大众之外。……我们也许以为庞大的财富能给人自由，让人随心所欲地做你自己，尽量与别人不一样。其实事实正好相反，有钱人通常会变得越来越相似。他们常常

---

① 斯宾诺莎. 知性改进论. 贺麟, 译. 北京: 商务印书馆, 2011: 21.

光顾同样的商店,雇佣相同的建筑设计师。"① 更多的财富看似能在市场经济中"自由"地选择,但彰显财富特征的消费品却往往具有稀缺性。于是,追逐财富带来的消费使主体的消费对象具有相似性乃至相同性,这恰恰消解了消费主体试图通过消费品来表达个性的心理需求,以致他们即使拥有很多也仍会感觉莫名地空虚。很多时候,人们总试图通过追逐财富来获取幸福,但往往钱越多,人就越贪婪,贪婪反而带来焦虑、烦恼,不知如何呈现自身的个性特征。

不可否认,财富确实有助于满足人们的欲望,保护人们免除若干痛苦。但依托财富的幸福,很多时候让消费主体虽然已经看到了幸福的影子,但却无法拥有恒久的内心灵魂的安宁。工业社会早期的财富增长实践就向世人展现了徒有财富增长的不幸福状态。经济因素对人们幸福感的影响会呈现出边际递减效应,基于财富的消费不可能成为衡量人们幸福与否的根本标准。相反,当消费超出了本身的基本需要,它反而会成为标示人们缺乏幸福感、填补空虚的一个符号。在美国工业经济的迅速增长过程中,《独立宣言》的作者托马斯·杰斐逊(Thomas Jefferson)在向国民展现未来的美好生活图景时就强调,一旦达到物质满足的程度,美国人就应该把注意力投向幸福和最终启迪。我们不断强调全面建成小康社会,不仅要提高人们的物质生活水平,而且要丰富人们的精神文化生活,强调社会主义核心价值观的培育和践行。毋庸置疑,财富是人们自由消费的重要手段,但携带巨大历史包袱的财富的增长和消费能力的提升却不是人们幸福体验的一部分。社会的发展需要创造财富增长的可持续模式,更需要追求可持续的幸福。

其二,损害健康的消费自由是幸福的隐忧。当消费满足了人们的生存需要,生命的质量就成为人们幸福感考量的内容要素。《尚书·洪范》首倡五福:"五福,一曰寿,二曰富,三曰康宁,四曰攸好德,五曰考终命。"其中,寿为先。中国传统习俗中关于祝寿的主题活动极其丰富,"寿"字还被广泛应用于日常的家具、建筑和器皿上,无不体现出中国人

---

① 理查德·康尼夫. 大狗:富人的物种起源. 王小飞,李娜,译. 北京:新世界出版社,2004:19.

用"寿"护佑自身、追求健康长寿的幸福愿景。亚里士多德指出：幸福所必需的条件包括一些个人无法控制的条件，诸如身体健康、物质舒适；在没有满足基本的物质需要之前，美德活动很难出现，一个身体不好、每天挣扎活命的人可能处在失去自制的边缘，因此不大可能参与美德活动，也就无法获得幸福。随着人类技术的发展和对地球资源的开发利用，人类总体上解决了生存问题，获得了大量的消费自由，但消费自由的结果却是环境的破坏及自身健康的损害。当今社会，环境问题越来越严重，人们的消费越来越多，在这一环境中的消费成为健康隐患。工业污染源直接或间接成为健康杀手，如我国2009年陕西凤翔、湖南郴州，2010年安徽怀宁，2011年上海康桥地区，2014年广东韶关、湖南衡东等地儿童及成人居民血铅超标事件。除了工业污染源，日常生活中铅的污染源跟随我们的消费品，如油漆、涂料、颜料、彩釉、医药、化妆品、化学试剂甚至不合格的铅笔、玩具等，通过食物链、呼吸系统和接触等途径侵害人体的健康。早在1890年，铅中毒即成为危及儿童健康的杀手。1924年的研究发现，当时的美国儿童生活在一个"铅的世界"中，住房、玩具、家具、食物容器等中都含有铅。近百年后的中国，这一幕仍在上演。而20世纪世界著名的环境公害事件，如马斯河谷事件、多诺拉事件、洛杉矶光化学烟雾事件、伦敦烟雾事件、四日市哮喘病事件等，都直接源自工业污染对人体健康甚至生命的毁损；而日本熊本县水俣湾轰动世界的水俣病源自长期食用了受工业废水污染的海产品，富山县的痛痛病是因为工业废水污染导致农业生产受到污染，使得镉污染通过食物链进入人体。更为糟糕的是，这些疾病还具有很强的遗传性，危害的并不仅仅是一代人的健康。

再者，从生态链的角度看，动植物的常规生长周期，无法满足人们"多、快、精、怪、补"的消费诉求。人对食物欲望的增长，使得食物消费品逐渐脱离自然生态。大型集约化养殖与大规模单一农作物种植，把农产品当作不受自然规律支配的工业品投入生产。工业化广泛应用于农业生产，在满足人们现代消费需要与欲望的同时，迅速破坏着人们的"饮食"生态，危害着人体的健康。如牛、羊本是食草动物，由于科技的发展，为满足人们对肉产品的需求，生产者把动物的骨粉、化肥等药物成分混入牛、羊饲料中，使牛、羊疯狂生长，降低饲养成本，增加商业利润，而"疯牛病"随之也频频出现；为迎合人们对瘦肉的需求，各种导致人心律不齐甚至心脏病的瘦肉精出现了；当饲料的大肆侵蚀使得许多消费品失去原生态所具有的原汁原味的时候，为满足高营养的消费需求，会致癌的"红蛋绿鱼"、重金属超标的"中药鸡"出现了。同时，由于食品生产中抗生素对环境的污染和在食品中的残留以及人们对消费品过度的渴求，摄入量的过多滋生了众多"富贵病"或"现代文明病"，比如便秘、肥胖、肠道癌、高血脂、动脉粥样硬化、冠心病、糖尿病、脑中风等。① 一味追求口腹之欲的"营养"消费、"富贵"消费成为部分人身体不适的重要原因。故曰："祸莫大于不知足"（《老子·第四十六章》）。

消费本是维持人们生存的必需行为，是人们健康幸福生活之基。但大肆为消费而消费，为不合理的欲望而消费，并从而推进扩大生产的行为，使得环境问题层出不穷。这种危害进一步进入人们的消费链，导致人们的消费不安全，损害了人们的身体健康。健康是幸福之本，消费的首要目即是满足人的健康生存，而后才是促进人的健康发展。尽管丰富的消费品能够给人们提供各种选择，但当人们无论消费什么样的产品却都可能在感受幸福的载体——身体里埋下妨碍健康的隐患时，幸福对消费主体而言就只是一种空洞的精神慰藉。因此，党的十八大报告强调在推动我国经济迅速发展，增加国民财富的同时，要注重健康对于人全面发展及其幸福的重要地位。中共中央政治局 2016 年 8 月 26 日审议通过的《"健康中国 2030"规划纲要》提出，要全方位、全周期地保障人民健康，大幅提高健康水平，显著改善健康公平。党的十九大报告再次指出，要实施健康中国战略，"人民健康是民族昌盛和国家富强的重要标志"②。

（三）人生完满的幸福：合乎德性的消费

消费是人生的起点，也是人生追求幸福的手段和过程，幸福则是这一

---

① 丁玲. "消费—生态"悖论的伦理审视. 井冈山大学学报（社会科学版），2012（5）.
② 习近平. 决胜全面建成小康社会 夺取新时代中国特色社会主义伟大胜利. 人民日报，2017-10-28.

持续不断且变化频繁的人生过程中的不变追求。人们在不断变化的消费需求中不断追寻着、调整着自己的幸福诉求，力图将幸福刻入自己的生命旅程，实现人生的完满。殊不知，人生消费的轨迹其实也就是人生幸福的印记。①

1. 人生消费的历程：各种关系的协调

消费是人介于生与死两端之间的必要活动和必经之路。作为个体机能健康运作所需要的活动，消费就是"人的实现或人的现实"②；它被内含于生命活动之中，是人生命的组成部分，承担着个体生理机能关系协调和其生命结束之前作为"类"的成员彼此文化关系相协调的任务。

就个体的人生而言，消费的首要前提是满足自身的肉体生存需求。但是肉体只是人生的载体，肉身所承载的文化内容的体验——精神欲求才是追求幸福、体验幸福的重要渠道和载体。柏拉图和亚里士多德关于幸福的文献中有一个共同的主题，那就是强调爱自己。柏拉图进一步强调，爱自己意味着关心自己的精神和道德上的健康，一个幸福的人就是调节好他的精神或灵魂的人，并把它们置于严格的理性控制之下。早在远古时期，人类对自身智性的首要开发即是通过精神信仰——宗教来进行的，以支撑自身的生存，对精神世界的追求由此也成为人类将自己的生存与动物的生存区别开来的标志。毕竟，人是自然之子，自然界的资源作为生存的天然屏障，从满足生理需求的层面考虑，只要努力就可以获得。但人并不仅限于此，而是竭尽全力地去获得这些消费资源，这是由于智性上的精神信仰给予了人对生的渴望，并促使人自觉地组织起来，成为一个社会联合体。

随着人类文明的发展，精神的力量逐渐从获取消费品转而渗透于消费主体的消费活动之中。从此，消费"绝不是孤立的行为了（这种'孤立'只是消费者的幻觉，而这一幻觉受到所有关于消费的意识形态话语的精心维护），人们就进入了一个全面的编码价值生产交换系统中，在那里所有的消费者都不由自主地相互牵连"③。正是这种编码价值的牵连，使得在

---

① 曾建平，丁玲. 消费与幸福的关系辨正. 伦理学研究，2017（2）.
② 马克思恩格斯文集：第1卷. 北京：人民出版社，2009：186.
③ 波德里亚. 消费社会. 刘成富，全志钢，译. 南京：南京大学出版社，2000：60.

我们传统文化界定的幸福的五个因素"寿、富、康宁、攸好德、考终命"中,把修炼美德作为协调人生关系的核心因素加以强调。它们强调个体的幸福不仅在于长寿、财富、功名,还有一个重要的衡量标准——德性,即对人类天性和人生关系之善的品质的领悟。正如《国语》卷十五《晋语九》中襄子所说,"德不纯而福禄并至,谓之幸;夫幸非福,非德不当雍,雍不为幸,吾是以惧"①。没有德性,所获得的一切就都只是运气,而运气的不确定终究会给人带来烦恼。故而,古人主张通过"自强不息,厚德载物"之内圣外王之学,走向德福一致的人生完满之幸福。在西方,"德性"作为一个古老的伦理学术语,也是指一种公认的、优良或值得赞扬的品质,是在环境作用下通过智慧寻找而形成的"一种选择的品质,存在于相对于我们的适度之中。这种适度是由逻各斯规定的,就是说,像一个明智的人会做的那样地确定的"②。这也就决定了,以此为标识的幸福需要"人们通过享乐的节制和生活的协调,才能得到灵魂的安宁"③,这种生活的协调即是建立在有利于本人、他人活动于其中的共同体及其成员更好生存的,或者无碍于、无害于他者更好生存的基础之上的适度。换言之,幸福不仅仅以满足人生的某种需求为依据,它不仅在于身体机能的健康运作,而且在于其与整个人生状态的相协调。

依照亚里士多德的表述,我们或许可以把幸福定义为:结合德行的顺境;富足的人生;与安全结合在一起的最愉快的生活;财产丰富,并能加以保护和利用。对此,几乎所有人都会认同,幸福至少包含以上一项内容。在此基础上,西方学者认为幸福的构成要素是:高贵的出身、广泛的交游、深厚的友谊、独立性、财富、成群的好儿女、快乐的晚年,身体上的优点,如健康、美貌、强壮、高大、竞技能力,以及名望、荣誉、幸运和美德。④ 而这些问题恰恰都是人生过程中处理自身与社会关系所包括的内容。不管基于理性和利益还是基于对自身生活的关心,人们都必然要服

---

① 徐元浩. 国语集解. 北京: 中华书局,2002: 453-454.
② 亚里士多德. 尼各马可伦理学. 廖申白,译. 北京: 商务印书馆,2003: 47-48.
③ 北京大学哲学系外国哲学史教研室. 西方哲学原著选读: 上卷. 北京: 商务印书馆,1981: 53.
④ 亚里士多德. 修辞学. 罗念生,译. 上海: 上海人民出版社,2005: 33.

从和选择德性，以实现自身及各种社会关系的协调。生活于各种社会关系之中，仅为满足生理需求、感官享受而不受德性制约的生活消费方式，容易扰乱人们自身内部及与之相关事物的秩序，造成精神上的混乱，因而无法获得真正的幸福。所以，"当我们说快乐是目标的时候，我们并不是指放荡之人的快乐，或肉体享受的快乐，就像某些无知的人所认为的那样……我们指的是摆脱了身心痛苦的状态。因为构成快乐人生的，不是不停地饮酒作乐，不是坐拥美女和美少年，也不是享用盛宴上的山珍海味，而是清醒的思考——用理性验检一切取舍的动机，用理性清除那些在灵魂中造成最大纷扰的意见"①。既重视生活中的物质消费，也不忘强调精神消费的协调性以及平衡人生过程中的各种关系，才能通往幸福。在社会的发展过程中，人们追求的幸福从尘世走向天堂，又从天堂回到尘世，不同的历史境遇造就了人们对幸福的不同诠释与理解。

但这些阐释无不蕴含着实践理性要求的合乎德性的消费诉求，并向人们昭示着"造成幸福是合德性的活动，相反的活动则造成相反的结果"②，"人是为了幸福而创造的，幸福在他的内心中，在满足人类简单的需要中"③。只是这种需要是随着历史变迁而不断变化的，不同消费主体对此理解不一，这与现实生产力的普遍需求发生矛盾，同时，这种需要也会与社会已有的价值观、与人们既定的身份地位产生矛盾。而"幸福就是一种没有矛盾的愉快状态——这种愉快不会让人遭受惩罚或感受内疚，这种愉快不会与你的任何价值冲突"④。这一状态的实现要求现实德性的凸显，以调整人们的消费理念，使其满足不同历史境遇下社会发展的实践要求。

在环境危机下，随着工业文明的发展，消费主体对生活与生存有了区分，精神生活在人们的生活中占据重要份额。精神需求成为消费链的独立环节，在人们追求幸福的消费里程中，教育、文化娱乐、旅游观

---

① 达林·麦马翁. 幸福的历史. 施忠连，徐志跃，译. 上海：上海三联书店，2011：58.
② 亚里士多德. 尼各马可伦理学. 廖申白，译. 北京：商务印书馆，2003：28.
③ 莫蒂默·艾勤，查尔斯·范多伦，等. 西方思想宝库. 西方思想宝库编委会，编译. 长春：吉林人民出版社，1988：658.
④ 安·德兰. 自私的德性. 焦晓菊，译. 北京：华夏出版社，2007：18.

光、体育健身等形式的消费内容逐渐出现，并成为经济体系的构成因素，在人们的消费活动中呈现出主流化、高科技化、大众化、全球化等特征，这正是"知识→道德→幸福"作为人们追求幸福的德性思维路径的体现。因此，对一个社会来说，特别是当社会的发展达到一定程度时，消费要体现的就不仅仅是有多少产品可以满足人们的需求，而是社会能够提供的产品可以给多少人带来满足，因为这时候"使人幸福的并不是体力和金钱，而是正直和公允"①，是正直和公允维系下的社会关系的协调。在当今社会，社会的主流价值观将消费这一始于经济领域的经济行为纳入伦理学考量的范畴，凸显消费的伦理性，展现人们对生态危机的反思，亦是"知识→道德→幸福"这一思维路径的必然发展趋势。在现代社会人的整个一生中，这也保障消费以实现人生幸福的充要条件。

2. 死亡：消费德性完满的句点与殡葬改革的起点

人们消费的目的是成就自己的人生，正如陈志岁在其《载敬堂集·民说》中谈到的，"人生，人之生态也。人生，即机体与灭生因素斗争之过程。生存、成长、成熟，我胜病害也；伤残、衰废、死亡，病害竟我也。生而有为，彰生也；生而无为，闷生也。为而利民，谓之惠为、荣为；为而妨民，谓之妄为、鄙为"。简言之，人生是人通过消费以实现自身各种机能自我构建、成长、成熟、走向死亡的过程。在这一过程中，人不但有自然生命历程的生存消费，更有文化关系的创造历程及消费需求历程，这一文化关系的创造在人的生理上构建了人类理性上的心理快感体验——幸福。也正是这种文化关系的延续性及新的创造使人们在从出生到死亡这一阶段中总是不停地以追求幸福为生活信仰，幸福的含义也随着人类文化关系的发展而不断丰富，不仅包括生理、安全、情感和归属以及尊重的基本需求，还包括自我实现等发展层次上的需求。

这些需求的终点以人生的终结——虚无的死亡作为结点。人生对幸福的追求，正如诗人蒲柏（Alexander Pope）所宣称的："啊，幸福，我们生存

---

① 北京大学哲学系外国哲学史教研室. 西方哲学原著选读：上卷. 北京：商务印书馆，1981：52.

的终点和目标！美善、快乐、安适、满足！不论冠上什么名字：你依然是激起永恒叹息的事物，我们为你而活，也因为你而敢于赴死。……"① 在我国，虽然从未将幸福作为一门独立的学科加以研究，但贯穿人生哲学中的"五福"幸福观也将死亡纳入考量之中。易言之，幸福是人生善始善终的生活，人生的真正幸福不仅在于个体健康强壮的身体、富足、家庭和睦、伟大成就以及公众的敬意，还在于人最后的结局——死亡。生命总是和它的必然结果——死亡——联系起来考虑的。消费成就生命，同时也在生命中播种下了死亡的种子，只有走向死亡的生活才是完整的真实存在，"我们不必担心它因为死亡而失去价值"②。相反，死亡让人的幸福具有了终极意义，因为他的幸福再也不能被夺走，人生的幸福体验也才是完整的。

正因如此，古今中外的人们都希望死亡过程是无纷扰的、祥和的，把它看作人生所享有的快感或荣耀的一部分，是人们对幸福的最后体验。死亡之所以成为人们消费完满的句点，就在于死亡是人生消费的终结。合乎德性消费的人生历程，因为其德性生命的文化光芒，也能够使其坦然赴死。而介于生死两个端点之间的人生厚度已经定格了人生幸福度，是死亡最终消除了幸福变数的可能性。

死亡是自我生命的完结和自我幸福的定格。虽然没有人可以亲自料理自己的后事，但一些人可以预先安排或嘱咐后事，而由其相关的亲属好友或单位做出事实的处理，这是作为个体的人的最后一次消费——殡葬消费。殡葬消费同样关乎生态问题，而在这个方面，中国人的低俗消费迄今难脱窠臼。新中国成立以来，为了移风易俗，中国政府在殡葬改革上采取了许多措施，推行火葬、主张薄葬、简化殡葬仪式和清明拜祭等都属于此列。然而，现实情形令人沮丧：陈规陋习死灰复燃、封建迷信陈渣泛起、铺张浪费司空见惯、"死人与活人争地"愈演愈烈……其结果是，主要在于寄托心灵哀思、缅怀逝者、继承遗志、激励后人的殡葬文化的真意受到了亵渎，社会风气受到了浊化，自然资源环境受到了伤害。如今刮起来的豪华墓地之风更是让人吃惊：一座墓占地几百甚至上千平方米，耗资几百

---

① 达林·麦马翁. 幸福的历史. 施忠连，徐志跃，译. 上海：上海三联书店，2011：183.

② 卢梭. 孤独散步者的遐思. 李菁，译. 北京：光明日报出版社，2006：44.

万元甚至上千万元，其毁林占田的违法程度让人瞠目。对死者盛殓厚葬入土为安，是延续了几千年的习惯。随着各地公共墓地的过快发展，过多用地，亡人在与活人"争地"的同时，造成了环境污染等问题。为此，有关部门建议大规模推行树葬等生态化墓葬方式。在现代树葬中，人们不用建墓、立碑，只需在树下直接葬入亲人的骨灰，有的连骨灰盒也不需要。这种方式改变了中国的传统习俗，有利于抑制各种乱埋乱葬现象，从而推行文明的治丧方式，同时，还对节约资源、保护生态环境起到了良好作用。① 2013年2月，《民政部关于做好2013年清明节工作的通知》下发，民政部提出要鼓励生态安葬，各地要因地制宜开展骨灰撒海、树葬等生态安葬活动，争取对不保留骨灰的实行免费海葬、撒散等生态安葬，广泛宣传生态安葬奖补政策，并立足基层进行宣传引导，赢取广大群众对殡葬改革的认同。同时，全面推行文明低碳祭扫，推出"鲜花换纸钱""时空信箱""思念墙"等祭扫方式。② 近几年来，绿色殡葬，低碳、文明祭扫正逐渐被人们接受。而且，有的人生命的终结不仅没有对环境和资源造成任何影响，还挽救了其他人的生命——捐献遗体，他们在离开人世时还在为他人做贡献，展现着他们对死亡的深刻理解。

综上所述，从主体文明来看，个体的消费取向、消费方式、消费结构、消费水平、消费质量不仅能反映消费者的文明状况——在生态时代，消费者在行使消费权益时，是否关心适度消费、绿色消费、低碳消费、科学消费，不仅标志着其文明程度的高低，而且能为人的文明素质的提高指明方向：既要以丰裕的物质产品维持生命、健全体魄、充实生活；又要以高雅的精神产品完善人格、净化心灵、陶冶性情，摆脱动物机能式的消费之举，使消费成为确证人的本质力量的活动，使人在体验到幸福的同时逐渐完善自我。③ 反过来，提升人们的文明素质，有利于人们更少地关注消费品所标识的象征性符号特性，更少地执着于物欲，更好地明确自己作为一个消费主体应该"消费什么，怎样进行消费"，自觉地在感性需求与理性需求之间寻找到一个相对合适的平衡点。因此，只有提高文明素质，人

---

① 张驰. 殡葬消费生态化更寄追忆. 四川质量报，2006-03-17.
② http://www.mca.gov.cn/article/zwgk/tzl/201503/20150300780924.shtml.
③ 曾建平. 生态时代的消费文明. 中国社会科学报，2009-11-24.

们才能自觉地内化科学的消费理念,使消费对象物尽其用;只有提高文明素质,人们才能提高识别能力,根据自己的发展要求有效地调整与改善自己的消费结构,避免资源的过度使用造成的对自身健康的损害与社会资源的浪费;只有提高文明素质,人们才会认清消费的真实目的,满足本我的生存与发展,人们才能摆脱他人强加的消费观念的干扰,在权衡自己的收入水平、道德素养等因素的基础上表达自身真实的消费需求,真正将消费作为自身发展和彰显自我身份品位的标签;只有提高文明素质,人们才会在消费中珍惜自己生命的价值与意义,珍惜自己的正当权利与利益,在消费生活中使自尊、自重、自利、自爱、自我实现融为一体,从而使消费真正成为赋予人的生命意义的自我确证、自我实现、自我升华的活动;只有提高文明素质,人们才会把消费变为对社会具有责任意识与伦理精神的活动。人是社会存在物,单个人的存在是偶然的,亦是贫乏的,人的消费只有在社会关系中,并且在与他人的相互依存、协调发展中才能真正实现。①

二、社会文明的视野:消费与社会进步

作为一种权利,消费的满足是个体自由自主的选择,但这种选择不仅取决于个体对自我需要的调节,而且取决于个体与社会关系的张力。一方面,人的存在方式,包括消费方式,只有在特定的社会关系中才能得到合理的解释和说明。消费是一种人权,是体现人的生命价值、意义、尊严甚至生命本身的一种形式,提出保护消费者权益是社会文明的应有内涵,但是,如同其他权利一样,消费权利的实现应以不妨碍他人的权利和自由的实现、不损害公众利益和社会道德为前提。也就是说,在行使消费权利的同时,需要承担消费责任。因此,消费的满足是在一定的消费习俗、消费时尚、消费文化、消费制度、消费环境中产生的合理的结果。另一方面,作为经济运行的一个环节,消费涉及社会公平问题。任何消费都是以社会

---

① 曾建平. 生态时代的消费文明. 中国社会科学报,2009-11-24.

的物质资源、文化资源和自然环境资源为前提的,人们的消费数量、消费质量、消费结构等不仅与自身的条件——主体的消费能力、消费需要等——相关,而且与社会供给、自然供给相关。因此,在主体选择、获取、占有、使用消费资料的过程中,就存在主体之间能否公平地占有、公平地享用消费资料的问题,存在消费是否公平的问题。消费公平问题就是人与人之间的生存和发展公平问题,就是国际法规、国家政策等各类制度设计的合理问题。当前消费不公平突出地体现为,部分地方和人群存在严重的消费不足问题,而另一些地方和人群却存在大量的消费过剩现象。无论是严重的消费不足还是大量的消费过剩,都是片面的、狭隘的,都会造成生产与消费的严重冲突,导致人性的堕落,造成消费者之间的尖锐矛盾和社会的不公平,摧毁人类努力建构的文明大厦。因此,消费作为贯穿人的生活方式的一个环节,与人的成长发展及社会进步是辩证统一的。人类对消费的普遍欲求推动着社会的进步,并形成一定生产力状况下的消费模式;随着社会进步,人类社会的消费模式在不断发生改变。①

(一) 从自给型消费到商品型消费

原始社会早期阶段,人与自然浑然一体,并没有所谓的人与自然、主体与客体、自我与他人及社会的关系的区分,无所谓个人的独立意识和独立个性。这时候,人们作为一个集体在自然分工的基础上从事采集、狩猎和捕鱼活动,以维持最低的生存消费需要——获得能够维持自我存在的能量,自然资源主要作为人类的食物或者说作为人类生存所需的抽象而存在。人类的消费是依赖于自然资源的自给型群体消费。在长期谋求生存的抗争过程中,人类逐渐熟悉了某些动植物的生长规律,积累了狩猎的经验,提高了狩猎的技巧,开始向原始农业、原始畜牧业、古人类的定居生活等方面发展,人类从食物的采集者变成食物的生产者,这是生产力的第一次飞跃。

从人类为维持满足自身生存需要而消费并因此进行食物的自我生产开始,生产便成为人们实现自身存在的稳定消费方式的起点,占据着自我消

---

① 曾建平,代峰. 消费与文明:生态时代的审视. 光明日报,2009-08-25.

费的主导地位,主导着人们的消费活动,并由此成为人类生活的一个重要环节。这时候,人们的消费"作为必需,作为需要,本身就是生产活动的一个内在要素"①。人们消费的对象逐渐体现为人们生产的对象,并通过消费这个对象返回到自身,以备重新生产,体现为"他是作为生产的个人和自我再生产的个人"②,以谋求自身的生存和发展。虽然生产与消费具有直接的同一性,消费直接是为了生产——对自己生命的生产,生产也直接是为了消费——能提供物品以延续生命和繁衍生命的消费;但是,生产作为一个独立活动形式的出现,意味着人们的消费活动在依赖自然环境的基础上开始侧重自身内部之间的社会关系,人们的消费随着生产的扩张开始发展为依赖部族内部成员相互合作的自给型群体消费。

生产力的发展促使一些地区农业部落发生分离,促使农业和畜牧业在先进部落专门化,人类社会迎来了第一次社会大分工,这大大提高了生产效率。人们能够生产出超出维持劳动力所必需的消费品,剩余产品的出现促进了产品的相互交换,也使吸收新的劳动力成为人们向往的事情,战俘不再被屠杀而是成为奴隶;同时,由于剩余价值的出现,生产力得到进一步的发展。多数地区出现了铁器,人们可以扩大耕地面积,开发广阔的森林,除了生产粮食,还能种植桑、麻等作物,原来附属于农业的手工业日益发展,技术的改进使劳动进一步多样化并由专人来承担,由此便出现了手工业从农业中分化出来的第二次社会大分工。

随着生产分为农业和手工业这两大主要部门,以交换为目的的生产——商品生产——便出现了,商品性消费萌芽了。第二次社会大分工促进了生产规模的进一步扩大和劳动生产率的提高,促使自由人分为富人与穷人,奴隶制从零散的现象发展为社会制度,人们的消费内容由于他们所处的地位不同而出现了分化。商品交换发展到需要一些人专门经营商品交换业务,出现了商人,产生了专门从事商品交换的部门——商业。随着工商业的发展,城市和乡村的对立逐渐出现,城市是工商业中心,也是奴隶主统治的中心;大量的财富越来越在城市集中,宫殿、宅邸、宏伟的庙

---

① 马克思恩格斯文集:第8卷.北京:人民出版社,2009:18.
② 同①.

宇、祭坛出现在城市，艺术、科学的研究由此开始。

人类从此步入了一种新的社会形态——奴隶社会，建立了一个新的社群组织——国家。人们的生产和消费已不再体现为绝对的同一；部分人的集体生产满足的是个体奴隶主的自给型奢侈消费；人类社会的消费内容开始有了物质形态和精神形态的区分。但对当时的社会生产力来说，消费模式仍然是自给型家庭消费占主导地位，商品型消费更多地体现为一种特权消费。

奴隶主要维护和保持自身的奢侈型消费欲求，就只能改变经济发展方式，就此将人类引领进封建时代。在封建社会，虽然人类社会的消费主要是依靠土地资源提供产品以满足自身需求的自给型消费，但商品型消费有了较大的发展，广大民众参与基本的生活商品的消费，商品型消费不再体现为特权消费。这一时期，由于人类对自然界知之甚少，社会通过小生产对资源进行加工的消费活动，始终小心翼翼地遵循着自身对自然之性的把握，遵照"天命""神灵"的启示，追寻幸福的照临。

（二）市场经济的生产型商品消费

14 世纪到 15 世纪，不少欧洲人冒险探索前往东方的航线。1492 年哥伦布新航线的开辟为欧洲经济的发展带来了生机，同时开启了西方各国在全球范围内的殖民侵略活动，世界市场急剧扩大。

从 15 世纪末开始，市场逐渐成为世界经济的主流。商品需求量的扩大成为增加生产的导因，产生了强烈的提高劳动生产率的要求，引发了机器的发明，而机器的出现极大地推动了自然科学的发展。这一发展不仅带来了商品经济的扩大，而且催生了新生产力发展对生产关系变革的要求，酝酿了以培根、斯宾诺莎、洛克（John Lock）、莎夫茨伯里（Shaftesbury）为代表的，注重善与德行、公共利益的幸福观。

到 18 世纪中叶，第一次工业革命的浪潮迅速推进，人类社会生产领域的这一深刻变革促使人类社会的消费走进了生产型商品消费时代。生产资料的商品型消费成为民族国家发展经济、建立系统工业体系的消费基础，并促使生产不断扩大。在此过程中，英国古典政治经济学家进一步将分工和专业化原则推广到国际经济领域，提出国际分工理论——绝对优势理论，即在各国成本最优、各国均得利原则的指导下，部分产品的国际协作生产使得世界逐步统一起来，并且在生产主导的经济需求下，生产方式走向理性化——生产方式被理性以系统程序化的方式组织起来。生产活动安排的程式化进程日渐发展，活动中人们的分工越来越精细化、个体的活动任务被模式化，生产效率越来越高，产品也越来越多，社会发展与个体的消费需求及生产者资本的利益需求等问题成为社会关系的新矛盾。于是，物质利益与道德准则的关系、个人与他人及社会的关系成为这一时期人们追求幸福必须探讨的重要问题，产生了以爱尔维修（Claude Adrien Helvetius）、霍尔巴赫（原名叫 Heinrich Diefrich）和康德为代表的，认为多数人幸福就是好的和把幸福界定在至善之中的思想——康德在批判感性主义快乐幸福观的基础上高扬道德理想主义幸福观的旗帜。

尽管工业革命带来了工业化和资本主义的迅猛发展，部分工业产品开始走出国门，但社会生活需要的衣、食、住、行等基本生活资料仍然是传统的简单商品贸易，并未走出国门，因为不同国家刚好具有不同商品生产的绝对优势的情况极为偶然。因而，1815 年英国政府为维护土地贵族阶级的利益，修订并颁布了《谷物法》（Corn Laws）。英国粮价随即上涨，谷物价格的上涨使工人的货币工资被迫提高，工业生产成本增加，利润减少，工业产品的竞争力被削弱；同时，高昂的谷物价格也扩大了英国各阶层的粮食消耗开支，工业产品的消费因此缩减，工业资产阶级的利益遭到沉重打击。工业资产阶级为维护工业产品的消费利益继续推动生产的发展，这就必然要求拓宽市场，开拓市场的需求，依据其国内形势，迫切需要改变仅仅依靠工业产品的消费模式结构。为此，他们极力推动谷物自由贸易，李嘉图的"比较优势原理"适时而出。

根据比较优势原理，比较两国两种商品的生产，其中一国较之另一国均处于绝对优势，但只要处于劣势的国家在两种商品生产上劣势程度存在差异，两种商品生产上处于优势的国家其优势在程度上也存在差异，在这种情况下，处于劣势的国家在劣势较轻的商品生产方面具有比较优势，处于优势的国家则在优势较大的商品生产方面具有比较优势。两个国家分工专业化生产和出口自己具有比较优势的产品，进口自己处于比较劣势的产品，这样两国都能从贸易中得到利益。也就是说，通过"两利相权取其重，两弊相权取其轻",两国都能提升福利水平。这一理论为工业资产阶级的国际自由贸易提供了有力证据，打开了地域意义上的新市场，促进了国际贸易的发展，极大地推动了生产性产品的全球化发展和生产力的发展，带来了商品量的迅速增长和人们消费需求的增长。人们的消费欲求，迫切要求打破残余的封建专制对人的束缚，催生了19世纪初期以边沁和密尔为代表的、反映资产阶级新思想、倡导人性利益诉求的功利主义幸福观和费尔巴哈的人本主义幸福观——费尔巴哈还明确提出了物质上的快乐和幸福是道德进步的前提等思想。

然而，一个社会对物品的需求总量是一定的，工业产品的使用也具有较长的周期性。同时，当人的缺失性需要得到满足之后，人的需要就上升到较高的发展性需要阶段，已有的生产部门要保持持续的高利润回报，就必须大力寻求开辟新的市场的途径，开辟制造部门以前不曾进入的市场，开辟细化意义上的商品市场。因此，在经济领域内，生产者开始了一场以消费者为目标的生产变革，大量资本转而向社会生活的各部门渗透，生活资料的生产日渐成为西方社会再生产发展的关键性因素。生活消费品的迅猛增加，使得生产与消费的矛盾日益凸显。现代西方社会的幸福观以叔本华（Arthur Schopenhauer）的思想为拐点，转变为一场笼罩着悲观情调的幸福解读，开始了人们对后工业社会幸福的新探索。

面对工业化发展向重化工方向的转变，社会资本向生活纵深部门的渗透，社会消费需求与重工业的联系日益紧密，工业社会不仅创造了大量的市场消费需求，而且为轻工业的结构升级创造了条件，人们的日常生活所需的生产和生活资料的消费为商品型消费所占据。整个社会的发展从以生产为主导的社会转向了以消费为主导的社会；社会生活中的商品型消费成为社会发展的主流消费形式。一方面，从前被视为奢侈品的东西逐步成为普通大众也能消费的必需品；另一方面，为促进消费者消费，广告业、市场营销技术及信用制度迅速发展，文化也成为生产者鼓动人们大量消费的武器。

生产者一旦把文化作为拓展消费市场的切入点，社会的"有闲阶级"自然就首先成为生产抓捕的消费对象。当文化、消费和"有闲阶级"三者的结合成为经济的动力因素，消费就不仅是生存的基本手段，而且是地位和身份的象征。商品的价值不再简单地由商品的社会必要劳动时间决定,还取决于消费者的价值观。每个人在消费中既是价值的评判者,也是被评判的对象。在同类商品中,人们之所以选择这款而不是那款,除了考虑其使用性质之外,还因为它们象征着相应的等级。满足对优越地位渴求的最方便、最快捷的手段,就是选择代表等级的商品进行消费。富人们、有闲阶级为了彰显自己的身份地位,以他们的方式追逐奢侈消费——衣食住行用的消费,讲究的是顶级品牌,追捧的是最新款、限量版;底层民众为了自己向往的身份地位,热烈地追捧着属于这个阶层的"更新、更潮"潮流。生产阶段消费品实用观念逐渐退隐,一股奢侈型、浪费型消费浪潮悄然成为人们的生活方式,成为推动经济繁荣的新增长点。反之,保持工业文明下的庞大经济体系也"要求我们使消费成为我们的生活方式,要求我们把购买和使用货物变成宗教仪式,要求我们从中寻求我们的精神满足和自我满足……我们需要消费东西,用前所未有的速度去烧掉、穿坏、更换或扔掉"①。人们只有保持大量的消费,生产者才能继续大量生产,依靠工业而快速发展起来的国民经济才有成长的空间。

遗憾的是,与此"繁荣消费"景象相对应的是整个社会并非丰裕盛世,贫困、不均仍是突出的社会问题。但在这种社会状况中,生产者仍然紧张地追求扩大生产,生产出来以后又担心销售不出去,于是又疯狂地制造"消费者欲求"以与其获得相应财富的生产相适应。这一时期的消费对于生产的意义,正如路德维希·冯·米瑟斯(Ludwig von Mises)所指出的,是"奢侈鼓励了消费水平的提高,刺激了工业的发展,促进工业新产品的发明创造并投入大批量生产。它是我们经济生活的动力源之一。工业的革新与进步,所有居民生活水平的逐步提高,都应当归功于奢侈"②。奢侈型消费是那些上层人们之身份地位的象征,是底层人们向往的对象,这也就意味着刺激消费的目的并不是提升人们的生活水平,而是通过制造或者刺激人们的欲望来拉动经济增长。这种符号化的消费在一定程度上破

---

① 艾伦·杜宁. 多少算够——消费社会与地球的未来. 毕聿, 译. 长春: 吉林人民出版社, 1997: 5.

② 路德维希·冯·米瑟斯. 自由与繁荣的国度. 韩光明, 等译. 北京: 中国社会科学出版社, 1995: 73.

坏了消费者的理性与自主权，众多消费者的消费方式取决于其他人的消费价值评判。生产者制造的消费符号意义在很大程度上左右着消费者的消费决策，这使得消费者的购买行为很难说是自己真实意愿的表达，而很可能是因为生产者的诱导消费者才把自己的乐趣建立在消费不同的商品上。如此一来，这种奢侈消费既扩大了人们之间的生存等级鸿沟，又进一步加剧了人们之间的竞争与矛盾；这种由物质丰富而带来的一系列社会问题进一步导致了人们精神和心灵的空虚，出现了严重的道德危机。

但是，从整个社会的发展来审视，正是对"奢侈品"的追求集中了最先进的技术、丰富的个性化及美学价值等品质内涵，正是奢侈品位和风格的塑造及其追崇对社会的发展起着积极作用，正是对奢侈的追逐并以不同形式满足人们"奢侈"的人性欲求不断推动着社会产品的丰富及再生产。这也是保持经济繁荣的最直接、最快捷的方式。正是少数人的"奢侈"欲求向社会大众的扩张，推动了生产力的成熟，满足了更大范围内消费主体的消费需求，进而反作用于再生产。反之，对社会组织来说，社会生产力的发展也要求各生产部门不断拉动人们的消费需求，储蓄过度亦足以摧毁生产动力。因此，二战之后，各国的发展中心转移到国内，大量的军事科学技术被运用于民用产业，致力于推动经济向内生增长模式转变，拉动经济增长。同时，科技引领社会生活带来了社会进步的新奇观——第三产业兴起并迅猛发展，世界经济进入服务经济时代：2012年4月26日国新办举行新闻发布会，中国服务业占世界经济总量比重为70%，主要发达经济体的服务业比重达到80%左右。① 消费的重心已然转向非实物形态的服务业。整个生产部门的生产战略由以"产品"为导向转向以"客户"为导向，消费服务成为人们生活方式的新内容。消费的符号意义以消费的服务为内容融入人们的社会关系。不管是凡勃伦提出的"炫耀性消费"概念，还是布尔迪厄（Pierre Bourdieu）的"趣味消费"表达，都说明消费的内容不再仅仅是产品的数量和质量，还应该包括服务，以及建立在此基础上的与人交往的方式。

与此同时，全球化的迅速发展大大推进了商品、技术、信息、服务、

---

① http://finance.people.com.cn/GB/70846/17754163.html.

资金及人员等生产要素的跨国、跨地区流动,世界连接成为一个统一的大市场。在这个市场里,"在我们的周围,存在着一种由不断增长的物、服务和物质财富所构成的惊人的消费和丰盛现象。它构成了人类自然环境中的一种根本变化。恰当地说,富裕的人们不再像过去那样受到人的包围,而是受到物的包围"①。全球市场日趋表现为买方市场。在这样一种市场景观中,消费水平不断提高的主体有了更多选择产品的机会;这种机会不仅表现为针对产品的使用价值和符号价值的选择,还表现为具有某种使用价值和符号价值的产品提供的是怎样的服务。"顾客至上"营销理念由此被纳入消费对象的生产与营销中,掀起了一场以消费主体的需要和欲望为导向的经营哲学。消费者至上思潮很快为西方资本主义国家普遍接受,保护消费者权益的法律纷纷出台,消费者保护组织在社会上日益扩大,消费主体的消费开始有了自我主导意识,制约和引导着消费对象的生产者的生产。这也带来了消费主体作为社会一员的自我意识的提高与更多的自我权益话语权的需求,促使政府——社会组织的管理者——由"管理型政府"向"服务型政府"转变。一个社会中消费主体的消费满足程度并不仅仅取决于在市场上购买各种私人物品和服务的数量及品质的满足,还取决于直接或间接能够购买的公共物品和公共服务的数量与品质,而这些物品和服务的消费往往需要相应的外部配套条件,并且消费者自己不能提供相应的消费环境。比如,底层民众要想获得较好的医疗水平及教育资源等消费产品,国民基本公共服务均等化的总体实现,需要强有力的政策做后盾;中产阶层消费群体要获得满意的住行消费需求,需要以科学的城市居住区规划、布局合理的城市道路为依托。

在我国,随着社会主义市场经济的深入发展,为满足广大人民群众的商品性消费的需求,社会建设不仅以大力发展经济作为主渠道,而且在政府职能建设上不断加强对人们生活权益的捍卫。党的十六届六中全会在对构建社会主义和谐社会做出全面部署时,提出了服务型政府建设的明确要求。党的十八大进一步强调建设职能科学、结构优化、廉洁高效、人民满意的服务型政府,要求改进政府提供公共服务的方式,加强基层社会管理

---

① 波德里亚. 消费社会. 刘成富, 全志钢, 译. 南京:南京大学出版社, 2000:1.

和服务体系建设,增强城区社区服务功能,为群众提供安全有效方便、廉价的公共卫生和基本医疗服务消费。2015年4月25日印发的《中共中央国务院关于加快推进生态文明建设的意见》提出,自然资源及其产品价格凡是能由市场形成的都交给市场,政府定价要体现基本需求与非基本需求以及资源利用效率高低的差异,并致力于推行能源管理、节能低碳产品和有机产品认证、能效标识管理、碳排放、水权交易、环境治理等方面的市场化机制。① 党的十九大报告继续提出转变政府职能,深化简政放权,创新监管方式,增强政府公信力和执行力,建设人民满意的服务型政府。可见,在现代社会,人们的消费问题不仅是社会经济力的核心,而且以推动政府管理职能不断完善的形式推动着社会的进步。

(三)创新型消费的凸显

党的十八大做出了实施创新驱动发展战略的重大部署。2013年9月30日,中共中央政治局以"实施创新驱动发展战略"为题举行第九次集体学习,习近平总书记在主持学习时强调,实施创新驱动发展战略决定着中华民族的前途与命运。在五大发展理念中,"创新"理念傲居首位。党的十九大报告指出,从现在到2020年,是全面建成小康社会决胜期,为此要实施包括创新驱动发展战略在内的七大战略。② 科技发展逐渐将人们从生产劳动的束缚中解放出来,使人拥有了更多的闲暇时间。闲暇不再只是工作的补充或缓解,而是成为人们生活的重要部分。同时,从社会总需求的供给角度看,众多的轻工业部门显然处于饱和状态,投资者只有通过创新型产业才能刺激消费主体的消费。闲暇时间的增多使得人们将更多的目光专注于自身的需求,闲暇消费成为经济开发的新领域——文化消费、旅游消费、信息消费等形式都成为现代社会最重要、最普遍,对不少人来说也是最基本的消费形式。一种新的经济形式——创新经济——亦随之而起,以此既能满足消费主体追求自我欲求、追求品质的需要,又能满足求新、求异与追求时尚的心理需求。创新给人的消费生活带来了新的

---

① 中共中央国务院关于加快推进生态文明建设的意见. 人民日报,2015-05-06.
② 习近平. 决胜全面建成小康社会 夺取新时代中国特色社会主义伟大胜利. 人民日报,2017-10-28.

变革。

科技创新历来都是社会生产力发展的重要关节点。正是生产工具的创新使人类迈进了工业社会，迎来了一个机器创新生产工具的时代，使得现代社会的人们即使足不出户也能消费各种产品，大众传媒、商品的展示技巧，甚至人们头脑中的知识都成为消费内容。早在 1911 年，经济学家约瑟夫·熊彼特（Joseph Alois Schumpeter）出版的《经济发展理论》（*The Theory of Economic Development*）中即从技术和经济相结合的角度提出了"创新理论"。所不同的是，熊彼特的创新理论局限于生产过程，重点关注企业内部，是以生产为主导的消费的创新。而今，创新几乎成为大众传媒的口头禅，成为为消费打造的创新。在促进消费的过程中，创新形成了属于自己的经济产业子系统——时尚设计、电影与录像、交互式互动软件、音乐、表演艺术、出版业、软件及计算机服务、电视和广播，以及旅游、博物馆、美术馆等。消费渗入了所有的产业链，消费产业链正日渐渗入并侵占人们的闲暇时间。面对科技的发展、都市生活节奏的加快，为方便人们在紧张的工作之余将业余时间更多更好地用于休息与娱乐，创新不仅是商品包装的漂亮因子，也成为新的产业的生长点，成为营销模式的突破口。如，随着休闲生活的兴起，节假日外出购物、用餐、旅游、健身、户外运动成为一种享受型消费的休闲方式，并成为媒体争相报道、乐此不疲的题材；休闲业迅速发展——旅游业、文化休闲业、体育休闲业等基础休闲业呈加速度发展状态，休闲农业、休闲商业、休闲房地产业等休闲延伸产业迅速起步，休闲工业、休闲信息业、休闲中介业等休闲支撑产业蓄势待发。

产品设计紧紧抓住社会进步的契机，从便捷消费的各个环节和产品本身留给消费者的"痛点"或者人们对本土文化的心理认同出发进行创新，给消费者创造良好的消费体验，给消费者带去愉悦或方便，帮助消费者改善消费生活状况和生活品质。如，消费平台在传统市场的基础上增加了网络模式，电子商务平台的发展为消费创建了一种新的消费模式——网购。它突破了传统商务的障碍，无论对消费者还是对企业或是市场的开拓都十分有利，在新经济时期无疑是达到"多赢"效果、展现社会进步、促进社会发展的消费模式。2013 年国务院总理李克强在一场有专家学者和企业家出席的经济形势座谈会上与淘宝网创始人马云的一番对话,鼓励年轻人创业,在保质保量、公平竞争的基础上进一步发展电子商务。同年11月11日,原本是我们一个平常的日子,在网购那里却成为"中国消费者日"。① 这一天,仅天猫淘宝平台就创造了传统商业难以媲美、难以企及的1分钟销售额超过1亿元、全天销售额超过350亿元的奇迹。但这不是句点,天猫淘宝"双十一"总交易额纪录仍不断被刷新,2014年全天突破571亿元,2015年突破912亿元。我们在对此啧啧称奇的同时也担心这种购买与销售中存在的冲动性消费、重量不重质、快递的过度包装等问题给生态带来的附加影响。2015年我国快递超过206亿件,稳居世界第一,但总体回收率不到20%,纸板、塑料不到10%,总量庞大、种类繁多的快递包装物料带来了环境问题。2016年8月间国家邮政局出台的《推进快递业绿色包装工作实施方案》本着绿色发展理念,要求快递包装实现"低污染、低消耗、低排放,高效能、高效率、高效益",到2020年,基本淘汰有毒有害物质超标的包装物料,基本建成社会化的快件包装物回收体系。② 公众希望国家依法对电子商务进行规范,净化原有的参差不齐的现象和对生态产生的后果,使电子商务新型服务业真正成为生态环保型的阳光产业,成为世界电子商务中一朵璀璨的奇葩。同时,"顾客就是上帝"的信条也被突破,寻求消费者的途径不再是一味迎合、奉承消费者,而是通过抓住消费者彰显个性的心理需求和对稀缺性产品的占有欲望,实行"个性订制",激起人们的好奇心,契合对娱乐性的要求来实现人们对产品的消费。此外,直面当今社会生态危机对人们生活的影响,健康生活、品质生活也成为营销的新理念。立足于科技发展的视角,创新型消费成为展现社会进步的旗帜,但其瞄准的消费主体局限于中产阶层及年轻群体。

在我国,不良的消费环境导致了消费信心普遍不足,创新型消费严重缺乏敢于尝试的消费先驱。此外,受我国传统文化的影响,在一种产品还有明显的发展迹象或者未受到广泛好评时,市场主体往往持审慎的态度,

---

① 冯悦. 李克强:发现网店小业主半夜发货家好评很感人. 中国广播网, 2013-11-09.
② 《推进快递业绿色包装工作实施方案》出台. 中央政府门户网站, www.gov.cn, 2016-08-15.

而一旦其发展趋势明显,此时风起云涌的"创新"却仍然只是在"传统事物"上做文章。与此相关的还有:节俭观念及滞后消费,与当下创新带来的超前消费理念形成鲜明对比,也导致创新消费只是部分人的权利。尽管时至今日,我们已经告别了消费的短缺时代,但其后遗症并未完全消除;尽管人类社会的现代化已经进入信息化的生产技术时代,创新成为新的消费模式,但是在产业领域"用信息化带动工业化"的发展模式仍在构建中,从众性创新消费仍然突出,真正意义上的创新消费环境并未形成。并且,我国社会主义市场经济发展仍处在探索发展阶段,体制不够健全,整个社会的消费行为尚未进入可以使人的个性得到充分展现的"风格消费"阶段。创新消费的社会氛围仍停留在粗浅的形式层面,只是通过形式上的创新获取消费量上的拓展;创新型消费在质的把握上并未真正达到引导人们对健康、适度、新型消费的追求,并未使人们在建立对新概念产品的信任和鼓励其勇于尝试上下功夫。

尽管消费主体仍存在创新消费的"恐惧"、滞后,仍未形成一批理性的创新型消费队伍,但随着信息科技和电子商务平台的发展,创新型消费正日渐受到人们的追捧,人们的消费观念正呈现新的趋势:新的消费承载体的流行、消费结构的转型、消费政策的呼唤、消费文化理念的传播、新一代消费主体知识文化素质的普遍提高等,都为创新型消费的发展提供了基础。同时,生活品质的提升也使针对传统消费中出现的各种"痛点"的创新成为完善市场体制和健全消费制度的切入点。人们在充分享受展现个性与自由的消费的同时,更加关注消费安全与品位。消费伦理也在推动着社会各种配套体制的自我完善,从而不断推动社会的进步与发展。

综上所述,站在社会文明角度看,消费既是一种经济现象,也是一种文化现象。物质财富消费只是社会运行的根基,并不是我们社会发展的全部目标,毕竟物质方面的消费侧重的是人们生存需求的满足,它无法代替人们发展性的精神需求。恰如经济学中的恩格尔定律所指出的:随着人们收入的增加,其用于购买食物的费用在总支出中所占的比例会越来越小,而用于购买报纸、书籍等文化消费品的费用在总支出中所占的比例会越来越大。因此,"在经济发展中,消费文化的战略价值得到了越来越多的肯定，甚至成为一种潮流。随着人民生活水平的提高，温饱的实现，消费不仅要满足人们最基本的生活，更重要的是体现生活方式的新追求。人们在消费过程中，越来越多地会考虑消费所带来的内心的感受、地位的提升和他人对他的评价。换言之，消费文化的兴起与强调消费的社会责任是相契合的"①。

可见，消费不仅是一个经济问题，也是一个政治并涉及伦理的社会问题，民众消费同样是关乎社会主义和谐社会建设的重大问题。从社会学的角度看，消费文明表达了人与人之间的和谐关系。消费者是一个融自然人、经济人、文化人等多重身份于一身的社会人。作为社会人的消费者在消费商品或服务的基础上获取其社会需求满足的同时，消费的社会性主要体现在两个方面："一是，消费主体的社会性。不论是个体还是家庭、社会团体、城市、国家等消费单位，都存在于社会关系中，其消费行为因而具有社会性；二是，消费观念的社会性。对消费个体来说，消费观念是特定社会条件与关系的内化，具有社会性，对团体、阶层与民族等来说，其消费观念是适应不同社会关系的结果。因此，从社会学的角度来讲，消费被视为人的主动的、创造性的主体性建构活动，要求人们在消费活动中不仅要获得需要的满足，而且要以适度的消费方式沟通人与人的关系，促进人与人之间的和谐；要求人们在消费活动中不仅要享受社会提供的文明成果，更要为社会创造文明成果。"②

三、生态文明的视野：消费与自然的和谐

任何消费，从终极意义看，都指向自然。一方面，人的消费源于自然，无论是自然产品还是人工产品，人类一刻都不能离开自然；另一方面，人的消费终于自然，消耗之后的废弃物最终回归自然。人类的消费方式正是从这两个方面催生着环境危机：从消费的来源看，工业革命以来，

---

① 曾建平. 生态时代的消费文明. 中国社会科学报，2009-11-24.
② 同①.

人类在生存需要得到基本满足的基础上，进入欲望的需要和发展的需要阶段，物欲的满足成为肯定自我价值的重要标准，由此形成了一种消费主义所崇尚的过度消费方式。这种消费方式直接导致了人的异化和自然的异化——人的单面化和自然的贫乏化。人口的剧增和消费欲望的无度释放导致消费越来越庞大，而消费的剧增必然要攫取更多的自然资源，以至于超越自然的承载力，导致自然资源的日益枯竭。从消费的终点看，正是人类的废弃物（这些废弃物既有人类的正常消费所产生的，更有不节约、不科学、不文明的消费方式所导致的）使自然变得不再"自然"，大量自然无法消解的垃圾超越了自然的自净力，使生态失去平衡，造成环境污染。① 承载力的不足和自净力的弱化必然制约着甚至中断了人类的文明进程。马克思提醒人们："古代国家灭亡的标志不是生产过剩，而是达到骇人听闻和荒诞无稽的程度的**消费过度**和**疯狂的消费**。"② 现代消费主义是建立在自然资源供应的无限性和生态环境自净的无限性这两个错误信条上的社会思潮，它把消费看成一种没有客观基础限制和主观欲望无须控制的活动，这便违背了自然的发展规律和人的自由全面发展规律，从而使消费失去善性，导致人与自然之间的矛盾空前加剧。为此，《中共中央关于全面深化改革若干重大问题的决定》中提出，要把高耗能、高污染产品及部分高档消费品纳入征收范围，推动环境保护费改税。③

生态伦理学家罗尔斯顿（Ralston）指出，大量事实表明，人与自然的关系不和谐往往影响人与人的关系、人与社会的关系。如果生态环境受到严重破坏、人们的生产生活环境恶化，如果资源能源供应高度紧张、经济发展与资源能源矛盾尖锐，那么人与人的和谐、人与社会的和谐是难以实现的。因此，正当的消费方式不仅要在主体方面建立合宜性的道德标准，而且要在客体方面确立合理性的生态尺度。④ 从生态学和生物学的视角看，消费是指消费者生物能量传递的过程，在生态系统内部通过能量的流动形成一定的营养结构、生物多样性和物质循环。"人是自然环境塑造

---

① 曾建平，代峰. 消费与文明：生态时代的审视. 光明日报，2009-08-25.
② 马克思恩格斯全集：第30卷. 北京：人民出版社，1995：419.
③ 中共中央关于全面深化改革若干重大问题的决定. 北京：人民出版社，2013.
④ 同①.

的产物,在生态系统中占据了一定的生态位,人的消费也是生态系统的物质、能量和信息流动的环节之一。不管人类的科技如何发达,文明程度怎样高,人始终是自然的一部分,人的任何形式的消费必须以自然生态环境的馈赠为基础,因而,其消费也必须要遵守能量转化和守恒定律、力量转移和均衡定律,保持与整个系统的动态平衡才能存活与发展。"①

(一)消费主义:"消费—生态"悖论的历史境遇

就人类文明的发展进程而言,有什么样的文明形态就有与之相伴的消费形式。消费主义的滋生蔓延与西方哲学及工业文明下生产力的极大发展密切相关。在西方哲学中,人是一种真正的"理性动物",被视为"万物的尺度";人类的使命就是通过体力和智力了解世界,进而征服和控制世界。这种以人为中心的哲学立场,必然把自然看作工具,把人与自然置于征服与被征服、剥削与被剥削的对立关系,表现在消费领域必然是人对自然资源的任意占有和利用。在这种哲学立场的影响下,生产力的发展,特别是工业文明的到来,使人类在生物圈的基础上开辟了独属于人类的技术圈,它极力推崇人的理性,尊崇人性的自由消费奉行的是控制自然的机械论。在西欧,人们已经不可阻挡地从农村不断涌入日益扩张的大都市和城镇,新兴市场逐渐形成规模。工业化下的大肆生产成功地解除了人们过去受制于客观历史环境的物质匮乏的压抑,让人们看到了拥有丰裕产品的社会图景,极大地激发起人们过度消费的欲望。同时,消费对牟利性生产的影响,使消费者的欲望对商品交换价值的实现具有越来越重要的意义,鼓励和扩大国民的消费需求成为国民经济体系良性运作的条件之一。于是,在西方资本主义社会,消费者的欲望、需求和情感便成为资本作用、控制、操纵的对象,催生了史学家所称的"消费社会的诞生"之场景。

尽管这一时期文化也参与生产,但它却是因功利主义观念才渗入生产环节的,是资本主义社会为解决内部生产过剩和消费不足而采取的拉动消费的措施。消费——追逐彰显自身独特身份荣誉的奢侈型消费,追逐自身

---

① 曾建平,丁玲. 生态文明视野中的消费与自然. 中国地质大学学报(社会科学版),2013(4):53.

难以获得却梦寐以求的符号消费,似乎就是人们整个生活的中心和精神支撑。人们对消费产品的需求与渴望,有如《庄子·至乐》中所描述的:"夫天下之所尊者,富贵寿善也;所乐者,身安厚味美服好色音声也;所下者,贫贱夭恶也;所苦者,身不得安逸,口不得厚味,形不得美服,目不得好色,耳不得音声。若不得者,则以大忧以惧,其为形也亦愚哉。"工业的发展,可谓实实在在地满足了人们对物质的渴望。但是,工业消费品的大量生产与消费也促使了新的稀有之物——纯净空气、绿色、水、宁静、时间——的出现。在大量提供生产资料和服务的时候,这些过去无须花钱即唾手可得的财富资源却开始成为部分人展现优越性的消费内容。

两次世界大战的爆发,其根本原因是各民族国家争夺原材料产地和商品消费市场。二战之后,和平与发展成为时代主题。各国转而将消费市场的需求扩张转向国内。在西方,凯恩斯主义成为资本主义国家制定经济政策的指导思想和理论依据,鼓励和刺激消费的经济政策相继出台。国家的这一政策的鼓励和推动,为消费主义创造了适宜生存和发展的土壤。同时,由于西方资本主义社会经济发展的垄断性使得贫富差距更为扩大,人们的利益冲突更加明显,人们对物欲的追逐更加强烈,故而拜金主义、享乐主义、消费主义泛滥,人们往往把过度的物质消费当作精神上的狂欢。正如阿瑟·米勒(Arthur Miller)的剧本《代价》(The Price)第一幕中的一段话所说:"许多年以前,一个人如果难受,不知如何是好,他也许上教堂,也许闹革命,诸如此类。今天,你如果难受,不知所措,怎么解脱呢?去消费!"① 要满足生存需求,人们去消费;要获取物品带来的符号意义,人们去消费;难受了、高兴了,甚至不知道要做些什么,人们也去消费。社会财富的迅速增加,物质财富增长和精神文明增长的不协调,消费作为便捷的生活方式成为负荷着文化意义的象征符号,消费的鼓动和庞大的市场影响等,都成为消费主义大放异彩的助推器。消费主义的盛行,使得社会对能源的需求急剧增长,于是在各个大国之间甚至引发了直接与能源资源相联系的战争,如第一次海湾战争、伊拉克战争。此外,西方国家作为当今世界先进生产力的代表、经济发展的领军者,为扩展全球市场,

---

① 高丙中. 居住在文化空间里. 广州:中山大学出版社,1999:7.

通过其价值观的渗透,迅速地在其他国家"生产"了一批有消费欲望和消费激情的消费者,消费主义被急切渴望富足国家的民众迅速接受。

就我国而言,在基本的衣、食、用方面,使生活更加方便快捷的餐巾、化妆纸满天飞,新买的衣服即压箱底,一次性筷子、一次性餐盒、一次性杯子、一次性隐形眼镜、新生婴儿的纸尿布、礼品的奢华包装,都是来去匆匆。象征符号的消费需求的多样化使得许多生物物种惨遭涂炭,如对象牙、犀牛角、熊胆等代表财富、身份、地位的消费品的追从,使得"虎死于皮,鹿死于角";借贷、按揭、信用卡、"过了这村没这店"的限时秒购、送礼数字化、去现金化的刷卡消费等方式都促使消费者不断加入购买大军……很多时候,人们的消费行为并非是为了满足自身的真正需求,而是义无反顾地跟随着生产者的引领,进行着被某种消费主义激发的对消费品更"多"、更"好"的欲望。除了生产直接的消费品对资源的耗费造成生态破坏之外,人们消费后所留下的生活垃圾的指数级增长,也超出了生态系统的降解能力。"消费越多就越幸福""不消费就衰退"的信条不可遏制地带来严重的资源危机、环境危机和社会公正危机。世界自然基金会之《地球生命力报告2010》中指出,自1970年以来,地球生命力指数下降了30%,在情况最严重的热带地区,地球生命力指数在不到40年内降低了60%,人类对自然资源的需求已经超出了地球生态承载力的50%。生态足迹指标显示,自1966年以来,人类对资源的需求增加了一倍,需要1.5个地球来支撑。如果按照人均生态足迹排名前十的美国或阿联酋的平均生活水平,我们将需要4.5个地球。《地球生命力报告2012》再次指出,我们正处于"超载"状态:地球要花一年半的时间才能重新生产人类一年所用掉的可再生问题。《地球生命力报告·中国2015》指出,虽然中国的人均生态足迹低于全球平均水平,但中国已经消耗了自身生物承载力2.2倍的资源,生态赤字正给中国带来一系列环境问题,包括森林过度采伐、干旱、淡水不足、土壤侵蚀、生物多样性丧失、二氧化碳增多等。消费问题成为导致地球面临超负荷的最严重的问题之一,中国生态亦未能幸免。

当今世界,无论从科技观测还是从思想认知方面看,人类都深刻地认识到:"现在,人类物质力量的增长,已足以使生物圈变成一个难以栖身的地方。如果人类仍不一致采取有力行动，紧急制止贪婪短视的行为对生物圈造成的污染和掠夺，就会在不远的将来造成这种自杀性的后果。"①人类迫切需要守护能够满足自身作为"类"生存与发展的生态系统的良性运作。因为不管人类文明发展到何种程度，人类都无法否认：人是自然进化到一定阶段的产物。"在实践上，人的普遍性正是表现为这样的普遍性，它把整个自然界——首先作为人的直接的生活资料，其次作为人的生命活动的对象（材料）和工具——变成人的**无机的**身体。自然界，就它自身不是人的身体而言，是人的**无机的**身体。人靠自然界**生活**。"② 自然就是作为人直接或间接的消费对象来实现自身生物机能的能量循环需求的，人的消费是执行生活职能的根本方式。正是生态与消费共同组建并支撑着人类社会文明，从而开始了人类文明独立构建自我的发展历程。人类也正是由于专注于自我建构的消费活动，才产生了由低到高发展的文明形态。从这个意义上说，所谓文明其实就是人类在能动性社会群体行为作用下的结果和成就，是对人类社会群体的消费行为做出一种积极性状态的界定。

因此，针对当前社会的生态危机，人类中心主义的消费观被指摘为生态破坏和环境污染的罪恶之源。为了保护人类的生存环境，人类在20世纪涌现出五花八门的非人类中心主义流派，如动物权利论或解放论、生物中心论、生态中心论、深生态学、生态女性主义，等等。但非人类中心主义的主张似乎忽视了一个重要问题——消费是人类社会的基点。"**正像**社会本身生产作为**人**的**人**一样，社会也是由人**生产**的。活动和享受，无论就其内容或就其**存在方式**来说，都是**社会的**活动和**社会的**享受。自然界的**人的**本质只有对**社会的**人来说才是存在的；因为只有在社会中，自然界对人来说才是人与**人联系的纽带**，才是他为别人的存在和别人为他的存在，只有在社会中，自然界才是人自己的**合乎人性的**存在的**基础**，才是人的现实的生活要素。"③ 生态危机实质是我们人类的生态危机，而不是地球本身的生态危机，非人类中心主义要获得相应的合法性，其根本前提必须是实现人的"类"发展，否则不可能得到人的支持。

---

① 阿诺德·汤因比. 人类与大地母亲. 徐波，等译. 上海：上海人民出版社，2001：8.
② 马克思恩格斯文集：第1卷. 北京：人民出版社，2009：161.
③ 同②187.

然而，消费主义拉动经济增长及其在近百年呈现的历史事实表明，假使每个人都吃最简单的食物、穿最朴素的衣服、住最简陋的房屋，那么人类社会的进步就无从谈起，人类被消费需求逐步唤醒的"自我解放"也无从谈起。人类社会的进步需要通过不断拓展新的消费形式、消费内容来加以推进。只不过，在现代工业化生产的过程中，为了提高管理效率的组织化和制度化，人们的劳动过程普遍受到不断加强的程序化控制，这样一来，"劳动中缺乏自我表达的自由和意图，就会使人逐渐变得越来越柔弱并依附于消费行为"①。劳动的异化使得工业社会中的人们逐渐将视线转向依靠劳动所带来的消费品的多样性，并从中获得体现自由的补偿。这也让社会产品的生产者找到了尽可能减少生产相对过剩的突破口，刺激着消费主义潮流的奔涌。不幸的是，人类社会个体及其组织的发展壮大在消费需求上的拓展与人类的智性对自身欲望的控制，还无法实现自身的消费与生态系统之间的协调——人们一方面不断从事着单调乏味、非创造性的劳动，另一方面则致力于从劳动创造的丰裕消费中获得丰富人性。谋生之劳动的束缚，彰显自由之消费的宣传与向往，使得"消费—生态"悖论随着工业社会的发展不可避免地呈现于世人面前。

（二）生态文明："消费—生态"悖论的现实超越

"消费—生态"悖论是人类作为一个"类"对生存根基的文明认知发展到一定阶段的产物。随着生态危机警钟的敲响，"社会化的人，联合起来的生产者，将合理地调节他们和自然之间的物质变换，把它置于他们的共同控制之下，而不让它作为一种盲目的力量来统治自己；靠消耗最小的力量，在最无愧于和最适合于他们的人类本性的条件下来进行这种物质变换"②。在当今世界文化领域，人们开始反思工业文明下的人类发展状况，在这一思考中，处理"人—社会—自然"关系的生态伦理学迅速兴起与发展，处理经济活动与自然生态之间的相互作用关系的生态经济学大力发展，处理人类政治与自然环境之间相关问题的生态政治学日益凸显——

---

① 本·阿格尔. 西方马克思主义概论. 慎之，等译. 北京：中国人民大学出版社，1991：493.
② 马克思恩格斯全集：第46卷. 北京：人民出版社，2003：928-929.

"生态"成为人类文明关注的核心问题，生态文明成为人类社会变革自身文明的视域。生态文明的发展成为人类遵循人与自然和谐发展规律，推进自身经济政治文化发展、维系人类社会文明继续从必然王国向自由王国发展的现实要求。它既是人与自然和谐的文化价值观，也是可持续发展所要求的生产观和消费观的现实超越。

1. 生态伦理：生态文明的价值导向

"消费—生态"悖论是人类消费欲求异化与生态限度之间的矛盾，是人们在一定环境系统中为自己异化的消费欲望而相互竞争、扩张，以至破坏了生态系统的结果。消费异化的竞争与扩张带来的是严重的畸形状态：消费主体即使认识到环境污染、资源破坏、沙漠化、臭氧空洞、城市病损害了人们的生存质量及可持续发展，造成了社会阶层的严重分化、人与人之间关系的紧张，还是不可遏制地想要获得以生态环境为代价的、造成当下生态危机的消费方式。"消费—生态"悖论其实就是一场人向往平等消费的生存发展危机。人类社会的发展并不具有一致性，少数资本主义国家消费主体的物质生活水准已远远超出了肉体生存的基本需要，主张追求个性自由发展以及自我实现的生活。然而，对大多数国家的消费主体来说，他们仍停留在向往极大提高物质生活水准的阶段。早在20世纪中叶，全球范围内呈现的生态危机就充分表明，少数国家的高水准物质生活使大多数国家想要达到与其同等的消费水平，这对于我们已知的地球而言是根本无法承受的。生态伦理学作为一门以现代生态科学和伦理学为理论基础的探索人与自然之关系的综合性哲学学科，要求消费主体的消费放弃算计、盘剥和掠夺自然的传统价值观，追求人与自然共生共荣、协同进步的可持续发展价值观。生态危机频频敲响的警钟不断提醒着社会消费大众，我们需要反思消费行为的异化，并告诫、警醒那些已经享受高水准物质生活的消费主体，为了调整人与自然的关系，必须承担起减少甚至是放弃享受型和奢侈型物质消费的义务。同时，那些大多数仍在追求改善物质生活权益的国家，也有义务警惕并遏制已产生的、要求在享受型和挥霍型的物质消费上，试图要达到少数发达国家同等水准的欲望和盲目攀比行动，以维护生态系统对人的需求的满足，保证人类在生态系统中的生态位。

生态伦理学作为现代生态学和伦理学有机融合的学科，提醒着那些被科技的魅力遮蔽了视线的人们,"人靠自然界**生活**。这就是说,自然界是人为了不致死亡而必须与之处于持续不断的交互作用过程的、人的**身体**。所谓人的肉体生活和精神生活同自然界相联系,不外是说自然界同自身相联系"①。尽管人的"活动和享受,无论就其内容或就其**存在方式**来说,都是**社会的**活动和**社会的**享受"②,但"自然和历史——这是我们在其中生存、活动并表现自己的那个环境的两个组成部分"③。人类的发展需要消费,但消费的异化亦会给生态带来难以承受之重,腐蚀自身的发展前景。而生态伦理学以生态存在论为基础、以自然为中介的"主体—客体—主体"的类共同体一体共在的伦理规范,则为提高消费主体的文明素养,扭转消费异化的文化思维提供了价值导向。

2. 生态经济:生态文明的核心秩序

任何文明都是建立在以环境资源为根基的物质资料生产方式上的。"消费—生态"悖论看似是人类自身文明的危机,归根结底是根植于生态系统中的经济危机。生态文明的关键在于推动文明发展的经济系统,只要经济秩序基础背后的理论目标符合生态系统的要求,"消费—生态"悖论就可能得到解决;没有生态经济发展模式体系的支撑,生态文明对"消费—生态"悖论的现实超越就只能是心有余而力不足的、一厢情愿的幸福价值期望。

生态经济学的兴起与发展可以说是响应生态伦理召唤的实践转向。从构词上看,生态经济学是掌控人类存在命脉的生态系统和把握人类发展走向的经济系统的有机结合。在词源上,生态学和经济学都是关于"住所"的科学。生态强调事物之间的系统性存在和发展的关系,注重系统本身的自平衡性、自主性和稳定性;经济强调的是人类社会组织的能动的管理活动——在中国古汉语中,"经济"具有"经世济民""经国济世""修身、齐家、治国、平天下"之意,而在西方,"economy"也有住所和栖息地的含义,引申为家庭日常活动的场所,后演变为对家庭成员、家庭事务等的管理,也就是说经济一词根本来自对家庭等的管理。随着环境危机的日

---

① 马克思恩格斯文集:第1卷. 北京:人民出版社,2009:161.
② 同①187.
③ 马克思恩格斯全集:第39卷. 北京:人民出版社,1974:64.

益加剧,"类"意识的不断提高,地球生态系统是人类共同的家园已然成为共识——生态经济学以生态法则为前提,凸显社会经济的发展要同自身生态环境相适应是一切社会和一切发展阶段所共有的经济规律。这突破了传统经济学中"生产—分配—交换—消费"将自然生态资源作为独立于人类经济系统之外的取之不尽用之不竭的外在因素,有利于克服将经济运行置于无权限预设的线性经济运动,有利于克服为经济增长而拉动消费所导致的生产异化,是在生态文明视野下人类经营家园,超越"消费—生态"悖论瓶颈,守候幸福的现实基础。

对人类社会而言,生产的目的在于消费,但消费是为了满足人性追求自我完善的需要,而不是为了满足部分人获得最大化的经济利益的需要。生态经济学着力强调,经济增长要以生态资源对人类社会的持续供应力和自我承载的修复力为依据,突出在生态遭到破坏时发展要注重经济效益、社会效益和生态效益的统一,从而使人类的财富、福利和消费得以持续。这既是对一味强调人类影响生态系统,却又忽视关注生态系统平衡与稳定的根本出发点的突破,也是对仅仅从经济学视角考虑接近环境容量极限而谋求经济发展的突破,还是对复杂的"生态—社会—经济"动态系统的重新审视。生态经济学可以说抓住了消费社会对生态系统相对稳定性的依赖,以及与经济发展可持续性之间的天然联系。从捍卫生态支撑经济发展的生产潜力出发,要求实现经济的持续增长,就必然要求生产方式由为推动量的消费而扩张,转向为真实需求而消费的量的扩张和质的提高。

当今社会循环经济的发展便是生态经济学引导下的社会生产领域的生产变革,它的发展为进一步推进宏观经济发展模式生产生态化奠定了基础。要保障经济持续增长,就必须转变高端消费品只是针对社会少数人而进行竞争和扩张的生产模式,经济增长点应侧重于满足、扩大底层民众的消费需求,提升中上阶层通过消费"买卖幸福"的品质,实现生产方式致力于广大国民的"真实需要"。用广大民众的真实需要、真实的幸福体验代替那些空有文化之表而缺乏实质内涵的象征物品的消费和压抑性欲望得到释放后的"浪费性"消费。经济领域这一生产方式的转变,将有利于破除经济系统中把经济的增长与国民生产总值等同的误区,实现在"生产—分配—交换—消费"的线性运动经济下"生产是为了消费,消费引导生产"而导致的"消费—生态"悖论逆转,打破竭泽而渔式的经济繁华和国民幸福指数的非平衡状态。

3. 生态政治:生态文明的权力依托

面对生态危机的全球性蔓延,生态文明迫切需要生态政治来完成从工业文明向生态文明的全方位、多层次的转变,从而构成与生态文明时代相适应的新型政治生态观、经济生态观、文化生态观,展现一个全新的社会文明形态。

人类最初立足血缘、氏族而后组建国家,无不是为自身立足生态系统中的幸福提供一个强大的后盾。而国家作为每个社会成员的联合体和社会成员通往幸福之路的实现形式,被要求承担起守护社会公民自由、平等和幸福生活的权利的伦理功能。中国作为一个在严密的氏族组织基础上建立起来的国家,建立的是一个家国一体的伦理政治秩序,因而在我们的传统文化中,伦理既是政治的目的,又是政治的手段。正如孟子所说:"人有恒言,皆曰'天下国家',天下之本在国,国之本在家。"(《孟子·离娄上》)而在西方,由城邦政治学中发展起来的国家政治则把道德作为政治的目的和手段。柏拉图的"理想国"即是一座道德城邦;亚里士多德也明确指出,一切社会团体的建立,总是为了完成某些善业,政治社团的目的即在于追求至上的善业。① 也就是说,不管在中国传统文化中还是在西方传统文化中,国家的政治构建始终与伦理道德相伴相生,始终以公民的自由、权利和幸福作为指针。因此,不管基于人类伦理文化的根基还是基于人的现实幸福的要求,国家政权与生态危机之间可以说都存在着深刻的内在联系。于是,基于人类所面临的日益严峻的生态危机,以及发达国家国民环境意识的提高,发达国家在政治上的决策使得污染走上了国际转移之路,其他民族国家的国民幸福因此受到影响。

生态政治主张把生态环境问题提高到政治问题的层面,把政治、生态和人类社会的发展辩证地统一起来,自觉地把政治这一人类文化成果放到构建人类社会的生态系统中;回归"政治—社会—生态"这一个环环相扣、紧密相连的巨型系统,将生态、经济、政治紧密结合起来,从而对制

---

① 亚里士多德. 政治学. 颜一,秦典华,译. 北京:中国人民大学出版社,2003:1.

定的政治路线纲领和已采取的措施行为的正负效应进行多方位的宏观考察，这不仅是以国民代表的身份提醒"人"的消费在生态系统中的位置；同时也承担着向国际社会表明捍卫本国国家利益的立场。尽管生态危机涉及整个"类"的生息存亡，但在一定时空内它对我们所有人产生的影响是不同的。"富国有资源，有专门技术，可以适应。瑞士滑雪山庄或许有一天会无雪……但是其山谷很可能成为'新托斯卡纳'，成为阳光普照的葡萄园。而对于已经遭遇荒漠化的非洲而言，担心被海浪淹没的印度尼西亚而言，换来的将是什么？则是高深莫测，充满危险。"① 从国家整体利益来审视人们的生态需求，需要政府在衡量各种相关利益因素之后，把保障国民的根本幸福作为政府决策的宗旨，这是民族国家应对生态危机和环境不公正以谋求国家的长远利益与国民的现实幸福所应具备的国家德性。

不管是人类社会的生产行为还是消费主体的消费行为，涉及的都是个体与群体的关系。对群体关系的协调，不是单单靠一个人自省、反求诸己就可以做到的，而是一个相互的过程。幸福则是在这个过程中"为我们所同意的一种经久的或暂时的景况，因为我们觉得它适合于我们的存在；这种景况，是由人和环境——是自然把人放在这个环境中的——之间所存在着的一致产生出来的；或者，如果我们愿意的话，幸福也可以说是人与作用于他的那些原因二者之间的协调"②。社会的发展使经济增长取代原生的自然界占据了人们的消费视域，人们转而依靠经济社会的发展，消费方式也受经济发展需要的引导。经济作为社会的支柱，始终受整个国家政治的引导与制约——在生态危机下，思想者的《增长的极限》《我们共同的未来》的高瞻远瞩，各国政治的生态化及非政府环保组织在世界政治舞台的活跃度，使政治生态化成为扭转经济发展模式的重要手段。我国政府派代表出席了1992年6月在巴西里约热内卢召开的联合国环境与发展大会，回来之后即于1994年编制完成《中国21世纪议程——中国21世纪人口、环境与发展白皮书》，明确提出可持续发展的整体战略，把实施可持续发展战略纳入我国国民经济和社会发展计划及远景规划。2000年，国务院

---

① 潘基文. 世界已经朝着有利于联合国的方向发展. 南方周末，2007-06-07.
② 霍尔巴赫. 自然的体系：上卷. 管士滨，译. 北京：商务印书馆，1964：122.

印发的《全国生态环境保护纲要》提出生态省建设，到2015年5月，全国有福建、浙江、辽宁、天津、海南、吉林、黑龙江、山东、安徽、江苏、河北、广西、四川、山西、河南、湖北等16个省（区、市）正在开展生态省建设，超过1 000多个市、县、区在推进生态省建设的细胞工程，大力开展生态市县建设。92个地区取得了生态市县的阶段性成果，获得了命名，建成了4 596个生态乡镇，涌现了一批经济社会环境协调发展的先进典型。① 2007年党的十七大报告做出了建设生态文明的重大战略决策，提出："建设生态文明，基本形成节约能源资源和保护生态环境的产业结构、增长方式、消费模式。循环经济形成较大规模，可再生能源比重显著上升。"2012年党的十八大报告则将大力推进生态文明单独列出，从优化国土空间开发格局，全面促进资源节约，加大自然生态系统和环境保护力度及加强生态文明制度建设四个方面着手将生态文明建设融入经济建设、政治建设、文化建设、社会建设的各个方面和全过程。2013年5月，环保部为深入贯彻落实党的十八大精神，以生态文明建设试点示范推进生态文明建设，推出《国家生态文明建设试点示范区指标（试行）》。2014年11月，国家发改委等六部门正式批复《江西省生态文明先行示范区建设实施方案》。2017年10月，中共中央、国务院出台《国家生态文明试验区（江西）实施方案》（中办发〔2017〕57号），致力于打造"美丽中国"的江西样板。从"经济—政治—文化—社会"四位一体建设布局，到"经济—政治—文化—社会—生态"五位一体总格局，到把建设美丽中国纳入生态政治视野、纳入强国目标，表明生态文明已经上升为国家战略决策。2015年《中共中央国务院关于加快推进生态文明建设的意见》进一步明确坚持把绿色发展、循环发展、低碳发展作为生态文明建设的基本途径，要求建立体现生态文明建设的政绩考核制度和责任追究制度。② 党政主要领导干部对本地区本部门的自然资源资产管理和生态环境保护负有重要责任，开展自然资源资产离任审计试点以来，全国共有1 210名领导干部接受审计。③ 这项工作从2018年始，由试点进入全面推

---

① 陈吉宁. 努力打造生态文明建设示范区升级版. 人民网环保频道, 2015-05-15.
② 十八大以来重要文献选编: 中. 北京: 中央文献出版社, 2016: 485-502.
③ 齐志明. 欠下生态账 不能没交代. 人民日报, 2018-01-29.

开阶段。权力运行机制对国家建设的生态化明确导向为我国生态经济的发展提供强劲的政治依托。

宏观方面的这种生态政治规划使得社会建设微观领域在处理"人—自然—人"三重关系,捍卫民众公正地享有消费权益、环境权益方面能够借助制度机制把权利与义务的统一、实现公正消费等各方面的诉求有机地结合起来,从而制定具有深层价值的"幸福指数""国民幸福总值",并通过政府的公共决策、政策导向、教育工程等方式提高公众的环境意识、文明素养,引导人们在追求物质生活水平提高的过程中树立起正确的消费观、幸福观。同时,政府的政策法令、规章制度以及以此为导向的教育方式将自己对公众行为的影响力从精神层面转向制度层面,为引导人们的生活方式在制度和文化层面实现蜕变、自觉扭转消费方式、突破"消费—生态"悖论提供强有力的支撑。

(三)生态消费:"消费—生态"悖论的超越前提

生态消费是一种健康可持续的消费观念和消费模式,它要求人类的消费既要体现物质发展水平,又要符合生态环境的承载能力,既满足人们对社会发展的高水平的质量要求,又不对生态环境造成可预见的潜在危害。随着生态系统平衡问题的凸显及其对人类社会生活产生实实在在的影响,生态文明在不断呼吁建立低物质消费、高生活质量的消费模式。生态消费不仅成为一个国家迎接人类美好未来的综合理想模式,而且成为个体理性追求品质生活的消费模式,生态消费意识已成为当代环境意识的重要内容。依托于创意文化思想与共享文化思想的消费行为模式的凸显,无疑为"消费—生态"悖论的超越展现了现实可能与发展路径。

1. 创意经济下的消费"创意"

生态文明的转向要求消费成为构筑人的自我发展,丰富自身作为文化存在的核心要素。消费的目的是生产出消费主体的素质,而其为人们自身生理机能的生产提供能量的基础作用则退居隐性地位。在这样一个反思过程中,通过总结现有产业机制、政策和运作所提供的消费方式,一个新的产业——创意产业——借助信息化这一现代化条件迅速发展起来,一种新的消费形式——创意消费——异军崛起。

所谓创意，是将个人独特的天赋、才能及看法转换成新奇而有效用的想法，是一种面对日常生活的问题而衍生出创新主张的能力，它注重的是人的文化发展。从产业角度来说，创意经济是人们面对经济的不可持续、人的生活质量和人性缺失而对经济的新型创新。如果说电气工业化时代的创新，主要是心物二元对立的科技意义上的创新，是工业化下的"用"，那么现代信息化意义上的创新则是"体"，凸显的是其"创意"的内涵。现代信息化意义上的创新不仅是针对中间生产手段和工具的技术创新，而且是对人的意义和价值的创造性响应，它是打破了心物二元论后的科技和人文结合意义上的创新。英国经济学家、全球"创意产业之父"约翰·霍金斯（John Hawkins）在其《创意经济》（*The Creative Economy*）一书中，从产业角度给创意经济进行了界定，指出创意产业部门是在知识产权法的保护范围内的经济部门。创意经济的发展，意味着一国的经济不仅是由自然资源、工厂的生产能力、军事力量或者科学和技术构成，创意也将成为经济发展的重要组成部分。创意经济理论的核心要素是3T：人才（talent）、技术（technology）和包容（tolerance）。这三个必要性要素，充分体现了创意经济以人为本的精神，是一种人本化的现代知识服务业，它的所有技术创新追求、文化创新追求均力求充分考虑现代社会中那些集体和个体消费者的独特创意。这些独特的创意是现代社会进步下消费主体文明素质提高对个体自由的主张，而"自由无外乎是听从理性、健康、幸福、意识的命令，反对非理性的情感的命令"①。正是对自由的追求，使身处消费主义漩涡的诸多消费主体开始理性地认识到，现代社会下生产者把文化当商品、把商品当符号的营销模式下的创新生产消费，"它的过程不再是劳动和超越的过程，而是吸收符号和被符号吸收的过程……在消费普遍化的过程中，再也没有先验性，再也没有合目的性，再也没有目标；标志这个社会特点的，是'思考'的缺席，对自身视角的缺席"②。

在现代社会，消费主体展现自身个性、体现自由的消费，不仅在于社会生产什么就消费什么，而且注重怎么消费社会生产的产品，用什么方式

---

① 弗洛姆. 恶的本性. 薛冬，译. 北京：中国妇女出版社，1989：120.
② 波德里亚. 消费社会. 刘成富，全志钢，译. 南京：南京大学出版社，2000：224.

消费。即使为强调人们之间社会地位、生活品位的差异,消费的象征手法也不仅仅存在于商品之中,而应被纳入生产过程和市场过程的设计与形象之中。商品的象征属性也不仅仅是被人们利用和参与调整他们的社会关系,还应体现为具有强大的、能体现自身丰富性的实用价值与道德价值。对经济的载体——企业——而言,文化作为生产要素参与生产就不再仅仅是以物化的形态为经济服务,而是作为一种资本成为经济基础,以效用最大化为核心的经济正逐步受到价值的挤压,转而兼顾效能和价值。生产主体不能像过去那样,只是为消费的数量而生产东西,而要以生产出来的东西出售生活的智慧和欢乐。创意经济时代要求商品不能仅是利用文化的象征意义兜售自己,而应该蕴含着文化,不仅讲究使用价值,而且注重审美价值、知识价值、社会价值等文化内容;生产能体现人性关怀,满足人们精神愉悦、幸福体验的商品。简言之,创意产业的发展突破了人们以对物质的占有与浪费为基础的享受型消费,它以消费主体的文化品位作为基础进行消费。消费主体消费的不仅仅是对商品使用价值的体验,还包括对商品承载的智慧、欢乐和生活方式的体验。如此一来,知识和创意便能在经济活动中减缓社会消费对自然资源的压力和有形劳动生产率提高带来的失业压力,成为财富创造和经济增长的新活力,展现经济发展的内生增长模式,缓和传统经济领域的利益冲突带来的人与自然之间以及人与人之间的矛盾。

面对动摇人类生存根本的生态危机,创意经济的发展无疑为当前在全球范围寻求可持续发展提供了出路。在现代信息化的推动下,发达国家或地区已经将发展创意产业提到了发展战略层面,它们纷纷提出创意立国或以创意为基础的经济发展模式。联合国则在 2008 年、2010 年、2013 年分别推出三本《创意经济报告》(*Creative Economy Report*),2009 年意大利发布《创意白皮书》,2011 年欧洲启动"创意欧洲"计划。在德国,支撑"德国制造"的主要动力来自研发和创新,其加工工业中 27% 的销售额来自创新产品的销售。[①] 2014 年 2 月,我国印发《国务院关于推进文化创意和设计服务与相关产业融合发展的若干意见》,进一步将市场引导、

---

① 王志远. 德国中小企业:抵御危机"中流砥柱". 经济日报,2013-07-25.

创新驱动、文化传承、科技支撑作为基本原则的内容,发展创意产业,并强调加强全民文化艺术教育,提高人文素养,推动转变消费观念,激发创意和设计产品服务消费。① 同时,创意经济强调知识、技术和人力资本,以及宽容的社会、文化环境对经济发展的重要作用,也有利于提高全体社会消费主体的素质。当消费主体的经济活动变得更加依赖知识、创意来创造价值,而非仅仅是财富时,人们的工作将变得像艺术,而非机械的赚钱工具,人们的消费将变得更有品质,从而有利于消费主体自觉扭转当前消费主义的消费模式,推动自然生态道德文明的发展。

2. 协作消费模式

协作消费模式是一种并不拥有物品的所有权,而以分享、交换、交易和租赁等方式使用某一物品的商业模式。它借助社交媒体和科技的发展而实现并进入市场。随着社会的发展,人们的闲暇时间不断增多,闲暇消费成为新的时尚,这是人自我实现的必然要求。近年来,有些西方学者就提出:我们正在进入一个新的闲暇时代,闲暇是"生活的艺术",是"人的尊严所在"。古希腊哲学家亚里士多德早在其《政治学》一书中就指出,休闲本身就可以产生快乐、幸福和对生活的享受。休闲成为新的时尚,它既能体现尊重人的个性发展、创造劳动能力的消费自由,又能体现满足人完善自身、富足人性的精神需求的消费自由。这种消费的自由表现为闲暇消费内容的多样性:有文化活动,有体育活动,有旅游活动。这些活动都被纳入自己的消费活动,并且从事同样消费活动的时间是不同的。然而,不管从事哪种休闲消费活动,都需要一定的物质载体,而从事的时间又是有限的。对消费主体来说,某项休闲消费需要一定的载体,但往往又不能让"物"尽其用。协作消费让部分人的消费模式从"扔掉型"转变为"再利用型",这不仅让人们意识到物尽其用的好处,而且在"物物交流,物物共享"中让人们结交新的朋友。这也有利于人们分散对"物"消费的注意力,使其在进行个体生活消费的过程中把更多的目光聚焦于"人"身上。协作消费是寓自身个性于生活品质中的消费,也是对20世纪以来,

---

① 国务院关于推进文化创意和设计服务与相关产业融合发展的若干意见。http://www.gov.cn/gongbao/content/2014/content_2644807.htm.

在消费社会对消费者心理的深层次的支配和引导下，个性化主体的"意象"投射到消费品身上的、被规定了的"个性"消费的突破。随着休闲产业的发展，我们看到，"玩"是现代社会人生的基本需要之一，是一种精神享受。过去，为了满足主体的闲暇消费，也为了使消费能促进生产推动经济的发展，生产主体不断研究玩的艺术，发展玩的艺术。而今，面对生态危机下经济的不可持续、社会弊端凸显的问题，人们开始探究掌握"玩"的技巧——在不改变人们生活水准的情况下获得更多休闲享受。对消费主体而言，我们不仅要有玩的文化，而且要玩得有文化——近年来围绕"文化、生态、幸福"的全新生活理念而打造的体验式休闲娱乐已成为一种新的时尚休闲需求。国家法定假期的调整也为人们假期休闲消费提供了便利。当然，2012年以来重大节假日高速公路免费放行政策的出台，使得这一期间人们的休闲消费也暴露出种种问题：车多为患，到处拥堵，热门景点的人流量成井喷状态；游客的不文明行为、浪费行为随处可见，高速公路也未能幸免成为垃圾场……各种休闲消费都是人们辛勤工作后的放松，但各种休闲消费所造成的对消费载体的污染、破坏及自身消费财富的浪费，也透露出我们不仅缺乏消费文明，更缺乏基本的道德素养。

　　协作消费通过对所占之物的分享、交换、交易和租赁等方式实现与他人的共享，不仅使人们休闲消费的载体能物尽其用，而且让消费主体玩得尽兴——不用购买也可以实现等质量的消费，共享单车就是其中的一种。协作消费给消费主体带来的快乐，可以说"来自建设性生活经验，以及将我们同世界结合起来的爱和理性的力量"[1]。它让消费主体既能够触摸到现实的坚实基础，发现自我，又能够体现自我与他人的一体感和差别性。这不仅节约了彰显自我的休闲消费的成本，避免了浪费，提高了生活品质，而且有利于减少浪费型消费带给自然生态环境的压力，并有利于缓和由此造成的人际紧张气氛。面对社会文明的引导、社会经济压力和自身的需求向往，消费主体出于对消费成本的考虑，利用信息科技重新审视早已被遗忘的古训："不要浪费"。"不要浪费"是当今人类社会致力于保护经济发展的持续动力而节约自然资源的呐喊。为了满足消费者的需求，获取

---

[1] 弗洛姆. 健全的社会. 孙恺祥，译. 贵阳：贵州人民出版社，1994：194.

财富,产品正在不由自主地向协作消费模式移动,作为这一消费模式之桥梁的网络平台催生了不少市场商机,以至于几年前还无人问津的"协作消费"正成为一种潮流、一种新经济——网络化的共享经济越来越为风险投资者所青睐。可见,它的出现,在消费活动中不仅重新凸显出一个具体的、自觉的、有情感的、融合了判断力的道德消费主体的形象,而且使经营消费活动的社会组织间接地成为传输生态道德文明的中介。

如果说在工业时代人们的消费专注的是"我",那么后工业时代下的协作消费模式中的"我"将被"我们"所取代。协作消费中对物质性占有的共享的前提是,消费者对自己想要共享的物品的特性及用途有着明确的了解。人们正在养成"共享"的习惯,让大家受益的正是对消费主义物质性占有所带来的道德危机和精神危机的超越。也就是说,协作消费模式兴起,协作消费"不要浪费"的呐喊,不再只是人们致力于保护经济发展的持续动力而倡导节约自然资源的诉求,而是在一种文化消费的路径与消费文化的思路下,人们发自内心地自由选择的善良意志。它"并不因它造成或者达成的东西而善,并不因它适宜于达到任何一个预定的目的而善,而仅仅是因意欲而善,也就是说,它就自身而言是善的"①。正是这种自在的善,能够使消费主体避免自己与购买的消费品之关系受其他因素影响而发生异化,避免自己消费行为的异化和消费过程中人本身的异化。克服自身异化的消费方式对自然来说是低熵的,它不仅展现了消费主体的休闲消费呈现出低熵的生活消费趋势,也体现了消费主体正逐渐从被动的消费"文化产品"走上自主的"文化"消费之路。这种消费行为必然包含人与自然的关系的生态化,为"消费—生态"悖论的超越奠定了理性的道德自律根基。

---

① 康德著作全集:第4卷. 北京:中国人民大学出版社,2005:401.

第六章 "消费—生态"悖论的价值超越

消费是人类社会特有的活动方式。在一定的经济条件下,消费主体消费什么,消费多少,以什么身份、采用什么形式、运用什么方法消费以满足自己的需要,不仅取决于生产力的发展和自然环境的供给力,还取决于消费主体自身的消费能力和消费思想,同时也反映着人们之间的社会关系。它既是消费主体与消费对象发生自然关系的方式,又是消费主体作为社会成员生活的现实内容,并在以此为中心的消费生活中构建、展现一定社会关系的方式。面对消费异化下展现的消费结构失衡和消费取向偏颇,人类的消费生活要得以健康的展开,获得可持续的未来性,实现人类整体对幸福和自由的追求,人类就必须具有对自身的消费方式进行整体性审视、批判与超越的视野。正是这种人类内在的消费价值诉求,构成了消费方式生态化的伦理根据。

一、合是:本真消费的界定

消费价值诉求是人生活的根本问题,是涉及人的利益、权利、自由和幸福等方面的伦理问题。人的消费是立足自然本性,占据一席生态位的消费,更是置身于社会,追寻如何生活才能使人成为人的伦理消费。人的伦理消费既是一个人的事实存在的问题(但不仅仅局限于此),又是一个基于人的存在事实、人存在的真实境况并着眼于人的存在理想——幸福何以可能且如何实现的问题。因此，不管人类发展处于哪个阶段，人的消费都始终存在一个"合是"的问题——面对真实的"人"的本性，人的生存与发展始终贯穿着"消费是什么，人的消费是怎样的，怎样的消费才是我们的本真消费"这样一个主旨。①

（一）"是"的哲学意蕴

"是"，本身是一个哲学问题，它与范畴、实体、本质、形式与质料等共同构成哲学理论体系。

1. "是"的哲学释义

在中国哲学中，"是"源自"时"，与"时"同源同义。中国最早的训诂书《尔雅·释诂》指出："时，是也。"段裁玉《说文解字注》载："时，四时也。本春秋冬夏之称，引申之为凡岁月日刻之用。释诂曰：时，是也。此时之本义，言时则无有不是者也。"② 时，古文写作"旹"。"中"有"一"为"之"的甲骨文。故，"旹"者，"从之、日"。《说文解字》："之，出也。像屮过中，枝茎益大，有所之。一者，地也。"③ "日，实也。太阳之精不亏。"④ "是，直也。从日、正。"⑤ 段玉裁注："以日为正则曰是。从日正会意。天下之物莫正于日也。"⑥ "是"的构词展现了在"日"的变动运转中存在着事物产生发展之"实"，后引申为"准则（本在）、此（在者）和判断（存在）"。《尔雅·释言》也指出："是，则也"，郭璞注："是事可法则"⑦。

可见，"是"是不断运动变化发展的事物，并始终以"日"为准则，是从由时衍生出的特殊的"是"中抽象出来的共相，即事物所处时空的本在或者说本真。这就是说，"是"并不是一个绝对的、永恒不变的抽象概念，"是"的绝对真理性在于以时为准判定事物是否"直""正"。毛泽东

---

① 曾建平. 论消费的本真价值. 伦理学研究，2013 (5).
② 段玉裁. 说文解字注. 上海：上海古籍出版社，1981：302.
③ 许慎. 说文解字. 上册. 北京：九州出版社，2001：350.
④ 同③380.
⑤ 同③94.
⑥ 同②69.
⑦ 十三经注疏：尔雅注疏. 郭璞，注. 邢昺，疏. 北京：北京大学出版社，1999：73.

在阐述实事求是的科学含义时就指出,"是"作为准则的本质在于"是",即客观事物的内部联系——规律性。

在西方哲学中,从词源上看,在印欧语系中,"是"的词根主要有两个:一是"es",在希腊文中就是"eimi",拉丁文写作"esum"及分词"esse";本义为"生活,生者,由其自身来立足于自身中又走又停者:本真常住者"①。另一个是"bhu""bheu",在希腊文中就是"phyo",意思就是产生(produce)、成长(grow)、本来就是那样(be by nature),拉丁文为"fui""fuobhu","bheu"原来的意思就是自然与"生",这个"生"在原始的解释中表现为升起,"这个升起又是从在场与现象来加以定义的"②,即它依靠自己的力量生长、涌现。无论希腊文还是拉丁文,"本质"(essence)这个词都很少脱离它的词根,而它的词根就是"esse"。可见,任何一个事物都有一个"是"的现实性和客观实在性的问题。柏拉图对话中也有许多关于"是"的深入探讨,亚里士多德在《形而上学》(*Metaphysics*)中明确提出要研究"是本身","是"就此成为形而上学的核心问题。

可见,"是"对每一个特殊的"是者"而言是普遍的,与本质有着天然的联系,是"所是者"的本质;可以说,"是"就是揭示事物本质的一种在场状态。同时,作为事物的在场状态,它又不是孤立的,还具有重要的通达性,能够"把作为存在着的存在者的当下的物带入它的'是'(ist)之中,把物保持在其所是中,与物发生关系"③。它是包含着关系的存在,同时也是关系的联结者。作为关系的联结者,它把被给予的多样性之物联结在一起从而成就自身的统一性。换言之,"是"不仅是从有载体的"是者"中抽象出来的共相,而且是能够表征"是者"的本质、规律、联系、矛盾、结构、功能、必然、可能、效应、价值等内容的实在,具有系统性、主体性、价值性和开放性等基本特征的总体性哲学范畴。自然界的万事万物都有其"是","是"是万事万物的终极依据,并且任何事物之

---

① 海德格尔. 形而上学导论. 熊伟, 王庆节, 译. 北京: 商务印书馆, 1996: 71.
② 同①.
③ 海德格尔. 海德格尔选集: 下卷. 孙周兴, 选编. 上海: 上海三联书店, 1996: 1090.

所"是"都是依托具体时空的存在。

2. 是与真

"是"与"真"是一个不可分割的问题。"是"作为哲学的核心问题，是人们提出问题和回答问题的集中体现，反映了人作为能动性的主体以认识世界和认识自身的最根本的方式作为思考对象的存在方式。"什么是？是……"作为人智性存在的基本方式，体现的是人对自然客观实在的普遍性与客观性的认知。人类为谋求更好地立足自然、获得生存与发展而不得不进行不断追问、寻找客观实在的实践，也就不得不在实践的否定与反思中面对另一个问题，即"是"者的"真"与"伪"的问题。特别是，当人在社会发展中打破了天人合一的自然状态，不断地凸显"是"的特殊性和主观性，对"真"的追问就不仅是对人类思维追求的超越，更是反映事物"之是"如此之自然天性和本来面貌的特殊表现形式。"真"即"是者"运动变化发展着的具体事物的本在和本真。唐代颜师古对"实事求是"之注解——"务得事实，每求真是也"①，道出了"是"与"真"之间的这种内在联系。纵观西方哲学史，无论是古希腊哲学家如巴门尼德（Parmenides）、亚里士多德，还是中世纪哲学家如托马斯·阿奎那（Thomas Aquinas），抑或是近现代哲学家如黑格尔、海德格尔，他们在研究论述形而上学问题时都总是把"是"与"真"联系在一起。巴门尼德在指出知识之路"乃是是，且不可能不是"的同时也明确指出，"由它（这条路）得出真"②，强调"真"之路是以"是"为标志的。亚里士多德将哲学看作研究"实是之所以为实是"的本体之学，并指出"哲学被称为真理的知识自属确当"③——真理的基本内涵即是关于客观事物及其规律的正确认识。同时，他在具体探讨"真"时说："凡以不是为是、是为不是者，这就是假的，凡以实为实、以假为假者，这就是真的。所以，人们以任何事物为是或为不是，就得说这是真的或是假的；若说这'既非是又非不是'，则事物将在真假之间。"④ 也就是说，在事物之"是"中还存在一个亦真

---

① 班固. 汉书：第8册. 颜师古，注. 北京：中华书局，1962：2410.
② 王路. "是"与"真"——形而上学的基石. 北京：人民出版社，2003：99.
③ 亚里士多德. 形而上学. 吴寿彭，译. 北京：商务印书馆，1995：33.
④ 同③79.

亦假的衡量事物之"是"的"度"的范畴。黑格尔则进一步从日常生活出发强调，即使我们将一个表象与事物相符合的实然状态看作"真"，其实其也"已经可以部分地寻得着较深的（哲学的）意义的真理。譬如我们常说到一个真朋友，所谓一个真朋友，就是指一个朋友的言行态度能够符合友谊的概念。同样，我们也常说一件真的艺术品。在这个意义下，不真即可说是相当于不好，或者不符合自己本身"①。

可见，每一件事物之"真"与客观事物之"是"必须相符合，"真"是"是者"之所"是"的本质判断，是符合"是者"之本质的具体的范畴，也包括符合"是者"之属性的善的内容。"真"是对动态的"是"的限定，也是事物不断生成与发展之实态以及判断其是否为善的体现。它们的基底始终深深地扎根于自然法则之中。正所谓，"真者，所以受于天也，自然不可易也。故圣人法天贵真"（《庄子·渔父》）。因此，人之所以是人之所"是"，就在于把握人自身所处生物圈的各种伦常秩序关系的总和的生态位与社会人之"真"。从"人"之"真"的自我实现的认识论角度看，人必须把握人所处世界之"是"，在这个广袤的空间中深刻理解客体之是、主体之是及主客体关系之是，从而把握自我之"真是"，实现自我作为"人"类所"是"之"真"的终极目的。

（二）消费之"是"与消费之"真"

人的消费和消费方式是立足于自然本性而成就于文化本性的事物。从人的文化本性出发，人作为社会化的理性的人，一个重要的标志在于人能够依据一定的社会关系的现实生存需要自觉地调整自身的需求。这种调整即是依托于"时"的"是"什么的问题。任何时候不管消费之"是"如何发展变化，消费之"真"始终是消费之"是"的核心，是社会化的人解决生存、实现文化发展的基本问题。

1. "是"的维度：消费方式的本质

在中西方文化视域中，消费从最初带有贬义的"消磨""浪费"之义过渡到中性的"消耗""耗费"之义，后逐步演变为经济领域与生产相对

---

① 黑格尔. 小逻辑. 贺麟，译. 北京：商务印书馆，1996：89.

应的概念——为了生产和生活而消耗物质财富与精神财富。不同程度财富的耗费，产生了不同的消费方式。然而，任何一种消费方式，它的供给都依赖于生物体自身能量的良性循环与转换，消费是生态系统和人类社会发展的本在状态。消费之"是"，是其所"是"，就在于消费之于生态系统之"是"与消费之于人之"是"这两者的有机统一。

其一，消费方式之于生态环境之"是"。人是一个诞生于自然宇宙的生命体。自从有了人，人就和各种生物以及生物种群一起与其无机环境之间，通过能量流动和物质循环共同参与生态环境系统的运作。作为生命世界中的一员，在这个生态系统中，人同其他生命体一样，占据着相应的生态位；为了生存和繁衍，需要从周围的环境中吸取空气、水分、阳光、热量和营养物质，与其他生物共同参与生态系统的运作；在成长繁育和活动过程中同样在不断向周围的环境释放与排泄各种物质，死亡后的残体也复归环境。早在古代社会，我国哲学家庄子即通过"天地与我并生，而万物与我为一"（《庄子·齐物论》），阐述了人与生态环境之间水乳交融的亲密关系。

从根本上说，人的消费，首先是对自身所处生态环境的消费。人的内生生命的消费是一种生态需要的消费，这不仅是最基本的生存需要，而且是人类文化生活之享受需要和发展需要的源泉。从茹毛饮血中人对自然环境资源的绝对依附，到古希腊哲学家普罗泰戈拉（Protagoras）"人是万物的尺度"这一伟大命题的提出，再到人类从康德那里真正获得了主宰万物和世界的资格，伴随着人类从自然界的分离及其对自然的统治和支配，人类的消费方式经历了从被动接受自然馈赠到主动认识并改造自然的过程，农业生活成功地突破了野生自然稀缺的问题，带来了人类全新的生存方式。农业的发展与繁荣在历史的积淀中既提升了生产力，产生了庞大的人口及庞大的需求，又造成了新的稀缺性——土地和能源的稀缺。工业革命的迅猛发展让整个世界看到：自20世纪20年代以来，人的消费方式因新的社会变革而发生了根本性的转变——消费品实现了世界范围内的扩张。然而，不可小觑的是，它也带来了土地、燃料和矿产等资源的稀缺，以及环境污染的扩张和环境恢复能力的严重下降。而今，环境恢复能力的下降对人类社会生活的影响已表现为人类消费必需品，例如洁净的空气、健康的水、营养的食物等方面的稀缺。

这使人类不得不正视一个现实：人类的消费在本质上是社会的，人们的消费方式体现着生产力的发展水平和人类的生产关系模式，它们深深地根植于一定的文化规范和价值体系中。但消费方式既具有社会文化特征，也具有自然的特性。不管何种消费方式下的消费，总体上都受制于自然环境的深刻影响：自然条件决定着一定区域内人们对消费对象的偏好，自然资源对生产力的作用决定着消费对象的供给水平和加工程度；自然环境的保护程度决定着能否可持续地提供消费对象，也将影响着消费质量的高低。不管人类生产力达到怎样的高度，"从自然的形式、内容、范围以及对象性来看，自然绝不可能完全被消融到对它进行占有的历史过程里去。如果自然是一个社会的范畴，那么社会同时是一个自然的范畴"①。历史的活动早已向世人证明，"人为自然立法"，人类的物质实践活动在根据人的意欲改变自然面貌的同时，也使我们的生态环境系统内部因子的变化呈现出不确定性，这种不确定性的发展已让世人确定地认识到："现在，人类物质力量的增长，已足以使生物圈变成一个难以栖身的地方。如果人类仍不一致采取有力行动，紧急制止贪婪短视的行为对生物圈造成的污染和掠夺，就会在不远的将来造成这种自杀性的后果。"②这已然不是一种毫无根据的危言耸听。另一个同样重要的不争事实是，对人类的生存与发展来说，生态环境系统始终是我们生存与发展的母体，自然生态系统的不确定性直接左右着人类生存与发展的不确定性。因此，对人类的消费方式发展而言，人类消费方式更替的走势终究无法离开"自然为人立法"的限定，生态环境始终是人类追寻生命本源、回归生命自身的认识方式的载体。

其二，消费方式之于人之"是"。对人来说，消费方式是实现自身在生态系统中摆脱存在的危机与发展困境，获得自由的昭示。它既是人实现发展的手段，又是人展示自身发展的平台。就人对自由与幸福的追求而言，人消费的目的，一是补偿消费主体在劳动中遭受的痛苦和丧失的自由；二是实现人的健康生存和可以期望的自由发展，满足人的潜能发挥的

---

① A. 施密特. 马克思的自然概念. 欧力同，吴仲昉，译. 北京：商务印书馆，1988：67.
② 阿诺德·汤因比. 人类与大地母亲. 徐波，等译. 上海：上海人民出版社，2001：8.

需要，并在社会发展过程中不断维护和提升人生命的尊严、获得幸福的体验。

　　社会生产力的发展在带来人类生产方式的变革时必然带来人们消费方式的变化。尽管在信息社会时代，信用卡借贷消费、网购模式、反季节消费、新团购（协作消费）成为主体消费方式的新选择，个性化消费方式成为消费主体塑造自身个性的表现方式之一，但消费个性的独立化程度并不能抹杀人的生活在本质上是一种伦理生活的现实——"人的本质不是单个人所固有的抽象物，在其现实性上，它是一切社会关系的总和"①。我们周围的"感性世界决不是某种开天辟地以来就直接存在的、始终如一的东西，而是工业和社会状况的产物，是历史的产物，是世世代代活动的结果，其中每一代都立足于前一代所奠定的基础上，继续发展前一代的工业和交往，并随着需要的改变而改变他们的社会制度。甚至连最简单的'感性确定性'的对象也只是由于社会发展、由于工业和商业交往才提供给他的"②。在现代工业文明阶段，商品经济的发达不断拓展着人们的交往圈子，使消费成为人们积极参与社会秩序塑造的内在力量。消费已经成为人们积极培育的一种展示自我的生活方式，成为消费主体主动构建社会关系的重要内容和重要方式。

　　当然，消费不仅有个体作为消费主体的消费，还有社会集体作为消费主体的消费。个体的消费主体的消费需求是千差万别的，消费应该满足这种差别。满足消费主体自主安排生活的权利要求，这是无可非议的；但就某些消费对象的自然属性而言，需要以社会公共消费的形式进行消费。此外，为了实现社会政治、经济、文化、福利等社会目标，需要对消费者的某些消费给予一定的统一组织或强制要求，以保证消费主体作为人享有相应的消费权利并承担相应的责任。比如，为了提高人口质量、控制人口数量，以及实现社会成员的高素质发展，社会以免费、低价或补贴的形式向消费者提供教育、劳动保险、医疗保险等消费品。个体之间的直接消费和集体统一组织的消费，在满足人生活需要上是相互补充、相辅相成的。在

---

① 马克思恩格斯文集：第1卷. 北京：人民出版社，2009：505.
② 同①528.

一定社会时期，消费资源的总量是一定的，这就需要整个社会在分配消费资源时能做到统筹兼顾、全面安排，以引导社会消费满足大多数人的利益需求。

消费之于人之所"是"，在于它是一种社会性的消费，是联结人们社会关系的纽带。人的消费方式协调着人的社会关系。因此，人们的消费要满足消费主体自为之目的，就要考虑兼顾社会整体对资源的需求和个体自身消费的承受力。这是个体和人类社会通过消费获得发展与自由的基本要义。也就是说，消费方式同样是一个特殊性与普遍性的统一体。在消费社会，没有消费方式的进步就不会有社会的进步与发展，没有消费方式的生态化，就没有人类社会发展的可持续存在和人之自由而全面的发展。

2. "真"的维度：消费方式的现实性

消费方式是一种反映人们生活方式、人生理念、消费身份和社会环境的具有实践性的社会景观。消费之"真"首先在于它是消费之"是"动态发展的真实场景的要求。它必然要体现消费方式随着人类社会实践的发展而不断提升的变化性，这也是人生存与发展无可辩驳的现实性。

从人生存的本源性出发，自其开始消费之日起，人的消费方式即依托于自然的馈赠；人的消费是对自然生态资源的损耗，过度的消费必然对一定区域内的生态造成无可逆转的损害，这也是当今的消费主体无可回避的消费之"是"。同时，人的消费是社会发展中的消费，人的消费方式的变迁，消费需求发展的梯度递进规律，依赖于人类实践能力推动下的经济社会生产力发展的社会历史过程。人的消费方式的现实性不仅在于自然生态系统能够给人提供什么，还在于人的智性的创造力，以及民族国家社会发展的导向性是什么。

现代社会的消费不同于消费匮乏时代的消费，奢侈型消费仅仅是一种少数人才拥有的特权。当现代社会的发展带领各民族国家走向工业社会发展的消费社会场景，面对"消费社会"消费繁荣背后的消费行为的异化，"消费社会"成为现代社会科学发展之真实场景所诉求的消费价值取向。并且，不管是渔猎文明时代、农耕文明时代的消费，还是工业文明时代所展现的消费，抑或是如今信息化工业时期的"消费社会"的消费，每一时代、每一个社会能够为社会成员提供的生存与发展条件都是有限的,社会需要考量消费载体的限度性。人们只能在这个有限范围内提出要求,进行消费,超出这个限度范围的消费,就是对他人生存与发展消费权利的剥夺,还会造成社会自然资源的浪费,破坏人与自然、人与人、人与社会之间的动态平衡,危及人"类"的真实存在与发展。

从人的发展需求角度看,消费不仅是一种生存性需要活动,而且是人文化存在的文化性需要活动。在生产力水平迅速提高、经济日益发达、产品日益丰富的社会发展阶段,人们的物质消费早已超出了满足基本生存需要的低层次功能阶段,而更多走向满足精神消费、享受和发展消费的高层次功能阶段,这是一种文化意涵的消费。随着社会的进步,消费方式正使消费过程不仅体现生存的基本要求,而且体现体验文化符号、象征意义、身份品位以及梦想和欲望。消费方式的现实性所展现的消费的多元化特性,就在于文化参与消费的渗透力。现代社会的消费更多地展现为一种文化消费,文化的意义、文化符号所表征的消费成为主导人们消费的重要因素。人们的消费方式不像前现代社会那样受制于生产本身,而是更多地受制于文化理念欲求。人们幸福的欲求也更多地要求文化参与其中,消费主体的幸福体验也与其对文化的认知息息相关。毕竟,基于生存性消费的物质生活的满足,人们可以通过其智性,依托于对自然环境的改造而获得。幸福之所以是一个动态概念,关键就在于它是精神层面的心理感受状态。正如斯宾诺莎所说:"当人沉溺于感官快乐,直到安之若素,好像获得了真正的幸福时,它就会完全不能想到别的东西。但是当这种快乐一旦得到满足时,极大的苦恼立刻就随之而生。……对于荣誉与财富的追求,特别是把它们当作自身目的,最足以使人陷溺其中。"[①]

工业时代对消费的推进使社会的消费欲望呈现出遍在的动态性和无止境性之特征。在社会生活中,人们对消费欲望的追求不仅是传统的上层社会在生产发展下的"示异"追求,还在于非上层社会由于受现代社会文化价值观的影响,复制和模仿上层的"示同"消费模式。这是消费主体在一定时代的社会文化中追求幸福的现实过程。只是工业时代为人们的消费

---

① 斯宾诺莎. 知性改进论. 贺麟, 译. 北京: 商务印书馆, 2011: 20.

欲望增添了太多的幻觉，使得人们在"示异"与"示同"的消费追逐中，实实在在地产生了诸多泡沫消费，人们的现实消费有了虚实之分。这种现实性中存在"虚假"消费的诉求，或许满足了人们一时的快感，但未肩负起提升人们生活品质的艺术功能，相反却加重了自身生理机能的负荷，加深了社会不公正的鸿沟，进一步加剧了人与自然之间的紧张关系。

（三）本真消费：消费的"味"道

"本"，元气，乾坤，宇宙的根，属于先天性的，是"是"的主体表达。"本"与"真"相互作用，形成宇宙万物之"是其所是"的后天阐释。简言之，"本真"就是蕴含着"是"的"生存可能性的无蔽展开"。本真消费即是人立足消费之"是"，是消费主体消除多元消费的迷茫，展现自身的个性，维护自身的生存与发展需要，拒绝异化，拒绝权威，勇于追求真理，追求本我真实发展需要之"味"的消费。

1. 味的意蕴

味，始于人生理机能对食物产生的酸、甜、咸、苦、辣等生理感受。《说文解字》载："味，滋味也，从口，未声。"① 在春秋乃至更早之前，"味"都是作为"口舌之味"出现的。《尚书·洪范》载："五行：一曰水，二曰火，三曰木，四曰金，五曰土。水曰润下，火曰炎上，木曰曲直，金曰从革，土爰稼穑。润下作咸，炎上作苦，曲直作酸，从革作辛，稼穑作甘。"② 在此，"味"，是对客观事物的感官描述，和中国古代影响宇宙万物循环和人命运的五行物质观结合在一起，搭建了"味"逐渐向形而上意义的纵深层次发展的桥梁。《吕氏春秋·本味篇》中伊尹论"味"曰："凡味之本，水最为始。五味三材，九沸九变，火为之纪。……口弗能言，志弗能喻，若射御之微，阴阳之变化，四时之数。"③ 五味不仅是纯粹的"苦、甜、酸、辛、咸"五种味道，而泛指五个单味调和成的一切味道的总称，以及人们对味之体验的判断。

老子更是将味与"道"结合起来，大力推崇人们摒弃"口舌之五味"，

---

① 许慎. 说文解字：上册. 北京：九州出版社，2001：71.
② 尚书. 慕平，译注. 北京：中华书局，2009：128.
③ 张双棣，等. 吕氏春秋译注. 北京：北京大学出版社，2000：379.

追求"味无味"之"道"特征的体验和把握。《老子·第十二章》指出，"五色令人目盲，五音令人耳聋，五味令人口爽，驰骋畋猎令人心发狂，难得之货令人行妨。是以圣人为腹不为目，故去彼取此"，主张"为无为，事无事，味无味"（《老子·第六十三章》）。《论语·述而》曰："子在齐闻《韶》，三月不知肉味。"在这里，"味"具有了从生理感官体验向人生丰富性的主体精神活动体验的延伸，蕴含了审美之韵，使"味"不仅是一个日常生活范畴概念，还是一个美学范畴的表达。南朝著名画家宗炳则通过"圣人含道映物，贤者澄怀味象"的表达，将"味"与生命的内在精神结合起来，以通感的方式拉开了人对审美对象的意象表达，展现出"味"丰富的文化意蕴。

可见，"味"之于人是一个寓生理活动和精神性活动的统一体，不仅是人们体悟自然之道的生理感受与审美判断，而且是人作为社会之人体悟"人道"，追求人性丰富的审美体验和体验幸福的基本内容。

2. 合味：多元消费的维度

审美活动是人把握世界、体现人的发展之精神自由的一种特殊方式。它是人在感性与理性的统一中，按照"美"的规律来把握现实的一种自由的创造性实践。合味即是人们在"消费—生产"中追求自由与人性完美的自觉审美需求。从茹毛饮血的野蛮消费到现代文明消费，伴随着人类历史的文明形态的走向，人的审美活动使人在消费中的自我生产逐渐成为自身意志和自身意识的对象的生命活动。在这一创造活动中，人不仅克服了完全受制于外部自然的被动性，实现了合规律性与合目的性的统一，而且保持着自由的独立品格。

这也就意味着，自由而并非至美是生命个体实现自主的终极目的。正所谓"自由者，天下之公理，人生之要具，无往而不适用也"①。对生命个体的生存与发展而言，人作为自为的存在，要获得这种生产"生命"的自由，人的自由首先就应体现为消费的自由。社会生活中的人正是在消费中不断生成的人，其基本特征是"是其所不是，不是其所是"。因此，在人们终身致力于追求幸福的问题上，个人究竟认为什么才是自己的幸福，

---

① 梁启超. 新民说. 宋志明, 选注. 沈阳：辽宁人民出版社，1994：55.

这是由以其所"是"为依托而建立起来的主观体验而定的。"人是一个**特殊的**个体,并且正是他的特殊性使他成为一个个体,成为一个现实的、**单个的**社会存在物"①,这种特殊性是需要靠消费来塑造的,每一个具体生命个体在历史发展过程中的独特性,无不汇聚于其在消费上的独特个性,这是每个人文化存在独一无二的内在根据。对这样一个生命体而言,消费什么、怎样消费,都有着属于自己的味态标准,这是人生产"生命"、构建生活的实质性内容。不同的消费主体在不同的时空中有着与自身的实践活动和能力体现相适应的味态要求与欲望。生命主体永远不能参照一个已知的或特殊的人性来解释其消费行为。并且,人消费的终极目的是实现人的自由而全面的发展,这是人置身于"自然—社会"各种关系中的发展目的。人"在现实性上,是一切社会关系的总和",关系资源的"配置"差异性,使味之多样性与人性之丰富性相契合,必然成为人在多元且不确定的消费对象中把握确定性幸福的关节点。

在现代社会,人们的消费除了生理"口味"需要,更在于人的精神消费审美"口味"的需要。人之所以区别于其他动物,也就在于人作为文化存在者的精神性审美消费味度。这也正是消费的符号意义能够日益凸显并与社会实践紧密联系,积极参与社会秩序的塑造,把拥有它的主体打造成为占据不同社会位置的主体之意义所在。消费之物质与精神的合味,自然成为人们在社会进步中打破束缚与压抑,诉求多样性的关节点。作为不同的消费主体,其对自身阶层身份地位的塑造追求,其独特个性的凸显,必然对消费的多元性提出更高的、与自己的"味态"相合的要求,合味也是人们的消费自由、自我意识得到凸显的体现。比如,"具有高经济资本的人会把昂贵的文化消费(如到豪华酒店度假)看作高品位的。具有高文化资本,但经济资本匮乏的人则会力图突破一种便宜但高雅的文化活动(如:以背包客的形式到第三世界的某些地区体验本真文化)的合法性"②。消费的多元维度及区分度是人们辛勤生产、积极创造、追求幸福的出发点和落脚点,也是构建自身的社会位置,展现丰富多彩的生活和人生价值与

---

① 马克思恩格斯全集:第3卷.北京:人民出版社,2002:302.
② 王宁.从苦行者社会到消费者社会——中国城市消费制度、劳动激励与主体结构转型.北京:社会科学文献出版社,2009:7.

意义，体现自由，实现自己本质及"类"文明创造力和社会进步的助推器。

3. 本真消费：多元消费的"味""道"观照

如果说多元消费是人追求自由的实践理性的内在规定性，那么本真消费就是人们在消费自由中立足"真"而求善，以展现美的幸福图景，进而言之，是一种包含真善美的消费自由与人生幸福和谐统一的幸福图景。本真消费下的这种追求是一种人类社会逐步实现从必然王国向自由王国的发展中的多元消费，无疑可以促进"**人的本质力量得到新的证明，人的本质得到新的充实**"①，是人类文明进步的充要条件。不过，人的本质力量的首要表现即为满足自身肉体生命的需求，他的消费不能超越肉体生命所依赖的自然生态位的设定。正所谓，"民食刍豢，麋鹿食荐，蝍蛆甘带，鸱鸦耆鼠，四者孰知正味？猨猵狙以为雌，麋与鹿交，鳅与鱼游。毛嫱丽姬，人之所美也；鱼见之深入，鸟见之高飞，麋鹿见之决骤，四者孰知天下之正色哉？"（《庄子·齐物论》）人的本性需要并不是肆无忌惮、任意妄为的绝对自由。这是由于人类在改造世界的过程中，我们"已经得到满足的第一个需要本身、满足需要的活动和已经获得的为满足需要而用的工具又引起新的需要"②。我们的消费自由被大大拓宽了，我们的消费质量被极大提高了，但我们不得不相信我们富有智慧的祖先在生活实践中锁定适合人的"味""道"的食材，经受了人所处的生态位对我们生理需要的检验。例如，在满足人的基本生存的食物消费中，如果孔雀、海鸥、果子狸、熊掌等真的比我们日常饮食中的猪、鸡、鸭、鱼肉好吃，真的与我们生理机能的美"味"感受更契合，那么，几千年来出现在我们餐桌上的食材，恐怕就要与孔雀、海鸥等被我们称为野生动物的品种发生角色互换。而且，人是一种空间存在，在不同空间不同的生态位，不同的生活环境中，人们对"味"之美的感受存在地域及个性的适应性与偏好。正如《庄子·天道》中所指出的："夫明白于天地之德者，此之谓大本大宗，与天和者也。所以均调天下，与人和者也。"人孕育于自然，人类文明的发展依托于自然，文化的发展不可能否认人的自然本性及人与自然之间的关

---

① 马克思恩格斯文集：第1卷. 北京：人民出版社，2009：223.
② 同①531.

系。就人的生理机能之"味态"而言，本真消费首先要遵从多元消费，而这种多元消费是人"是其所是"对生理特性之"质"与"量"的味态要求，这是人获得幸福的基础条件。

此外，自由是人实现自我的最高价值。在现实生活中，人的自由之可行充分表现为"不仅生产的东西可以满足全体社会成员丰裕的消费和造成充足的储备，而且使每个人都有充分的闲暇时间去获得历史上遗留下来的文化——科学、艺术、社交方式等等——中一切真正有价值的东西"①。这是人的本真消费的终极目的，也是全面发展的人体验幸福的核心内容。尽管消费主体具有特殊性，不同本我对消费之"味"的感受与认知存在差异性，但作为遍在的生命的存在与发展的前提，本真消费总是在一种依托于生产力不断发展以及文化不断发展的条件下，合乎自然历史发展、合乎人类健康需要、合乎本我所处社会环境的精神丰富需要的目的性选择。这种有目的的选择，不仅意味着自我消费选择的自由，而且意味着人获得了超越自然本性力量控制的自由和摆脱了消费异化意识控制的自由。比如，2012年作家莫言荣获诺贝尔文学奖的消息传出后，"莫言"这个名字犹如被打上一剂兴奋剂迅速活跃起来。中国的文化产业、影视业、广告业、旅游业，甚至地产业和白酒行业都纷纷搭上"莫言热"的顺风车，以至于北京侯姓工程师6年前随意注册的"莫言醉"白酒商标——尽管此"莫言醉"与作家莫言毫无关联——都因莫言荣获诺贝尔文学奖而身价暴涨至1000万元人民币。"莫言"被作为商品的文化标签拉上了消费的舞台，迅速蹿红于消费领域，侵占消费主体。不少消费主体对"莫言"的消费，仅是一种名人效应的消费，消费的是一个文化符号，而不是这个符号所容纳的内涵，更不是在消费文学。对"莫言"的本真消费恰恰应该是融入了其作品的文学素质，是对其文学素质及其所代表的文学品位的消费，而不是借助莫言的诺贝尔文学奖得主头衔，以莫言为手段消费一场文化"虚荣"的符号，也不是成就消费主体但却没有实质意义的所谓"荣耀"的消费。

即使是当下流行的带有放松性质的休闲旅游消费，对不少人而言，他们在其中享受的也并不是站在历史悠久的文物面前领略它的历史文化厚

---

① 马克思恩格斯文集：第3卷. 北京：人民出版社，2009：258.

度及其建筑中所蕴含的技艺与人文智慧，而是享受拥有支撑这一消费的经济能力所带来的满足。当我们的春节、清明、端午、七夕，抑或是西方的圣诞节、情人节等节假日成为消费卖点的时候，我们究竟是根植于这些传统文化节日的社会精神皈依而进行消费（虽然受打着文化旗号的商家的主导），还是碍于面子、非自主自觉地、"不自由"地帮衬着商家一起塑造一种新的消费理念？

当然，不可完全否认，在现代社会，消费主体在广告媒体等文化工业下构建的"合味"消费观也许是实在的，是有感觉的和有判断力的。但与此同时，这种消费往往是缺乏创造力和意义的，它忽视了消费的普遍性与自身消费的客观性及文化消费的本真存在。这是消费狂欢场景的一角，却也见证着本真消费的遗失。这种异化的本我消费带来的幸福并没有给人们带来多大的自由，反而使人们离自由越来越远。面对消费社会的来袭，消费文化席卷全球，本真消费要求人们解开功利裹挟下的符号意义、象征性消费的"心结"，使消费真正成为消费主体的消费，使消费主体的自由是对本我之味选择的自由，是人类健康文化"味态"意愿的真实表达。同时，这种"味态"的表达是遵循自然运作、不损害人类文化延续的健康表达，是人们体验幸福的自由选择，而不是让消费成为人们"追求幸福"的有负担的"自由"。

事实上，不管是中国的春节、清明、端午等传统民俗节日，还是西方的五朔节、感恩节、圣诞节、复活节，虽然它们在现代工业文明的发展中被赋予了新的意义，但在本质上，它们与自然对生命的孕育以及人依托于自然而生存和发展有着极深的渊源。如，在中国春节以祭奠祖先、除旧布新、迎禧接福、祈求丰年为主要内容。清明节是一个祭祀祖先的节日，它在人们生活中同样具有重要地位：清明一到，气温升高，正是春耕春种的大好时节，故有"清明前后，种瓜点豆"之说；《历书》记述了清明的由来，其阐述道："春分后十五日，斗指丁，为清明，时万物皆洁齐而清明，盖时当气清景明，万物皆显，因此得名。"五朔节是用以祭祀树神、谷物神，庆祝农业收获及春天来临的节日。感恩节原意是感谢上天赐予的好收成、感谢印第安人的帮助，等等。

如今，人类的文明尽管并不像农耕时代那样在直观上依附于自然而生存，但自然始终是人类发展的源泉，是人类文明的永恒载体。我们进行的任何一种文化消费都不可能离开自然,离开人与自然之间的相互作用。人依托于文化的消费自由同样不能在"幻想中摆脱自然规律而独立,而在于认识这些规律,从而能够有计划地使自然规律为一定的目的服务"①。因此,虽然工业时代为我们带来多姿多彩的多元消费,满足并不断拓展着人们的多元味态之审美需要,不断推动着人性的丰富和发展,但多元消费始终需要关注人类生存的"味""道"根本:我们的一切审美文化、审美活动,一切幸福的根源不应消解甚至损毁我们文化消费延续的自然载体。

二、合度:低碳消费的辩护

消费是人的本能活动,消费方式则是贯穿人的生命活动并实现人自身的发展、人类社会发展的必要活动。人类的消费方式带来的"消费—自然—社会"三者关系之间的复杂矛盾和内在张力,从来都是伦理学不能回避的问题。立足于自然,生态系统在一定时期内对人们的供养能力是有限度的,因此,人类对生态系统的改造与利用需要合乎自然能够承受的尺度,合乎自然生态的生成、发展及其修复、更新的生态阈值。人的消费方式应体现社会的进步发展和消费主体的文明程度。消费方式的形成与变化始终是与人类生存的自然环境和人们改造自然的能力相适应的,与消费主体所处的社会关系紧密相关。高碳时代的消费方式对生态系统所产生的沉重压力,要求消费主体的消费必须体现人类社会发展方向,并承担起捍卫持续消费的消费生态责任,同时又能满足人们不断追求自由发展、完满人性的消费权益与自由。"合度"的应然生活逻辑作为一种较为根本的处理消费问题的方式,是捍卫生态系统健康完整、实现人们持续健康生活的基本要求。

(一)消费合度的伦理阐释

在哲学范畴上,第一次明确并系统论述"度"这个范畴的是德国哲学

---

① 马克思恩格斯文集:第9卷.北京:人民出版社,2009:120.

家黑格尔,他指出凡事皆有度。后来,马克思、恩格斯批判地继承了黑格尔"度"的合理内核,将其发展为唯物辩证法的科学概念,指出度是质与量的相互结合和相互规定,是事物保持其质的量的界限、幅度和范围的一个区间概念。它的两端有两个关节点——作为一定的质所能容纳的量的活动范围的最高界限和最低界限。"在这些关节点上,运动的量的增加或减少会引起相应物体的状态的质变,所以在这些关节点上,量转化为质"①。量变引起质变就在于事物内在矛盾的双方力量对比超过一定的"度"。在我国传统文化中,虽没有"度"的哲学概念,但早在春秋时代出现的中庸思想就有反映"度"的哲学范畴——"过犹不及"。"子贡问:'师与商也孰贤?'子曰:'师也过,商也不及。'曰:'然则师愈与?'子曰:'过犹不及。'"(《论语·先进》)一个事物之所以是"是",就是因为有一个度的标准。它既是事物常态的逻辑起点,也是事物保持这一常态的终点。事物内在矛盾的双方力量对比超过一定的"限度",事物的整体就会出现相应"程度"的变化,而限度是客观的、绝对的、稳定的、有所确定的;程度则是相对的、不确定的、可变的,而且带有一定的主观性。"度"的范畴始终与人思维的至上性和非至上性的辩证统一相依存,是客观的、具体的、相对的。

作为标志生命机体活力存在的消费,是置身于各种关系位态之中的道德行为。在这场伦理消费的盛宴中,生态位是生态伦理之于消费合度不容置疑的客观限度;人的历史性位态则由社会伦理赋予了消费合度之程度深浅不确定性。因为人的思维的至上性赋予了社会伦理开放性态势。在历史进程中,人的生命权利与义务是不断丰富的,即使在同一历史领域中,由于消费主体的社会身份存在差别,所以他们在追寻生命完满中的消费权利要求是不一样的。因此,消费水平有着历史的具体性和相对性。尽管在人类社会领域,不同位态的消费主体,其消费权利的期望值存在一定幅度的差别,但任何满足社会身份或是张扬个性的消费权利之自由都必须依托于自然生态能够承受的限度。消费是依托于生态伦理、延伸于社会伦理的行为。面对伦理主体的消费权利欲求和生态系统的自身运行的限度,消费之

---

① 马克思恩格斯文集:第9卷.北京:人民出版社,2009:467.

合度，首先在于消费主体在守护族群当下和推进族类未来发展的消费进程中，既要能够合乎生态系统在一定社会历史位态上的生态承受和修复的阈值，又要以合乎不损害人们已建立的身份的真实需要为前提，这是人类的消费权利得以持续拓展的必然要求。其次，在追求更多消费权利的人生消费里程中，消费之合度要求人们在消耗资源谋求发展的过程中能够尊重他人、后代生命权利的真实需求及丰富人性的潜在发展需求。

（二）高碳消费的身份建构

渔猎文明时代，人类为谋求生存而投身于与自然的抗争，从中获取天然消费品以构建并扩大社会组织，谋求立足之地。农耕文明时代，人类开启了打造"人为自然"的消费历史，消费主体在满足基本的身体机能的温饱中，不断寻求更高欲望的消费，或是期盼和想象大同社会之幸福生活的消费场景。到了工业文明时代，消费作为一种经济行为在人类社会生活中大放异彩，人类迎来了属于自身的消费时代。工业文明先是以蒸汽机的发明及应用为标志，带来轻工业领域的变革，后以电力、电动机和内燃机为标志，以重工业部门为变革的主体，为人类的消费开启了一个全新的时代——化石能源消费时代。化石能源的开发利用成为人类享受高水平物质生活的重要基础。同时，科技的进步使跨时空限制的消费旅程成为时代主流。"在我们的周围，存在着一种由不断增长的物、服务和物质财富所构成的惊人的消费和丰盛现象。它构成了人类自然环境中的一种根本变化。"[①] 消费在构建和捍卫人类生命的同时，也因人类社会的进步发展而不断改变着人的生活与命运。"在工业社会中，身份与生产密切地联系在一起；一个人的身份源于职业或专业。在后工业社会中，随着休闲时间和休闲活动的大量增加，经济与政治机构的价值和文化机构的价值有了脱节。结果，身份越来越建立在生活方式和消费模式的基础上。"[②] 在这种变化中，消费主体从迷恋"物的消费"这种形式平等过渡到追求"符号消费"，以通过占有象征性符号物的消费，来构建自我在消费社会中的身

---

① 波德里亚. 消费社会. 刘成富，全志钢，译. 南京：南京大学出版社，2000：1.
② 戴安娜·克兰. 文化生产：媒体与都市艺术. 赵国新，译. 南京：译林出版社，2001：38.

份地位,强化伦理身份。

因此,在现实生活中,一方面,我们衣、食、住、行的各种基础消费,如用水、用纸、用电、食物、交通方式、度假、垃圾处理等,其碳足迹在不断增长;另一方面,为了标示自身的社会身份,凸显自身的个性、地位以及与他人的差异,炫耀型消费、奢侈型消费、攀比型消费成为大多数消费主体追捧的消费行为。从生态足迹来看,2008年,全球总生物承载力是120亿全球公顷,人均1.8全球公顷;而人类的生态足迹是182亿全球公顷,人均2.7全球公顷。用于吸收碳排放的森林用地是生态足迹的最大组成部分(55%)。这一差距意味着地球要花一年半的时间才能重新生产人类一年所消费的可再生资源。① 高碳生活的生产和消费成为区域内遍在的消费方式。

于是,我们在享受化石能源带来的消费盛宴的同时,遇到了一系列无法避免的能源安全挑战:能源短缺、资源争夺以及维护符号象征意义的高碳消费已严重损害了生态系统的机理。据统计,自1860年有气象观测记录以来,全球平均气温一直在升高,2007年2月2日,联合国在巴黎发布了迄今为止最严厉的气候警告。报告预测,从人类工业时代到2100年,全球平均气温"最可能升高幅度"是1.8摄氏度至4摄氏度,海平面升高幅度是19厘米至58厘米。而今海平面的上升对马尔代夫来说已经成为定时炸弹,图瓦卢、孟加拉国、越南、埃及等国的局部领土都将面临沉入海底的危险,还有沿海地区土地盐碱化、淡水盐化也在不断加剧。报告还指出,气温上升将使中国和澳大利亚面临严重缺水的困境,局部地区民众的消费权利呈现被侵犯势态。而在彰显现代文明的休闲消费方面,温室效应的影响以及过度消费也破坏了诸多自然美景,如意大利水城威尼斯这个风光旖旎、珍藏着文化瑰宝的城市,未来沉入亚得里亚海的威胁正在逐渐增加。高碳能源的利用为人们带来了休闲消费的闲暇,拓宽了休闲消费的空间,但令人遗憾的是,人们休闲消费的场所却随着人类碳足迹的增长而逐渐缩小。同时,全球变暖对农、林、牧、副、渔等产业的生产都带来了巨大的影响,一些中纬度地区将形成夏季酷热气候,降雨减少,造成干

---

① 世界自然基金会,伦敦动物学学会,全球足迹网络. 地球生命力报告 2012.

旱灾害；低高纬度地区则雨雪增多，冬季气温较高，温湿多雨，病虫害增多，直接威胁农林作物的生长，野生动物、海洋生物的生存环境遭到极大破坏。人类的高科技打破了束缚人们的食物不足的生存困境，但自然的滋养却以另外一种方式损害了人们所需要的事物。

高碳消费带来的环境问题已严重影响了局部地区人们的生活质量，增加了人类的健康隐患：环境污染导致的疾病迅速增加，癌症等人类目前无法有效救治的疾病已出现区域性爆发状况。面对高碳消费对社会生活的干扰，转变消费度量，摒弃高碳排放生产和高碳足迹的奢侈、攀比等虚假消费，营造与时代潮流合拍的新型消费方式——低碳消费——成为时代的召唤。

（三）低碳消费的价值向度

人类区别于其他物种的独特个性在于主观能动性，但这一独特个性并不能消解我们的历史依托于自然环境供给的限度。自然生态系统的完整，是人类生活得以持久延续和充足发展的现实基础。消费合度要求具有主观能动性的人在与客体的交流中把握事物"质"的限度，做到主客观统一，使自身的消费行为不超出生态系统能容纳的界限，满足生态系统内部维持自身属性的应然状态，维护主客体之间的良好关系，并满足自身的消费需求。

1. 合理储备原则：低碳消费的重要性

自然生态资源是人生存与发展的永恒根基。当今世界，生态危机的蔓延使资源安全已成为21世纪影响国家安全及整个族类生存与发展的重要内容。为维护民族国家的安全和经济可持续发展及族群之间的和谐关系，合理的自然生态资源的储备既是满足人们基本生态需要的要求，也是维护地区、国家发展稳定及整个人类可持续发展的本质要求。面对工业社会出现的高碳排放、生产性消费导致的污染、浪费和生活性消费中出现的虚假消费、奢侈型消费导致的环境污染与资源浪费及这两者在不同国家出现的不同特征和人们对资源的永恒需求，合理储备原则更加凸显了低碳消费在人类社会发展中的重要作用。工业文明进程中能耗与碳排放主要是基于物质生产过程中的能耗与碳排放，以及基于生活消费过程中的能耗与碳排放。但高碳生产性消费和高碳生活性消费在不同国家与地区存在着严重的不协调。

发达国家的碳排放主要存在于生活消费领域,而发展中国家则主要集中在生产消费环节。因此,低碳消费不仅是对个体生活领域的消费要求,也是对经济、社会组织在生产领域的要求。其基本目的在于满足代内的人合乎生理要求和文化要求的消费水平,合乎不同位态的人生存与发展的真实需求,合乎尊重代际同胞对基本需要消费的"合理储备原则"的预设。低碳消费立足消费需求与人类命运的内在关联,呼吁消费主体适度拥有并选择消费手段、消费对象,如对个体而言,在可行范围内尽量选择对环境危害小的产品和服务来满足自己的需求;对经济、社会组织而言,在生产、产出服务的整个生命周期内,要尽量对天然资源开发最小化,特别是要遏制过度开发,要将废物与污染物的产生控制在最小化,既提供带来高品质生活质量的消费产品和服务,又不危害当下人们的生活环境质量。

总的来说,低碳消费意味着从数量上降低物耗,从质量上提高资源的利用率,通过转移利用和相互共享,实现资源效用的最大化,避免以"垃圾就是放错位置的资源"为借口的浪费现象,推动社会通过开发低碳技术来满足人民日益增长的物质文化需求,同时具有节用,根除浪费,既增进可供分配的社会财富,满足他人,又顾及后代子孙对资源储备的内在需求之功效。其实质是以"低碳"为途径,关注人们对环境系统的责任,倡导人们避免消费过度,以族类同胞包括环境人权在内的各种基本人权的实现为目的的科学消费方式。

2. 能源普遍服务:低碳消费的必要性

在现代社会经济发展中,能源在经济发展和社会进步中起着举足轻重的作用。能源消费成为消费社会中人的生存权和发展权获得尊重的基础与前提条件。能源的开发和有效利用程度以及人均消费量既是生产技术的衡量标准,也是人们生活水平的重要标志。因此,全球范围内,人们也正为消除"能源贫困",推动经济可持续发展和人类社会的不断进步而采取切实有效的行动。当今社会能源消费的巨大需求给人类带来了巨大挑战:工业文明下能源的开发使用,虽然带来了局部世界的消费狂欢,但化石能源的高碳排放既破坏了生态,也极大地影响了弱势群体基于生态环境的消费权益。在全球范围内，许多区域仍有很大一部分人根本无法获得现代化的能源服务，或者是要支付更高额的成本才能获得与消费社会区域之民众同等位的消费权利。截至2011年，据联合国统计，世界上每五个人中就有一个人没有现代能源，全球30亿人依赖木材、煤炭或是牛粪做饭、取暖，生存在难以摆脱的能源消费贫困中。当今世界能源消费的一个基本事实是："富裕国家的人口占世界总人口的15%，但是排放量却占二氧化碳排放量的一半以上。中国和印度的高速发展正在导致排放总量的逐渐接近。但是，人均碳足迹的接近是很有限的。美国的碳足迹是中国的5倍、印度的15倍以上。埃塞俄比亚人均碳足迹平均值是二氧化碳0.1公吨，与之相比，加拿大人均碳足迹是20公吨。"[①] 2018年发生的中美贸易战，除了复杂的国际政治、经济、文化等因素之外，美国式的透支消费和高碳足迹也是一个诱发因。

目前，人类此种状态下的消费足迹已经引起了气候变化，既使高碳消费的主体的生活质量遭受损害，同时又侵犯了弱势群体的基本消费权利。联合国开发计划署（United Nations Development Programme）编制的《2007—2008年人类发展报告：应对气候变化——分化世界中的人类团结》(Human Development Report 2007/2008. Fighting Climate Change: Human Solidarity in a Divided World)中已经确定了五种严重影响贫困人口生计的气候变化：(1) 气候变化会影响脆弱地区的降雨量、气温和农业用水供给。例如，到2060年，非洲撒哈拉沙漠以南遭受旱灾的地区可能会增加6 000万到9 000万公顷。其他发展中地区（包括拉丁美洲和南亚）农业生产业也会遭受损失。到2080年新增营养不良人口可能达到6亿。(2) 改变的径流模式和冰川融化将加剧生态压力，影响灌溉和人类居住所需的水供应。(3) 海平面上升和气温升高3～4摄氏度及其催生的热带风暴，将加剧人类生存的艰辛。(4) 气候变化正改变着生态系统和加剧生态稀缺性。(5) 增加遭受气候灾难的可能性。[②] 防止全球气温持续上升，捍卫弱势地区消费群体的生态环境，尊重其环境人权，改善其能源贫困境

[①] 联合国开发计划署. 2007—2008年人类发展报告：应对气候变化——分化世界中的人类团结.

[②] 同①.

况,是捍卫他们获得充分的消费权益的生态基础。何况,未来发展中国家推动社会发展,改善人民生活条件,以及发达国家恢复和促进经济发展的要求,将进一步促使人类对能源消费的需求上升。为此,联合国大会(United Nations General Assembly)也于 2010 年通过决议,将 2012 年确定为"人人享有可持续能源国际年",2011 年 11 月 1 日联合国秘书长潘基文向联合国大会提出"人人享有可持续能源"倡议,力争在 2030 年"确保全球普及现代能源服务"。守护"人人享有可持续能源"的人性尊严与不断增长的能源消费需求之间的矛盾,自然生态系统的恢复与供给能力之间的矛盾,必然要求全球的生产与消费提高碳的利用率、减少对碳的依赖性,这是不同区域的人们公正享有能源消费权利、人类社会实现普遍能源服务的必经之路。

3. "贵生"的时代诉求:低碳消费的合理性

对生命的守护是有意识生命的本能。对人类社会而言,"贵生"是人最原始、最基本的消费目的,是人推进自身发展的终极目的。我国先贤早在《吕氏春秋·贵生》中就有关于"贵生"之术的记载:"圣人深虑天下,莫贵于生。夫耳目鼻口,生之役也。耳虽欲声,目虽欲色,鼻虽欲芬香,口虽欲滋味,害于生则止。"[①] 简言之,"贵生"的首要之义就是人能够按照自身的生存与发展需要进行合理的消费,"是故圣人之于声色滋味也,利于性则取之,害于性则舍之,此全性之道也"[②]。人类是一个文化生存的族类,消费作为人生存的前提条件,更是人构建自身文化存在的充要条件。正是在文化中,个体拥有了属于自己的社会身份和独特个性。随着文化的发展,"贵生"显示的不仅是对生命的珍惜,还最大限度地延长生命的跨度、提升生命的品质,实现其价值。因此,给予生命养料的消费内容也需要不断拓展——不仅包括满足、改善和提升人的生理机能所需要的基础物质消费,而且包括促进、开发和提升人的智慧的精神文化产品的消费。

在现代社会,追求商品象征的符号意义正是信息科技时代人们对生命宽度的基本表达。然而,不管哪个时代,人的生理机能、智慧开发都存在

---

① 张双棣,等. 吕氏春秋译注. 北京:北京大学出版社,2000:36.
② 同①11.

相应的极限。所以，贵生的最低限度必须满足且合乎生理承受的尺度。同时，我们不可忘记，人的本质并"不是单个人所固有的抽象物，在其现实性上，它是一切社会关系的总和"①。如果消费主体"把消费限定在一个过于狭窄的范围内，就使一个人得不到他的资产所允许的满足"②，不利于其生命的延展及探索。人类推动社会发展、增进财富，就是要不断满足人们日益增长的物质需要、精神需要，促进生命的丰富性，达到人的全面发展。

此外，人的消费是生产的目的，也是再生产的开端。消费主体同时也是生产主体，发展不充分反过来又会影响生产的发展，进而影响经济社会的发展，阻碍生命的完善、人的全面发展。反之，过多的奢侈型消费、符号消费容易让人迷失在物质的包围中，导致人与人之间的盲目攀比竞争，影响消费主体的生命质量和生活品质，造成消费主体之社会主体地位的丧失以及人与人之间关系的紧张。而且，大量浪费型消费、虚假消费是对不应滥用的财富的侵蚀，加剧了人类的能源危机和气候变化，是对代内代际族类同胞基本消费权利的损害，并可能威胁到整个人类的生态位。低碳消费注重物种及族群成员各自位态的消费观，既合乎生态阈值，又合乎社会进步的尺度，主张在追求消费的丰富性的同时节俭但不禁欲，主张真正认识个体，兼顾他人的基本需要，内含了工业社会"贵生"消费的基本诉求。低碳消费推动人们改造自然、塑造环境，把握各适其位的"贵生"权利之度。尊重生命本能的权利需求、释放生命光彩的权利需求，无疑是对"贵生"消费的现代诠释。

三、合宜：绿色消费的追问

合宜是伦理学的基本价值取向。伦理作为人类的实践理性的结晶，根本点在于能够恰当、合理地处理族类同胞之间在面对生存和发展问题时所产生的利益关系。合宜即是伦理世界人们处理各种关系的应然行为。在消

---

① 马克思恩格斯文集：第1卷. 北京：人民出版社，2009：505.
② 萨伊. 政治经济学概论. 陈福生，陈振骅，译. 北京：商务印书馆，1997：453.

费社会,人们不断试图通过不同的消费方式构建传统社会中消失的身份"等级",这使得地球面貌失色,威胁着人们生活品质,践踏着部分人的人权乃至导致"类"的生存危机。消费的合宜性问题成为生命内生发展对伦理的呼唤。

(一)义务:合宜的伦理内核

在人际伦理中有一种合宜的尺度,我们称之为"义"。古代"义"字一般作"谊",谊字训"宜"。《礼记·中庸》曰:"义者,宜也。"《释名》载:"义,宜也。裁制事物,使合宜也。"① 朱熹注解曰:"宜者,分别事理,各有所宜也。"② "宜"是人们对事物是其所是的肯定描述。《易经·系辞传》曰:"圣人有以见天下之赜,而拟诸形容,象其物宜,是故谓之象。"③ "宜"可以说是万事万物共存的标准,而选择"宜"作为标准则是人捍卫生存的利益趋向。在自然界,人"夫品而为族,则所禀者偏,偏无自足,故凭乎外资。是以生而可寻,所谓理也。理之所体,所谓有也。有之所须,所谓资也。资有攸合,所谓宜也。择乎厥宜,所谓情也"④。"宜"即是人立足自然把握"象其物宜"而参悟的"用天之道,分地之利"的生存密码。当人们进入社会领域,面对社会人际伦理,利益的为我性和排他性特点被凸显,而利益的排他性是关联着其他族类和本族类成员的。在这个问题上,孔子倡导"君子义以为上,君子有勇而无义为乱,小人有勇而无义为盗"(《论语·阳货》)。孟子更是强调"义,人之正路也"(《孟子·离娄上》)。

可见,"义"作为"宜"的基本内容,成为调节社会利益关系的道德标准。在此基础上,荀子进一步对"义"的实质及条件进行了界定,指出:"夫贵为天子,富有天下,是人情之所同欲也。然则从人之欲,则势不能容,物不能赡也。故先王案为之制礼义以分之,使有贵贱之等,长幼之差,知愚能不能之分,皆使人载其事而各得其宜,然后使悫禄多少厚薄

---

① 王云五. 释名. 上海:商务印书馆,1939:52.
② 朱熹. 四书章句集注. 北京:中华书局,1983:28.
③ 周易. 宋祚胤,注释. 长沙:岳麓书社,2001:325.
④ 房玄龄,等. 晋书:第4册. 北京:中华书局,1971:1044.

之称，是夫群居和一之道也。"(《荀子·荣辱篇》)"宜"在作为人们应遵循的尺度的同时，又成为评价"义"之礼仪之道的尺度。"义"作为社会制度的规定性的界定，进一步凸显了"义"的强制性约束功能。"夫义者，所以限禁人之为恶与奸者也。……夫义者，内节于人而外节于万物者也，上安于主而下调于民者也。内外上下节者，义之情也。然则凡为天下之要，义为本，而信次之。"(《荀子·强国篇》)也就是说"义"作为人们行为处事的基本准则，并不仅是高尚的道德表率，而且是对人们可欲之念进行适当限制、约束的伦理准则，内含了对作为社会一分子的人类维护社会安定团结应尽的责任要求，是一种公共道义，是对人们承担义务的要求。

在西方文化中，合宜同样体现为以人为主导的一种价值关系范畴。在古希腊为通往城邦的幸福生活而构建起来的美德体系中，亚里士多德指出："一个人对邻人的友善，以及我们用来规定友爱的那些特征，似乎都产生于他对他自身的关系。"① 当人作为社会成员而被纳入社会之中，作为个体的人就不再是一个孤立的生命体，不管个体乐意还是不乐意，每个人的行为都和这个世界的其他人有着千丝万缕的关系。亚当·斯密则从"同情"这一人类原始的特殊道德感情出发，探讨人们社会关系行为的合宜问题。他指出，一个人只要身处人类社会，他就拥有了一面镜子，"这面镜子存在于同他相处的那些人的表情和行为之中，当他们理解或不赞同他的情感时，总会有所表示；并且他正是在这里第一次看到自己的情感的合宜与不合宜，看到自己心灵的美和丑"②。人的社会依赖性决定了其他社会成员的存在和发展是其价值的参照物，因而人在守护个体权利的充分实现时，也意味着要担负起对他人的社会义务。卢梭(Jean-Jacque Rousseau)面对人类作为一个相互交换而生活的集群时也指出："人之所以合群，是由于他的身体柔弱；我们之所以心爱人类，是由于我们有共同的苦难；如果我们不是人，我们对人类就没有任何责任了。对人的依赖，就是力量不足的表征；如果每一个人都不需要别人的帮助，我们就根本不想同别人联合了。所以从我们的弱点的本身中反而产生了微小的幸福。"③ 要

---

① 亚里士多德. 尼各马可伦理学. 廖申白，译. 北京：商务印书馆，2003：266.
② 亚当·斯密. 道德情操论. 蒋自强，等译. 北京：商务印书馆，2003：138.
③ 卢梭. 爱弥儿：上卷. 李平沤，译. 北京：商务印书馆，1996：303.

知道,"如果一个人只同自己打交道,他追求幸福的欲望只有在非常罕见的情况下才能得到满足,而且决不会对己对人都有利"①。可见,合宜即是置身于关系中的恰当把握,而对他人的义务恰是合宜的内在要求,是感受幸福必须考量的内容。

(二) 绿色消费的本质

绿色,是地球的颜色,是地球适宜人类生存的表征。绿色代表生命、健康和活力,是彰显生命之希望的颜色。这也就不难理解国际上对绿色的理解通常包括生命、节能、环保三个方面。置身于被污染和破坏了的生活环境,人们拥有诉求享有生命本色的权利,更有守护生命之色的社会责任。

1. 绿色消费是捍卫生命本色的消费理念

英国绿色组织"地球之友"的领导人波利特(J. Porritt)早在20世纪末就列举了"绿色"的最低标准是:"尊重地球和所有其上的生物;愿意和地球上的全体人民分享这个地球的财富;通过可持续过程对经济增长的激烈竞争的替代来达到繁荣;通过非核防御武器和极大降低武器开支来达到持久的安全;拒斥物质主义和工业主义破坏性的价值;在我们全部资源使用中,认可将来世世代代人的权利;强调对社会有用、对人有益、由面向人的技术(human-scale)所促进的工作;把保护环境作为健康社会的前提条件;强调人的成长和精神发展;尊重人的本性中柔美的方面;在社会每一个尺度上开放的、参与的民主;承认大幅度降低人口规模的至关重要性;在每一个种族、每一种肤色、每一种信仰的人们之间的和睦;以保护更大有效性和可更新能源为基础的无核的、低能量的战略;强调自力更生的(self-reliance)和非中心化的社会共同体。"② 如今,人们提出的绿色消费其实是一种宏观诉求下的以地球原本健康美丽肤色——绿色——为旗帜的微观运动,即面对环境污染和生态破坏导致经济发展的不

---

① 马克思恩格斯文集:第4卷. 北京:人民出版社,2009:292.
② William Ophuls. Ecology and the Politics of Scarcity. W. H. Freeman and Company Poompany, 1977. 叶闯. "深绿色"思想的理论构成及其未来含义. 自然辩证法研究,1995(1):30.

可持续性危机,为了使破解这种危机取得实质性突破而针对工业文明下的"非生态"消费之反思而掀起的运动。其核心理念是倡导人们在贯穿人生和社会发展始终的消费中,关注保护自然生态系统良性运行的需求,维护自然环境系统自我修复力及供给生命的蓬勃生机和旺盛生命力。

绿色消费首先倡导的是,人立足自然生态系统的合宜性需求,尊重生态系统的承载力,尊重生态系统中与人类共存的诸多其他"天然"存在的生命体,呼吁消费主体在消费过程中遏制对资源的过度开发,捍卫自然生态系统的多样性,注重物资的回收利用,提高能源的使用率,减少对环境的污染、物种的破坏,主动承担起满足人类生产和生活的消费需求,却又不损害自然生态系统生态产品之再生产能力,并对受损的自然环境负有修复的义务。其次,它是一种以人的健康为本的社会安全消费理念。绿色消费并不是消费"天然"原生态生命体,也并非消费绿色,不意味着为了保护绿色就倡导人们的消费回到所谓的"原初"和贫穷状态,而是立足人的生理机能的阈值,消费绿色有机产品,避免工业化产品中有害物质对人身体安全造成损害。

2. 绿色消费是生态限度的内在要求

生态源自生态学(ecology)一词。而西方语言 ecology 由希腊词 oicos(房子、住所之义)和 logy(科学研究的意思)共同构成。生态学是关于生物体生存环境研究的科学。与此相对应,生态一词有三种观点:一是对象——自然生态系统;二是观点——明智地利用;三是一种适应关系——人与自然、人与人、人与社会互动式适应关系。从根本上说,生态的本质即在于生物体对环境的适应。与其他生物体不同的是,人是适应环境的主动者,人在自然生态系统中树立的是"既是他的环境的创造物,又是他的环境的塑造者"的形象。在远古时代,人类面对自然物种的肆虐侵犯,总是以敬畏、膜拜的心态和其他生物无可比拟的智性参与生态系统的进程,将自然人格化。随着工业革命的高歌猛进,科学主义和理性主义所向披靡,对自然的去魅化使人逐渐倾向于把自然生态系统与自身割裂开来,把自然生态系统看成一个不能活动的无生命的资源库,并深信"人是万物之灵",人能征服、控制、统治自然。在征服自然、控制自然的思维方式下,人类不断追逐物质财富的增长与消费,而人口的增长也大大扩大了人类的碳足迹。

人类作为自然的征服者和统治者，为地球打下了一个个补丁，但情况仍在继续恶化：据《地球生命力报告 2012》统计，全球生物多样性在 1970 年到 2008 年下降了 28%，热带地区下降了 60%；1992 年以来地球生命力指数下降了 12%，热带地区下降了 30%；人类对自然资源的需求自 1966 年以来翻了一番，我们正在使用相当于 1.5 个地球的资源来维持我们的生活。高收入国家的生态足迹是低收入国家的 5 倍。按目前的模式进行预测，到 2030 年，我们将需要 2 个地球来满足我们每年的需求。人类导致的自然生态系统的超负荷，使地球正丧失其健康本色，并使代内同胞、未来人无法获得享有分配生物资源的公平公正机会，以获得生存与发展的消费服务。温室效应、臭氧层空洞、全球气候变化、酸雨、海平面上升、土地荒漠化、森林资源危机、水资源短缺、生物多样性减少、越境污染等全球环境问题正加速以不同方式影响着各个国家的经济、政治和社会生活。全球范围内，一方面淡水资源成为也门等国家或地区战争或矛盾的重要因素，另一方面，部分地区由于海平面的上升在不久的将来将被迫成为"水下之城"——马尔代夫在水下召开内阁会议，呼吁人类减少温室气体的排放。此外，生态难民开始成为影响世界社会的因素，绿色革命在 21 世纪成为一个全新的国际议题。

这一切危机与预警无不提醒着人们："环境组装了一个庞大的、极其复杂的活的机器，它在地球表面上形成了一个薄薄的具有生命力的层面，人的每一个活动都依赖于这部机器的完整和与其相适应的功能。没有绿色植物的光合作用，就没有氧提供给我们的引擎、冶炼厂和熔炉，更不必说维持人和动物的生命了。没有生活在这个机器中的植物、动物和微生物的活动，在我们的湖泊和河流中就不会有纯净的水。没有在这个土壤中进行了千万年的生物过程，我们就不会有粮食、油，也不会有煤。这部机器是我们生物学上的资本，是我们全部生产需求的最基本的设备。如果我们毁灭了它，我们的最先进的技术就会变得无用，任何依赖于它的经济和政治体系也将崩溃。"① 尽管人类成员生活在不同的板块上，但地球不是一块

---

① 巴里·康芒纳. 封闭的循环——自然、人和技术. 侯文蕙, 译. 长春: 吉林人民出版社, 1997: 12.

块土地缀起来的补丁大衣。它的系统是人类消费的血液与心脏,它的美丽外衣是人类健康的肌肤,人类要保持它的宜居和美丽,这是一项艰巨的任务。这项任务只有人类将消费放在自然生态系统承载力和"类"公正消费需求的框架内,携全球整体之力才能承担起来,绝非一些人对抗另一些人的投机主义短视行为所能解决。

人类的一切欢乐和幸福都源于拥有着超越自然的能力,但这种能力对自然的控制是以服从自身的生存解放和人类的和平发展为前提的。绿色消费要求当代消费主体以对当代社会和后代消费环境负责的态度,在消费过程中积极地纳入低能耗、低污染和低排放的消费物,努力通过减少资源的浪费满足各种消费需求,其实质是以"绿色"为导向,以守护"绿色"为目标。这一消费宗旨既契合了自然生态系统生命力承载限度的要求,也契合了人类持续发展的空间要求和可以通达的未来的文化指向。

(三)消费合宜性的政治诉求

生态系统是一个多样性的统一体,立足其上的人类社会及其消费同样体现着反映自然体系的多样性文明。我们对这种多样性的接受与尊崇,就要求我们在面对自然生态系统的全球挑战时,面对人类社会及其成员"是其所是"普遍性与特殊性相统一的发展要求,能够用生态伦理的观点分析研究经济、政治、社会、文化和文明的发展。这不仅是绿色消费理论的要求,也是现代经济实践把握绿色消费思维核心的关键所在。绿色消费思维的核心原则——合宜性,即人类的消费生活需要体现对生态价值的尊重,要将生态展示为一种生活方式,自觉地考虑减少碳依赖,缓解生态稀缺性和环境退化,捍卫人类生命之希望——绿色。这就需要人类社会成员作为一个共同体能够重塑公民自然权利和社群合作意识。人类社会从氏族社群到国家社群的建立与发展,不论是中国文化对"水能载舟,亦能覆舟"这一客观辩证法的揭示,或者喻指社会治理的主观辩证法的阐述,还是欧洲思想中基于人民同意建立政府之"国家理由"的前提,无不突出自然体系是社会体系的基础,社群建立旨在服务社会体系,其权力的正当性根源即在于要承担起保障公民自然权利之责任。全球绿色新政以绿色消费宣传和推行作为出发点,以民族国家作为一个整体来实施,无疑为消费的合宜性诉求提供了一个强制力的价值导向，有助于为绿色经济的发展获得制度上的支撑，推动绿色消费的发展。

2008年联合国气候变化大会上，时任联合国秘书长的潘基文提出"绿色新政"（Green New Deal）的概念，用以统称环境友好型政策，其涉及的主要内容包括环境保护、污染防治、节能减排、气候变化等与人和自然可持续发展相关的重大问题。该概念的出现，可谓是继"绿色运动"、"绿色文明"或"生态文明"直面思想上层建筑领域之后，环保观念在政治上层建筑领域的进一步深化。自然生态资本的不可替代性，"消费—生态"悖论的矛盾都使重新审视绿色消费成为政治体系中不得不面对的问题。正因如此，鉴于"消费—生态"危机及2008年的金融危机，发端于欧洲的低碳绿色经济变革迅速推动了"绿色新政"的蓬勃发展。

美国前总统奥巴马在2012年的竞选中，表示支持"绿色新政"概念，并承诺说，必须承担起领导者的角色，开发一些可以使我们拥有持续增长的繁荣经济的技术，同时使温室气体排放量回到1990年的水平之下。2009年奥巴马政府宣布美国执行"绿色行政"，提倡大力发展可再生能源、利用可代替能源如乙醇作为燃料，鼓励生产更多的节省燃料型汽车，以及尽快建立起一个可控制的温室气体排放量的系统等。绿色经济在法、德、英等国也得到大力推进。法国在2008年12月公布了一揽子旨在发展可再生能源的计划，2009年法国政府还投资4亿欧元，用于研发清洁汽车和"低碳汽车"。2009年6月德国公布了致力于推动德国经济现代化的战略文件，并在其中强调生态工业政策应该成为德国经济的指导方针。2013年11月，德国各州农业部门达成新计划，将每年接受的欧盟共同农业基金改变资金分配方式，在削减大农场补贴的同时，向中小农场及生态农业倾斜。一贯倡导可持续农业的绿党也进入一些新的地区执政。英国的经济政策更是明确将"发展绿色"摆在首位。英国2009年7月15日发布《低碳转换计划》和《可再生战略》国家战略文件，这些文件成为发达国家中应对气候变化最为系统的政府白皮书，这些文件将把英国建设成为更干净、更绿色、更繁荣的国家。在亚洲，日本2009年4月公布了名为《绿色经济与社会变革》的政策草案，同年5月，启动支援节能家电的环保点数制度，把日常性消费行为固化为社会主流意识，集中展示绿色经济的社会影响力。韩国在2009年1月6日通过了庞大的"绿色工程"计划；同年7月，韩国公布绿色增长国家战略及五年计划，确定了发展"绿色"的一系列指标，计划建立"环境城"和"绿色村庄"，争取使韩国在2020年底前跻身全球七大"绿色大国"。①

各国纷纷推行"绿色新政"，发展"绿色经济"，推动绿色消费，致力于保护自然生态环境系统的经济发展战略，这不仅是信息技术时代各国刺激经济和谋求协调发展的新模式，也是各国谋求长远全面可持续发展并在未来竞争中占据竞争主导权的战略转向与新选择。这意味着作为一个国家守护国民消费的管理者，正努力且主动承担起扭转生态危机和倡导科学消费观的社会责任。毫无疑问，这也为人们的消费以国家作为消费主体在生产消费环节致力于实现绿色消费搭建了一个趋向合宜发展诉求的平台，为国民生活消费奠定了把握绿色消费核心，真正走向绿色消费的根基。

面对消费主义意识席卷下的消费困扰，面对全球"消费—生态"悖论，全球新政这一绿色政治观的凸显，不仅指向本国社会发展与国民消费的多样性、高品质保障和持续性的发展要求，也是避免《难以忽视的真相》(An Inconvenient Truth)这一气候变迁纪录片向人们所展示的生态难民困境，捍卫代内消费公正的基本要求。消费自然资源可以说是每个人作为自然孕育产物的天然权利，然而，消费自然资源所享有的环境权利与承担环境破坏与污染责任的不平衡性矛盾成为威胁世界和各国安全的新因素。因此，2010年4月20日二十国集团（G20）峰会在英国伦敦开幕前，联合国环境规划署在题为《全球绿色新政政策概要》(A Global Green New Deal)的报告中呼吁各国领导人实施绿色新政，同时进一步指出了实施绿色新政的三个目标：从短期来看，促进经济恢复，保留和创造就业机会，保护弱势人口；从中期来看，降低对碳的依赖，遏制生态系统退化，使经济走上一条清洁和稳定的发展之路；从中长期来看，促进可持续、广泛的增长以及千年发展目标的实现，到2025年消除极端贫困。同时，面对各国工业化农业的发展而带来的食品消费安全隐患与所在地水

---

① 张来春. 西方国家绿色新政及对中国的启示. 中国发展观察，2009（12）.

体、土壤和空气遭受严重污染的生态问题，2011年第66届联合国大会将2014年定为国际家庭农业年，鼓励各地政府制定政策，支持家庭式小规模的农业生产，发挥其在保障粮食安全、改善生计、管理自然资源、保护环境、生产与环境结合的农产品、创造与消费者更密切的市场等方面的作用，倡导农业经济的绿色、可持续发展。这不仅仅是各国实施"绿色新政"、发展"绿色经济"，满足本国人民的可持续消费权益之政治呼吁的发展趋势，也为其承担起减少生态足迹，缩小与其他国家消费主体的碳足迹的差距，回归自然，保障民众享有以自然生态系统为基础的消费服务，调整人们的消费观，扭转"消费—生态"冲突提供了具体指导。

顺应时代发展潮流，立足科学发展的新战略高度，2010年6月7日，胡锦涛在中国科学院第十五次院士大会、中国工程院第十次院士大会上明确界定了绿色发展的内涵："要发展环境友好型产业，降低能耗和物耗，保护和修复生态环境，发展循环经济和低碳技术，使经济社会发展与自然相协调"。党的十八大报告提出：要"着力推进绿色发展、循环发展、低碳发展，形成节约资源和保护环境的空间格局、产业结构、生产方式、生活方式，从源头上扭转生态环境恶化趋势，为人民创造良好的生产生活环境，为全球生态安全作出贡献"，致力于构建"美丽中国"。① 2015年4月，《中共中央国务院关于加快推进生态文明建设的意见》进一步提出"到2020年，资源节约型和环境友好型社会建设取得重大进展，主体功能区布局基本形成，经济发展质量和效益显著提高，生态文明主流价值观在全社会得到推行，生态文明建设水平与全面建设小康社会目标相适应"的主要目标，并积极立足于通过提高全民生态意识，培育绿色生活方式，鼓励公众积极参与加快推进生态文明建设的良好社会风尚，汇聚民力，实现以消费为主要内容的生活方式绿色化。② 国家发改委等10个部门联合制定的《关于促进绿色消费的指导意见》指出，充分认识绿色消费的重要意义，着力培育绿色消费理念，积极引导居民践行绿色生活方式和消费模式，全面推进公共机构带头绿色消费，大力推动企业增加绿色产品和服务

---

① 胡锦涛. 坚定不移沿着中国特色社会主义道路前进 为全面建成小康社会而奋斗——在中国共产党第十八次全国代表大会上的报告. 北京：人民出版社，2012：39.
② http://www.scio.gov.cn/xwfbh/xwbfbh/yg/2/Document/1436286/1436286.htm.

供给，并深入开展全社会反对浪费行动，建立健全绿色消费长效机制，2020年绿色消费理念成为社会共识，绿色低碳、文明健康的生活方式和消费模式基本形成。① 当然，倡导绿色、低碳、健康的消费方式并不是要限制、缩减人们的消费。2016年4月15日，为促进居民消费扩大升级，带动产业结构调整升级，加快培育发展动力，增强经济韧性，国家发改委等24个部门联合制定了《关于促进消费带动转型升级的行动方案》，其按照国务院的有关部署，围绕十个主攻方向，出台了包括教育文化信息消费创新行动、绿色消费壮大行动及消费环境改善和品质提升行动等"十大扩消费行动"。② 党的十九大对新时代的社会主要矛盾做出重大判断：已经由人民日益增长的物质文化需要同落后的社会生产之间的矛盾转化为人民日益增长的美好生活需要和不平衡不充分的发展之间的矛盾。"美好生活"自然包括人民群众的优美生态环境需要。这一系列政策的出台展现出我国在发展过程中，不断致力于谋求消费、生产与生态之间的良性互动，并能相互促进。

消费是身处"类"的社会关系中的消费。正是由于这样一种关系，人一旦进行消费就绝不是孤立行动。在以消费为基础的活动中，所有消费主体在社会关系中所形成的各种政治、经济和文化制度建设，既有利于为消费主体幸福的品质提供培养和发挥作用的环境，又能够有效地控制消费主体的那些损人利己的恶劣品质和行径。全球"绿色新政"，为各个国家立足更高层面、更大范围审视和面对环境危机，积极探索并实施保护和恢复自然生态系统的强健生命力的新道路。这既为消费世界的人们把握绿色消费本质，用理性绿化消费，走向名副其实的绿色消费提供了权利保障和制度保障，也为全球不发达国家的生产、消费提供了新的消费价值导向。

四、合道：文明消费的探求

道的本性是自然，不违背自然就是遵循自然。在中国最早的典籍中，

---

① http://www.ndrc.gov.cn/zcfb/zcfbtz/201603/t20160301_791588.html.
② http://www.ndrc.gov.cn/zcfb/zcfbtz/201604/W020160426493799188628.pdf.

"道者，路也"，是现实中人们用脚走的路，人只要行走就必有路，或沿前人足迹所成之路；后又表示事物运动和变化的规则，"道，所行道也"，引申为规则、规律。合道，即是合乎规律、合乎本性、合乎事物的运动变化发展。

（一）道与文明的伦理共性

在《左传》和《国语》中，"道"不再仅仅是道路和述说的意思，而是以哲学概念的形式出现，从行走之义引申为轨道、法则。"道"在中国古典伦理学说中具有本体地位，对于人的德性具有本源意义。

1. 道的哲学范畴

"道"最早是道家创始人老子提出来的。老子认为"道"是世界的本源，万物的根本。"道生一，一生二，二生三，三生万物。"（《老子·第四十二章》）老子曾明确指出："有物混成，先天地生，寂兮寥兮，独立而不改，周行而不殆，可以为天地母，吾不知其名，强字之曰'道'，强为之名曰'大'。大曰逝，逝曰远，远曰反。"（《老子·第二十五章》）"大道泛兮，其可左右"（《老子·第三十四章》），老子把"道"看作宇宙的本源和普遍规律的总称。在老子看来，作为形而上的"道"尽管无形无象，不为人的感觉知觉直接接触到，但可以落实到生活层面，成为人类生活的准则、生活的方式和处事的方法。这就是古代所讲的天道、人道。在宇宙系统中，"道"是一种客观存在、一个矛盾统一体，其实质就是自然法则。因此，人们追求的如果是一种合乎规律的、可以达到目的的正确的行为方式，如同正在行走且要找到一条可以达到目的地的正确道路一样，此即道或者正道、大道；而那些不符合发展规律的、不正确的、错误的行为方式，则可称之为"非道""无道""失道"。正是这一抽象的"道"贯穿于一切事物生长与发展的始终，并对万物的生存与发展起着决定性作用。与宇宙之"道"这个最具一般性、普遍性的范畴相关的次一级范畴，有"天道"、"地道"、"人道"和"鬼道"等，以区分宇宙的物类。具体到社会生活领域，人们的行为处事之道还有"君道"、"尽忠之道"、"生民之道"和"不义之道"，等等。

在这些范畴和概念中，最重要的概念是"天道"——"《象》曰：大哉乾元，万物资始，乃统天"①。其基本品性表现为"天道无亲，常与善人"(《老子·第七十九章》)。殷商末年，起源于原始宗教崇拜的五行——金、木、水、火、土即成为哲学上展现自然、呈现持续运作的规律的具体内容。《史记·历书》言："黄帝考定星历，建立五行。"《史记·律书》也提道："律历，天所以通五行八正之气。"郑玄注："行者，顺天行气也。"阐述阴阳五行是与人的行为紧密相关的。承继天命之道在于尽人事，因而"人道"与"天道"的关系体现为"人法地，地法天，天法道，道法自然"(《老子·第二十五章》)。故而，古人以"仁、义、礼、智、信"五伦之人道匹配天地之道。"人道"，其实就是人们对自然界规律和人们依据普遍现象、生活理想构建起来的，有利于自身类族群发展的生活准则及人伦之间道德规范。"试思人以眇然之身，可以赞天地之化育"②，尽显人的主观能动性对"天道"的把握与遵从。尽管"道之出口，淡乎其无味，视之不足见，听之不足闻，用之不足既"(《老子·第三十五章》)，但它却具有容纳天地万物、宇宙人生的普遍品格。合道即要合乎事物发展的规律性，既合"天道"又合"人道"。它是人作为类依据自然之秩序建立其自身及相互之间友好生存和发展的行为准则的基本范畴。

2. 文明的伦理意蕴

文明是人类在漫长的历史进程中逐步形成的有效生存与发展系统，是人类通过知识和技术构建起来的、和睦相处于社会组织中的进步状态，是人类社会文化存在的一种基本特征。不管是在我国传统文化中还是在西方传统文化中，文明之于文化，义相同而用相通。文化是农耕时代的产物，其原义是指人在改造外部自然界使之适应、满足人们的衣食住行等需要的过程中，对土地的耕耘和对植物的栽培、照料、加工、改良。它有耕种、居住、练习、注意和敬神的意蕴，后来还包括人对世界的探索和发明及宗教信仰，以及人们在改造自然、协调群体关系、调节自身情感过程中所表现的时代特征、地域风格和民族样式等。简言之，文明代表着人类在科学技术、社会科学等领域中用智慧来征服自然界、创造文化所做的努力。它

---

① 周易. 宋祚胤，注译. 长沙：岳麓书社，2001：4.
② 朱子语类：第118卷. 北京：中华书局，1986：2846.

就是一个成就人类文明的文化，是与自然生态密切联系的知识系统。

在我国传统文化中，"文"的本义是纹理、纹饰，引申为基础；"化"，是指规律，引申为教化。《周易·贲卦》载："观乎天文以察时变，观乎人文以化成天下。"① "文化"构成整词，始于西汉刘向的《说苑·指武》："圣人之治天下也，先文德而后武力。凡武之兴为不服也。文化不改，然后加诛。"文化是人们在社会实践活动中获得的区别于武力、野蛮的要求。尽管后来文化获得了现代意义，是注入了西方内涵的文化与文明，但文明之于自然生态之间的联系而产生的、饱含着人的精神的内涵没有改变。郑观应 1900 年在对欧洲近代文明的赞誉中对文明的理解即不是"纯物质"的。梁启超更是明确谈到精神与民气在"文明"概念中的优先地位："文明者，有形质焉，有精神焉；求形质之文明易，求精神之文明难。精神既具，则形质自生；精神不存，则形质无附。然则真文明者，只有精神而已。……陆有石室，川有铁桥，海有轮舟，竭国力以购军舰，朘民财以效洋操，如此者可谓之文明乎？决不可。何也？皆其形质也，非其精神也。求文明而从形质入，如行死港，处处遇窒碍，而更无他路可以别通，其势必不能达其目的，至尽弃其前功而后已。求文明而从精神入，如导大川，一清其源，则千里直泻，沛然莫之能御也。"② 胡适在 1926 年刊发的《我们对于西洋近代文明的态度》一文中指出："凡一种文明的造成，必有两个因子：一是物质的（material），包括种种自然界的势力与质料；一是精神的（spiritual），包括一个民族的聪明才智、感情和理想。凡文明都是人的心思智力运用自然界的质与力的作品；没有一种文明是精神的，也没有一种文明单是物质的。"③

在现代社会，人类将自身文明史划分为渔猎文明、农耕文明、工业文明、生态文明，无不展现出人作为主体与自然生态系统之客体之间的相互关系，是"一个民族应付他的环境的总成绩"④。文明"既是一个过程，

---

① 周易. 宋祚胤，注译. 长沙：岳麓书社，2001：111.
② 梁启超. 国民十大元气论（1899）//饮冰室文集之三. 北京：中华书局，1988：61-62.
③ 胡适文集：第 4 卷. 北京：北京大学出版社，1998：3.
④ 同③.

又是一种社会秩序和教养的完成状态,其背后是强调进步主义的人的发展的启蒙精神"①。在伦理意义上,文明是人与自然、人与人之间相互博弈的结果,是人为了获得生存和发展,以社会性形式出现,努力认识和改造客观世界,并通过道德、法律等机制协调自身情感及群体关系,从而最大限度地满足自身及他者的需要,达到全面发展的过程。简言之,文明是建立在为维护族群的整体生存而持久地征服人的本能之基础上的,包含着一定的价值判断——善的过程与结果。从狭义上说,它是一种体现和包含人文精神本质的生活方式和生活风尚。

3. 礼仪:道与文明的契合点

"道"是我国哲学中描述宇宙本体存在与变化的普遍规律的最高层次,与之相辅的次一级层次是"德"。正所谓,"德者,道之功也"(《韩非子·解老》),"德者,道之用也","通于天地者,德也;行于万物者,道也"(《庄子·天地》)。道和德实为一体,道是本,内在于万物之中;德为用,是内在于万物的道在一切事物中表现出的属性,是道的发展和演变。道和德及其与万物的关系体现为,"道生之,德畜之,物形之,势成之。是以万物莫不尊道而贵德。道之尊,德之贵,夫莫之命而常自然"(《老子·第五十一章》),也就是说,道和德共同展现了自然万物的本源及其生长发展规律。但同时老子又指出,"域中有四大,而人居其一焉。人法地,地法天,天法道,道法自然"(《老子·第二十五章》)。所以,在阐述道德之万物之根本的同时,老子又主张人应顺应自然、复归自然。既要体现人的主体地位,又要顺应自然、复归自然,靠的就是德性,强调"以德配天"。西周文化的重要内涵——"礼乐文明"中"德"即是核心,在心为"德",发之于心而表现为行为即为"礼"。《周易·系辞下》专门对"履"做了道德上的解释,以"履"为"德"之基。《周易·序卦传》指出:"有天地然后万物生焉。盈天地之间者唯万物,故受之以屯。屯者,盈也。屯者物之始生也,物生必蒙,故受之以蒙,蒙者,蒙也。物稚不可以不养也,故受之以需,需者,饮食之道也。饮食必有讼,故受之以讼。讼必有众起,故

---

① 阿伦·盖尔. 走向生态文明:生态形成的科学、伦理和政治. 武锡申,译. 马克思主义与现实,2010 (1):193.

受之以师，师者，众也。众必有所比，故受之以比，比者，比也。比必有所畜，故受之以小畜。物畜然后有礼，故受之以履。"① 这就意味着以"德"为表征的礼仪不再是盲目自然秩序的附属品，而是人们主体意识的觉醒，礼仪成为人们群体生活的必要规范。在《左传》中，子产等思想家指出，礼是依据天意制定的，后来孔子进一步将其发展为治国的最有效方式，讲求"道之以德，齐之以礼，有耻且格"（《论语·为政》）的王道原则；在孟子那里，礼则发展为"民为贵，社稷次之，君为轻"（《孟子·尽心下》）的民本思想。"礼"作为中介架起了沟通天人关系及调节人际关系的桥梁，同时也成为个体修身的重要原则，由此奠定了中国文明社会的道德政治秩序和伦理生活方式。

体道之德的内涵不仅包括主观方面的修养，还有客观的内容——礼。德与礼，是内容与形式的关系。德是内在，讲究修性、修为，礼是外在，是德的外在表现形式；一定的形式必须体现一定的内涵，抛弃了内涵的形式就失去了存在的价值，离开了德，礼只是徒具形式的仪表而已。《说文解字》载："仪，度也"②，指法度、礼法，是一种法制、准则。这就决定了礼仪的制定有三个根源：（1）天地，是一切生物的总根源；（2）祖宗，是族类的根源；（3）君主和导师，是治国之道的根源。也就是说，在传统文化中，礼仪首先要求敬畏、侍奉天地，即遵循天道；其次尊敬祖宗，崇拜君主和导师，即遵循"人道"。但"人道"仅有德是不够的，还需要预设惩治人性恶的法度。在我国传统文化中，法与礼仪也是紧密相连的，倡导"以礼入法"，两者之间的关系表现为"礼之所去，形之所取，失礼则入刑，相为表里者也"③。古人所谓"明刑弼教"展现的也是以"德主刑辅""礼法合一"为主的历史发展脉络，讲求"人必违于礼义，然后入于刑法"④。它强调的是通过法律制裁的力量来维持礼仪准则，以加强礼的合法性和强制性。"以礼入法"是封建时代的一大特征——礼仪就是维持社会秩序，巩固等级制度，调整人与人之间的各种社会关系的规范和

---

① 周易. 宋祚胤，注译. 长沙：岳麓书社，2001：390.
② 许慎. 说文解字：上册. 北京：九州出版社，2001：459.
③ 范晔. 后汉书：第6册. 李贤，等注. 北京：中华书局，1965：1554.
④ 丘濬. 大学衍义补：中. 北京：京华出版社，1999：882.

准则,也是我国古代法律的渊源之一以及我国古代法律的重要组成部分。

到了现代社会,礼仪则体现为人们在社会交往中由于历史传统、风俗习惯、宗教信仰、时代潮流等因素而形成的,为人们所认同、所遵守,目的在于建立和谐关系的各种符合交往的行为规范的总和,而且,它们多数也被纳入了相应的法律法规范畴。尽管时过境迁,传统礼法淡化为道德规范,礼仪被赋予了新的内涵,但其在本质上仍然是由道德观念而形成的,蕴含了尊重、遵守、适度、自律等交往原则,是人们在现代社会中共生共荣、和谐相处的基本行为规范和价值准则。文明的实质即是传统"道"文化发展到现代礼仪的文化表现方式。

(二) 生态时代的消费探求

人作为生命体,其独特性在于拥有两个身份:一个是自然之子,一个是万物之灵。作为自然之子,人不得不顺自然之"天道"。作为万物之灵,人是有思想、有灵魂的精神性存在、社会性存在,人的精神属性不仅使人能够认识并遵循"天道",同时,它也是人创建自身"人道"的基础,是人感受幸福、追求文明的源泉。传统文明形态(特别是工业文明)下的种种迹象表明,物质财富的增加、消费的膨胀与消费主体的幸福感并不必然呈正相关关联,更多的是呈现出倒U形关系。生态文明是基于人类对传统文明形态特别是工业文明的反思,进而以人与自然、人与人、人与社会和谐共生、良性循环、全面发展和持续繁荣为基本宗旨的文化伦理形态。它开启了人的消费的新大门——从追求物质财富的单一性消费中解放出来,循道而上,追求精神生活的丰富性。

1. 生态文明形态下的文明消费

人类消费的背后隐藏着一个基本的事实:匮乏、欲望与现代性。匮乏在文明演进过程中早已成为社会生产的必要组成部分,使人类之间争夺自然资源的生存斗争总是在人类社会不断上演,成为社会进步的推动力。欲望则使满足了基本生存需要的人们不断上演着追求幸福的生活剧目——获得更多的物质消费和同等高度的精神消费,它是人推动自身文明发展的内在动力。现代性作为一种持续进步的、合目的性的、不可逆转的发展的时间观念，总是强调创新、变化和进步，它是一个融合权力、知识与社会实践的特殊聚合体。消费是生物的基本机能，生态文明形态下的消费方式就是要实现这三者有机协调。历史既是文化的传承，也是对照现代文明消费的一面镜子。面对工业文明下席卷全球的环境危机，人类将生态文明确定为工业文明的后继者和替代者，意在走上一条遵循人与社会、人与自然和谐相处，谋求人类可持续发展的健康之路。从工业文明的秩序中产生却以生态学作为立身之本的生态文明下的消费，必然要求消费主体重新审视"人—社会—自然"三者之间关系的本质之所在，重新定位自身在社会、自然中的位置，追求自身作为自然之子和万物之灵的交融。

生态文明视野下的文明消费，必然要求人及其文明的消费方式能够实现生态化转型，是既体现人类社会生活方式的现代性，又体现人类文明对人的生物本能欲望的克制与开放式的理性消费；既指向人类消费与自然生态系统之间矛盾的消解，以及在当今世界不同区域的消费不足与消费过度之间矛盾的消解，又要求实现人与人、国与国、人与社会、人与自然之间在享受消费权利与承担消费义务之关系方面的多重整合。具体表现为三个方面的文明：（1）文明消费要展现自身作为灵与肉相统一的主体文明；（2）文明消费要体现人与人之间区别的主体交往文明；（3）文明消费还要反映人与自然相互塑造的主客体之交互文明。文明消费与人的本能需要的自由满足是相抗衡的，是一种旨在促进现代社会以满足人们健康、安全、需求多样化和人性丰富性的消费。生态文明形态下的文明消费既体现为个体的消费，也表现为整个社会的消费，是主体自知、自觉、自律的消费。就人作为生命个体而言，文明要求消费主体按照有利于身体健康、心智健全和智性开发的发展需求，逐步调整、改善现有的消费结构，注重提高生命质量，促进自我的全面发展。就人作为社会主体而言，文明消费要求消费主体尊重他人公正地享有属于自我的消费权益，怀有对社会发展的道德关怀和人文思考，在消费中确立、维护自身和他人在社会发展中的休戚与共的主体地位。就人作为占据生态位的主体而言，文明消费要求消费主体具备人与自然和谐的消费理念，使自身消费的内容、模式符合生态系统的良性运作要求。

2. 合道：文明消费的基本特征

自然环境不仅是人类生存与发展的物质集成体，而且是人类创造文明的精神塑造者。在本源上，人类与他物在自然环境中实属同宗同脉，但是，人类又与万物不同，正如荀子所指出的："水火有气而无生，草木有生而无知，禽兽有知而无义，人有气、有生、有知亦且有义，故最为天下贵也。"（《荀子·王制篇》）文明消费是一种理念，更是一种展现消费过程和消费结果的人文底蕴的价值判断。在现代社会，文明是一种由科技和知识经济构建的现代文明。经济基础决定上层建筑，当一定社会环境中消费主体的物质消费达到一定程度，"同样要发现、创造和满足由社会本身产生的新的需要。培养社会的人的一切属性，并且把他作为具有尽可能丰富的属性和联系的人，因而具有尽可能广泛需要的人生产出来——把他作为尽可能完整的和全面的社会产品生产出来（因为要多方面享受，他就必须有享受的能力，因此他必须是具有高度文明的人）"①。

在现代社会，文明消费是展现文化生存的消费，也是个体体现其独特文化优越感的消费。但社会的发展程度存在着区域性的差距，人们在科技、教育、知识等构建的精神性人文底蕴素养上存在着极大的差别，不同社会发展状况下的消费主体在物质和精神及对生态的需求，对健康、安全消费的评判上存在巨大差距。消费主体的文明消费应是认可"文明"距离的消费。因此，文明消费不仅能够满足人消费现代工业文明成果，更倡导丰富的物质是建立在不同文化根基上的位置消费、距离消费。国际社会及区域之间的消费存在巨大差距，面对环境危机，在承担责任上，不同民族、地域文化有着不同的呼声。但人类社会在长期发展过程中有一个最基本的伦理观念——以"天道"与"人道"之文"化"礼仪，作为维系其生存与发展的保证。

消费是自然性的，也是社会性的。我们所有人与相关的所有生物都是自然之子，我们的消费需要遵循这个环境的秩序规则。同样不容忽视的是，消费是贯穿于人类社会关系中的消费。即便是最简单、最原始的消费行为，在当今也或多或少牵连着他人的利益。我们甫一降生，其消费就是

---

① 马克思恩格斯文集：第8卷. 北京：人民出版社，2009：90.

依附于一定的生产力、贯穿于一定社会关系中的消费。自此之后，我们就被纳入了涉及与他人、社会的利益关系之中，我们的消费活动因而就是涉及人的自由与发展等具有人权属性的问题。每个人能够走向成长正是依赖于这样一种由他人和社会给予的热情和善意，没有它，我们将无以为继，幸福也无从谈起。文明消费，主客体交互文明的消费，是人人都渴望幸福，都有权利追求幸福。但幸福是一种权利，也是一种义务。我们有追求幸福、享受幸福的权利，同时别忘了我们很快就会变成有义务照顾其他到来者的人，要让另一些人尽可能地过得舒适。要获得幸福，就不仅要爱自己，而且要爱邻人，爱自然，爱存在于我们与他人、我们与自然之间的秩序。人的幸福就在于一切都有秩序的存在，爱就是对秩序的敬重，是对"域中有四大"之自然秩序的尊重，是对"己所不欲勿施于人""克己复礼曰仁"之人道秩序的敬重。

现代工业社会为我们打造了"奢侈品"的消费品位，不可否认"奢侈品可以改善某些人的生活质量；但是把奢侈品等同于或优先于总体满足生存与加强的需求，那是没有道德上、政治上的或者心理上的合理性的"[①]。文明消费的主客体交互文明为我们确定了多样性消费的前提条件——"基本需求的满足有一些直接的先决条件，包括在无损于他人的前提下的言论自由、行动自由、表达自由、调查研究的自由、寻求信息的自由、防御自由以及集体中的正义、公平、诚实、秩序等。"[②] 文明消费即是现代文化嫁接天人之道，实现作为自然之子与万物之灵合体的人获得自由的道德律。

（三）文明消费的文化自觉

消费方式是人生活在一定文化中的消费理念和行为。文明消费实质就是一个在精神文化发展中不断生成与拓展的消费过程和消费类型。一个消费主体消费什么，怎样消费才能给他带来幸福，与其所处的文化环境及具有的道德文化素养有着深刻的联系。

---

① 德尼·古莱. 残酷的选择：发展理念与伦理价值. 高铦，高戈，译. 北京：社会科学文献出版社，2008：234-235.
② 马斯洛. 动机与人格（第三版）. 许金声，等译. 北京：中国人民大学出版社，2007：29-30.

人类文明的推进不仅是人类不断追求延长生命和提高生活质量的手段，更是人们尽可能拓展全面而自由发展之幸福的保障。工业文明所推崇的天人二分文化趋向，催生了人类社会前所未有的繁华消费场景和世人对消费身份的追逐。但是，"匮乏的征服仍然局限于少数发达工业社会地区。这些地区的繁荣掩盖了在它们的边界内外存在着的'地域'；它们的繁荣还扩散着一种压抑性的生产力和'虚假需要'"①。可以说，人们对自我基本需要消费与欲望满足消费之间的关系，以及自身在置身于社会关系中的本真消费与奢侈消费定位的把握模糊不清。如消费市场上，圣诞节88元一个的苹果不乏消费主体，虫草价格堪比黄金，天价烟酒大行其道。当然，这种价格异常、消费异化的情形，很大部分存在着"买的人不吃，吃的人不用买"的情况。也就是说，人们的消费选择不仅受物质基础的影响，而且受社会压力、社会习俗和道德文化的影响，既有主动性消费又有被动性消费，既有为己性消费又有为他性消费。"有利可图的大规模生产的需求，并不必然与人类的需求相一致。问题不仅是（或基本不是）填饱增长着的人口肚子并关心他们——这首先是一个量的问题，一个单纯的数量问题。"②但消费之于人的意义不仅是一个量的要求，更是一个质的要求——不仅是个体生命消费的质，还有"类"消费之质的尊重。但这一目的的达成无不有赖于人类主体在消费行为上体现出相应的文化自觉。

何谓文化自觉？著名学者费孝通指出，文化自觉就是"生活在一定文化中的人对其文化有'自知之明'，明白它的来历、形成过程、所具有的特色和它发展的趋向，不带任何'文化回归'的意思，不是要'复旧'，同时也不主张'全盘西化'或'全盘他化'。自知之明是为了加强对文化转型的自主能力，取得决定使用新环境、新时代选择的自主地位"③。文明消费是对消费主体的消费文明、外在交往文明、注重自身作为主体与自然之间的交互文明的要求，无一不体现人类对自身生存根基的不可复制性、生态伦理和人际伦理之于自身生存与发展的重要性的自知之明。正是

---

① 赫伯特·马尔库塞. 单向度的人——发达工业社会意识形态研究. 刘继，译. 上海：上海译文出版社，1989：216.
② 同①219.
③ 费孝通. 反思对话文化自觉. 北京大学学报（哲学社会科学版），1997（3）：22.

这种自知之明，使得人能够实现立足自身生命本能的消费需要，适度用社会财富塑造自己的生活品质，又能够自觉按照自己所处的文化环境，引领先进文化潮流，塑造自身作为"类"的联合，以致力于打破生产与破坏、自由与压抑之间的内在关系，谋求与他人共享自然环境、生态、人文成果的人文生活。不同的消费主体生活在不同的区域文明中，这些文明"在说明什么是宇宙的本质、精神生活的本质、终极实在的本质方面存在分歧，但它们在道德律条上却是意见一致的……它们都用同一个声音说，如果我们让物质财富成为我们的最高目的，将导致灾难"①。

正是这种文化的自觉意识及其扩张要求消费主体重视消费与社会之间的内在关联，摒弃消费主义文化塑造的奢侈型的、攀比型的和享乐型的消费价值观；倡导呼吁每一个消费主体都享有消费自然环境的权利，公正地承担环境危机义务的责任，科学地看待自身、看待族类的本能及社会需要的文明消费观。文明消费要求消费主体把自身行为提升到与自身所处自然、人文环境相适应的位置，承继"与天地合其德，与日月合其明，与四时合其序，与鬼神合其吉凶"的传统"道"文明，树立"为天地立心，为生民立命，为往圣继绝学，为万世开太平"的人文情怀，有利于消费主体落实对自然和他人的公正性，扭转环绕我们周围的贫穷者的物质消费不足和富有者的有害奢侈性消费之间的反差，改善笼罩于许多贫苦家庭的朝不保夕的消费命运。这正是消费主体对自身人性丰富和对人类整体幸福命运善意关怀的文化自觉。

---

① 艾伦·杜宁. 多少算够——消费社会与地球的未来. 毕聿，译. 长春：吉林人民出版社，1997：108.

第七章 "消费—生态"悖论的化解之道

实现人类社会与自然环境的协调、持续发展,需要从理论到实践层面探索"消费—生态"悖论的破解方略。2017年5月26日,习近平在中共中央政治局第四十一次集体学习时强调,要"把推动形成绿色发展方式和生活方式摆在更加突出的位置,加快构建科学适度有序的国土空间布局体系、绿色循环低碳发展的产业体系、约束和激励并举的生态文明制度体系、政府企业公众共治的绿色行动体系,加快构建生态功能保障基线、环境质量安全底线、自然资源利用上线三大红线,全方位、全地域、全过程开展生态环境保护建设"①。由此可见,政府、企业、社会公众等就是破解"消费—生态"悖论的行动主体,要以生态消费伦理理念为指导,以建设生态文明为旨归,以实现美丽中国为目标,促进消费方式的生态化、文明化、科学化。

一、"消费—生态"悖论的化解:基本思路

社会发展离不开人的消费活动,离开消费实践就没有人类文明,人类只有通过各种生产活动和消费活动才能催生社会文明。从这个意义上说,

---

① 习近平:推动形成绿色发展方式和生活方式 为人民群众创造良好生活环境. http://politics.people.com.cn/n1/2017/0527/c1024-29305291.html. 人民网,2017-05-27.

消费文明应该是社会文明的根基。"在生态视域中，消费文明既是主体文明的显现，又是社会文明的表征，也是生态文明的标志。"① 这种文明的建设要确立两个前提：（1）发展是第一要务，但环境是第一基础；（2）创新是第一动力，绿色生活是生态文明建设的第一重任。当前，破解"消费—生态"悖论的基本思路主要体现为三个方面：在消费主体上，必须解放思想，更新观念，树立科学消费观；在消费客体上，必须优化消费对象，甄别消费内容，转变消费结构；在消费方式上，必须促进消费方式向可持续消费、绿色消费、低碳消费的方向发展。

（一）消费主体：树立科学消费观

所谓科学消费观是消费主体在自己的经济水平的基础上正确处理自我需要与社会发展之间关系的消费思想观念，是与自我消费能力相适应的理性消费、适度消费、文明消费观，这有利于节约资源，保护环境，有利于促进生态文明建设。包括政府部门、企业、社会公众在内的每个单位、每个家庭、每个公民，都要树立科学消费观，用科学消费观指导消费实践，使消费方式向文明、健康的方向发展。传播科学理性的消费观念，政府、学校、家庭、社区、媒体、团体等都是阵地，主要途径是教育、宣传和文化建设等。

其一，广泛进行消费教育，提高消费主体的素质。针对每一个人，马克思认为，"因为要多方面享受，他就必须有享受的能力，因此他必须是具有高度文明的人"②。可见，提高消费者的观念、素质和能力，是转变消费方式、提高消费质量、促进消费文明的必要前提。因此，要进行消费知识和生态伦理教育，让消费者学习消费知识，掌握消费方法，更新消费观念，提高消费道德素质。"经过30多年的改革开放，我国经济获得了举世瞩目的成就，不仅大多数人解决了温饱问题，而且一部分人已经先富起来。伴随经济实力的提升和生活条件的改善，消费结构变了，消费观念也变了，从不敢消费、耻于享受转向乐于消费、追求享受了。这应该是一种

---

① 曾建平，代峰．生态视域下的消费文明．哲学动态，2009（2）．
② 马克思恩格斯文集：第8卷．北京：人民出版社，2009：90．

进步，既是人性的需要，也是社会发展的需要。但是，在未曾有过的金钱与财富面前，在极端个人主义、拜金主义、享乐主义、消费主义的影响下，一些人的消费观念却扭曲了，信奉'消费就是美德'、'挥霍就是气派'、'我消费我存在'等观念，崇尚讲排场、赶时髦、比阔气等行为，形成了中国社会的种种'消费乱象'。① 诸如，相互攀比的"面子消费"、夸饰身份的"炫耀消费"、透支未来的"超前消费"、群众痛恨的"公款消费"。这些消费乱象不仅造成社会财富的巨大浪费，而且直接损耗有限的自然资源，给生态环境造成巨大压力，威胁经济和社会的可持续发展。因此，我们要从消费知识的普及、消费道德的塑造、消费观念的转变上提高消费者的素质和能力，使其消费方式既符合自我需要又适应社会发展，既与自我消费匹配又与社会导向相一致。

为此，学校、家庭、社会要有意识地开展生态消费教育，比如在学校可以设置专门的消费课程，对学生普及消费教育；在社会上积极创建消费教育学校、开设消费指导课堂、举办各类健康消费讲座等；街道社区等要深入各家庭住户宣传科学理性的消费观念；等等。在教育方式上，要充分利用现代科技手段，比如开通网上消费教育网站、开设消费讲坛、消费指导、消费警示、案例分析、专家答疑等版块；利用手机短信微信平台，提供消费教育信息、宣传消费知识；等等。在教育内容上，要传播生态消费知识和生态伦理理念，包括环境科学知识与人类面临的环境危机、生态消费的价值思想、生态消费的现实意义、生态消费的行为选择等各方面，要强化生态伦理理念，提高全民的绿色消费知识水平、消费道德素质，促使人们形成科学消费观。

其二，加强消费文化建设，引领健康消费风尚。消费文化影响甚至决定着消费者的思想和行为，能否形成健康的、健全的消费文化，对消费观念的形成至关重要。要围绕人们的身心健康和自然生态的平衡需要，建设积极的消费文化。（1）依靠科学破除迷信，改变人们不文明、不健康的消费理念，坚决抵制腐朽落后的消费文化的不良影响，让人们认识到异化消

---

① 中国社会科学院中国特色社会主义理论体系研究中心（执笔：孙伟平）. 我们需要什么样的消费观?. 求是，2013（15）.

费的危害。(2) 促进各阶层的消费文化建设，要特别重视对社区、农村、青少年的消费引导，增强人们的生态文明意识，促使人们形成正确的生态价值观念，在科学的消费思想指导下进行消费活动。(3) 重视大众传媒的参与，在全社会宣传节能环保、保护生态、崇尚自然的观念，增强人们的生态环保的伦理意识，正确引领消费时尚潮流。(4) 利用各种环境保护纪念日开展绿色行动和社会公益活动，比如利用植树节（3·12）、消费者权益保护日（3·15）、地球日（4·22）、无烟日（5·31）、世界环境日（6·5）、无车日（9·23）等时机，开展争创"绿色社区""绿色学校""绿色社会"等活动，以此来增强公民的道德责任感，形成绿色生产、绿色消费、绿色休闲、绿色生活的新文明时尚。(5) 通过多种形式培养人们的生态道德。如通过创作各种有关环境保护的故事、音乐、卡通、漫画、小说、影视作品等形式，培育人们关爱自然的美好情操。①

其三，开展消费文明活动，创造美好社会生活。党的十八大报告明确指出："加强生态文明宣传教育，增强全民节约意识、环保意识、生态意识，形成合理消费的社会风尚，营造爱护生态环境的良好风气。"可见，要培育消费文明风尚，就应该大力在全社会倡导科学、适度、文明、绿色的消费理念，促进人们在消费实践中自觉地珍爱生态资源，积极地保护自然环境，增强节约、环保、生态消费意识。政府、企业、媒体、社区等可举办以"保护生态、爱护环境"为主题的系列消费宣传指导活动；围绕建设美丽中国总目标，提出建设美丽城市、美丽乡村、美丽街道、美丽社区等与人们日常生活息息相关的具体目标，引导消费倾向，引领消费潮流；要让人们认识到消费主义的危害，自觉摒弃享乐主义、物质主义、奢靡之风等不良观念，转变消费观念，使公众走出要面子、讲排场、婚丧嫁娶大操大办、铺张挥霍等消费误区，自觉形成"节约环保光荣、浪费污染可耻"的社会风尚，广泛形成"科学消费、文明消费、健康消费"的良好社会氛围。比如，在饮食方面，要广泛开展"文明消费"活动，让人们充分认识到"舌尖上的中国"不仅关系到自我健康，而且是建设美丽中国的重要组成部分，不仅宣传和引介美食，更要把勤俭节约、文明用餐、生态环

---

① 胡淑婷. 论政府的生态伦理建设责任. 安徽行政学院学报，2011（4）.

保的理念融入餐饮行业，使人们在酒店、餐馆、家庭消费时都能落实"光盘行动"，从而形成良好的用餐习惯，促进健康饮食文化，形成生态餐饮文明。

(二) 消费客体：转变消费结构

所谓消费客体，是指消费产品或消费服务等方面的内容。消费结构是在一定的社会经济条件下，消费主体在消费过程中所消费的各种不同类型的消费资料（包括劳务）的比例关系。转变消费结构，要立足我国国情，通过分配制度、信贷制度等相关政策引导消费层次的提升，通过产业结构转换升级从方向上加速绿色消费的发展，通过发展文化产业促进精神性消费，形成有利于节约能源资源和保护环境的消费取向、消费模式和消费习惯。

其一，在引导消费层次的提升上，要使温饱型、生存型消费向发展型、健康型消费迈进，促进农村、西部的消费需求。我国已解决了"温饱型"生活，正在全面建成小康社会。在这个阶段，一般而言，随着收入水平的提高，维持温饱的生存型消费支出占比会不断下降，而用于发展的健康型消费支出（诸如家庭设备用品及服务、医疗保健、教育文化与娱乐服务）占比会持续上升。这既是人们生活的需要，也是消费的发展趋势。因此，从消费结构看，稳定生存型需求以及刺激发展型和健康型需求是调整消费客体的必然要求。这就需要改变消费者单纯依赖自身积累来满足衣食住行需要的自我积累型的消费模式，制定合理的信贷制度，增加消费信贷，解决消费者的后顾之忧，提振消费者的消费信心。

此外，我国城镇化发展速度很快，城镇居民的消费需求应当保持与其收入相应的比例，同时要促进仍占我国近一半人口的农村居民的消费需求。一方面，这是促进消费公平正义，增进和谐社会的内在需要；另一方面，这是提高居民最终消费率，扩大国内消费需求以促进经济增长的必然步骤。前已备述，在我国，城乡消费、区域消费的差异不仅没有随着经济增长有所缓和，反而还在进一步扩大。这种现象的形成主要是因为城乡居民收入、区域收入严重不均衡。为此，首先要解决城乡之间、区域之间的收入分配不公问题。美国马克思主义经济学家大卫·科茨（David M. Kotz）教授在北京大学马克思主义学院发表题为《中国崛起可以持续吗?》的演讲时指出，为了转变经济增长方式，首先要解决收入分配不公问题。他建议国家出台新政策来提高工人和农民的收入，比如可以实行更高的最低工资政策，另一个办法就是加强工会，使得工会可以与厂方或资方谈判，以取得更高的工资；另外，政府应当提供免费的医疗和教育，从而使中国普通民众将更多的钱用在消费上。①

其二，在引导消费发展方向上，要实施产业生态化战略，促进生态消费。产业生态化，是指依据生态经济学原理，运用生态规律、经济规律和系统工程的方法来经营和管理传统产业，以实现社会效益、经济效益最大化，资源高效利用，生态环境损害最小和废弃物多层次利用的目的。它在本质上是把资源的综合利用与环保结合在一起的产业发展过程，要求所有的产业都要符合生态、经济规律的要求，也就是建立涵盖第一、二、三产业各个领域的"绿色产业"。② "绿色"体现了生命、节能、环保价值，生态产品又被称为绿色产品，即无公害、无污染、安全、健康、优质的产品。在消费结构中，绿色、低能耗、低污染、低排放的低碳产品，如天然竹木产品、太阳能产品、黑金活炭、变频空调、自行车、电动汽车等的消费增长，既有利于人们身心健康，也有利于保护环境。

政府要以产业结构的调整来促进消费结构的优化，提高工业的生产效率和生态科技含量，增大服务业占总产值的比重；"加快淘汰高耗能行业落后的生产能力，鼓励高耗能行业的竞争与兼并；加大对低碳技术研发的投入，鼓励低碳技术的研究、创新和运用；建立低碳工业示范园区，加强对低碳生产的宣传和推广；建立相关碳排放检验的指标和标准，从制度上保证各行业向低碳化方向发展；建立行业节能技术服务中心，为企业节能减排提供更多实质性的技术支出"③。要建立绿色产品生产基地，加强绿色产品的开发，建立"绿色"品牌，使人们拥有更多健康安全的绿色产品。

其三，在精神性消费方面，要加大文化产品的生产和服务，繁荣文化

---

① 大卫·科茨. 中国崛起可以持续吗?. http://news.ifeng.com/exclusive/lecture/special/keci/#pageTop2014-01-17.
② 屠凤娜. 产业生态化：生态文明建设的战略举措. 理论前沿, 2008 (18).
③ 麦小聪, 王昌业. 低碳经济下的消费结构优化. 经济研究导刊, 2011 (4).

市场，扩大文化消费。文化产业属于绿色产业、环保产业，文化产业在GDP中所占的比重提高对经济结构的调整、资源节约、节能环保都具有积极意义。在当今全球化的背景下，文化产业体现着一个国家的发展水平与文明程度。据了解，美国文化产业占整个GDP的三分之一，美国的电影业、英国和意大利的创意产业、日本的动漫业、韩国的游戏业的产值都超过了各自国家钢铁业的产值。我国也正在积极发展文化产业、促进文化消费。例如，广东佛山实施文化消费补贴制度，对人民群众看电影、看戏、看有线电视和购买书籍与音像电子产品等基本文化消费进行补贴，以此拉动文化消费。由政府补贴向社会提供低价文化产品机制，努力提高文化消费在城乡居民日常消费结构中的比重。除了各级公共图书馆、文化馆、博物馆的免费开放之外，该市还将探索面向特殊群体发放文化消费卡。特殊群体届时可以使用这种消费卡享受包括电影、演出等多元化的文化福利。① 这种做法既是对精神文化消费的引导，同时也能鼓励生产更多的优秀精神文化产品，繁荣文化市场，这有利于引导人们正确地消费，提高人们的精神文明，促进人的全面发展与社会和谐。

近年来，我国精神文化消费虽然发展较快，但在消费结构中的占比仍然偏低。如前所述，如果从物质消费和精神消费来看，城乡物质消费与精神消费均不合理，甚至严重失衡，与发达国家相比很不合理。这表明我国居民整体精神文化消费还处在比较贫乏的阶段。因此，要根据科学、文明、健康的理念，引导人们在消费实践中追求高层次的精神价值，自觉提高精神文化消费，尤其是智力性、发展性消费的比重，加大消费产品的文化含量和科技含量，提高消费层次和消费质量。当前，扩大文化消费的主要路径和对策是：继续提高城乡居民收入，加强文化消费教育，这是提高文化消费能力，扩大文化消费最重要、最基本的途径；创新商业模式，拓展大众文化消费市场，面向大众、面向基层、面向农村；开发特色文化消费，提供多样化消费方式，注重提供个性化、差异化的文化产品与服务；提高基层文化消费水平，大力发展社区文化和企业文化；积极发展旅游文

---

① 居民文化消费政府将有补贴. 珠江时报, 2011-07-20.

化，发挥旅游对文化消费的促进作用。①

（三）消费方式：促进消费生态化

消费方式可以反映人类与自然的关系状态。在生态时代，消费方式必须符合生态文明的要求，即消费生态化。所谓消费生态化，"是指对自然生态结构、功能无害（或较少有害）的消费方式，是在满足人的基本生存和发展需要的基础上、以维护自然生态系统的平衡为前提的一种可持续的消费方式。它建立在对地球资源蕴藏、环境容量、生态承载力有限性的科学认识之上，以资源节约和环境友好为实践取向，是对工业文明时代生态破坏或反生态型消费方式的扬弃与超越"②。工业时代的消费方式具有明显的反自然性质，是不可持续的。因此，必须从生态文明的视野来转换消费方式，使之生态化。"在生态视域下，所谓消费文明也就是消费模式的生态化，这至少包含三种意味：一是作为实体性的生态化——绿色消费。二是作为方法论的生态化——循环消费，即任何消费的结束不应当是消费对象作为物质形态的终结，而应该是新的生产的开始，其基本模式是'生产—消费—利用—新的生产'。三是作为价值观的生态化——可持续消费，即倡导消费者树立新的消费观念：从消费只关心个人利益，尤其是经济利益，把它完全当成是私人事务的传统消费观，转变为既关心个人利益，也关心社会利益，关心环境利益，将消费利益与保护人类生存环境的利益结合在一起的新的消费观。"③

促进消费方式的转变，要构建合理的机制：政府—社会—市场三元配合机制。其中，政府是主导，具有强大的国家动员体制；社会组织在公共治理中越来越具有不可替代的地位，要重视各类环保组织的发育、发展；市场是消解"消费—生态"悖论的实现方式和最终场所。当前我们要采取的主要措施是：（1）政府要做好生态建设的战略部署，引导可持续的消费模式。结合我国国情，制定引导生态型项目开发的扶持性政策和引导智力

---

① 文启湘. 推动文化发展与扩大文化消费的思考. 消费经济，2011 (6).
② 曾建平. 消费方式生态化的价值诉求. 伦理学研究，2010 (5): 89.
③ 曾建平，代峰. 生态视域下的消费文明. 哲学动态，2009 (2).

支持的政策，优化消费结构，形成有利于环保节能的低碳消费模式。(2)企业要实施绿色生态的生产和消费方式。企业应发展节能环保的产业，大力促进绿色低碳经济发展。在生产过程中，减少废物的产生，做到清洁生产、节能减排，形成绿色生产模式。企业生产性消费要在绿色、环保、适度、健康等方面为生活性消费从源头上做出示范，并以此带动整个社会良好消费风尚的形成。(3)社会公众要融入国内外低碳浪潮，提倡环保节能的"乐活"方式。在日常生活中选择绿色低碳的消费生活方式，抵制各种不良消费陋习，反对各类奢侈浪费。同时，要完善统一的自然资源和环境保护法，继续建构保障消费者正当权益的法律法规，构建促进合理消费模式的制度以及相关监督机制，规范生产和消费行为。

二、"消费—生态"悖论的化解：政府之职

在建构消费文明的过程中，政府处于主导地位，扮演着主要角色，承担破解"消费—生态"悖论、推进生态文明建设的主要责任。中国政府既有这种使命意识，更有这种破解能力。

从使命意识看，党的十八大以来我们党关于建设生态文明的一系列重要思想昭示着党的执政思想、执政理念、治国方式、政绩评价都在发生重大的变化，这是新时代中国特色社会主义理论的重大创新、重大突破。2013年4月8—10日，习近平总书记在考察海南时指出："保护生态环境就是保护生产力，改善生态环境就是发展生产力。良好生态环境是最公平的公共产品，是最普惠的民生福祉。"[①] 这番讲话具有丰富的思想性、实践性和指导性，实际上为我们提出了两个重要命题。(1)从生产力的高度肯定生态环境的地位和功能。发展是硬道理，生态环境是发展的第一基础、第一前提，没有这个基础和前提，发展生产力无疑是空中楼阁。从保护和发展生产力的高度来看待保护与改善环境，意义重大，思想深邃，价

---

① 习近平在海南考察时强调：保护生态环境就是保护生产力，改善生态环境就是发展生产力. 人民日报，2013-04-11.

值久远，十分宝贵。(2) 从公平正义的角度看待生态环境的性质和作用，把它看作人民生活须臾不可离的公共产品、基础条件。从价值论高度来看待环境保护的重要性，视之为最公平的公共产品，这是我们党第一次从公平正义的价值论视角审视环境问题的重要性。党的十九大报告从更高的视野和目标提出："要牢固树立社会主义生态文明观，推动形成人与自然和谐发展现代化建设新格局，为保护生态环境作出我们这代人的努力！"因此，这是十八大提出建设生态文明之后，我们党关于环境保护提出的新思想、新观点、新论断，是又一次理论升华。

2013年9月7日在哈萨克斯坦纳扎尔巴耶夫大学做重要演讲后回答学生提问时，习近平总书记再次鲜明地表达了对环境保护的看法。他说："中国环境问题具有明显的集中性、结构性、复杂性，只能走一条新的道路：既要金山银山，又要绿水青山。宁可要绿水青山，不要金山银山。因为绿水青山就是金山银山。我们要为子孙后代留下绿水青山的美好家园。"① "两山论"体现了我们党保护与改善环境的执政理念，明确了政府处理经济发展与环境保护、坚持可持续发展的职责。2013年11月9日，习近平总书记就《中共中央关于全面深化改革若干重大问题的决定》向十八届三中全会做说明。他指出，我们要认识到，山水林田湖是一个生命共同体，人的命脉在田，田的命脉在水，水的命脉在山，山的命脉在土，土的命脉在树。用途管制和生态修复必须遵循自然规律，如果种树的只管种树、治水的只管治水、护田的单纯护田，很容易顾此失彼，最终造成生态的系统性破坏。由一个部门负责领土范围内所有国土空间用途管制职责，对山水林田湖进行统一保护、统一修复是十分必要的。② 2015年3月6日上午，习近平总书记参加十二届全国人大三次会议江西代表团审议时强调，环境就是民生，青山就是美丽，蓝天也是幸福。要像保护眼睛一样保护生态环境，像对待生命一样对待生态环境。对破坏生态环境的行为，既不能手软，更不能下不为例。自党的十八大以来到笔者完稿时，习近平总书记在国内外重要会议、考察调研、访问交流等各种场合，不断地强调生

---

① 习近平在纳扎尔巴耶夫大学发表重要演讲. 人民日报，2013-09-07.
② 关于《中共中央关于全面深化改革若干重大问题的决定》的说明. 人民日报，2013-11-16.

态文明建设功在当代、利在千秋,美丽中国是社会主义强国目标和内容。他的生态文明观是其新时代中国特色社会主义思想的重要组成部分,是"五位一体"总体布局、"四个全面"战略布局和"五大发展理念"的有机构成,是建设中国特色社会主义的指导思想和行动指南,是人类生态智慧的系统借鉴和提升,可谓高屋建瓴,而且提出了今后环境保护的具体思路,具有强烈的思想超前性和现实指导力。

从破解能力看,中国不仅具有保护环境的信心,而且完全具备保护环境的可行性和可能性。乔根·兰德斯1972年参与撰写了《增长的极限》,40多年之后,他独立发表《2052:未来四十年的中国与世界》,并再次表达对人类未来的关心。他认为:"到2052年,中国会向世界展示,在解决21世纪人类面临的问题时,一个强大的政府更为有效。中国可以轻而易举地将GDP的5%用于解决接踵而来的各类问题。"① 2013年9月28日兰德斯参加在西安举行的欧亚经济论坛低碳地球峰会,对媒体表达了破解发展与环境难题的信心,他认为"中国的优势在于,政府有这个能力在看到将来会发生的事情后,制定政策,马上执行"。而其方案则是"在发展经济、促进消费、保护环境的抉择中,政府只要决定保护环境,就可以将人力和资本,从发展消费中提出来,放入到保护环境的投资中,就能实现平衡"②。兰德斯不仅是卓越的环境战略家,也可能是出色的政治家,他洞见了中国政府对环境的清醒思考、深刻认识和行动能力。

转变消费模式,建构消费文明,是建设生态文明的有机构成。党的十七大报告提出:"建设生态文明,基本形成节约能源资源和保护生态环境的产业结构、增长方式、消费模式。"③ 可见,建设消费文明,应努力更新价值观和转变消费模式,建设与生态文明相适应的消费伦理。这种消费伦理既有利于促进消费、推动经济发展、维护社会和谐,又有利于资源的节约、环境的保护,最终有利于人的自由全面发展。为此,政府要提出并制定适应生态文明建设需要、体现生态消费伦理理念和中国特色新型消费

---

① 乔根·兰德斯. 2052:未来四十年的中国与世界. 秦雪征,等译. 南京:译林出版社,2013:200.
② 《2052》:兰德斯再预测未来四十年. 华商报,2013-10-01.
③ 十七大以来重要文献选编:上. 北京:中央文献出版社,2009:70.

模式的发展战略,通过观念更新、专项工程实施、政策措施调整等途径对消费观念、消费产品、消费方式等方面进行全面引导。①

(一) 注重观念更新

由于任何消费实践都是在一定消费观念的支配下开展的,所以,培养正确的消费观念是引导消费文明的基础性工作。那么,什么样的消费观念才是正确的?只有那些遵循可持续发展、环境友好、人与自然共生、以人为本等原则的消费观念才是符合消费文明的。政府部门要坚持贯彻"五大发展理念",始终把握解放思想、更新观念的主动权,通过转变社会的消费观念,提高消费主体的素质来破解"消费—生态"悖论,推进生态文明建设。当前,必须在绿色发展的理念指导下,破除以下五个消费等式,树立正确的消费观念。

1. 转变"消费=发展"的观念

在消费实践和发展过程中,人们习惯性地把消费与发展画上等号,即消费意味着发展。消费得越多,发展得越快。"不消费就衰退",这是消费社会的神话,而且这种神话深入人心,"如果没有人购买,就没有人销售,没有人销售,就没有人工作"②。如果故意减少我们的消费,不管是个人还是集体,都将是自我毁灭。假如我们减少消费,就可能造成经济发展步伐的减缓,甚至停止。正因如此,政府部门往往非常重视消费的作用,有时候甚至走向极端,一味地强调多消费。在全球金融危机影响下,有人提出多消费就是爱国,其中的理由之一也就是"消费等于发展"。

不消费就衰退吗?消费就是发展吗?这些问题值得我们反思。

在很长一个时期内,人们都把消费作为一种否定意义来使用,更谈不上说消费就是发展了。从一开始,消费便带有"消耗""耗费""用尽"等负面意思。在工业革命以前,生产力发展水平较低,社会还处于资本原始

---

① 本节以下内容参见刘湘溶等撰写的《我国生态文明发展战略研究》(人民出版社,2013)的 624~631 页。此部分由笔者完成。

② 艾伦·杜宁. 多少算够——消费社会与地球的未来. 毕聿,译. 长春:吉林人民出版社,1997:75.

积累阶段，如何生产更多的产品、创造更多的财富成为那时的主题。重商主义就是典型的代表。"一切购买都会使货币减少，一切销售都会使货币增加，因此，实现外贸顺差以增加货币的办法就是绝对的少买或不买，以防止货币外流和增加积累。"① 购买作为一种消费行为，被认为是对货币的消耗，是一种不利于经济发展的行为。由此可见，在重商主义时代，对消费的认可是相当有限的，更难以把消费与发展联系起来。这是因为"在传统社会，短缺、匮乏一直是人的需要满足的障碍。与这种匮乏的社会状况相应，'消费'不仅因其'毁坏、用光、浪费、耗尽'的消极内涵得不到道德正当性的证明，而且因其潜伏着'玩物丧志'、'享乐'、'纵欲'之类的危险性而一直备受思想家们的抵制与批判"②。

进入工业社会以来，社会实现了向消费时代的过渡。在消费社会，如何扩大消费成为经济的主题。在"消费等于发展"观念的引导下，消费及消费的数量成为发展与否的标准。诚然，对人来说，必要的、健康的消费是人存在的前提，人是在消费中生存和发展的；对国家来说，消费是促进发展的一种动力，生产促进消费，消费也可能反作用于生产，消费可以创造出新的消费需求。在这个意义上，英国著名历史学家汤因比（Arnold Joseph Toynbee）提出："在产业革命以后，勤俭朴素使得生产者缺乏推销市场，而结果又反过来使工人们失业。因此，消费者的节俭，从生产者和被雇佣者的角度来看，就不再是美德，而成了恶德。"③ 由此，鼓励与刺激消费便具有价值合理性和正当性。然而，一味地鼓励与刺激消费，企图单靠消费来促进经济发展是不可行的。其实，为"不消费就衰退""消费就是发展"辩护的人往往忽视了另一个事实：不健康、不合理、不科学的消费不仅会误导消费方向，而且会造成自然资源和社会财力的巨大浪费，或者说，任由消费之轮疯狂运转，并由此带动生产之轮发疯运转和经济规模的无限扩张，地球资源、生态环境将无以为继，带给我们的将不是繁荣、丰盛，而是不幸、灾难。

---

① 丁冰. 资产阶级古典政治经济学. 重庆：重庆出版社，1984：17.
② 赵玲. 消费合宜性的伦理意蕴. 北京：社会科学文献出版社，2007：3-4.
③ 池田大作，汤因比. 展望21世纪. 荀春生，朱继征，陈国梁，译. 北京：国际文化出版公司，1997：54.

2. 转变"消费=幸福"的观念

在现代社会，经济增长似乎包含着一切的增长：物质增加、精神改善、社会发展、幸福度提高……因此，一些人奉行"消费就是幸福"的观念，认为消费越多，就越幸福。消费乃幸福的全部，乃幸福的源泉。很多人纷纷追求消费的数量，追求消费品的货币价格，追求消费品的品种花样，以满足自身的消费欲望，试图获取更多的幸福。他们认为，消费与幸福的关系是正比例关系，幸福随着消费的增加而增加。所有的消费品都被认为是幸福的表达而受到追逐。消费俨然已经成为人生的最高目的，而幸福只不过是消费的附属品而已。人们自然而然地认为，发达国家一定比发展中国家幸福，城市人一定比农村人幸福，高收入者一定比低收入者幸福，坐宝马的人一定比坐吉利的人幸福，居住200平方米房子的人一定比居住100平方米房子的人幸福，等等。正是"这样一种幸福观，使人类文明陷入了无法解脱的悖论之中。一方面，作为人类终极追求的物质生产增长不能停歇下来；另一方面，不断膨胀的经济增长又面临人类文明与气候的灾难。在这样一个悖论面前，有两种选择：要么改变我们的幸福观，要么人类在所谓的终极幸福追求中走向毁灭"①。

在传统社会，由于生产力水平的限制以及发展经济的需要，消费受到了多重限制，一定程度上影响了人们的幸福，例如商品短缺构成了人们幸福的障碍。在消费社会，人们压抑已久的消费欲望得到了空前的释放，再加上政府政策的刺激与引导，人们的消费热情空前高涨。消费的性质也在逐渐发生变化，由满足需要过渡到满足欲望，消费欲望的满足则构成幸福的基本内容。然而，这却忽视了一个重要的事实：消费与幸福之间并非如影随形的关系；幸福可以很简单，但欲望却很疯狂，通过满足欲望来实现幸福是靠不住的。

事实上，消费仅仅是人生幸福的基础，是实现幸福的一个手段。把消费等同于幸福就是过分看重消费作为手段在实现幸福过程中的作用。正是在这种错觉下，现代人过多地把实现幸福的因素强加到消费上，以消费来

---

① 张孝德. 消费端革命需要"幸福最大化"的生活方式. 中国经济时报，2010-01-19.

满足自身的需求，消费社会随之而来。然而，消费与幸福之间的关系并不是相等关系、正比例关系或直线关系，有时候消费与幸福还会呈反比关系。美国的人均 GDP 在过去的 50 年内增长了 3 倍，但是美国的暴力犯罪却增加了 3 倍，不与邻居交往的人数增加了 4 倍，1/4 的人感到不幸福和抑郁。"生活在 90 年代的人们比生活在上一个世纪之交的他们的祖父们平均富裕四倍半，但是他们并没有比他们祖父们幸福四倍半。心理学的研究表明，消费与个人幸福之间的关系是微乎其微。"① 2006 年《幸福研究杂志》公布的"生活满意指数"给了"消费＝幸福"观念一个有力的反证。《生活满意指数》调查报告涉及全世界 90 个国家，受访者有近 10 万人。调查人员要求受访者以 10 分为满分对生活幸福程度打分，再取整个国家的平均值。结果显示，哥伦比亚、乌拉圭等南美洲国家和非洲国家加纳名列前茅。与此相反，英国反而被远远甩出前 20 名。② 这个结果显然出乎人们的意料，一些在世人眼中经济比较落后的国家，其人民的幸福感却比较强烈，而那些比较富裕国家的人民却未必感到很幸福。在现实生活中，一些经济状况不佳的人，其幸福感却很高，而一些富翁却整日忧心忡忡。由此可见，收入的高低、消费的多寡并没有成为幸福与否的决定性因素。

诚然，消费作为人类的基本生活方式是人类幸福的条件和基础，人类幸福的增进需要不断提高人们的消费水平，满足人们的消费需求。然而，"我们对消费的渴求，已经跟人类真实需要完全失去了联系。本来，消费的意义在于给人一种更幸福、更满足的生活。消费是通向目的即幸福的手段。但是现在，消费却成了它自身的目的。不断增加的需要迫使我们不断努力，消费使我们依赖这些需要，依赖于能帮助我们满足需要的人及机构"③。事实上，消费只是人类体验幸福的一个重要渠道和载体。消费的多少与幸福的多少没有绝对的对应关系。专门研究幸福问题的牛津大学心理学家迈克尔·阿盖尔（Michael Argyle）曾指出，在富裕和极端贫穷的

---

① 艾伦·杜宁. 多少算够——消费社会与地球的未来. 毕聿，译. 长春：吉林人民出版社，1997：6.

② 牛云芳. 消费与幸福. 黑龙江教育学院学报，2007（12）.

③ 弗洛姆. 健全的社会. 孙恺祥，译. 贵阳：贵州人民出版社，1994：125.

国家中得到关于幸福水平的记录并没有多大差别。他在《幸福心理学》中断定:"真正使幸福不同的生活条件是那些被三个源泉覆盖了的东西——社会关系、工作和闲暇。并且在这些领域中,一种满足的实现并不绝对或相对依赖富有。事实上,一些迹象表明,社会关系,特别是在家庭和团体中的社会关系,在消费者社会中被忽略了;闲暇在消费者阶层中同样比许多假定的状况更糟糕。"① 因此,消费品上的富有仅仅是实现幸福的一个因素,虽然是一个重要因素,但不是最重要的或唯一的因素,也不是决定性因素。

幸福是人生的最高的目的和价值,而消费仅仅是手段而已。如果把消费等同于幸福,片面地强调消费数量或增长,为消费而消费,那么到头来,非但没有增进幸福,反而会形成对幸福的扭曲,陷入精神的困惑。正如亚里士多德所说:"幸福是什么?它是 to ariston,它是一切选择所趋向的最高目的和完满实现。它自己却只是为自身而不为他物,所以幸福是自足的,由自身(auto)和满足(arkein)合并而成 autarkeia。"② 幸福的自足感主要来自自身的体会,而不是完全依赖于外在的消费或物质。就消费本身而言,人生的幸福也不在于消费的数量,而在于它们的质量。

要转变"消费=幸福"的观念,还需要正确理解"什么样的生活才是美好生活"。党的十九大报告用"美好生活"这样一种大众化、平民化、生活化的直白话语,不仅传播了党的新思想、新战略、新目标、新远景、新蓝图等宏大主题,更为重要的是肯定了人类一直在追求美好生活这样一个基本事实。那么,什么样的生活才美好?(1)美好的生活是一种丰衣足食的生活。丰衣足食是指人的基本物质需求得到满足。从整个世界的情况看,目前生产力的发展已经为满足人的基本物质需求提供了可能。以粮食为例,2008—2009 年度全球粮食产量 22.82 亿吨③,如全世界人口数以 67.7 亿计算,世界人均粮食 337 千克。就满足人类基本的物质需求而言,现在的问题已不是人类生产得不够,向自然索取得不够,而是社会财富严

---

① 艾伦·杜宁. 多少算够——消费社会与地球的未来. 毕聿,译. 长春:吉林人民出版社,1997:22.
② 赵玲. 消费合宜性的伦理意蕴. 北京:社会科学文献出版社,2007:227.
③ 2010—2011 年度世界粮食产量创下历史纪录. 商务部网站,2010-06-23.

重失衡、贫富不均、贫富对立。丰衣足食仅仅构成美好生活的基础,美好生活的建立并非物质生活资料越多越好。在这个方面,人们的确需要反躬自省:"多少才够?"(2)美好生活应该是一种身心健康的生活。所谓身心健康,不仅指身心的无疾患,而且指身心的充实感。按照伊壁鸠鲁的说法,就是"肉体无痛苦,灵魂无纷扰"。人的身心健康的获得,既需要有适当的社会环境,又需要有适当的自然环境,需要有青山绿水、蓝天白云、鸟语花香,需要有自然的稳定、自然的宁静、自然的温馨和自然的抚慰。如果人类获取物质生活资料要以这一切的丧失为代价,那实在是得不偿失。(3)美好生活还应该是一种内涵丰富且具有创造性的生活。所谓内涵丰富的生活,亦即人的衣、食、住、行等物质生活需求和认知、审美等精神生活需求均得以满足的生活。人类精神生活需求的满足一方面离不开物质需求的满足,另一方面又表现为摆脱与超越来自物质性需求的纠缠。同时,也只有摆脱并超越了物质性需求的纠缠而获得精神性需求之满足的人的生活才可能成为一种创造性的生活。创造性的生活的实质,不论对于社会还是对于自然,都在于建设而非破坏,在于奉献而非索取。只有创造性的生活才能焕发出人的生命激情,焕发出人的生命活力,引导人们对真、善、美的渴望与追求,给人以灵感和爱心。总之,美好生活是一种人的物质生活需求与精神生活需求相协调、高度和谐,人与自然融为一体的生活,是一种人的价值、社会的价值和自然的价值得以全面表达与展示,并得到充分肯定与尊重的生活。

如果说,在工业革命及之前,人类能否创造出美好生活,关键在于人类能否掌握获取丰富的物质生活资料满足自己的物质生活需求的能力,那么,在今天,创造美好生活的关键则在于:人类有正确地驾驭上述要素的能力,以及把自己从对物质生活需求的无休止的追求的迷梦中唤醒。恰恰正是消费的变革,或许才是获得幸福的开始,才是治理现代工业文明病的最有效的途径与突破口。

3. 转变"消费=浪费"的观念

进入消费社会以后,对物品使用价值的消费不再是主要方面,而意义的消费成为消费的主导,消费的符号化和象征意义凸显,使得物品的使用价值发生了"异化",浪费由此成为一种必要的消费内涵,成为人的必然的生活方式及为经济增长所必须履行的义务。正如 20 世纪上半叶的销售分析家维克特·勒博宣称的那样:"我们庞大而多产的经济……要求我们使消费成为我们的生活方式,要求我们把购买和使用货物变成宗教仪式,要求我们从中寻找我们的精神满足和自我满足……我们需要消费东西,用前所未有的速度去烧掉、穿坏、更换或扔掉。"① 于是,人们追随着时代的潮流,顺着自身的欲望,喊着"旧的不去,新的不来"的口号,不断地进行浪费性消费,并企图从中体现自身的价值。这种浪费性消费变成了一种日常义务,变成了一种像纳税那样的强制性指令,变成了一种对经济增长的自觉参与。浪费成为一种生活的象征,被认为是必要的。消费与浪费成为同义词。

事实上,消费与浪费之间绝不能画等号。"在消费过程中,只要是没有造成生态系统的破坏和自然资源使用不当就不是浪费,只要不是损公肥私就不是浪费,只要物有所值就不是浪费,只要充分地消费了财富的使用价值就不是浪费。"② 我们要消费,但我们反对浪费。因为浪费一旦成为消费的代名词,并且成为一种文化,其后果就是十分严重的。正如法国学者让·鲍德里亚所指出的,"浪费被大众传媒推到了前台,从文化上进一步促进了一种直接纳入经济过程的更为根本的、更为系统的浪费……"③。浪费性消费具有极强的腐蚀性和示范效应,近几年我国出现的各种"天价宴""天价汤""天价烟""天价月饼"等,都属于浪费性消费,对国家、社会、个人无一益而害无穷。

4. 转变"消费＝物质消费"的观念

消费的初始含义是指物质消费。根据马斯洛的需要层次理论,生存的需要是第一位的。要生存就必须进行物质消费。特别是在传统社会,生产力发展水平低,短缺与匮乏始终伴随着人类,物质消费成为人们维持生存的普遍诉求。然而,在物质产品极大丰富的今天,在不再有物质产品短缺匮乏之虞的今天,我们却不能把物质消费当成自己的唯一诉求。

---

① 艾伦·杜宁. 多少算够——消费社会与地球的未来. 毕聿, 译. 长春: 吉林人民出版社, 1997: 5.
② 卢嘉瑞, 吕志敏, 等. 消费教育. 北京: 人民出版社, 2005: 47.
③ 波德里亚. 消费社会. 刘成富, 全志钢, 译. 南京: 南京大学出版社, 2000: 29.

人的存在具有二重性。人的自然属性决定了人必须要衣食住行，需要进行物质消费，但是人与动物的区别在于人的社会性。除了衣食住行外，人还有精神文化的需求，需要进行精神文化消费。把物质消费当成全部消费，必然导致整个社会价值取向的失衡，使人们沉浸在丰饶的无度中，停留在物质消费的低层次追逐中。根据马斯洛的需要层次理论，在生存需要等低层次需要获得基本满足之后，我们应当学会摆脱来自"物"的羁绊与纠缠，实现向高层次需要的跃进。只有这样，我们的人生才是健全的、丰富的，也才是真正"属人的"。消费社会不可忽视的一个缺陷就是欲望借着丰盛的生活，通过大量物质消费来填补精神文化上的空白。对此，美国著名的战略学家布热津斯基（Z. K. Brzezinski）在《大失控与大混乱》(Out of Control: Global Turmoil on the Eve of the 21st Century)一书中忧心忡忡地指出，一股追求在丰饶中的纵欲无度的精神空虚之风正在开始主宰人类的行为。人非但没有成为物的主人，反而成为物的奴隶。因此，只有充分认识到物质消费在消费中的地位和作用，正确地定位物质消费，才能破除物质消费与消费等同的观念。

5. 转变"消费＝私人之事"的观念

在市场经济条件下，市场交易遵循的是资本的逻辑，即谁掌握资本，谁就可以自由消费。在资本逻辑的作用下，掌握资本的人信奉的是"我的钱，我爱怎么花就怎么花，别人管不着"。他们把消费当成私人之事，跟着欲望走，想消费多少就消费多少，想消费什么就消费什么，想怎么消费就怎么消费，尽情地享受消费带来的快乐与满足，全然不顾其他人的看法与态度。

然而，消费从来都不是纯粹的私人之事。"享受会把消费规定为自为的、自主的和终极的。然而，消费从来都不是如此。人们可以自娱自乐，但是一旦人们消费，那就绝不是孤立的行为了，人们就进入一个全面的编码价值生产交换系统中，在那里，所有的消费者都不由自主地互相牵连。"① 确实如此，不管是个体消费者的消费行为还是集体消费者的消费行为，都处于一个社会系统中。正如央视公益广告所说：你的挥霍，伴随

---

① 波德里亚. 消费社会. 刘成富，全志钢，译. 南京：南京大学出版社，2000：70.

着他人的饥饿。把消费看成私人行为仅仅是消费者自身的幻觉和设想,现实并非如此。一方面,消费行为会受到社会因素的影响。消费行为并不全然是个人性的选择行为,它是社会性的。因此,它不仅受市场供应条件的经济限制,而且受到社会分配制度和道德规范的限制。这表明,不能把消费理解为个人主观心理欲望的满足或自我享乐。另一方面,在现代社会,个人的消费行为日益超出自身的范围,不同程度地对他人、社会和自然造成影响。根据自身消费欲望和市场经济的资本逻辑来开展的"私人之事",必然影响资源配置公平,造成资源的浪费和环境的破坏,进而威胁到所有人的生存与发展。因此,从生态和公平的维度来看,消费绝不是单纯的个人行为,它会涉及他人、社会甚至后代的利益。消费不仅是个人的生活方式,而且是个人履行社会责任的体现。

(二)实施专项工程

在消费领域,国家已经出台了各种专项工程,这些专项工程在推进消费转向、促进消费走向生态文明的进程中具有事半功倍之效,应当继续实施。此外,根据生态文明的发展趋向和美丽中国的建设要求,我们还提出了一些新的构思和设想,建议也将其纳入国家相关专项工程。

其一,"三绿工程"。"三绿工程"是1999年由商务部、中宣部、科技部、财政部、铁道部、交通部、卫生部、国家工商总局、国家环保总局、国家食品药品监管总局、国家证监委、国家标准委12个部门联合实施的,以建立健全流通领域和畜禽屠宰加工行业食品安全保障体系为目的,以严格市场准入制度为核心,以"提倡绿色消费、培育绿色市场、开辟绿色通道"为主要内容的工程。其中,提倡"绿色消费"是制定统一政策和引导措施,加强宣传报道,举办公益活动,树立绿色食品的消费观,增强消费者自身权益和环境保护意识,促进绿色食品生产和消费的增长,确立科学的、有益于健康和环保的食品消费模式。这项工程充分考虑我国农产品由千家万户生产、产业化程度低、品牌化经营刚刚开始等实际情况,从总结研究欧美等发达国家监管经验和我国生产环节监管难度大的深层次原因中找出路,运用现代流通指导生产、引导消费的理论,采用了"反弹琵琶"思路,先从提倡绿色消费抓起,然后培育绿色市场,开辟绿色通道,从而引导绿色生产，实行全程质量控制。多年来，从农田到餐桌的防线失守，餐桌上的污染并没有得到彻底。因此，从我国国情出发，解决食品安全问题仍然需要进行方法创新、管理创新、法治创新。习近平总书记指出，确保食品安全是民生工程、民心工程，是各级党委、政府义不容辞之责。当前，我国食品安全形势依然严峻，人民群众热切期盼吃得更放心、吃得更健康。2016年是"十三五"开局之年，要牢固树立以人民为中心的发展理念，坚持党政同责、标本兼治，加强统筹协调，加快完善统一权威的监管体制和制度，落实"四个最严"（即最严谨的标准、最严格的监管、最严厉的处罚、最严肃的问责）的要求，切实保障人民群众"舌尖上的安全"。① "舌尖上的安全"是落实《"健康中国2030"规划纲要》的第一道关卡。

其二，绿色照明工程。"绿色照明工程"是《"十三五"全民节能行动计划》规划的十大"节能重点工程"之一（其他九大工程是：余热暖民工程、燃煤工业锅炉节能环保综合提升工程、电机系统能效提升工程、重点用能单位综合能效提升工程、合同能源管理推进工程、城镇化节能升级改造工程、煤炭消费减量替代工程、能量系统优化工程、节能技术产业化示范工程）。从"十五"开始，科技部率先支持半导体照明技术和产业的发展。在政策推动下，我国节能照明产业快速发展，不断突破技术障碍，照明光源升级换代加速。根据国务院发布的节能减排综合性工作方案，财政部在"十一五"期间通过财政补贴的方式推广高效节能照明产品1.5亿件，逐步取代白炽灯和其他低效照明产品。据专家测算，如果在全国推广使用12亿只节能灯，一年可节省的电量相当于三峡电站的年发电量，由于我国电力生产中四分之三是燃煤，这就相当于节约了3 400万吨原煤，可减少9 100万吨二氧化碳、78万吨二氧化硫的排放。但高效节能照明灯因含汞也会导致污染。据科学家计算，1只普通节能灯含汞约5毫克，但渗入地下后可造成1 800吨水受污染。因此，节能灯的推广解决了节电问题，却没有解决环境污染问题。因此，要使节能灯升级到"第四代照明光

---

① 牢固树立以人民为中心的发展理念落实"四个最严"的要求切实保障人民群众"舌尖上的安全". 人民日报，2016-01-29.

源"发光二极管（LED）灯，它具有体积小、耗电低、寿命长、无汞污染等诸多优点。由南昌大学江风益教授团队完成的"硅衬底高光效 GaN 基蓝色发光二极管"获得 2015 年国家科学技术发明奖中唯一的一等奖，这一发明在国际上率先实现了硅衬底 LED 产业化，开辟了国际 LED 照明技术的第三条路线，有望加速发光二极管的商业化进程。与日本使用的蓝宝石和美国使用的碳化硅相比，我国使用的硅具有低成本、大尺寸、高质量等优点，被认为是最具前途的蓝光 LED 衬底材料。硅衬底 LED 灯具有显著节能减排价值，能够代替传统光源节电 40% 至 80%。展望未来十年，硅衬底节能 LED 灯，很可能取代普通日照灯和传统 LED 灯，走入千家万户。

其三，节能减排行动。2007 年 10 月 28 日第十届全国人大常委会第三十次会议表决通过了《中华人民共和国节约能源法（修订草案）》。新的节能法将节约资源确定为我国的基本国策，规定：国家实行节约资源的基本国策，实施节约与开发并举、把节约放在首位的能源发展战略。国务院为发挥公共机构在全社会节能中的表率作用，提高公共机构能源利用效率，推动公共机构节能，依据《中华人民共和国节约能源法》制定了《公共机构节能条例》。《条例》中所称公共机构，是指全部或者部分使用财政性资金的国家机关、事业单位和团体组织。具体要求公共机构加强管理上、技术上、经济上的可行措施，节能减耗，合理利用能源，有效使用资源。从组织领导方面看，国务院管理机关事务工作的机构负责指导和监督全国公共机构的节能方面的工作。在同级管理节能工作的部门指导下，国务院和县级以上地方各级人民政府管理机关事务工作的机构，负责本级公共机构的节能监督管理工作。《国务院关于印发"十三五"节能减排综合工作方案的通知》指出，"十二五"时期，全国单位国内生产总值能耗降低 18.4%，化学需氧量、二氧化硫、氨氮、氮氧化物等主要污染物排放总量分别减少 12.9%、18%、13% 和 18.6%，超额完成节能减排的预定目标任务，为经济结构调整、环境改善、应对全球气候变化做出了重要贡献。① 2016 年国务院发布《"十三五"节能减排综合工作方案》，要求到

---

① http://www.gov.cn/zhengce/content/2017—01/05/content_5156.

2020年，全国万元国内生产总值能耗比2015年下降15%，能源消费总量控制在50亿吨标准煤以内。2017年《"十三五"全民节能行动计划》提出，"十三五"时期，通过实施全民节能行动计划，到2020年，主要高耗能行业能效力争达到世界领先水平，工业能耗力争达到峰值，建筑、交通、公共机构等重点领域能效水平大幅提升，能源消费总量力争控制在50亿吨标准煤以内。

其四，限塑工程。国务院发布的《国务院办公厅关于限制生产销售使用塑料购物袋的通知》，从2008年6月1日开始执行，为了减少石油制品的使用，防治"白色污染"，所有超市、商场、店铺禁止为顾客提供免费塑料袋。商家必须清楚地标明塑料购物袋的价格，并禁止将此费用附加至产品价格内。"限塑令"出台后，尽管不尽如人意，但还是得到了国内外的高度评价和广大消费者的积极拥护，取得了明显成效。"限塑令"实施10年来，塑料袋使用减少2/3以上，累计约为140万吨，相当于节约了840万吨石油。当然，限塑工程还没有尽人皆知、尽人皆为。例如，据推算，我国每周有超过3亿份外卖被送出，如果按每份外卖消耗1个塑料袋计算，就产生了3亿个塑料袋。面对这一问题，从外卖平台到餐饮商家都负有责任。推进"限塑"进程，根本上仰赖于企业和公众的参与。"一个人对待塑料袋的态度，直接反映出他的环保意识强弱。"①

其五，限（禁）烟工程。烟草的危害是当今世界最严重的公共卫生问题之一。世界卫生组织指出，任何形式的烟草制品对人类都是有害的。除了影响身体健康，还在很大程度影响了生活环境。营造一个健康、清洁、无烟的社会环境，"限烟"或者"禁烟"任重道远。为此，政府部门必须做到：(1) 有法可依。2005年全国人大常委会批准了《世界卫生组织烟草控制框架公约》。在国务院没有出台行政法规之前，地方应抓紧对公共场所的吸烟行为做出规范，严禁对未成年人销售烟草。(2) 加强宣传力度。严禁烟草商利用隐讳形式推广品牌行为，要在烟草上标示醒目的有害健康的标志或图案。由卫生部门牵头，联合其他部门，进一步提高全社会

---

① 王石川. 限塑十年，绿色生活仍在路上. 人民日报，2017-12-06.

对吸烟危害的认识,让公民养成持久的良好的习惯,做到"有吸烟劝导员、有禁烟宣传、有禁烟规定",而不要简单地采取"集中式""运动式""消防式"的惩处行动。(3)领导干部带头。领导干部要严格遵守"中央禁烟令",即2013年12月中共中央办公厅、国务院办公厅发布的《关于领导干部带头在公共场所禁烟有关事项的通知》。各地各部门各单位应当根据实际情况,在此基础上制定更详细、更严格、更具操作性的规定,使"吸烟的自由权"被真正限制在"不能自由地吸烟"。

其六,控车工程。2014年2月25日习近平总书记在北京市考察工作时指出,建设与管理好首都是国家治理体系和治理能力现代化的重要内容,为此他提出五点要求,其中包括"压减燃煤、严格控车"。所谓严格控车,至少包括三个方面的内容:一是减缓机动车的增长量和保有量,二是减少机动车的出行数和运行量,三是节能或使用新能源动力汽车。

首先,民众被鼓励拥有私家车并不符合中国的发展方向。随着收入不断增加,我国民众拥有私家车不再像从前那样是个梦想,但每家每户甚至每个成人都拥有至少一部私家车不但不会给人们带来方便,反而会添堵增烦,给环境带来污染。2011年《中国机动车污染防治年报》显示,我国各大中型城市汽车尾气排放物造成空气污染占到50%左右,机动车污染日益严重,已经是大气环境最突出、最紧迫的问题之一。而自2009年起,我国已成为世界汽车产销第一大国,每年平均新增机动车超过1 600万辆。这么快的发展速度和保有量不仅没有给大家带来出行方便,反而给环境带来巨大压力。为此,2014年1月1日生效的《北京市2013—2017年清洁空气行动计划重点任务分解》中提出了制定更加严格的小客车新增数量控制措施,文件提出在2017年底将全市机动车保有量控制在600万辆(截至2013年9月,北京市共有机动车535万辆)。严格控制机动车的新增量,应当在全国推行,各个省区市都应根据所在地的人口、人均占地、交通状况、环境条件等要素制定相应规划。当然,当前民众的购车欲越来越强劲,单靠限购、限号、摇号、拍卖挂牌等强制性措施还不能从根本上解决新车增长问题并达到保护环境的目的,还要引导民众购置新能源车、电动车、混合动力汽车以及小排量汽车,加速淘汰老旧机动车,提高车用燃油标准和排放标准等。政府要制定绿色运行指标评价体系,引入新型补贴政策，加速发展新能源与清洁能源车，鼓励淘汰第一、二阶段排放标准的汽油车，鼓励提前报废柴油车；对于已达到国家排放标准、满足安全碰撞要求，重量轻、污染少、油耗低和排放性能好的小排量汽车，国家应大力鼓励购买和使用，例如，在现有对1.6升及以下排量汽车"一刀切"式的购置税减免政策基础上，应按排量分级减免小排量汽车购置税，对1.0升以下小排量汽车的购置税全免，并可借鉴日本的经验，对小排量车在购买时的税收、保险、购买手续等税费以及在使用中的停车费、过路过桥费等方面给予倾斜优惠的政策。因此，国家应从战略高度，对汽车发展做出顶层设计，一方面要像控制人口那样控制汽车的增长量和保有量，另一方面要大力发展节能环保车，满足民众渴望拥有私家车的消费需求。

其次，要积极鼓励民众以步代车，或以公共交通、非机动交通工具代替私家车出行，要把一年一日的"无车日"推行到每月一天"无车日"。基于认识到"政府机构是社会行为和公共道德的示范和标杆"，《十二五节能减排全民行动实施方案》倡导全国政府机构公务用车按牌号尾数，每周少开一天，开展公务自行车试点，机关工作人员每月少开一天车。该方案还推出一个"政府机构工作人员一三五出行计划"，即从出发地到目的地，1公里以内步行，3公里以内骑自行车，5公里以内乘坐公共交通工具。《十三五》全民节能行动计划》继续指出，提倡高层建筑电梯分段运行或隔层停开，上下两层楼不乘电梯，尽量减少电梯的不合理使用等，开展公务自行车试点，机关工作人员每月少开一天车。

更为重要的是清洁能源。《中华人民共和国节约能源法（修订草案）》"交通运输节能"一节中明确规定，县级以上地方各级人民政府应当优先发展公共交通，完善公共交通服务体系，鼓励使用公共交通工具、非机动交通工具出行。交通运输主管部门应当加强交通运输机构的管理，引导水、陆、空运输公司提高运输组织化程度以及集约化水平，提高能源利用的效率。鼓励开发和应用交通运输工具使用的清洁燃料、石油替代燃料等；鼓励开发生产、使用节能环保型汽车、船舶、摩托车及其他交通运输工具，实行老旧交通工具的报废和更新制度等。同时，国务院有关部门制定交通运输营运车船的燃料消耗量限值标准，不符合标准的，不得用于营运。

其七,"光盘行动"。所谓"光盘行动",是指就餐时倡导人们不浪费粮食,吃光盘子里的东西,吃不完的饭菜打包带走。据有关部门的统计,在我国,个人和家庭浪费的粮食可以养活 1 500 万人;学校食堂和单位食堂浪费的粮食可以养活 3 000 万人;餐馆浪费的粮食可以养活 2 亿人口!全年浪费食物总量折合粮食约 1 000 亿斤,可以养活 3.5 亿人。① "一粥一饭,当思来之不易;半丝半缕,恒念物力维艰。"② 为此,2013 年 1 月 16 日首先由《国土资源报》副社长徐侠客在腾讯微博发起"光盘行动",倡导网友珍惜粮食,加入行动。1 月 22 日《新闻联播》报道该活动,号召大家"节约粮食,从我做起"。商务部和国家旅游局适时出台《商务部国家旅游局关于在餐饮行业厉行勤俭节约反对铺张浪费的指导意见》。1 月 28 日,习近平总书记在《网民呼吁遏制餐饮环节"舌尖上的浪费"》的材料上批示指出,从文章反映的情况看,餐饮环节上的浪费现象触目惊心。广大干部群众对餐饮浪费等各种浪费行为特别是公款浪费行为反应强烈。联想到我国还有为数众多的困难群众,各种严重浪费现象的存在令人十分痛心。浪费之风务必狠刹!要加大宣传引导力度,大力弘扬中华民族勤俭节约的优秀传统,大力宣传节约光荣、浪费可耻的思想观念,努力使厉行节约、反对浪费在全社会蔚然成风。各级党政军机关、事业单位,各人民团体、国有企业,各级领导干部,都要率先垂范,严格执行公务接待制度,严格落实各项节约措施,坚决杜绝公款浪费现象。要采取针对性、操作性、指导性强的举措,加强监督检查,鼓励节约,整治浪费。③ 由此,"光盘行动"得到民众的响应和政府的支持、推广。"光盘行动"要求人们用餐消费时不铺张、不浪费,按需点菜,吃光用光,若有剩余,打包回家。这种倡导虽然是道德性要求,但只要党政机关率先垂范,突出制度体系的建设,注重管理结果的运用,就不仅能够重拾节约文化,唤回"勤俭节约"的中华美德,消除奢靡攀比之风,而且能够促进全体公民文明用餐杜绝浪费节约资源。2014 年 3 月 18 日,中共中央办公厅、国务院办公厅印发了《关于厉行节约反对食品浪费的意见》。意见提出八个方面的要求:

---

① 每年浪费的粮食可养活 3.5 亿人. 北京青年报,2011-03-05.
② 朱柏庐. 夫子治家格言.
③ 隋笑飞,等. 习近平作出批示要求厉行节约 反对浪费. 人民日报,2013-01-29.

杜绝公务活动用餐浪费，推进单位食堂节俭用餐，推行科学文明的餐饮消费模式，减少各环节粮食损失浪费，推进食品废弃物资源化利用，加大宣传教育力度，健全法律法规，加强监督检查。① 这是迄今以来我国对"管住嘴"最为严格、最为清晰、最有亮点的规定，这些规定详细、具体、操作性强，在反"四风"（形式主义、官僚主义、享乐主义和奢靡之风）的大背景下，对于保障国家粮食安全，弘扬中华民族勤俭节约的传统美德，加快推进资源节约型、环境友好型社会建设具有重大意义。概而言之，一方面要在全社会广泛、持久、深入宣传反铺张反浪费观念和行动，号召人们从自己做起、从家庭做起、从每餐做起，节约每一粒粮食，另一方面各个单位要在相关制度中明确接待用餐的标准、规格、高限，并公开每年的接待经费，同时接受上级部门各种明察暗访和群众随时随地的监督。

其八，生活垃圾分类处理工程。"一个不会处理垃圾的民族，不是一个进步、文明、强盛的民族。"② 企业的生产垃圾没有处理便任意排放会破坏生态，居民的生活垃圾没有处理而随意丢弃也会污染环境。绝大部分城市的生活垃圾处理虽然形成了专人专项管理，但基本没有分类便加以处理，处理方式又以焚烧和转移为主。在城市生活垃圾没有得到有效回收和有序处理的同时，农村的垃圾也已兵临城下，危害乡里。在中国的70亿吨垃圾当中，有85%以填埋方式处理，其中许多垃圾未经许可就被倾倒在农村。垃圾不仅危害空气和土壤，而且破坏人际关系。③ "家里现代化，屋外脏乱差"成为一些乡村环境的缩影，因此，农村污染防治是环境保护工作的一个重点。2014年3月8日下午，环保部副部长吴晓青就"加强环境保护，建设美丽中国"相关问题回答中外记者的提问，在谈到治理农村环境污染问题时表示，国家高度重视和支持农村污染防治工作，力度在不断加大，从"十一五"开始，国家累计投资超过了195亿元，支持农村污染防治，减少农村面源污染。④ 为了有效控制城乡环境污染，特别是针

---

① 中办国办印发《关于厉行节约反对食品浪费的意见》．人民日报，2013-03-19．
② 曾建平．环境公正：中国视角．北京：社会科学文献出版社，2013：124．
③ 中国垃圾问题日益严重．参考消息，2009-10-13．
④ 加强环境保护　建设美丽中国　吴晓青出席两会记者会并答记者问．http://www.mep.gov.cn/zhxx/hjyw/201403/t20140310_268910.htm．

对城乡居民的生活垃圾，我们认为要设立专门的生活垃圾处理工程，这至少包括三个方面内容：(1) 完善城乡一体化垃圾处理网络，严厉禁止城市垃圾转移"下乡"；(2) 健全垃圾分类处理制度和方式，从城市开始，并向农村推广，持之以恒地以制度和宣传来教育城乡居民，使之养成良好的垃圾分类习惯；(3) 建立适合农村垃圾处理的工作机制，如"农户分类、村组收集、乡镇清运、县市处置"，严禁将垃圾倾倒在河溪、山川，减少垃圾填埋或焚烧现象。

其九，旧物回收再用再生工程。随着生活节奏加快，那种"新三年，旧三年，缝缝补补又三年"的生活一去不复返，生活日用品不断推陈出新，生活物什的更新也在加速。然而，大量仍有使用价值，仍有重复、循环利用价值的物品被抛进了垃圾堆。以旧衣为例。根据新华社记者调查，按照一件衣物平均寿命3～4年计算，如果我国平均每年每人在购置5～10件新衣物的基础上，遗弃3～5件旧衣物，到"十二五"末，我国废旧纺织品累计产生量约1亿吨，其中化纤类为7 000万吨，天然纤维类为3 000万吨。① 巨量的旧衣没有得到循环利用或再生使用，不仅造成了严重的浪费，而且造成环境污染。据中国纺织工业联合会测算，如果我国废旧纺织品全部得到回收利用，每年可提供的化学纤维和天然纤维，相当于节约原油2 400万吨，还能减少8 000万吨的二氧化碳排放，节约近1/3的棉花种植面积。但是，我国每年回收纤维却不足原料的10%。因此，有必要根据淘汰物品的性质，鼓励建立专门性的回收再用再生工程。事实上，许多旧物回收不仅可行而且具有较大的利润空间。例如，旧衣变废为宝早已不存在技术问题，其作用也不断推陈出新：可做保温层、工业用布、窗帘布，还可替代传统的防水基材的防水补强材料，同时也是活性炭来源广泛的廉价原料。在美国，废旧品回收已有七八十年历史，每年对金属材料、塑料、废旧纺织品等废旧品再利用后，实现了出口289亿美元的价值，解决了46万人口的就业。中国人口众多，每天产生多少废旧品几乎是一个难以估量的数据。当前亟须弥补政策上的不足，支持回收体系建设，鼓励纺织企业开展回收工作，建立起二手交易市场，完善分拣，加强

---

① 张丽娜，崔静，刘懿德. 旧衣浪费一年扔掉半个油田. 法制日报，2014-06-22.

科技开发，增加回收利用的附加值。①

其十，"浪费劝阻"志愿者行动。要建设一支对浪费行为进行监督的义工队伍，义工的组成可以是各行各业的社会志愿者。这种志愿者队伍类似于交通协管员，起着监督消费行为的作用。义工的活动是有组织进行的，不仅针对身边发现的大吃大喝、铺张浪费，更要集中到商场、酒店等重要消费场所劝导厉行节约，对浪费现象进行及时劝阻。政府或相关组织采取措施对义工身份和荣誉予以确认，要为这些志愿者免费配置特色服装，比如绿色服装、有"节约"字样的袖章，使其成为主要消费场所的一道亮丽风景线。久而久之，人们只要一看到象征"节约"的"浪费劝阻"标志，就会得到提醒，逐渐会自觉控制自己的"浪费"行为，养成良好的节约消费习惯。

(三) 完善政策措施

为推进消费方式生态化，我们必须对现行的消费政策或与消费相关政策进行反思，并做出相应的修正、补充和调整，明确禁止什么、限制什么、鼓励什么。

内需萎缩和消费缺乏会造成国家经济发展的严重受阻。拉动中国经济增长的"三驾马车"——投资、消费和出口三者之间的关系正在发生变化，"消费"将更多地承担起拉动中国经济继续前行的艰巨任务。但是，我国究竟需要扩大什么样的内需，扩大方法如何，这是问题的症结所在：扩大内需是把社会消费潜力和剩余消费能力最大限度地解放出来、释放出来，并不是在现有结构上的生搬硬套、数量复制。家电下乡可以促进农村消费升级，但如果只是让企业的库存变成老百姓家里的库存，那就毫无意义，不仅造成新的资源浪费，而且这样机械地扩大内需，会导致新的享乐主义、拜金主义、物质主义。因此，要培育新型消费文化，完善消费引导机制，转变消费方式。同时，由于我国的区域发展不均衡，消费能力两极分化的问题还很严重，扩大内需措施也要因地制宜，针对不同的地区、不同的消费群体采取不同的措施。

---

① 张丽娜，崔静，刘懿德. 旧衣浪费一年扔掉半个油田. 法制日报，2014-06-22.

从短期看，当前的目标应立足改善"消费状态"：加大转移支付，其着眼点在于扩大消费总量、缩小消费差距，上移社会消费曲线；直接作用于市场消费环节，减少传导步骤，发挥短期消费政策"乘数效应"；协调城乡两个市场，大力引导城市各商业机构和企业更多地面向农村，针对农村需求水平和消费层次，促进农村生活耐用品消费，为此，要继续加大家电下乡的限价力度、扩大以旧换新的试点范围、增加农机设备补贴资金、试点补贴新能源汽车、允许农村住房更新换代。

从中长期看，要在调整收入分配政策、完善社会保障政策、调整产业政策、调整金融政策、完善税收和收费政策、建设社会信用体系六个方面坚持下功夫。

其一，要调整收入分配政策。近年来，我国区域收入差距、城乡收入差距、行业收入差距不断扩大。因此，首先，要深化收入分配体制改革。建立使居民收入增长速度与经济增长速度同步、工资增长速度与劳动生产率增长速度同步的长效机制，确立经济发展的均衡共享模式；使城市家庭进入 10 000～100 000 元的购买阶段，使农村家庭进入 1 000～10 000 元的购买阶段，前者主要是从普通耐用消费品向住房、汽车、信息产品等大宗和高档耐用消费品以及教育、旅游、文化娱乐等个人发展型和健康的享受型消费的档次提升，而后者则是从生活必需品向中低档耐用消费品的方向发展。其次，要通过各种方式提高低收入阶层的收入。通过扩大就业、加大转移支付力度、提高补助标准，增加对农民的各项补贴，努力实现党的十七届三中全会《中共中央关于推进农村改革发展若干重大问题的决定》提出的目标：到 2020 年，农民人均纯收入比 2008 年翻一番，消费水平大幅度提升。实现这一目标，要求加快构建现代化农业产业体系，发展农业产业化经营，搞好农产品的精深加工、转化增值。特别要根据当地资源优势发展特色产业，使资源优势转化为产业优势、产品优势。这是提高农民收入的基本途径。同时，要生产适合低收入家庭使用的耐用消费品，并为这些家庭的购买提供帮助，让低收入阶层也能享受到"新消费方式"的乐趣，使广大人民群众充分享受到改革开放、经济发展带来的"红利"，真正做到"民富国强"。再次，要在初次分配和再分配中处理好效率与公平的关系。中国实现消费转型的关键在于初次分配，而要改变初次分配格局就要转变经济增长方式。中国社会科学院金融研究所金融实验研究室主任刘煜辉认为,中国产业的超重化工化和资本密集化方向,必然使得国民收入的初次分配越来越偏向于政府和资本,劳动报酬和居民储蓄所占份额越来越萎缩,扭转这一趋势只能靠转变经济增长方式。① 因此,要不断提高劳动报酬在初次分配中的比重,逐步提高居民收入在国民收入分配中的比重,提高个人所得税起征点,规范收入分配秩序,使得居民收入分配合理化。最后,要缩小国内不同收入阶层的消费水平差距。如,提高中等收入者比重,增加对低收入群体的转移支付。总之,要建立居民收入和消费与经济同步增长的联动机制,因为"收入是消费的基础,消费能否增长、消费结构能否改善,主要取决于居民收入状况。只有建立居民收入和消费与经济同步增长的联动机制,才能形成'经济增长—居民收入增长—居民消费增长—经济持续增长'的良性循环"②。

其二,要完善社会保障政策。加快建立覆盖城乡居民的社会保障体系,真正使全体人民幼有所育、学有所教、劳有所得、病有所医、老有所养、住有所居、弱有所扶,消除居民消费的后顾之忧。当前,要推进并不断完善社保、医疗、教育、住房等制度改革,增加公共财政投入,改善消费预期。在完善社保方面,要全面建立和完善农村最低生活保障制度,健全城市居民最低生活保障制度,完善职工基本养老保险制度。要做好社会保险扩面和基本征缴工作,重点扩大农民工、非公经济组织就业人员、城镇灵活就业人员参加社会保险;在推进医疗卫生体制建设方面,要完善新型农村合作医疗制度,加大城乡医疗救助支持力度,建立健全全社会公共医疗卫生服务体系;在保证优先发展教育方面,要确保财政性教育经费的增长,落实城乡免费义务教育制度,切实解决农民工子女在城镇的义务教育,保证每个上学者具有相应的保障体系支持;在加快保障性住房制度方面,要保质保量、合理分配,探索解决住房的新路子。

其三,要调整产业政策。我国是人口大国,产业结构必须完整、科

---

① 房地产业已到"刚性需求买不起,投资怕加息"阶段. http://www.lawtime.cn/info/fangdichan/fdcnews/2009110640481.html.

② 尹向东,刘敏. 构建四大机制,促进新型消费. 人民日报,2013-07-29.

学,即必须大力发展工业、农业和服务业,三次产业必须基本均衡发展,但当前尤其要大力发展服务业。在推进服务业上,"发展现代服务业,培育更多的具有高消费能力的中产阶级群体。发展服务业尤其是现代服务业,不仅顺应了我国居民消费正由生存型、温饱型向享受型、发展型升级的趋势,而且可以让更多蓝领变成白领。……降低准入门槛,允许民间资本以多种形式参与公共服务和社会事业投资,壮大教育、医疗、社保、就业等公共服务业;要实施积极的产业扶持政策,以政策指导、财税优惠、融资支持、政府采购等措施,大力推动金融、物流、会展等生产型服务业发展;要运用现代经营方式、管理理念和技术加强对餐饮等传统消费型服务业的改造、提升,通过基础设施建设、技术标准完善、行业协会建设、行业监管、人员培训和人才培养等措施,促进休闲娱乐、文化创意等现代消费型服务业发展"①。消费结构的变化必然促进产业结构的调整,要鼓励教育、健康、信息、旅游、休闲等非物质性消费,发展信用消费、网上消费、社会服务消费等现代消费方式,形成并发展新的消费热点,用低资源占用型、低能源消耗型消费来填充内需,把消费引导到"软消费"上来,用"软消费"促进"软实力",提高消费质量和效益。总之,要建立"消费结构与产业结构良性互动的耦合机制"。因为"只有实现消费结构与产业结构良性互动,才能充分发挥消费需求的目标激励和市场约束作用,以及产业发展对消费需求的满足与刺激作用,促进有效供给与有效需求有机结合,形成生产与消费良性互动"②。

其四,要调整金融政策。当前,我国消费信贷额小,金融品种单一,配套政策不足,居民、中小企业信贷融资机制不完善,贷款手续烦琐,利率不灵活,交易成本高。比如,我国节能服务企业绝大多数是中小型企业,个人消费贷款的对象较为分散,单笔贷款数额小、业务量大、操作复杂,加之我国个人信息体系和征信制度尚不完善,银行在开展消费信贷业务时,不得不投入很大的精力去了解个人的资信情况,并设置比较烦琐的手续和严格的担保、抵押条件,从而大大提高了银行的交易成本。

---

① 辜胜阻. 从五个方面采取举措来提升居民消费的水平. 人民网, http://npc.people.com.cn/GB/10578636.html.
② 尹向东,刘敏. 构建四大机制,促进新型消费. 人民日报,2013-07-29.

因此,"要创新金融服务,放大消费需求,培育新型消费文化,完善消费引导机制。当前,要转变消费模式,努力改进消费环境,倡导适度超前消费的消费文化;要稳步扩大消费信贷范围,创新消费信贷的金融工具,提供多样化的能满足不同消费需求的、覆盖面广的产品体系;要健全消费信贷的法律法规,建设个人信用体系,完善信用担保机制,加强消费信贷风险管理;要大力发展消费型金融公司,有针对性地培育和巩固汽车、住房、教育等消费信贷增长点;要通过税收、利率优惠积极鼓励个人消费信贷发展。消费信贷不仅可以将居民未来收入变现为即期消费,直接将居民潜在需求转化为现实需求,而且对消费需求具有乘数效应,可以间接放大消费需求,同时有利于推动消费结构升级和消费模式转变"①。

其五,要完善税收和收费政策。一方面,要调整消费税的范围和税率。对那些带来高污染、高能耗、高排放等,给环境造成不利影响的物品要加税,对一些奢侈品要征收高额税率。另一方面,要实行"生态税制改革"。生态税是发达国家常规的政策手段,比如挪威的生态税、欧盟的环保法律、比利时的食物生态税条例等。生态税主要体现在"激励"与"惩罚"两个方面:一是对环境友好行为实行税收优惠政策,如所得税、增值税、消费税的减免以及加速折旧等;二是针对环境不友好行为建立以污染排放量为依据的直接污染税,以间接污染为依据的产品环境税,以及针对水、气、固废等各种污染物的环境税。通过转移税收,制造商必须为他们对环境造成的伤害付费;通过引进生产标准和其他管理手段,政府可以帮助把对自然资源的负面影响减少到最小。此外,要清理税外收费,推行环境收费。国际经验表明,只有当污染者上缴给政府去治理的费用高于自己治理的费用时,污染者才会真正感到压力。政府要主动联合有关部门,运用价格和收费手段推动节能减排:一是推进资源价格改革,包括水、石油、天然气、煤炭、电力、热能、土地等价格;二是落实污染者收费的政策,包括完善排污收费政策、提高污水处理费征收标准、推进垃圾处理收

---

① 辜胜阻. 从五个方面采取举措来提升居民消费的水平. 人民网, http://npc.people.com.cn/GB/10578636.html.

费；三是促进资源回收利用，包括鼓励资源再利用、发展可再生能源、生产使用再生水等。总之，要通过税收、价格、金融等手段建立促进消费环境优化的市场监管机制。

其六，要建设社会信用体系。信用缺失是目前消费环境中突出的"软肋"，对消费发展构成了巨大威胁。制假售假、商业欺诈、逃债骗贷、学术不端等屡见不鲜，广大企业和公众深受其害，必须采取有力措施，切实改善社会信用状况，净化消费环境，维护发展大势。我国政府正在为此努力，2014年1月15日李克强总理主持召开国务院常务会议，通过《社会信用体系建设规划纲要（2014—2020年）》。会议认为，信用是市场经济的"基石"。加快建设社会信用体系，是完善社会主义市场经济体制的基础性工程，既有利于发挥市场在资源配置中的决定性作用，规范市场秩序，降低交易成本，增强经济活动的可预期性和效率，也是推动政府职能转变、简政放权、更好地做到"放""管"结合的必要条件。抑制不诚信行为，对鼓励创业就业、刺激消费、保障和改善民生、促进社会文明进步，也极其重要、势在必行。会议要求：（1）全面推进包括政务诚信、商务诚信、社会诚信等在内的社会信用体系建设。政府要以身作则，带头推进政务公开，依法公开在行政管理中掌握的信用信息，提高决策透明度，以政务诚信示范引领全社会诚信建设。（2）加强基础建设。制定全国统一的信用信息采集和分类管理标准，推动地方、行业信用信息系统建设及互联互通，逐步消除"信息孤岛"，构建信息共享机制，在保护涉及公共安全、商业秘密、个人隐私等信用信息的基础上，依法使各类社会主体的信用状况透明、可核查，让失信行为无处藏身。（3）用好社会力量。企业要把诚信经营作为安身立命之本，切实做到重合同、守信用。发挥行业组织的自律作用和市场机制的作用，培育和规范信用服务市场，形成全社会共同参与、共同推进信用体系建设的合力。（4）加快推动立法。把健全相关法律法规和标准体系作为重要的基础性工作，列入立法规划尽快推进实施，使信用体系建设有法可依。会议强调，建设社会信用体系是长期的、艰巨的系统工程，要用改革创新的办法积极推进。要把社会各领域都纳入信用体系，食品药品安全、社会保障、金融等重点领域更要加快建设。要完善奖惩制度，全方位提高失信成本，让守信者处处受益、失信者寸步难行，使失信受惩的教训成为一生的"警钟"。加强诚信文化建设,让诚实守信成为全社会共同的价值追求和行为准则,通过持续努力,打造良好信用环境。① 人们期待这个社会信用体系的尽快建立,并在生产、消费、发展中发挥其应有的作用。

三、"消费—生态"悖论的化解:企业之责

应对"消费—生态"悖论,缓解生态危机,促进消费文明走向生态文明,企业应承担主要责任。企业是人类生产资料和生活资料的制造者,扮演了现代化、工业化进程中的主角,为人类社会的发展做出了巨大贡献。但与此同时,企业大量消耗资源能源、污染环境、破坏生态平衡,是"资源约束趋紧、环境污染严重、生态系统退化"的主要制造者和责任方。因此,企业首先要在观念上树立生态消费价值观,同时更要在实践中履行环境道德义务,促进消费模式转变。

(一)观念层面:树立生态消费价值观

在当代,要实现向消费生态化模式的转换,企业应如何作为?企业要从现实出发,树立生态消费价值观。一方面要着力提高企业家的生态道德素质,另一方面要增强企业员工的生态道德素质。此外,要尤其重视企业的伦理文化建设。

其一,提高企业家的生态道德素质。道德素质是企业家综合素质中的核心内容。温家宝同志指出:"企业家身上应该流着道德的血液。只有把看得见的企业技术、产品和管理,以及背后引导他们并受他们影响的理念、道德和责任,两者加在一起才能构成经济和企业的 DNA。"② 因此,企业家应顺应时代和社会发展的要求,在实践中提高自己的道德素质。我们的社会必须走近乃至走进生态文明,这既是人类认识自然规律和社会规

---

① 李克强:提高失信成本 让失信者寸步难行. 新华网,2014-01-15. http://news.xinhuanet.com/politics/2014-01/15/c_118985955.htm.

② 温家宝 9 月 23 日在纽约回答有关中国食品安全的提问. 新华网,2008-09-25.

律之后的主动选择，也是环境危机、生态威胁导致的被迫选择。作为国家和社会的"长子"，企业家应当树立生态文明理念及与之相应的"科学、文明、绿色、适度"生产和消费的核心价值观念，这就必然要求企业家成为"生态型企业家"。所谓"生态型企业家"，是指生态意识强、生态道德素质高的企业家，他们不再单纯地追求经济利益最大化，而是追求社会效益、生态效益与经济效益相统一。但是，即使环境污染兵临城下，我们的大多数企业家都还没有真正树立生态意识，唯短期效益、经济效益马首是瞻。2013年8月28日，由于未完成2012年度污染物减排任务，中石油、中石化被认定为未通过年度考核。环保部决定对两家集团公司炼化行业新改扩项目实行环评限批。中央企业本应在节能减排工作中率先垂范，但两家石油集团炼油产能的48%集中在京津冀鲁、长三角、珠三角大气复合污染严重的地区，下属企业污水排放和炉窑大气污染物排放还在执行17年前的标准，水污染物排放浓度（化学需氧量和氨氮）是美国的3倍以上，二氧化硫是美国的8倍以上，导致每炼制1吨原油，二氧化硫的排放量是美国的11.7倍，氮氧化物的排放量是美国的2.6倍。而两家石油集团在海外7个国家的7个炼油企业，产能共计6650万吨，油污染物排放量处于世界领先水平。① 显然，这两家中央企业完全掌握了油污排放的技术，不同的是，它们重视国外要求，却无视国内污染。它们的生态意识、生态道德在国内外呈现出如此鲜明的差异，一方面说明它们的道德素养还停留在功利性水平和他律阶段，并没有成为内在的自觉，另一方面说明国内的相关法律惩处力度不足以威慑到它们以牺牲环境为代价的逐利心态。

其二，增强企业员工的生态道德素质。员工是企业的组成成员，生态企业的形象还依赖员工来树立。"企业员工是企业的主体部分，企业的运作、发展离不开员工的参与。企业家作为企业发展的决策者，他的所思所想毕竟要通过企业员工的行为才能得到贯彻落实。因此，没有生态道德素质高的员工，企业不可能真正拥有绿色发展战略。"② 增强员工的生态道德素质需要加强企业文化建设。企业文化一般是指企业中长期形成的共同

---

① 中石油中石化未完成减排任务 遭环保部项目限批. 人民日报, 2013-08-29.
② 向玉乔. 经济·生态·道德——中国经济生态化道路的伦理分析. 长沙：湖南大学出版社, 2007: 128.

理想、价值观、作风、生活习惯和行为规范的总称，是企业在经营过程中创造的具有本企业特色的精神文明总和，对企业成员具有感召力和凝聚力。在当今环保形势下，企业文化要维持自己的影响力和向心力，就必须与时俱进，增添"绿色""生态"内容。首先，企业要有顶层设计，在企业规划中就要充满"绿色"，在生产的各个环节要体现"资源节约型、环境友好型"导向，使所有员工在浓郁的生态文化氛围中工作。其次，要采取丰富的形式，比如开展"绿色"论坛、演讲、知识竞赛等企业文化活动，大力倡导节约、环保、文明的生产方式和消费模式，让节约资源、保护环境成为企业每个员工的自觉行动。最后，企业还可以组织各类公益活动，组织植树、生态旅游、休闲活动等，在各类活动中强化员工的生态价值意识。

其三，加强企业的伦理文化建设，促进道德制度化。通过制度化建设，完善具有操作性的企业管理制度。依靠强有力的制度力量来规范和约束人们的道德行为，通过这种方法，企业的道德建设才能真正落到实处，企业道德的效用才能充分发挥出来。实践证明，这是促进企业伦理建设的有效途径和可靠保证。在许多西方国家，企业伦理制度化主要是通过制定企业道德行为规范来实现的。根据美国本特利大学（Bentley University）伦理研究中心在20世纪80年代进行的一项调查可知，《财富》杂志上排名前1000家的企业中，93%的企业有成文的道德规范准则来规范员工的工作行为。在国内，很多知名企业都制定了一系列具有可操作性的规范和制度，以便员工遵守。有学者指出，"企业在伦理问题上实现制度化管理，应通过一系列伦理准则、监督机制、反馈机制等内部制度的完善以及一定的企业外部环境制度补充，使企业的伦理规范得到员工的理解与认同，而使每个员工的行为自觉符合企业伦理规范"①。通过企业制度的规范，规则意识逐渐内化为企业员工的内心法则，从而使他们形成生态道德良心。

（二）实践层面：履行环境道德义务

企业是社会共同体的一员，当社会选择具有环境价值取向时，当经济

---

① 林颖，苏勇．企业伦理的制度化．道德与文明，2005（6）：70．

活动与环境保护相结合才能有利可图时,履行环境道德义务就必然会在外生压力和内生取向的因素作用下成为其经济行为的合理组成部分。①

从外生压力看,企业是社会共同体的一员,这就决定着它必须服从共同体的规则。长期研究商业伦理学的美国经济学家唐纳森(Thomas Danaldson)和邓菲(Thomas W. Dunfee)在他们合著的《有约束力的关系:对企业伦理学的一种社会契约论的研究》(Ties that Bind: A Social Contracts Approach to Business Ethics)中认为,从卢梭到罗尔斯,伦理学家们大致赞同这样一种观点,即每一个社会都隐含着一种社会契约,他们名之为"综合契约论",其表现形式有两种:假设的或"宏观的"契约,反映一个共同体的理性成员之间假设的协议;"现存的"或"微观的"契约,反映一个共同体内的一种实际的契约。② 企业社会责任有广义和狭义之分,广义的社会责任包括法律、经济、慈善以及伦理责任,斯蒂芬·P. 罗宾斯(Stephen P. Robbins)把它界定为"超过法律和经济要求的、企业为谋求对社会有利的长远目标所承担的责任"③。狭义的社会责任就是指伦理责任,即社会所要求的且企业必须履行的道德义务。

由于20世纪90年代以来可持续发展成为大多数国家的经济发展模式,环境保护被纳入社会发展目标和经济政策,这就在微观上要求企业将生产经营活动同自然环境、社会环境的发展相联系,使企业的生产经营活动促进环境的良性发展,即采取合理的环境管理行为。目前,由于社会绿色需求急剧上升,环境运动日益高涨,政府对企业的调控也日趋严格化。各国政府制定的法令、政策都旨在强迫和引导企业进行环保。在这种制度压力的迫使下,企业管理者为了规避违反法令、政策所带来的风险,即使主观上不愿意,客观上也必须采取消极的环境管理行为。如企业为服从社会和法律的要求,被迫花费环境成本,添置和运行环保设备,开发和购买无污染技术等。能否充分遵守环境制度的要求,不仅体现了企业是否服从

---

① 曾建平. 企业的环境责任及其伦理选择. 中州学刊, 2010 (3).
② 托马斯·唐纳森, 托马斯·邓菲. 有约束力的关系: 对企业伦理学的一种社会契约论的研究. 赵月瑟, 译. 上海: 上海社会科学院出版社, 2001: 26.
③ Stephen P. Robbina. Management. Englewood Cliffs, N.: Prentice-Hall, 1991: 124.

法律，而且考验着企业的道德精神。不过，总的说来，企业在外在压力即他律促使下的环境价值选择是身不由己的消极环境管理行为。

从内生取向看，企业履行环境道德责任并不全是受外在压力的影响，更多的是建基于内在的利益动机的自觉选择。

首先，绿色经济的驱动。1999年10月因在环保领域的突出贡献而获得诺贝尔特别奖、被誉为"太阳的辩护士"的德国经济学家和社会学家赫尔曼·舍尔（Hermann Scheer）认为，20世纪的经济是以生化能源为特征的生化世界经济，"核能和生化能源代表20世纪的工业现代化。它们把世界文明带入了一个生态的死胡同，现在又把世界文明引入一个经济的死胡同，同时摧毁了文化"。因此，世界文明必须立即摆脱对生化资源的依赖，以代表21世纪及未来现代化的可再生能源经济——阳光经济——取代生化世界经济。这样，经济全球化才能从生态角度被承载，才能遏制生化世界经济以及经济结构和社会结构制度化所带来的破坏力，实现一种持久的、多样性的、公正的发展动力。① 阳光经济就是低碳经济、绿色经济、生态经济。20世纪70年代以来，在环境运动的促动下，人类正在实现农业革命和工业革命之后的第三次产业革命——产业生态化，一个包括生态工业、生态农业（狭义）、生态林业、生态牧业、生态渔业等在内的生态化产业体系正在形成。"中国经济的转型，需要两头抓，一方面要抓供给侧改革，推动传统工业经济结构调整升级；另一方面需要以绿色消费为动力，推动绿色产业的发展。"② 如今，全球的生态产业正在迅猛发展。由生态产业主导的生态经济正在成为人类生产发展的新方向。所谓生态经济，是指合乎环境伦理要求的，以资源的合理利用和可持续循环为目的，实现经济效益、社会效益和生态效益相统一的社会经济模式。在如此巨大的市场前景所带来的利益诱惑和如此普遍的强劲发展势头的牵引下，任何企业都不可能不踏上绿色经济大船。

其次，企业通过采取合理的环境管理行为可降低原材料用量，提高产品质量，使成本相对节约，产品的功能价格比提高；同时，还能获得各种有形或无形的优惠政策，有利于树立良好的企业形象。基于这种动机，企

---

① 赫尔曼·舍尔. 阳光经济：生态的现代战略. 黄凤祝，巴黑，译. 北京：三联书店，2000：中文版作者序言2-36.
② 张孝德. 绿色消费是化解环境危机的治本之策. 人民论坛，2016（03）.

业将权衡得失，采取某种环境管理行为，投入一定量的环境管理成本来获得最优利润。关于这一点，可以从经济学角度加以分析。①

根据资源最优配置理论，企业在边际生产成本与边际收益相等时达到企业最优生产量，此时企业获得最优利润。假设市场条件不变，在不考虑环境污染等外部不经济性时，企业的最优生产量为 X。考虑到外部不经济性时，企业的原有边际成本改称为边际私有成本（MPC），企业的全部边际生产成本应该是边际私有成本（MPC）与边际外部成本（MEC）之和，即边际社会成本（MSC）。如图 7-1 所示，在考虑边际外部成本之后，MPC 线向上移动成为 MSC 线，与企业边际收益曲线（MR）相交，决定了此时的最优产量 X′，X′小于 X。

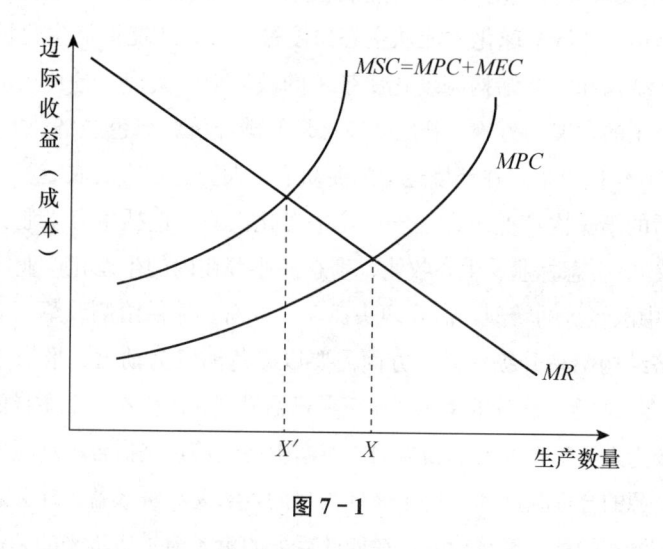

图 7-1

在不受政府干预只有市场经济的条件下，没有诱导和限制因素促使企业减少产量。因为企业不愿意自动支付边际外部成本 MEC，所以形成资源的不当配置。政府有必要在这里介入私有的市场经济以减少污染。我国目前的实际情况是，企业在政策和法规的压力下，不同程度地加强内部环境管理，实际上支付了一部分的边际外部成本，假设实际支付的总边际成本

---

① 本节以下内容参见周群艳、周德群撰写的《企业环境管理行为的动机分析》[《重庆环境科学》，2000（1）]一文。

为 MSC′。如图 7-2 所示，从企业自身出发，生产的最优产量为 X″，同样没有达到资源的最优配置，带来环境污染等外部不经济性。在利润动机的驱动下，企业可能采取消极的或不自觉的环境管理行为，尽量减少自己的外部成本支出，使其最优生产量尽可能增加，控制在 X″ 与 X 之间。环境制度的压力迫使企业支付当前国家政策规定范围内的外部成本，而企业发展动机驱使企业采取积极的环境管理行为，支付更多的外部成本，尽量不向社会转嫁其污染成本。它们在不同的阶段都有一定的效果，可用图 7-3 说明。

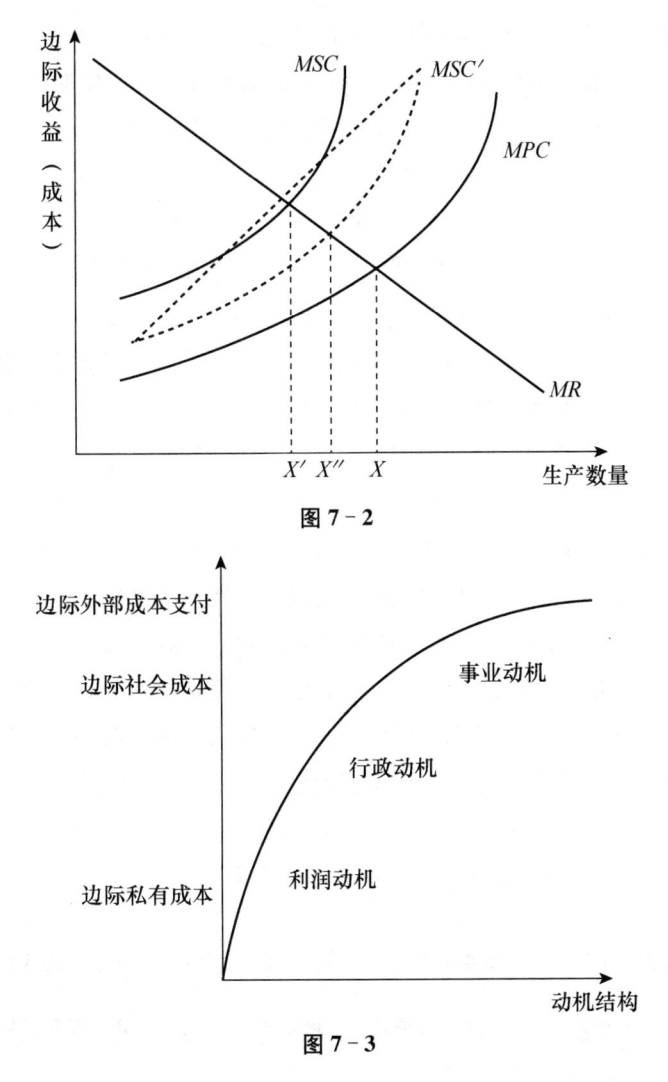

图 7-2

图 7-3

通过以上分析，我们知道，除大力加强企业的环境意识，刺激其发展动机外，必须通过政府更多地运用环境立法、环境罚款、税收、补贴等法律手段和经济手段，使企业外部成本内部化，即使 $MPC-MSC=MC$，鼓励和引导企业走向积极的环境管理行为，实现资源的最优配置，解决环境污染问题。

企业承担环境道德责任的自觉性具有利益性，但又不能止于此，因为从根本上来说，"经济功能本身并不是目的，而只是实现目的的手段；它们只是社会生活的一个器官，而社会生活首先是各项事业的和谐一致的共同体，特别是当心灵和意志结合起来，为共同的目标努力工作的时候"①。日本著名企业家松下幸之助也把企业看成社会的"公器"（public implement），认为从本质上说企业经营不是私事而是公事，企业是社会的公有物；就其工作和事业的内容来说，是带有社会性的，属于公共范畴。因此，企业的根本使命不在于以追求利润为最终目的，而在于为人们的共同生活做出贡献。

当然，企业的道德向往与自然人的道德追求是有一定差异的。在道德行为上，自然人的道德动机可以是纯粹的、无私的，可以为道义做出果敢的牺牲，这样的行为虽然会损害他自己的一定利益，但却丝毫没有降低他作为人的价值，相反，倒使他的人格得到升华。然而，企业似乎不可能为了道义而做出牺牲，否则，它就要丧失生存和发展的资格，因此，无论如何，企业的道德行为总是或多或少地带有利益的考量，虽然这同样不能贬低它的德性意义，但它与自然人的德行具有了明显的区别。这也意味着在企业的环境道德行为中，仍需要辨别某种动机。诚如艾伦·杜宁所说，"绿色消费主义的兴起是一个有希望的征兆"；但是，他提醒人们，也有一些企业打着满足人们绿色消费需求的幌子，进行"绿色欺骗"，因此，"从积极方面说，绿色消费主义是环境提倡者的一个强有力的策略……从消极方面说，绿色消费主义是消费者阶层良心的一个姑息剂，它使我们像往常一样继续营业而觉得我们正是在尽我们的职责"②。

---

① 爱弥尔·涂尔干. 职业伦理与公共道德. 渠东, 等译. 上海：上海人民出版社, 2006：18.
② 艾伦·杜宁. 多少算够——消费社会与地球的未来. 毕聿, 译. 长春：吉林人民出版社, 1997：91.

《21世纪行动议程》的论断为："全球环境不断恶化的主要原因是不可持续的消费模式和生产模式。"归根结底指人类的行为，包括企业主体活动和其他消费主体行为，从环境危机的本质看，企业应该承担促进环境友好的主要责任。因此，应对"消费—生态"悖论，缓解生态危机，促进消费文明融入生态文明，企业要发挥主要作用。在观念层面，企业要树立生态消费价值观。"生态消费伦理作为一种更加理性的方式去处理人与自然的关系，将人与自然的和谐、个人与社会的和谐放在首位，将引导人类走向生态文明，从而走出生态悖论的误区。"[①] 企业要通过塑造生态企业家、建构企业文化等途径加强企业伦理建设，树立生态消费价值观。在实践层面上，企业应充分履行环境道德义务，在生态消费伦理指导下，遵循以人为本、可持续发展、环境友好等基本原则，以实现经济合理性、生态合理性、伦理合理性。结合当前国际国内的形势，企业活动应转变传统粗放型、资源依赖型经济模式，摒弃生产主义和消费主义模式，发展低碳生产和低碳消费，发展节能减排、环境友好的低碳经济、绿色经济、生态经济，实现生产方式和消费方式的生态化。

四、"消费—生态"悖论的化解：公众之行

要缓解并化解"消费—生态"悖论，对公众而言，首先要优化自我的消费需求，使之理性化、适度化、科学化，树立健康的消费价值观，突出节约意识、生态意识、循环意识。而其突破口在于从消费理念到消费行为凸显"低碳"理念。习近平总书记在2017年5月举行中共中央政治局第四十一次集体学习时指出，生态文明建设同每个人息息相关，每个人都应该做践行者、推动者。要加强生态文明宣传教育，强化公民的环境意识，推动形成节约适度、绿色低碳、文明健康的生活方式和消费方式，形成全社会共同参与的良好风尚。[②] 2015年1月1日开始实施新修订的《中华人

[①] 陈桂香. 生态悖论视角下生态消费伦理的构建. 消费经济, 2007 (4): 35.
[②] 习近平：推动形成绿色发展方式和生活方式　为人民群众创造良好生产生活环境. http://politics.people.com.cn/n1/2017/0527/c1024-29305291.html. 人民网, 2017-05-27.

民共和国环境保护法》第 6 条规定:"公民应当增强环境保护意识,采取低碳、节俭的生活方式,自觉履行环境保护义务。"

对传统消费方式最大的诟病是高碳,即高耗能、高排放、高污染。因此,化解"消费—生态"悖论的着力点是将高碳经济转变为低碳经济,将高碳消费转变为低碳消费,将无机消费转变为有机消费。低碳消费是一种共生型消费,是一种提高生活质量的更好的消费类型。当前,节能减排是我国面临的艰巨任务,要实现国家的全面节能战略,不但要在生产领域,而且要在消费领域做文章、下功夫。不能只注重制造业、建筑业中的节能技术改进,更要注重日常生活习惯的节能细节。在消费领域,每个人消费能源和碳排放的数量看似微小,但对世界第一人口大国来说,中国拥有 13 亿多人口,聚沙成塔,累计起来就是一个天文数字。因此,低碳消费模式应成为国家绿色消费行动计划的行动导向和发展趋势。

(一)低碳消费:理念先行

全球气候异变把中国推到了风口浪尖,世界极大关注中国的能源消耗和二氧化碳的排放情况。我们必须采取有力行动,在全社会推行低碳消费模式,以表明中国人减排的决心和减排的效果。低碳消费模式特别关注如何在维护个人基本需要获得满足的基本权利的同时,努力实现气候目标,个体的消费方式不应该影响、侵害他人的生存权利和生活质量。低碳消费是一种品质消费、理性消费、健康消费,它主张优先满足人们的基本需求,克服"无力型消费";主张节用有度的理性消费,限制"攀比型消费";主张以绿色、循环、高尚为宗旨来满足人们的物质需要和精神需要,遏制"奢侈型消费"。它是一种共生型消费方式,代表着消费的先进理念。它以人的全面发展为目标,主张消费结构的低碳化,强调物质消费、精神消费和生态消费的均衡发展,使人的主体性能够在消费活动中得到发展;它以经济社会发展水平为标准,要求人们根据社会生产力的发展状况调整自己的消费需要,强调以消费引导生产,从而达到资源配置的合理化和经济效益的最大化;它以能源的消耗量最小为基础,主张绿色消费,反对以高耗能、高污染、高排放为代价的"污染型消费";它以环境友好为准则,要求人们正确处理人与自然的关系，既不夸大对自然的超越性，也不强调听命于自然的服从性，而是关注自然的存在价值，将消费纳入生态系统，形成节约资源和保护生态环境的消费模式；它以可持续消费为原则，要求在不同利益群体之间公平地分享资源的利用效益和承担生态成本，实现代内公平消费，要求当代人承担起代际合理分配与合理消费资源的责任，实现代际公平消费。①

推行低碳消费有赖于政府、社会组织、企业和公民等各方面的共同努力。

其一，依靠政府的引领。一是"培育全民低碳意识，营造低碳消费文化氛围。通过通俗易懂、丰富多彩的宣传，影响公众行为，促使他们接受新技术，从而既能满足未来的能源需求，又能确保温室气体的减排"②。二是"完善政府激励低碳消费的法规政策。一方面政府要出台政策和法规鼓励企业、公民和社会组织实行低碳消费，如制定奖励措施，对于开发低碳产品、综合利用自然能源、投资低碳生产流程的企业给予支持和鼓励，并在贷款、税收等方面给予优惠政策；另一方面抑制消费主体的高碳消费方式"③。低碳消费不是抵制消费，按照兰德斯的建议，"最重要的不是去限制消费，而是去限制生态足迹，控制可使用的资源，控制污染。使用资源的量，必须低于破坏可持续发展的量。中国有这个能力控制，最主要的控制就是控制能源的污染。中国现在可以从促进消费的人力和资本中拿出一部分，放到保护和治理环境中去"④。三是"政府机构应从自身入手，带头节能减排。政府部门和单位通过早期采用、购买最先进技术与产品等措施，为其他部门树立榜样。如率先使用节能减排型设备和办公用品，尽可能将办公大楼建设或改造成节能型建筑，制定和实施政府机构能耗使用定额标准和用能支出标准，实施政府内部日常管理的节能细则，制定政府节能采购产品目录，推行政府节能采购"⑤。四是大力发展公共交通事业。《中共

---

① 苏振锋．倡导低碳消费建设生态文明．中国环境报，2010-06-08．
② 上海环境能源交易所网站中国环境能源交易网，http://www.cneeex.com/news/redian/20090421.html．
③ 同②．
④ 《2052》：兰德斯再预测未来四十年．华商报，2013-10-01．
⑤ 同②．

中央国务院关于加快推进生态文明建设的意见》指出，要"优先发展公共交通，优化运输方式，推广节能与新能源交通运输设备，发展甩挂运输"①。五是消费指导。印制低碳城市家庭行为手册，告诉普通公民生活中应该注意什么，怎样减少碳的排放，比如：鼓励乘坐公共交通工具出行或以步代车；推进住房实施节能装修；引导采用节能的家庭照明方式和科学合理使用家用电器；倡导消费本地产品，减少商品在运输过程中的碳排放。

其二，依靠社会组织的推动。现代多元治理结构中的重要主体就是社会组织，只有发挥社会组织的作用，才能促进低碳消费模式的全民化。社会组织分布广且深入社会各个阶层，它的布局优势使其在开展节能减排、低碳经济的宣传教育活动方面比政府更有力。因此，要根据当前我国的环境保护状况、绿色市场发育情况和国际社会环境认证机构的发展态势，积极建立具有公信力的社会组织机构，对绿色产品进行认证。在我国，由于整个社会征信系统不完善，诚信机制存在较为严重的缺陷，加之商家的无序宣传，绿色、有机、低碳和无害等概念被肆意使用、鱼目混珠，消费者已经无法辨别、无法选择市场上的绿色产品。研究表明，知觉行为控制是影响消费者是否会产生绿色产品购买意向与实际购买行为的关键因素，因为消费者在难以理解产品所表达和传递的信息或者对信息的可信度心存疑虑时，其对知觉行为控制的感知就会处于较低水平，进而造成对绿色产品的购买意愿大打折扣，而购买意愿直接显著作用于实际行为。在欧美和少数亚洲国家，第三方非营利性组织的产品碳足迹认证，是保证绿色产品信度的普遍手段。因此，我们需要着手建立第三方认证制度，积极鼓励和支持建立具有客观、公正、独立地从事认证活动资质的机构。既需要建立本土化的认证机构，也需要加强与国际权威的第三方认证机构的合作，推行全程一站式服务业务，为绿色产品市场的健康有序发展提供强有力的保障机制。

新闻传媒应在绿色宣传上，结合群众关心的问题做好选题，比如居家节电、照明节能、生活节水、汽车节油、居住建筑节能和新能源利用等方面，讲解与百姓生活密切相关的节能知识。形式可以多种多样，活跃气

---

① 中共中央国务院关于加快推进生态文明建设的意见. 人民日报，2015-05-06.

氛，在轻松的话题中让受众接受，也可以邀请行业专家担任主讲人，通过多方问答互动、道具实物演示以及现场鉴别等方式，传播节能的知识和技能。

其三，发挥企业的主导作用。企业既是全社会推行低碳消费方式的"桥梁"，也是低碳消费的"瓶颈"。这里的"桥梁"是说，企业是低碳消费产品的提供主体，是联系低碳生产性消费和低碳非生产性消费的桥梁。低碳消费方式作为一种新的经济生活方式，给经济发展和企业经营带来新的机遇。企业只有提供了低碳节能的消费品，使公众在超市或其他商场购买产品时根据低碳化程度有所选择，才能有更广泛、更深入地推行全民低碳消费方式的物质基础。这里的"瓶颈"是说，企业作为消费主体是能源消费和碳排放的大户，由于社会低碳消费意识的增长，低碳消费方式成为价值考量标准，促使企业不得不进行技术革新，降低能耗，提高资源的利用率，实行环境友好的排放方式。实现企业生产性消费的低碳化是一项长期的、艰巨的任务，需要企业具有减排的社会责任意识并投入资金和人力资源，通过技术创新降低企业能源消费的碳排放量，最终实现企业生产消费过程中能源结构趋向多元化和产业结构升级。

其四，动员公民广泛参与。公民能否参与低碳消费是能否成功构建低碳消费模式的关键，为此要求公民做到"五性"：一是认知性，即对低碳消费方式的了解和认知；二是可行性，即低碳消费方式的现实实用性和对减少温室气体排放的有效性；三是可操作性，即低碳消费方式的可操作性；四是可承受性，即人们实行低碳消费方式的经济成本可以承受；五是可接受性，就是在道德价值和安全可靠等方面的社会接受程度。[①]

(二) 低碳消费：实践形式

由于资源、环境的天然限制，人类面临着共同的自然环境问题，这必然要求人类采取资源节约型、环境友好型的消费方式。无论是国际活动还是社区单位的活动，都要引导人们正确地把握消费取向。因此，消费者应

---

① 陈晓春，谭娟，陈文婕. 论低碳消费方式. 新华文摘，2009 (13).

积极参与国内外的低碳环保活动,养成绿色低碳消费习惯。

其一,紧跟国际绿色低碳浪潮。低碳源于环保主义。自 2009 年哥本哈根联合国气候变化大会召开以来,国际上掀起了低碳浪潮。虽然哥本哈根大会以失败告终,但它带来的触动却很大,激发了世界各地民众的环保热情,民众举行各种活动呼吁节能减排。世界自然基金会针对全球气候变化倡议"地球一小时"活动,即在每年 3 月份最后一个星期六的 20 点 30 分到 21 点 30 分熄灯 1 小时。我国积极参与了该项活动,官方活动熄灯仪式设在故宫神武门,各个省份地区,以及公司、学校等单位和上百万网民也积极响应了该活动。这是应对气候问题的规模最大的公众活动,增强了人们的低碳意识,对于促进低碳消费影响深远。借助国际应对气候变化的组织活动,有利于推进低碳社会发展、公众低碳消费行动。近年来,欧美日开始流行一种在消费中体现生态伦理、经济伦理理念的"乐活"生活方式,即"健康和可持续的生活方式"。这种生活方式注重人的身心健康,强调追求快乐、爱健康,过绿色家居生活,追求精致优美的生活,同时牢记节能环保、关注生态。伴随着 21 世纪环境问题的日益恶化,"乐活"方式得到了很多年轻人的推崇。LOHAS 作为一种生活理念,在美国已经十分普及,每年一届的"乐活论坛",由最初的民众组织参与转变成连美国副总统都关注的会议。在中国,"乐活"从 2006 年底逐渐热乎,成为共青团中央和全国学联力推的生活理念。2008 年在宁波举行"中国青年 LOHAS(乐活族)时尚文化论坛"。很多网友自建论坛,组织各种各样的活动,"乐活"生活方式渐渐风行。"乐活"生活方式是一种与生态消费相适应的生活方式:(1)平衡身心。注重健康饮食,避免高脂、高糖、高盐、高胆固醇的食品,宁可多花钱买天然食品或有机食品;尽量选用天然的或有机的服饰和毛巾;不抽烟,拒吸二手烟,推动无烟立法;适量运动,适度休息,保持自己和家人的身心健康。(2)分享关怀。注重心灵与精神层面的提升,重视个人修养和发展,终身学习,真诚关怀他人。(3)珍爱环境。尽量减少垃圾的产生,实行垃圾分类与回收,随身携带环保用品;尽量搭乘公共交通工具,有机会就"健走",减少能源消耗和废气污染;尽量使用对环境友好的产品,并向家人和朋友推荐;日常生活中注意节水节电,做好废旧物品的回收利用;有机会就吃素食,减轻地球生产食品的负担；尽量购买本地食品，减少能源消耗和物流包装。①

其二，投入国内绿色低碳实践。低碳发展将成为中国经济发展方式的必然选择。在哥本哈根大会上，中国总理代表中国政府向世界庄严承诺，到2020年单位国内生产总值二氧化碳排放比2005年下降40%～45%。"十三五"时期，国家将出台《全国碳排放权交易管理条例》及配套实施细则，并在全国启动运行碳市场，大力推动全社会低碳行动。各级国家机关、事业单位、团体组织等公共机构要率先垂范，加快设施低碳化改造；逐步建立低碳产品政府采购制度；推动行业开展减碳行动，钢铁、电力、煤炭、石油、化工、纺织、食品、造纸、交通、建筑等行业要制定控制温室气体排放行动方案。选择重点企业试行"碳披露"和"碳盘查"，开展"低碳标兵活动"；提高公众参与意识，利用多种形式和手段，全方位、多层次加强宣传引导，设立"全国低碳日"，大力倡导绿色低碳、健康文明的生活方式和消费模式，宣传低碳生活典型，弘扬以低碳为荣的社会新风尚。②

这种新风尚的培植必须持之以恒，常抓不懈。中国消费者协会自1997年起，以消费者合法权益为中心，每年开展主题年活动，使保护消费者合法权益工作不断向纵深发展。开展的主题活动主要有："讲诚信、反欺诈""为了农村消费者""安全健康消费""明明白白消费""绿色消费""科学消费""营造放心消费环境""诚信·维权""健康·维权""消费与环境""消费和谐""消费与责任""消费与发展""消费与服务""为消费者提供公平的金融服务""消费与安全""让消费者更有力量""新消法、新权益、新责任""携手共治，畅享消费""新消费我做主""网络诚信，消费无忧""品质消费，美好生活"。这些主题活动服务消费者，服务经济发展，服务社会和谐，在积极推动消费走向文明的过程中发挥了积极作用。如今，在消费绿色化、低碳化、文明化、科学化大潮中，中国消费者协会仍有义务积极推广绿色低碳消费观念，积极宣传低碳绿色产品，引

---

① 安雅. "乐活族"——快乐健康新生活. 绿色中国，2007（4）.
② 中国将推动全社会低碳行动，提高公众参与. 中国网，2011-12-08.

导人们选择低碳消费模式。在扩大消费、维护消费者权益的同时,引领社会公众提升节约意识、环保意识和义务意识。

要完善公共文化服务体系的建设,刺激精神消费的需求发展。首先,要大力发展文化消费。国家和政府要积极改善文化消费条件,加大投入建设文化广场等基础文化设施,发展繁荣新闻出版、广播影视、文化艺术等文化产业,提供更多的文化服务产品及活动,促进文化消费,丰富人民群众的精神文化生活。其次,要大力发展信息消费。"信息消费是人们直接或间接以信息作为消费对象或消费载体,通过对信息的获取、占有、加工、共享和使用,来满足人们日益丰富的物质和精神需求的活动。"① 它已经成为发展速度最快、技术创新最多、增值效益最大的产业,成为引领经济增长的"新引擎"。信息消费主要包括五个方面的内容:一是消费基础性通信服务,向电信运营商购买语音、短信、流量等基础的信息传递服务;二是消费信息化数字产品,如下载应用软件、获取资讯信息、消费数字内容等;三是消费信息化智能产品,如车联网、智能路灯、电梯卫士等加载了信息化能力的物联网产品;四是消费信息化终端产品,如手机、便携式设备(PAD)、个人电脑(PC)、上网卡等智能终端产品;五是消费信息化平台服务,如通过电子商务平台购物,利用无线城市平台享用民生服务,借助应用商场等平台进行数字内容交易等服务。② 最后,要大力发展以旅游业为主的休闲消费。旅游休闲产业是一个带动性强、关联度高、覆盖面广、消费潜力大,并对多个重要领域可以发挥促进作用的优势产业,符合"两型"社会建设的要求,有利于生态文明建设。当前开发旅游休闲消费的条件已经具备,时机已经成熟,如果加以积极引导和扶持,旅游可以较快成为新的消费热点。要积极利用生态旅游资源,鼓励大众参加旅游活动,促进消费者进行生态休闲消费。③

(三)低碳消费:日常行为

日常生活消费主要表现在吃、穿、住、行、礼仪等消费上,要以绿

---

① 徐龙. 促进新型信息消费,加速智慧经济发展. 经济日报,2013-07-23.
② 同①.
③ 祝善忠. 着力开发旅游消费,推进产业结构调整. 经济日报,2009-12-09.

色、低碳为目标，使这些日常消费生态化，逐步以适度规模、自觉调控的消费模式替代当前一些盲目发展、无限膨胀的消费模式。日常生活的低碳化，就是围绕"健康快乐、保护环境、可持续发展"目标而生活，即追求高雅优质的生活——食用健康安全的绿色生态产品、衣食结构合理、居家绿色环保、出行尽量以步代车、使用节能减排设备，等等。

在饮食方面，选择绿色食品，注重安全、洁净和营养平衡。在选择消费产品方面，提倡选择碳排放少的绿色食品、蔬菜类食物。研究表明，生产1公斤牛肉排放36.5公斤二氧化碳，而生产1公斤果蔬所排放的二氧化碳量仅为该数值的1/9。而且，尽量消费本地生产的果蔬和水，以减少运输带来的二氧化碳排放量。此外，喝酒要适量，1人1年少喝1斤白酒，可以减排二氧化碳1公斤。在饮食习惯方面，倡导节俭节约，反对奢侈浪费。餐馆经营者可对用餐者实行"吃不了兜着走""按剩余的菜肴多少加倍收费""按人数定分量"等措施。饮食服务业、家庭饮食在加工上要尽量减少环节，饮食精细加工往往导致大量有效物能转化为不可再用的热能，原料中许多营养成分流失，而且精细饮食中含有的工业添加剂，比如我们所知道的防腐剂、漂白剂、抗氧化剂、甜味剂及各种色素、香素等，可能给人体带来危害，而不是健康。

在穿着方面，应该讲究简洁、大方、自然、适用，而不是追求精装、华丽、气派、奢侈。要使用天然的棉、麻、丝织品，以朴素耐用为好，少买或不买化纤织品，这是由于它生产过程具有高耗性、高碳性，并可能对环境和人体造成某些危害；织物和成衣工艺要讲求贴近自然，降低成本和避免污染；色彩和样式讲究舒适、方便、简单、大方，而不是追求艳丽和奇异。此外，提倡少买或不买不必要的衣物。一件普通的衣服从原料到成衣再到最终被遗弃，都涉及二氧化碳排放，少买1件不必要的衣服可以减排二氧化碳2.5公斤。淘汰更新后的旧衣物要积极回收，尽可能被更多人再使用。

在住宅方面，建设人工生态与经济效益良性循环的生态住宅。严格执行建筑节能标准，从材料节能、设计节能和管理节能三个方面做好建筑节能工作，构建生态居民住宅。节能节材的生态住宅是大势所趋，一定会占据住房消费市场。因为这种生态住宅舒适美观、节能节材、经济实惠，而且拥有美好的生态环境,对人们的身心健康积极有益。与此同时,还要尽可能选择小户型住宅,不过度装修,减少1公斤装修用钢材,可减排二氧化碳1.9公斤,少用0.1立方米装修用木材,可减排二氧化碳64.3公斤。钱学森认为,中国的城市应该建成山水城市,小区与小区之间可以布置大片森林,让小区的居民可以散步、游息,每个居民平均有70多平方米的林地。①

在交通方面,要实现智能化和低耗化。"大力建设城郊地下交通网络,这将减少城市地面的空气和噪声污染,改善城区环境;城市交通选择和鼓励发展公共交通,不鼓励或限制发展家庭汽车"②;尽量选择使用节能型和无公害的绿色交通工具,以减轻空气污染和对非再生能源的消耗;每月少开车1天,平均每车每年可减排二氧化碳98公斤,如果出行选择公共交通工具或自行车,全国每年可节省近53亿升天然气,这意味着能减少150万吨二氧化碳排放量;尽量选择购买排气量小的车型,排气量为1.3升的车每年减排二氧化碳647公斤;加强保养,通过及时更换空气滤清器、保持合适胎压、及时熄火等措施,平均每辆车每年减排二氧化碳400公斤。近来,节能环保的新能源汽车引起了世界各国的重视,我国出台了许多鼓励推广政策,这种新能源汽车可以有效缓解能源和环境压力,它应该成为人们较好的消费选择。

在节水、节电、节能方面,首先要科学研究并划定用水、用电、耗能的"天花板",即要划定一定时期或一定区域用水、用电、耗能的红线,如总量红线、人均红线、地区红线,对水、电、能的消耗设定"最高控制量",从源头规范人类水、电、能的"供""用""排"行为。如水利部提出最严格的水资源管理制度,从需求端加强用水管理,以保证河湖里的生态用水,规范经济社会的用水。所谓"最严格",就是设定底线等,一旦底线被突破,经济社会发展就会受到损害,生态环境就要受到严重影响。

---

① 钱学森. 社会主义中国应该建山水城市. 科技日报,1993-03-01.
② 巴西的库里蒂巴率先创造了快速公交系统,成为举世瞩目的一大亮点。库里蒂巴在处理城市交通需求的问题上遵循的第一个原则就是:发展公交汽车优先于发展私人小汽车。其目的是满足占人口大多数的中低收入者的需求,节约能源,维护城市良好的空气质量,避免由于交通拥堵空耗太多的社会资源。[沈孝辉. 城市规划建设和管理的全新理念——巴西城市生态与文化考察. 群言,2008(3)]

水利部设定了水源开发利用控制、用水效率控制和水功能区限制纳污"三条红线"。其中,第一条红线就是用水总量控制,到2030年,中国用水总量不能超过7 000亿立方米,而2012年已使用了6 131亿立方米。① 其次要采用推动用水、用电、用气、用油的阶梯式价格等经济手段,以提高消费者以够用为度的节约意识,同时要大力宣传节水、节电、节能的方法和技巧,鼓励消费者养成良好的用水、用电、节能习惯。例如,以11瓦节能灯代替60瓦白炽灯,以每天照明4小时计算,1只节能灯1年可减排二氧化碳68.6公斤;如果每台空调在26℃基础上调高1℃,每年可减排二氧化碳21公斤;少用1个塑料袋,可以减排二氧化碳0.1克;少用10%的一次性筷子,每年就能减碳10.3万吨。此外,要少用电梯,合理使用电视、冰箱、电脑等电器,及时切断其电源;工作时,单面纸要重复利用,能电子化办公的少用纸张。

在婚、节、葬等方面,要注重精神内涵和文化气氛,把追求外在排场和物质铺张的形式化消费限制到最低程度。在各种节日活动和庆祝活动中,反对大操大办、封建迷信等陈规陋习,追求消费的生态化、低碳化,同时节约活动成本。我国公众在喜事和丧事上,办得一般比较隆重,浪费很大。这些消费消耗大量的物质资源,同时也产生很多垃圾废弃物。因此,要在全社会倡导新风尚,改变旧俗。比如,结婚可以简化形式,举行集体婚礼、旅游结婚等;丧事也可以从简,改革传统的殡葬方式,推行符合时代要求的方式,比如实施火葬、新型水葬、新型树葬等方式,政府可以对此进行补贴,予以支持和鼓励。

低碳生活代表着更健康、更自然、更安全,同时也是一种低成本、低代价、低风险的生活方式。人们要从日常生活着手,将低碳消费、绿色消费落实在细节中,坚持从我做起,从现在做起,从小事做起,人人参与。比如,使用太阳能热水器等可再生能源电器;养成随手关闭电器电源、关闭水龙头的习惯,避免浪费水电;冰箱、空调尽量节用,夏天开空调前,应先打开窗户让室内空气自然更换,开电风扇让室内先降温,用小风,这

---

① 水利部长:确立"三条红线"促进水资源可持续利用.国际在线专稿,2012-09-25. 矫勇:到2030年,我们国家用水总量不能超过7 000亿立方米.新华网,2014-03-21.

样既省电也低碳;尽量自带餐具,用永久性的筷子、饭盒,尽量少用一次性餐具、一次性塑料袋等;科学处理生活垃圾,家用电器及旧书报回收利用等,要发挥用品的循环使用价值;通过植树造林来抵消自己的碳排放;少开车、多运动;等等。

参考文献

一

马克思恩格斯全集：第 30 卷. 北京：人民出版社，1995.
马克思恩格斯全集：第 31 卷. 北京：人民出版社，1998.
马克思恩格斯文集：第 1—9 卷. 北京：人民出版社，2009.
马克思恩格斯全集：第 39 卷. 北京：人民出版社，1974.
马克思恩格斯全集：第 46 卷. 北京：人民出版社，2003.
马克思恩格斯全集：第 3 卷. 北京：人民出版社，2002.
习近平关于社会主义生态文明建设论述摘编. 北京：中央文献出版社，2017.
习近平谈治国理政：第 1 卷. 北京：外文出版社，2014.
习近平谈治国理政：第 2 卷. 北京：外文出版社，2017.
中共中央关于全面深化改革若干重大问题的决定. 北京：人民出版社，2013.

二

（汉）班固. 汉书：第 8 册. 颜师古，注. 北京：中华书局，1962.
（汉）许慎. 说文解字：上下册. 北京：九州出版社，2001.
（明）丘濬. 大学衍义补：中. 北京：京华出版社，1999.
（宋）范晔. 后汉书. 李贤，等注. 北京：中华书局，1965.
（宋）朱熹. 朱子语类. 北京：中华书局，1986.
（宋）朱熹. 四书章句集注. 北京：中华书局，1983.

（唐）房玄龄，等. 晋书：第4册. 北京：中华书局，1971.

老子. 饶尚宽，译注. 北京：中华书局，2007.

论语. 张燕婴，译注. 北京：中华书局，2007.

孟子. 万丽华，蓝旭，译注. 北京：中华书局，2007.

尚书. 慕平，译注. 北京：中华书局，2009.

荀子. 安小兰，译注. 北京：中华书局，2007.

周易. 宋祚胤，注释. 长沙：岳麓书社，2001.

庄子. 孙通海，译注. 北京：中华书局，2007.

三

北京大学哲学系外国哲学史教研室. 西方哲学原著选读：上卷. 北京：商务印书馆，1981.

陈昕. 救赎与消费：消费主义在中国日常生活中的表现. 南京：江苏人民出版社，2003.

仇立. 绿色消费行为研究. 天津：南开大学出版社，2013.

冯友兰. 三松堂全集：第4卷. 郑州：河南人民出版社，2001.

傅春. 江西样板——江西生态文明建设的经验与评价. 南昌：江西人民出版社，2016.

甘绍平. 应用伦理学前沿问题研究. 南昌：江西人民出版社，2002.

高文武，关胜侠. 消费主义与消费生态化. 武汉：武汉大学出版社，2011.

郭耕. 兽类悲歌. 北京：化学工业出版社，2005.

何怀宏. 生态伦理——精神资源与哲学基础. 保定：河北大学出版社，2002.

何小青. 消费伦理研究. 上海：上海三联书店，2007.

姜彩芬. 面子与消费. 北京：社会科学文献出版社，2009.

姜春云. 拯救地球生物圈：论人类文明转型. 北京：新华出版社，2012.

李新家. 消费经济学. 北京：中国社会科学出版社，2007.

梁启超. 国民十大元气论（1899）//饮冰室文集之三. 北京：中华书局，1988.

梁启超. 新民说. 宋志明, 选注. 沈阳：辽宁人民出版社, 1994.

刘汉太. 消费的福祉. 北京：中国发展出版社, 2006.

刘敏, 等. 绿色消费与绿色营销. 北京：光明日报出版社, 2004.

刘湘溶, 等. 我国生态文明发展战略研究. 北京：人民出版社, 2013.

刘耀彬, 等. 区域生态优势转化与生态文明建设. 北京：社会科学文献出版社, 2015.

卢嘉瑞, 吕志敏, 等. 消费教育. 北京：人民出版社, 2005.

罗国杰. 伦理学. 北京：人民出版社, 2003.

骆祚炎. 收入结构、资产结构与居民消费变动实证研究. 北京：中国财政经济出版社, 2010.

梅洪常, 等. 消费增长与结构优化. 北京：经济管理出版社, 2007.

莫少群. 20世纪西方消费社会理论研究. 北京：社会科学文献出版社, 2006.

欧阳卫民. 中国消费经济思想史. 北京：中共中央党校出版社, 1994.

欧阳志远. 最后的消费——文明的自毁与补救. 北京：人民出版社, 2000.

秦红岭. 建筑的伦理意蕴——建筑伦理学引论. 北京：中国建筑工业出版, 2006.

秦鹏. 生态消费法研究. 北京：法律出版社, 2007.

邱华栋. 可供消费的人生. 桂林：广西师范大学出版社, 2011.

宋承先. 西方经济学名著提要. 南昌：江西人民出版社, 1998.

孙启宏, 王金南. 可持续消费. 贵阳：贵州科技出版社, 2001.

孙向军, 戴木才. 走向中国政治文明——社会主义政治文明论. 南昌：江西高校出版社, 2004.

汤跃跃. 当前我国居民消费公平问题研究. 广州：暨南大学出版社, 2011.

田青. 中国居民消费需求变迁及影响因素研究. 北京：科学出版社, 2011.

万俊人. 道德之维——现代经济伦理导论. 广州：广东人民出版社，2000.

王路. "是"与"真"——形而上学的基石. 北京：人民出版社，2003.

王宁. 从苦行者社会到消费者社会——中国城市消费制度、劳动激励与主体结构转型. 北京：社会科学文献出版社，2009.

王宁. 消费社会学. 北京：社会科学文献出版社，2011.

王雨辰. 走进生态文明. 武汉：湖北人民出版社，2011.

伍庆. 消费社会与消费认同. 北京：社会科学文献出版社，2009.

向玉乔. 经济·生态·道德——中国经济生态化道路的伦理分析. 长沙：湖南大学出版社，2007.

肖巍. 女性主义伦理学. 成都：四川人民出版社，2000.

徐嵩龄. 环境伦理学进展：评论与阐释. 北京：社会科学文献出版社，1999.

徐新. 现代社会的消费伦理. 北京：人民出版社，2009.

徐振宇. 中国农村居民消费发展报告. 北京：知识产权出版社，2010.

闫方洁. 西方新马克思主义的消费社会理论研究. 上海：上海人民出版社，2012.

杨茌善，李晓东. 中国空间. 北京：中国建筑工业出版社，2007.

易鹏. 低碳真相. 北京：中信出版社，2010.

余谋昌. 生态文明论. 北京：中央编译出版社，2010.

余谋昌. 生态哲学. 西安：陕西人民教育出版社，2000.

余式厚，汤军. 悖论·谬误·诡辩. 杭州：浙江人民出版社，1988.

袁少锋. 中国人的炫耀性消费行为：前因与结果. 北京：中国经济出版社，2013.

曾建平，等. 消费方式生态化：从异化到回归. 长沙：湖南师范大学出版社，2015.

曾建平. 环境公正：中国视角. 北京：社会科学文献出版社，2013.

曾建平. 环境哲学的求索. 北京：中央编译出版社，2004.

曾建平. 环境正义——发展中国家环境伦理问题探究. 济南：山东人

民出版社，2007.

曾建平. 寻归绿色——环境道德教育. 北京：人民出版社，2004.

曾建平. 自然之思：西方生态伦理思想探究. 北京：中国社会科学出版社，2004.

张海滨. 环境与国际关系——全球环境问题的理性思考. 上海：上海人民出版社，2008.

张书云. 中国农村居民消费水平与消费结构研究. 北京：经济科学出版社，2010.

赵建军. 如何实现美丽中国梦——生态文明开启新时代. 北京：知识出版社，2014.

赵建军. 我国生态文明建设的理论创新与实践探索. 宁波：宁波出版社，2017.

赵玲. 消费合宜性的伦理意蕴. 北京：社会科学文献出版社，2007.

郑红娥. 社会转型和消费革命——中国城市消费观念的变迁. 北京：北京大学出版社，2006.

中国建筑学会城市交通规划分会. 1998—2008年全国城市交通规划优秀论文集. 北京：中国建筑工业出版社，2009.

周中之. 全球化背景下的中国消费伦理. 北京：人民出版社，2012.

邹晓明，等. 打造生态文明建设"江西样板"的实现路径研究. 北京：经济科学出版社，2016.

四

[奥地利]路德维希·冯·米瑟斯. 自由与繁荣的国度. 韩庆明，等译. 北京：中国社会科学出版社，1994.

[澳]彼得·辛格，[美]汤姆·雷根. 动物权利与人类义务. 曾建平，代峰，译. 北京：北京大学出版社，2010.

[澳]彼得·辛格. 实践伦理学. 刘莘，译. 北京：东方出版社，2005.

[波兰]维克多·奥辛廷斯基. 未来启示录. 徐元，译. 上海：上海译文出版社，1988.

[德]沃夫冈·拉茨勒. 奢侈带来富足. 刘风，译. 北京：中信出版社，2003.

［德］A. 施密特. 马克思的自然概念. 欧力同，吴仲昉，译. 北京：商务印书馆，1988.

［德］H. 贡尼，R. 林古特. 霍克海默传. 任立，译. 北京：商务印书馆，1999.

［德］海德格尔. 海德格尔选集：下卷. 孙周兴，选编. 上海：上海三联书店，1996.

［德］海德格尔. 路标. 孙周兴，译. 北京：商务印书馆，2000.

［德］海德格尔. 形而上学导论. 熊伟，王庆节，译. 北京：商务印书馆，1996.

［德］赫尔曼·舍尔. 阳光经济：生态的现代战略. 黄凤祝，巴黑，译. 北京：三联书店，2000.

［德］黑格尔. 法哲学原理. 范扬，张企泰，译. 北京：商务印书馆，1961.

［德］黑格尔. 哲学史讲演录：第1—4卷. 贺麟，王太庆，译. 北京：商务印书馆，1978.

［德］康德. 康德著作全集. 李秋零，译. 北京：中国人民大学出版社，2005.

［德］维尔纳·桑巴特. 奢侈与资本主义. 王燕平，侯小河，译. 上海：上海人民出版社，2000.

［德］伊曼努尔·康德. 实践理性批判. 邓晓芒，译. 北京：人民出版社，2004.

［法］阿努瓦·阿布戴尔·马里克. 文明与社会理论. 杭州：浙江人民出版社，1989.

［法］爱弥尔·涂尔干. 职业伦理与公共道德. 渠东，等译. 上海：上海人民出版社，2006.

［法］霍尔巴赫. 自然的体系：上卷. 管士滨，译. 北京：商务印书馆，1964.

［法］卢梭. 爱弥儿：上卷. 李平沤，译. 北京：商务印书馆，1978.

［法］卢梭. 孤独散步者的遐思. 李菁，译. 北京：光明日报出版社，2006.

[法] 萨伊. 政治经济学概论. 陈福生，陈振骅，译. 北京：商务印书馆，1997.

[法] 波德里亚. 消费社会. 刘成富，全志钢，译. 南京：南京大学出版社，2000.

[法] 萨特. 存在与虚无. 陈宣良，等译. 北京：三联书店，1987.

[法] 萨特. 存在主义是一种人道主义. 周煦良，汤永宽，译. 上海：上海译文出版社，1988.

[古希腊] 亚里士多德. 尼各马可伦理学. 廖申白，译. 北京：商务印书馆，2003.

[古希腊] 亚里士多德. 形而上学. 吴寿彭，译. 北京：商务印书馆，1995.

[古希腊] 亚里士多德. 修辞学. 罗念生，译. 上海：上海人民出版社，2005.

[圭亚那] 施里达斯·拉夫尔. 我们的家园——地球——为生存而结为伙伴关系. 夏堃保，等译. 北京：中国环境科学出版社，1993.

[荷兰] 斯宾诺莎. 伦理学. 贺麟，译. 北京：商务印书馆，1983.

[荷兰] 斯宾诺莎. 知性改进论. 贺麟，译. 北京：商务印书馆，2011.

[加拿大] 本·阿格尔. 西方马克思主义概论. 北京：中国人民大学出版社，1991.

[美] 德尼·古莱. 残酷的选择：发展理念与伦理价值. 高铦，高戈，译. 北京：社会科学文献出版社，2008.

[美] 凡勃伦. 有闲阶级论——关于制度的经济研究. 蔡受百，译. 北京：商务印书馆，1964.

[美] C. 亚历山大. 建筑模式语言. 王昕度，周序鸿，译. 北京：知识产权出版社，2002.

[美] 弗洛姆. 恶的本性. 薛冬，译. 北京：中国妇女出版社，1989.

[美] 弗洛姆. 健全的社会. 孙铠祥，译. 贵阳：贵州人民出版社，1994.

[美] 艾伦·杜宁. 多少算够——消费社会与地球的未来. 毕聿，译.

长春：吉林人民出版社，1997.

［美］安·德兰. 自私的德性. 焦晓菊，译. 北京：华夏出版社，2007.

［美］达林·麦马翁. 幸福的历史. 施忠连，徐志跃，译. 上海：上海三联书店，2011.

［美］戴安娜·克兰. 文化生产：媒体与都市艺术. 赵国新，译. 南京：译林出版社，2001.

［美］丹尼尔·贝尔. 资本主义的文化矛盾. 赵凡，等译. 上海：上海三联书店，1989.

［美］凡勃伦. 炫耀性消费. 任海音，译. 北京：中国对外翻译出版公司，2012.

［美］赫伯特·马尔库塞. 单向度的人——发达工业社会意识形态研究. 刘继，译. 上海：上海译文出版社，1989.

［美］卡洛琳·麦茜特. 自然之死. 吴国盛，译. 长春：吉林人民出版社，1999.

［美］卡斯腾·哈里斯. 建筑的伦理功能. 申嘉，陈朝晖，译. 北京：华夏出版社，2003.

［美］蕾切尔·卡逊. 寂静的春天. 吕瑞兰，李长生，译. 长春：吉林人民出版社，1997.

［美］理查德·康尼夫. 大狗：富人的物种起源. 王小飞，李娜，译. 北京：新世界出版社，2004.

［美］罗斯玛丽·帕特南·童. 女性主义思潮导论. 艾晓明，译. 武汉：华中师范大学出版社，2002.

［美］马斯洛. 动机与人格（第三版）. 许金声，等译. 北京：中国人民大学出版社，2007.

［美］迈克·费瑟斯通. 消费文化与后现代主义. 刘精明，译. 南京：译林出版社，2000.

［美］麦吉本，等. 消费的欲望. 朱琳，译. 北京：中国社会科学出版社，2007.

［美］莫蒂默·艾勤，查尔斯·范多伦，等. 西方思想宝库. 西方思

想宝库编委会，编译. 长春：吉林人民出版社，1988.

［美］斯塔夫里阿诺斯. 全球通史：1500年以前的世界. 吴象婴，梁赤民，译. 上海：上海社会科学院出版社，1988.

［美］汤姆·雷根，卡尔·科亨. 动物权利论争. 杨通进，江娅，译. 北京：中国政法大学出版社，2005.

［美］汤姆·雷根. 动物权利研究. 李曦，译. 北京：北京大学出版社，2010.

［美］唐奈勒·H. 梅多斯，等. 超越极限. 赵旭，等译. 上海：上海译文出版社，2001.

［美］托马斯·唐纳森，托马斯·邓菲. 有约束力的关系：对企业伦理学的一种社会契约论的研究. 赵月瑟，译. 上海：上海社会科学院出版社，2001.

［美］约翰·罗尔斯. 正义论. 何怀宏，何包钢，廖申白，译. 北京：中国社会科学出版社，1988.

［美］詹姆斯·奥康纳. 自然的理由. 南京：南京大学出版社，2003.

［挪威］乔根·兰德斯. 2052：未来四十年的中国与世界. 秦雪征，等译. 南京：译林出版社，2013.

［瑞士］勒·柯布西耶. 走向新建筑. 陈志华，译. 西安：陕西师范大学出版社，2004.

［瑞士］西斯蒙第. 政治经济学研究. 胡尧步，等译. 北京：商务印书馆，1989.

［英］阿诺德·汤因比. 人类与大地母亲. 徐波，等译. 上海：上海人民出版社，2012.

［英］边沁. 道德与立法原理导论. 时殷弘，译. 北京：商务印书馆，2000.

［英］布赖恩·巴克斯特. 生态主义导论. 曾建平，译. 重庆：重庆出版社，2007.

［英］葛凯. 中国消费的崛起. 曹槟，译. 北京：中信出版社，2011.

［英］马尔萨斯. 经济学原理. 上海：上海三联书店，1994.

［英］米尔恩. 人的权利与人的多样性. 夏勇，张志铭，译. 北京：

中国大百科全书出版社，1995.

［英］赫·乔·韦尔斯. 世界史纲. 吴文藻，等译. 北京：人民出版社，1982.

［英］汤因比，［日］池田大作. 展望21世纪. 北京：国际文化出版公司，1985.

［英］大卫·休谟. 人类理解研究. 关文运，译. 北京：商务印书馆，1957.

［英］亚当·斯密. 道德情操论. 蒋自强，等译. 北京：商务印书馆，2003.

［英］亚当·斯密. 国民财富性质和原因的研究：上卷. 郭大力，王亚南，译. 北京：商务印书馆，1972.

［英］约翰·史都瑞. 文化消费与日常生活. 张君玫，译. 台北：巨流图书公司，2002.

联合国开发计划署. 2007—2008年人类发展报告：应对气候变化——分化世界中的人类团结.

联合国开发计划署. 2013年人类发展报告——南方的崛起：多元化世界中的人类进步.

世界自然基金会，伦敦动物学学会，全球足迹网络. 地球生命力报告2012.

Andre Gorz. Capitalism, Socialism, Ecology. London and New York：Verso，1994.

Arne Naess. Ecology, Community and Lifestyle. Cambridge：Cambridge University Press，1989.

Bertrand Rusell. Autobiography. London：Unwin Books，1975.

Brain Baxter. Ecologism：An Introduction. Edinburgh：Edinburgh University Press，1999.

Edward Wilson. The Diversity of Life. London：Allen Lane，1992.

Freya Mathews. Ecology and Democracy. London：Frank Cass，1996.

John B. Cobb, Jr. Why Whitehead?. P&F Press，2004.

John Bellamy Foster. Ecology against Capitalism. Monthly Review

Press, 2002.

John Elkington, and Tom Bourke. The Green Capitalists. London: Victor Gollancz, 1989.

Mark Elvin. The Retreat of Elephants: An Environmental History of China. New Haven: Yale University Press, 2004.

Paul Burket. Marxism and Ecological Economics: Toward a Red and Green Political Economy. Brill, 2006.

Peter Singer. Ethics. Oxford: Oxford University Press, 1994.

Reiner Grundman. Marxism and Ecology. Oxford: Oxford University Press, 1991.

Roger S. The Ecological Community: Environmental Challengers for Philosophy, Politics, and Morality. Routledge, 1997.

Stephen P. Robbina, Management. Englewood Cliffs, New Jersey: Prentice-Hall, 1991.

Tom Regan, Peter Singer. Animal Rights and Obligations. 2nd. Englewood Cliffs, New Jersey: Prentice-Hall, Inc., 1989.

后　记

　　本书是我主持的国家社科基金重点项目"'消费—生态'悖论的伦理学研究"（11AZX010）和教育部人文社会科学规划基金项目"伦理学视野下的'消费—生态'悖论研究"（10YJA720005）的最终成果，也是我入选第二批国家"万人计划"哲学社会科学领军人才、文化名家暨"四个一批"人才自主选题资助项目、江西省"赣鄱英才555工程"领军人才培养计划支持项目之一。作为教育部项目，2014年该课题得以顺利结项；作为国家社科基金重点项目，2015年该课题成果被鉴定为"优秀"等级。这是时隔10年后我主持完成的国家社科基金项目再次获得"优秀"等级鉴定。

　　说起这个项目的来历，要追溯到2007年。当时，我应邀参加湖南师范大学校长刘湘溶教授担任首席专家申报国家社科基金重大招标项目"我国生态文明发展战略研究"（07&ZD020），并主持其中的子课题"推进消费方式生态化"〔该子课题同时被湖南省社科规划办列为2008年省社会科学重点课题（08GZDZ16）〕。2009年底，当这个课题的任务被全部完成之后，我却有一种言犹未尽的感觉：我们为什么要推进消费方式的生态化？消费方式向生态化转向，发生这个重大转向的逻辑前提是什么？从伦理学角度研究会得出什么样的结论？由于该课题问题域的阈限，这些疑问在当时的研究中没有得到透彻的回答。当时的课题主要研究了四个问题：消费与消费方式，文明的更替与消费方式的演变，消费方式生态化的基本要求，消费方式生态化的对策建议。这些内容并没有涉及上述疑问，特别是没有触及其中的核心概念——"'消费—生态'悖论",因此很有必要再围绕上述疑问进行深入探究。2010年我在前述研究的基础上开始思考并设计"伦理学视野下的'消费—生态'悖论研究",成功获得教育部人文社会科学规划基金项目;2011年对这个课题进行修改论证,在已经取得的研究成果基础上以"'消费—生态'悖论的伦理学研究"为题,成功获得国家社科基金重点项目。

重点项目获得批准终归是一件令人兴奋的事,但没多久,这种兴奋便烟消云散,一种渴望高质量完成任务,但时间、能力又非很充分的焦虑感油然而生。这是我多次获得重点项目后多次重复的感受。特别是2015年之后,由于自己承担了更为繁忙的行政事务,这种感受尤其强烈。好在我的团队很努力,他们拿出自己应有的才华和智慧满腔热情地投入课题研究。课题组在研究中先后发表了17篇论文,其中C刊8篇。先后参与课题研究的人员有:江西师范大学代峰、戴巍、李琳,江西农业大学黄以胜,宜春学院杨学龙,闽南理工学院丁玲,井冈山大学叶国平、肖先彬、曾庆平,等等。其中,李琳参与撰写导言,黄以胜参与撰写第一章,戴巍、杨学龙参与撰写第二章,杨学龙参与撰写第三章,叶国平参与撰写第四章,丁玲参与撰写第五章、第六章,肖先彬参与第七章后期的修改工作,曾庆平参与搜集材料和调查,代峰协助我完成数次统稿。由我提出全书思路、拟定提纲、全面修改、统稿并撰写部分章节。2015年本成果作为国家社科基金重点项目最终成果,获得"优秀"等级鉴定结论以来,我们一直没有停止修改,其间,课题组多次召开会议集中、反复、交叉修改。感谢课题组成员不计名利地投入调研、讨论、撰写和反复修改,课题的完成应当归功于这些同仁的集体努力,但存在的问题应当由我负责。

获得并完成研究任务的过程恰好是我人生转折的时候。2009年初我离开南昌赴井冈山大学工作,2010年冬儿子一乘出生,2012年爱人代峰完成中国社会科学院哲学所伦理学专业的博士学业,顺利获得博士学位,并幸运地晋升为副教授。2017年女儿凉秋如愿以偿,考取硕士研究生,并有越来越成熟的表现。感谢儿子一乘——如今,他是小学生了,每每回到家,每每要休息时,只要和他逗着玩、下盘棋,一切疲劳、一切焦虑便顿时被忘却在九霄云外。他时不时地以与其年龄不相称的"成熟"和机智给我们带来惊喜、感动,我把他的"无忌童言"零零散散记录在"说说"中,以便他长大后回顾那一段"漫长"的岁月。一直以来,我深深记得,2013 年 7 月初的一天中午,那时他还差几天才 2 岁 8 个月,奶奶去幼儿园接他到校园一处用于维修的沙堆上玩。在酷热的太阳底下,奶奶突然不舒服,似有头晕呕吐状。正在一边尽心把玩沙子的小家伙却能敏锐地注意到奶奶此刻的变化并立即停下,用才学会不久的稚嫩语言,断断续续却毫不犹豫地对奶奶说:奶奶生病了,走,回家去吃药药,宝宝牵(你)。说罢,便拉着奶奶的手固执地要回去。平时一般由奶奶抱着上四楼的家,那天小家伙却对奶奶说:奶奶吐了,宝宝自己走。上楼时他不小心还摔了一个跟斗。回来当天,乃至多年后,每当奶奶说到这段小事便被这个"小精怪"(老家新干方言,意思是聪明伶俐的孩子)感动得眼泪夺眶而出。我在工作时,尽管他十分喜欢观看挖掘机视频,但只要跟他说,爸爸有事,等下再看,他便很少纠缠。正是在被他折腾得满屋凌乱的房子里,我感受到了无序中的秩序;正是在他闹腾得鸡犬不宁的屋子里,我感受到了不宁中的安宁。也要感谢爱人代峰,她与我修读相同专业,这就有了一些与其他家庭不同、在家也可以讨论学术问题的机会。她说着新疆普通话,却能和操一口新干地方话的公婆和谐相处并息息相通,这似乎也是一种不对称的和谐交融。还要感谢女儿凉秋,作为交换生,她赴意大利学习,于马年大年三十深夜独自从南昌乘机去重庆,大年初一大早又从重庆去意大利,我无法在她身边照料,她却独立自主完成一切手续如期到达。虽然她难以忘却我对她童年时代种种"粗暴的严厉",但岁月的流逝也将使她面临教育后代的重任。更要感谢父母,老娘在我儿子一岁多的时候开始日夜陪伴他,老爸在南昌给我弟弟带孩子。两个人两个地方,却都在体验一个共同的感受:天伦之乐。老娘心细、勤劳、克制、节俭、能干,爱人时常在他人面前夸奖她这个婆婆,而偶尔埋怨的便是她几乎不可思议的节俭。已过古稀之年的老爸老娘从来就很难明白也从不过问我日夜在电脑上到底在忙什么,但却以无比信任的心态、一刻不停的付出和极其简单的生活来支持我、帮助我。同时要感谢远在石河子的岳父岳母,他们数十年奋斗在新疆建设兵团,很难再适应南昌夏热冬冷、四季潮湿的气候和完全陌生的风土人情,但为了照顾我有孕在身的爱人,以及随后降生的儿子,还是从千里之外赶来南昌生活了一年多，特别是为了让我们安心工作，为了让爱人代峰专心完成博士论文，他们还将一乘带至新疆精心照顾了一年多。人到中年，有老爸老娘、岳父岳母相伴的日子实在是最完美、最甜蜜、最幸福的人生时段！狗年初二晚，六兄妹成功举办了首届"家庭春晚"，一家人开开心心地创造了一个家庭新纪元。作为一个高校教师，自然而然地体会到"孟子三乐"："父母俱在，兄弟无故，一乐也；仰不愧于天，俯不怍于人，二乐也；得天下英才而教育之，三乐也。"如今，这"三乐"皆聚于一身，何不乐也！

课题获得批准并顺利完成，首先要感谢各位评审专家和鉴定专家，是他们的慧眼和不吝赐教才让我们有机会从容地审视每时每刻都发生在自己与他人身上的消费及其生态问题。当然，课题虽然基本完成，但课题所彰显的内容和精神却永远没有停止。人类的追求总是那么无穷无尽，每个人的梦想又是那么无始无终，消费便是梦想变成现实的必然要件和必要通道。但是，我们人类来到地球生存和发展究竟需要什么，为什么需要，需要多少，如何才能满足这些需要，需要的这一切是否会对地球产生负担，却不是每个人都清楚。我不敢奢望自己这个课题的成果使每个人都在这些问题上有所触动、有所觉醒，但却心存侥幸地认为，人类的反思力终究会使得自己有朝一日在"消费—生态"悖论问题上拥有"止境"的集体意识，这也是内蕴于本书"自然之境"的一个心态——虽然这可能是一个更为宏大、更为艰巨、更为遥远的梦想——地球梦。自党的十八大以来到笔者完稿时，习近平总书记在国内外重要会议、考察调研、访问交流等各种场合，不断地强调建设生态文明的极端重要性以及具体实践路径。生态文明思想是习近平新时代中国特色社会主义思想的重要组成部分。党的十九大提出把"美丽中国"作为社会主义强国目标之一，这是人类史上开天辟地的新鲜事。我们党对环境问题具有如此高屋建瓴的胆识和魄力，这是实现中国梦和地球梦的指引，也是我们对中国和地球的未来充满信心的前提。对我和我的团队而言，我们从事伦理学研究的一个最大收获便是：每次研究相关课题就是一次真切的伦理行动，课题的开始就是行为实践的开始。在"消费—生态"悖论问题上，我们如果注定无法做大事，那么就心怀大爱做些小事，从我做起，从小事做起——那些低碳消费其实仅仅是每个人的举手之劳而已！诚如美国波士顿学院社会学教授查尔斯·德伯所言，中国已经开始追求一种有别于美国的发展道路，探索一种新型社会经济安排，这有助于中国解决自身面临的问题，也有助于拯救我们这个星球。①

由于前述几个课题是连续完成的，很多思想观念也是相通的，因而在一些观点和材料处理上多少会有些雷同（虽然我尽力避免出现这种情形）。此外，还要感谢我们所参考的文献的原创者，我们试图以详尽的注释和参考文献来突出他们的贡献，但仍可能有所遗漏，敬请列位批评指正。

感谢中国人民大学出版社杨宗元编审、本书责编罗晶老师，是她们的辛勤劳动才使本书具有如此之好的面容与读者见面。

本成果能够与中国人民大学出版社结缘，要衷心感谢葛晨虹教授。2016年底正是在她的热心介绍和全力推荐下，我才与杨宗元编审联系上。奈何天有不测风云，今年国庆期间，葛大姐竟撒手人寰。我迄今不愿意相信这是事实，更不愿意删除手机中她曾发来的信息。不是说好了要看到这套丛书的出版吗？愿大姐天堂安息！

曾建平
戊戌秋于庐陵

---

① 查尔斯·德伯. 消费至上主义需要改变. 人民网，2013-04-25.

图书在版编目（CIP）数据

自然之境："消费—生态"悖论的伦理探究/曾建平著. —北京：中国人民大学出版社，2018.11
（当代中国社会道德理论与实践研究丛书）
ISBN 978-7-300-26381-6

Ⅰ.①自… Ⅱ.①曾… Ⅲ.①消费经济学-生态经济学-伦理学-研究 Ⅳ.①F014.5 ②F062.2

中国版本图书馆 CIP 数据核字（2018）第 241859 号

当代中国社会道德理论与实践研究丛书
主编 吴付来
自然之境："消费—生态"悖论的伦理探究
曾建平 著
Ziran Zhi Jing："Xiaofei-Shengtai" Beilun De Lunli Tanjiu

出版发行	中国人民大学出版社		
社　　址	北京中关村大街 31 号	邮政编码	100080
电　　话	010-62511242（总编室）	010-62511770（质管部）	
	010-82501766（邮购部）	010-62514148（门市部）	
	010-62515195（发行公司）	010-62515275（盗版举报）	
网　　址	http://www.crup.com.cn		
	http://www.ttrnet.com（人大教研网）		
经　　销	新华书店		
印　　刷	天津中印联印务有限公司		
规　　格	160 mm×230 mm　16 开本	版　次	2018 年 11 月第 1 版
印　　张	26.75 插页 2	印　次	2018 年 11 月第 1 次印刷
字　　数	407 000	定　价	88.00 元

版权所有　　侵权必究　　印装差错　　负责调换